中国新农村建设：政策与实践

宋洪远 等 著

中国农业出版社

导 言

呈现在读者面前的这本书，是国家社会科学基金重大项目《社会主义新农村建设重大理论与现实问题研究》的最终成果。为了便于读者了解有关研究的情况，导言将主要向大家交代和说明本项目研究的背景和问题、研究的过程和方法、研究的角度与内容、数据和资料来源以及本项研究已有成果的社会影响等。

一

2005年10月，党的十六届五中全会提出了建设社会主义新农村的重大任务，年末召开的中央农村工作会议又对新农村建设做出了全面部署。“十一五”期间，围绕着推进社会主义新农村建设，中央连续出台了5个1号文件，分别就推进新农村建设、加快现代农业发展、加强农业基础建设和统筹城乡发展等重要方面进行具体安排。一时间，社会主义新农村建设成为理论界和农口部门普遍关心和广泛讨论的重大主题。作为农业部直属的政策研究咨询机构，农业部农村经济研究中心一直致力于农业农村经济政策、农村发展战略和农村经济体制改革等方面的研究，对国家重大发展战略和经济社会政策具有高度的政策敏锐性和责任感。为了深入研究社会主义新农村建设相关理论和现实问题，农业部农村经济中心成立了以宋洪远研究员为首席专家的研究团队，组织申报了国家社会科学基金重大项目《社会主义新农村建设重大理论与现实问题研究》。

课题立项后，课题组及时召开课题论证报告会，明确课题组成员的任务分工，积极开展课题研究工作。2007年8—11月，课题调研小组分别赴吉林省四平市梨树县、陕西省西安市长安区、安徽省滁州市明光市、江苏省南通市如皋县开展实地调研，从县、乡、村三个层次，访谈了有关机构和人员，围绕新农村建设中的体制和政策问题，进行了深入的调查研究。此外，课题组还利用安徽省、江苏省、吉林省和陕西省等四个省农村固定观察点的样本村、农户和企业进行了问卷调查和资料分析。2008年底，课题组完成大部分研究报告的初稿。2009年和2010年，课题组还对新农村建设相关政策措施的落实情况，专门进行了两次百县万户调查。

本项研究采用文献分析、实地调查、问卷调查和案例研究等方法，多途径搜集吉林省梨树县、陕西省西安市长安区、安徽省明光市和江苏省如皋市等地新农村建设的第一手资料，通过全国农村固定观察点系统进行农户问卷调查和政策落实情况调查，结合已有的公开研究成果、统计资料和相关数据等，系统分析社会主义新农村建设的重大理论问题，深入研究社会主义新农村建设的重大现实问题。

二

本书系统回答了什么是社会主义新农村、为什么要建设社会主义新农村、如何借鉴国外经验和我国实践推进新农村建设等理论问题，深化了对社会主义新农村建设的理论分析；分别就社会主义新农村建设中如何加快农业和农村经济发展、增加农民收入、加快基础设施建设和强化公共服务等重大现实问题进行综合分析，探讨了通过完善财政支农政策、改善农村金融服务增加新农村建设资金投入，通过构建新型社会化服务体系促进现代农业建设等相关问题，深化了对社会主义新农村建设若干重大现实问题的研究。此外，还研究了影响新农村建设的农村土地管理制度、乡村治理和村民自治制度等改革问题，进一步完善了对社会主义新农村建设研究的系统性和针对性。

（一）新农村建设的历史、理论及实践研究

新农村建设有其历史渊源和理论基础。本书第一章从乡村建设到新农村建设：理论分析和实践探讨，运用文献综述的方法，围绕着现代化进程与“三农”问题，分别从历史、国家和现实三个视角对新农村建设战略决策的理论依据进行了系统研究。通过对旧中国现代化进程中农村问题的演变和各阶段乡村试验实践的分析，阐述了中央提出新农村建设的历史条件和前人相似提法的主要内容；通过回顾中国共产党的农村路线及实践探索，阐述了中央提出新农村建设的政策渊源和演进；对比分析发达国家和发展中国家在现代化进程中农业、农村发展的经验教训，回答了新农村建设应当遵循的一般规律问题。

对国内外新农村建设的实践案例进行总结和分析可以得到有益的启示。本书第四章国内社会主义新农村建设的典型案例，运用案例研究的方法，分析了广西壮族自治区武鸣县大皇后村等新农村建设历程、建设成就等。第三章国外及我国台湾地区新农村建设的主要做法和基本经验，运用比较分析的方法，对韩国、日本、美国、加拿大、巴西、欧盟，以及我国台湾地区农村建设上的做法进行了全方位的审视和分析，提出了“农业与农村发展问题是事关国家经济社会发展全局的重大问题”、“城市化和工业化的健康发展是以农村发展为基

础”、“新农村建设必须以推进农村生产发展为首要任务”、“国家必须加大对农业发展和农村建设的投入”、“必须充分调动广大农民的积极性”、“需要以合乎国情的政策体制作保障”、“农业与农村发展是一项长期性历史任务”等七大启示。

（二）新农村建设中的农业农村经济发展问题研究

加快建设现代农业、全面发展农村经济是新农村建设中促进生产发展的重要方面。第五章加快农业和农村经济发展，运用文献综述和实证研究的方法，对加快建设现代农业和加快发展农村经济的要求和做法进行了系统的梳理和描述，探讨了现代农业建设和农村经济发展的矛盾与问题，并提出相关对策建议。

增加农民收入既是社会主义新农村建设的政策目标，也是社会主义新农村建设的重要保障。第六章促进农民收入持续稳定增长，运用定量分析的方法分析了农民收入增长的态势及其原因，研究了未来一个时期农民收入增长面临的有利条件和不利因素，探讨了促进农民收入持续增长的途径及其主要措施。该报告认为，城乡收入差距扩大是建设新农村的重要背景，增加农民收入是全面建设小康社会的重要任务。该报告指出，促进农民收入持续增长的途径和主要措施在于挖掘农业的增收潜力、挖掘农村非农产业和非农就业的增收潜力、促进农村贫困人口收入的大幅增长。

（三）新农村建设中的农业农村支持保护问题研究

国家财政作为二次分配的重要方式，是支持新农村建设和农村发展的重要资金渠道。第十一章新农村建设中的财政支农政策研究，指出了财政支农政策在推进社会主义新农村建设中的重大作用和意义，阐述了我国财政支农政策的演变历程，明确了财政资金在社会主义新农村建设中的定位，分析了财政支持新农村建设面临的挑战和问题。该报告认为需要建立财政支持新农村建设资金稳定增长机制；健全财政支持新农村建设的政策体系；改革财政支持新农村建设资金管理体制；提高资金使用效率。

农村金融改革事关农民、农业和农村发展的大局，建设社会主义新农村需要农村金融的支持。第十二章新农村建设中的农村金融改革与服务问题研究，总结了新农村建设以来农村金融改革的政策与实践，分析了农村金融改革对农村金融服务的影响，指出了现在农村金融的关键性的问题并分析原因。该报告认为推进农村金融改革、改善农村金融服务需要大力发展小型农村金融机构；强化落实金融机构支持“三农”的责任；完善农村政策性金融体系；强化对低收入农户的金融服务。

对农业的支持离不开农业社会化服务体系的建设。第九章新型农业社会化服务体系建设研究，在分析我国农业社会化服务体系建设面临的主要问题、总结建设农业社会化服务体系的地方实践和基本经验的基础上，探讨了建立新型农业社会化服务体系的基本思路和政策措施。该报告认为需要普遍健全乡镇或区域性农业技术推广、动植物疫病防控、农产品质量监管等公共服务机构和村级站点；支持供销合作社、农民专业合作社、专业服务公司、专业技术协会、农民经纪人、龙头企业等提供多种形式的服务；加强服务条件设施建设；加强服务人才队伍建设。

（四）新农村建设中的农村基础设施和公共服务问题研究

加强农村基础设施建设，强化农村公共服务是社会主义新农村建设的重要目标。第七章新农村建设中的农村基础设施供给体制问题研究，运用实地调查和比较分析的方法，从投入机制、项目决策与管理机制、养护机制三个方面重点分析人畜饮水工程、乡村道路、农村沼气三项不同属性和特点的基础设施建设项目。研究发现，当前农村基础设施供给体制总体上是政府主导、自上而下的压力型供给体制，当前压力型供给体制内部已出现多元化供给的苗头。该研究报告提出了我国农村基础设施供给体制的可选择集，并针对不同公共产品属性的农村基础设施提出了最优供给体制。第八章新农村建设中的农村社会事业发展研究，对农村义务教育、农村医疗卫生事业、农村社会保障事业发展的状况进行了分析，认为进一步促进农村社会事业发展必须准确把握需求层次与经济发展水平、政府与市场的分工、公共提供与公共生产、财权与事权的匹配、财政资金管理、统筹城乡发展等若干问题。

（五）新农村建设中的土地制度、乡村治理与农民素质问题研究

土地是农民的安身之所、立命之本、发展之源。第十三章新农村建设中的农村土地制度问题研究，运用案例研究等实证研究方法，分析了新农村建设过程中的农村土地承包制度、宅基地等农村集体建设用地管理制度、农村土地征收制度面临的主要问题，探讨了农村土地制度建设的发展方向，提出要从完善法律政策、创新经营制度、培育农村土地承包经营权流转有形市场、创新农地金融制度等方面采取措施，进一步稳定土地承包关系，促进农民承包地流转；要从加强立法、加快宅基地商品化、做好村庄规划、建设农民集中居住区、创新管理方式等方面加强农村宅基地管理，充分实现农村宅基地的用益物权，提高农村集体建设用地的使用效率；重点从征地目的、程序正义、补偿公正角度

完善征地制度，同时允许农村集体建设用地进入市场流转，做到农村集体土地与国有土地的同权、同价、同管理。

民主管理是新农村建设的基本要求之一。第十四章乡村治理中的基层组织与管理体制研究，运用案例分析的方法，研究了农村基层组织建设改革、乡村财务管理制度改革和县乡考核制度改革的规律和趋势，认为当前“自上而下”压力型行政体制没有变化，乡镇机构改革面临着许多现实的障碍，“问题政策”给乡村治理带来了不利影响。

农民是建设社会主义新农村的主体，农民素质状况关系到新农村建设的成败。第十章新农村建设与提高农民素质问题研究，通过对调查样本的定量分析，深入研究了当前农民素质的现状和存在的问题及原因，通过对国外有益做法和经验的借鉴提出了新时期提高农民素质的基本思路与对策建议。报告认为需要加大对农民职业教育的投入力度；提高农民的参与程度；完善教育培训机制；提高培训效果；出台和完善农民教育培训的扶持政策；全面开发农村人力资源。

三

本课题相关研究成果已产生了较大的社会影响，一些政策建议已被相关决策部门吸收采纳。在研究期间，课题组成员多次参加“中国农村改革与发展研讨会”、“金融危机下的中国农村发展——2009年中国农村发展高层论坛”、“面向‘十二五’的中国农村发展——2010年中国农村发展高层论坛”、“从积贫积弱到全面小康——2011年中国农村发展高层论坛”等国际、国内学术会议，交流汇报本课题组相关研究成果。课题组成员发表了多篇学术论文，其中，子课题承担人陈华宁同志在国家核心期刊《中国软科学》2008年第2期上发表了《我国农民职业教育评价及区域差异分析》；宋洪远等同志在国家核心期刊《中国农村经济》2010年第8期上发表了《“十二五”时期农业和农村发展面临的挑战与选择》，该论文被China Economist（《中国经济学人》）2011年第1期翻译转载，同时被中国人民大学报刊复印资料《农业经济研究》2011年第1期全文转载。

课题组的研究成果通过《中国农村研究》（农业部农村经济研究中心内部报告）、农民日报和《国家社科基金成果要报》等多种途径送达中央领导和省部级领导同志处，得到省部级以上领导同志的重要批示，有很多政策建议已被有关部门吸收采纳。例如：①课题组报送的《当前农业农村经济形势分析与对策建议》（《国家社科基金成果要报》2009年第58期）得到了国务院回良玉副总理的重要批示。②课题组发表了两篇对新农村建设政策落实情况的评估报告：《2009年中国农村政策执行报告》和《当前农村主要政策措施执行情况调查与分析报告》。后者在《国家社科基金成果要报》2009年第74期发表，得到了国务院回良玉副总理的重要批示，并被批转给中央农村工作领导小组办公室、国务院研究室和农业部等相关部门，作为起草2010年中央1号文件和2011年中央农村工作会议领导讲话等文献的重要参考资料。③课题组报送的《关于“十二五”时期农业和农村发展的若干建议》(《国家社科基金成果要报》2010年第62期)，得到了国务院回良玉副总理的重要批示，并批转给有关人员参阅。时任云南省人民政府省长秦光荣同志也对该报告做了重要批示，并批转给该省有关部门参阅，作为制定该省“十二五”规划纲要的重要参考资料。④课题组在研究农业补贴政策过程中形成的《关于开展甘蔗良种补贴确保食糖市场安全稳定的对策建议》(《国家社科基金成果要报》2011年第52期)，国务院回良玉副总理、中央农村工作领导小组副组长陈锡文、农业部副部长危朝安和陈晓华、广西壮族自治区人民政府副主席陈章良等领导同志都对该报告作了重要批示。此报告已印发给财政部、农业部等中央部委，以及云南省、广西壮族自治区、海南省、广东省等省区政府参阅，相关政策建议已被采纳吸收，有关部门和省区已决定开展甘蔗良种补贴支持政策。

四

本课题的研究成果是团队合作与分工研究相结合的成果。研究主题内容和总体框架由宋洪远提出，经课题组成员充分讨论后确定。课题设计和实地调查由宋洪远组织实施。各子课题负责人带领课题组成员开展具体研究，并形成子课题研究报告。研究报告初稿完成后，课题组进行了多次交叉评阅，多方征集意见，对相关研究报告进行修改完善。

本书除导言外共有14章。具体分工是：导言由宋洪远执笔，第一章由李剑执笔，第二章由方华、宋洪远、徐雪高、刘洋执笔，第三章由韩一军、曹慧执笔，第四章由武文执笔，第五章由刘光明、夏海龙执笔，第六章由郑有贵、焦红坡执笔，第七章由徐欣执笔，第八章由吴仲斌执笔，第九章由宋洪远、张红奎、赵长保执笔，第十章由陈华宁执笔，第十一章由张照新执笔，第十二章由张红奎、曹力群执笔，第十三章由张海阳执笔，第十四章由赵海、朱守银执笔。方华除了担任课题组秘书负责课题组日常联系工作外，还承担了书稿的汇总和编辑工作。宋洪远逐一对各章书稿进行了最终审定。

目录

第一章 从乡村建设到新农村建设：理论分析与实践探索

2005年10月，中共中央在十六届五中全会通过的《关于制定国民经济和社会发展第十一个五年规划的建议》中提出，“建设社会主义新农村是我国现代化进程中的重大历史任务”，要按照“生产发展、生活宽裕、乡风文明、村容整洁、管理民主”的二十字要求，扎实稳步地向前推进。本章运用文献综述的方法，围绕着现代化进程与“三农”问题，从三个不同的方面和视角，对社会主义新农村建设战略决策的理论依据和实践基础进行概括总结。用历史的视角看旧中国现代化进程中农村问题的演变以及各阶段的实践，阐述中央提出新农村建设的历史条件和前人相似提法的主要内容；用现实的视角看中国共产党的农村路线及实践探索，阐述中央提出新农村建设的政策沿革；用国际的视角看发达国家和发展中国家现代化进程中农业、农村发展的经验教训，阐述中央提出新农村建设所遵循的现代化发展的一般规律。

一、旧中国现代化进程中的农村危机与乡村建设

中央提出建设社会主义新农村，不是无根之木，它是对历史概念的继承与发展。因此，新农村建设的历史意义及其涵盖的现代化进程与“三农”问题，需要放在一个比较长的历史背景中来认识。民族独立是一个国家现代化发展的基本前提。我国近代的历史任务是救亡图存。晚清以来旧中国的各派政治势力，为了完成这一历史任务，有过很多设想、做过很多努力，其中乡村建设是一个重要的方面，但是这些设想和努力大多半途而废或以失败告终。

（一）晚清时期

1. 重农的传统

我国是一个文明古国。在周期性的朝代更替、兴衰循环中，中华民族依靠精耕细作、扩大垦殖和人口增长，创造了辉煌的农业文明。在中世纪，我国是世界上的经济强国、军事强国和文化强国。传统中国是一个农业社会，生产部门由农业、手工业和商业组成，以男耕女织、自给自足的小农经济模式为主

导，生活方式、社会结构、政治制度、思想文化、科学技术都与小农经济相关联。我国历朝历代基本上都强调以农为本、以农立国，有着重农的传统。

2. 现代化的开启

18 世纪 60 年代（英国工业革命），全球现代化进程在欧洲启动，我国开始落后于世界。1840 年（第一次鸦片战争）以后，随着西方列强的军事入侵和经济掠夺，国内社会矛盾日益激化，酿成历史上规模最大的农民起义（太平天国运动）。面对如何救亡图存的问题，晚清政府内部分裂为洋务派和顽固派。1861 年（第二次鸦片战争）至 1895 年（中日甲午战争），洋务派在全国掀起自强运动，开启我国近代的现代化进程。面对全球商品经济体系，以及官方和民间引进的资本主义生产方式，农业和家庭手工业相结合的自然经济模式开始瓦解。

3. 国家的失序

1895 年维新派发起戊戌变法，1901 年至 1911 年慈禧集团发起清末新政，由于保守势力过于强大和领导者能力平庸，最终都以失败告终。晚清新政推行振兴农桑的措施，如引进农艺、奖励垦荒等，都没有取得突破性进展。晚清统治末期，为了偿还战争赔款、筹集新政经费，苛捐杂税不断增加，引起基层社会的官民对立和民变风潮，与革命党人的武装起义遥相呼应。与此同时，随着科举制度的废除（1905 年），传统的士阶层分化解体，加上乡绅流失与劣化，传统社会的乡绅治理模式受到冲击，动摇了封建势力在农村的统治基础。

（二）民国时期

1. 乡村危机的加剧

进入 20 世纪，我国局部地区商业性农业生产有所发展，但整个农村经济停滞不前。尤其是民国初期，军阀混战，政局不稳，农业生产技术落后，人均产出低下，农民生活困苦不堪，流民增多，乡村危机加剧。1927 年（南京国民政府建立）至 1936 年（日本全面侵华），由于国际形势的变化，我国获得一次短暂的发展机遇。南京国民政府在农村采取了一些改良措施，如土地清查和整顿，推行减租政策，开展“复兴农村”的整体运动。这些不触动原有的生产关系和政治力量的改良措施最终都失败了。30 年代中期，全国性的灾荒把贫苦农民推到了生存与不能生存的边缘。

2.“以农立国”的理念

旧中国农民破产、农业凋敝、农村衰落，引起当时教育界人士的反思，出于对西方工业社会的怀疑和绝望，“农业救国”、“复兴农村”的呼声不断，逐渐形成一种社会思潮。最具影响性的认识有二：一是以晏阳初为代表，认为我国主要问题是农村问题，农村根本问题是人的问题，人的四大基本问题是“愚、穷、弱、私”，出路在于“四大教育”，即识字（文艺、文化）教育、生计（生产）教育、卫生教育和公民教育。二是以梁漱溟为代表，认为中国社会的根本问题是西方文化侵入引起的文化失调，出路在于依靠乡村自治推进乡村建设，走从农村引发工业、以乡村为本而繁荣都市之路，不走资本主义（西化）和苏联之路。

3.“复兴农村”的实践

梁漱溟、晏阳初、陶行知、黄炎培、雷沛鸿、王拱璧等教育家，作为乡村派的代表人物，以“复兴农村”为已任，举办平民教育、乡村教育等各种建设性实验，掀起乡村建设运动的热潮。1933 年，国民政府行政院成立农村复兴委员会，各地“复兴农村”的试验得到政府支持和资助。为了实现“复兴农村”的目标，社会各界提出了数百种改造乡村的方案，从事乡建工作的团体和机构有 600 多个，先后设立各种实验区有 1 000 多处。

其中，影响较大的有梁漱溟在山东邹平主持的“乡村建设改良运动”，晏阳初在河北定县主持的“平民教育运动”，卢作孚在重庆北碚主持的“乡村现代化”，黄炎培在江苏昆山徐公桥主持的“乡村改进试验”，地方实力派阎锡山在山西主持的“村本政治和土地村公有”，新桂系李宗仁、白崇禧在广西主持的“民团建设”。1936 年抗战爆发，“复兴农村”的尝试被迫中止了。

4. 对改良运动的评价

旧中国农村非常落后，任何有助于农村发展的活动，无论其政治倾向与成效如何，都有着不容否定的历史功绩。由于受到当时历史条件的限制，“复兴农村”的改良运动虽然颇具声势，但是效果有限，只能在某种程度上解决农民生产生活中的一些困难。改良运动得不到广大农民的真心拥护和积极参与，不能实现对农民的社会动员，无法从根本上解决乡村危机。许多中国人，包括原来衷心拥护改良道路的知识分子，出于对旧社会和国民党的失望，先后走上革命救国的道路。

二、中国共产党的农村路线和建设实践

中央提出建设社会主义新农村，不是无的放矢，它是沿着党的农村政策的演进脉络，在全新理念指导下进行农村改革的新起点。因此，新农村建设的现实意义，需要放在政策演化过程和发展新阶段的时代背景中来认识。我国当代的历史性课题是强国富民。我们党在农村包围城市的方针指引下，领导新民主主义革命取得胜利，为我国的现代化发展提供了民族独立这个基本前提。我们

党领导的社会主义建设，拥有了强大的国防力量，彻底解决了民族生存问题，为我国的现代化发展提供了安全保障。我们党领导改革开放和小康社会建设，彻底解决了温饱问题，拥有了可观的经济实力，为我国的现代化发展提供了新起点。

（一）新中国成立之前

1. 农村革命路线

对于旧中国农村问题的根源，我们党认为是在于帝国主义的侵略和封建势力的统治，提出中国革命的基本问题是农民问题，农民问题的核心是土地分配不均和收益权不稳定，解决方案是动员贫苦农民，打土豪分田地，进行社会改造。我国农民在政治上具有激进性和保守性的双重特点。保守性表现为对宗法和土地，即本族地主豪强的依附，激进性表现为对改朝换代和暴力革命的积极参与，也就是所谓的“水可载舟亦可覆舟”。我们党制定“农村包围城市、武装夺取政权”的革命路线，充分释放和调动出了农民的革命潜力。

2. 农村革命实践

1927—1937 年（土地革命时期），我党在中央苏区和其他革命根据地，始终坚持把分田分地、减租减息作为解决农村问题的手段，以组织农会、开展武装斗争和政权建设为中心，以组织合作社、恢复生产和发展经济为重要任务，以开办农民学（夜）校扫盲识字、卫生、妇女解放等文化和社会建设为保障，开始了党领导下的革命实践。1937—1949 年（抗日战争时期和解放战争期间），我党在延安、各抗日根据地和各解放区，在农村广泛建立红色政权，进行土地改革，自力更生发展经济，力所能及地开展文化教育、妇女解放、权益保护等活动，积累了建设经验。

（二）新中国成立之后

1. 建设社会主义新农村

1949 年新中国成立后，我们党在农村地区通过清匪镇反、土地改革、区划调整、建党建政，将政权组织延伸到最基层，国家对农村的社会控制和动员能力达到前所未有的水平，发展总路线（战略决策）转变为从新民主主义向社会主义过渡，开始对农业进行社会主义改造。建设社会主义新农村作为引导农民憧憬未来的政治口号，从这一时期开始在有关文件和领导讲话中多次出现，但一般都没有具体的内容指向。改革开放以来，这一提法在 1984 年中央 1 号文件、1987 年中央 5 号文件和 1991 年中央 21 号文件中也出现过。

2. 政策主题词

在农村政策领域，建设社会主义新农村一直不是核心词汇。20 世纪 50 年代统领农村工作的政策主题词是 1950 年的土地改革、1953 年的农业社会主义改造即农业合作化、1958 年的“大跃进”和人民公社；60 年代是 1963 年的农村社会主义教育即四清运动、1964 年的农业学大寨；70 年代是 1972 年的社队企业、1975 年的农业现代化、1977 年的重申 1980 年实现农业机械化、1978 年的农村改革；80 年代是 1982 年的双包到户、1984 年的乡镇企业、1987 年的村民自治；90 年代是 1992 年的农村社会主义市场经济体制、1993 年的农业产业化、1995 年的两个根本性转变、1998 年的农业结构战略性调整；新世纪以来是 2000 年的农村税费改革。到了 2005 年，社会主义新农村建设被赋予新的内涵，置于统领全局和战略决策的层面上。

3. 改革开放前的农村

改革开放前的 30 年中，国家大兴群众性的农田水利建设和垦荒，自力更生开创化肥和拖拉机等支农工业，重视农业科研和技术推广，农业生产的增速和粮食单产均居世界前列。农村的困境在于有增长无发展。户籍制度隔绝了城乡之间的经济社会交流，限制了劳动力的自由流动；农产品统购统销最大限度地提取了农业剩余，割裂了农民与市场的联系；人民公社的集体劳动和平均分配缺乏激励机制，抑制了农民的生产积极性。

1952—1978 年，我国粮食产量从 16 392 万吨增加到 30 477 万吨，人口从 5.7 亿增加到 9.6 亿。由于过分强调积累而忽视消费，人民改善生活水平的要求得不到满足，群众饱尝短缺经济之苦。农村改革之初，全国有 30%的人口生活在贫困线以下。同时，国家经济总量占世界比例和人均 GDP 排位不断下降，国民经济结构不合理，工农关系和城乡关系失衡等问题十分突出。虽然通过各种群众运动在农村清理了传统势力，建立了相当稳定的乡村秩序，但是也形成了束缚农村发展的体制性弊端，使我国二元结构的特征更加突出并具特殊性。

4. 改革开放后的农村

1978 年开始的农村改革是在激烈争论中前进的。80 年代初期，农民用他们的坚毅和智慧，不断地探索新的发展道路，中央不断总结农民的要求和创新并升华为政策文件，连续发出 5 个中央 1 号文件，把农村改革不断引向深入。农村第一步改革的中心思想是放权让利、放开搞活，以家庭承包经营为核心，建立农村基本经济制度和市场机制，保障农民生产经营自主权。同时，撤社设乡（镇），改队为村，开展村民自治，重构农村行政管理体制和乡村治理结构。

1985 年改革重心转向城市以后，人们的注意力被吸引到沿海发达地区，农村改革进入僵持阶段。农民继续为现代化发展作贡献：一是离土不离乡地创办乡镇企业。到了90年代，乡镇企业产值占工业产值的1/3，构成二、三产业中的一个巨额非国有经济增量。二是进城务工。在90年代，持续地提供充裕的廉价劳动力，支持劳动密集型和出口拉动型的经济增长。1978—2000年，我国国内生产总值年均增速保持在9%以上，国民经济将近翻了三番。千百年来困扰着国人的温饱问题得到根本性的解决，人民生活总体上达到小康标准，为我国的现代化发展提供了新起点。

三、全球的现代化进程与农村发展

中央提出建设社会主义新农村，不是无源之水，它是在借鉴现代化理论成果和汲取其他国家发展经验教训的基础上提出来的。因此，我国的新农村建设作为具有改变世界格局作用的重大事件，需要放在广阔的全球现代化进程中来认识。目前，全球现代化进程具有多元一体性、阶段性和不平衡性等特征。“三农”的发展主要表现为打破二元结构，沿着非农化的方向，实现城乡一体化、农业现代化和农民市民化。

（一）现代化理论

1. 全球的现代化进程

18世纪60年代，现代化在英国开启，并不断向全球扩散。18世纪末至19世纪中后期，扩展到法国和美国，随后是德国、俄国和日本。20世纪初，走上现代化道路并取得成效的发达国家，主要局限在西欧、北美和东亚的日本。第二次世界大战后，众多获得政治独立的发展中国家，以赶超发达国家为目标，开启了全球性的大规模现代化进程。50年代中期至1973年（第一次石油危机），全球经济处于黄金发展期，发达国家进行自我修正和调整，形成联邦德国、日本和美国三足鼎立的世界经济格局。70年代以来，发达国家的现代化方向出现新的转折，部分发展中国家的现代化取得显著成就，涌现出一批新兴工业化国家（地区），世界格局向多元一体的方向发展。

2. 第二次现代化理论

时至今日，现代化仍是一个正在继续发展的动态过程，在理论上还没有完全成熟。纵观二战后60多年的发展历史，阶段性和不平衡性是世界现代化进程的主要特征。根据何传启提出的第二次现代化理论，从18世纪中期到21世纪末，世界现代化包括两大阶段：第一次现代化和第二次现代化。每一个阶段又分为四个时期：起步期、发展期、成熟期和过渡期。第一次现代化是以发展工业经济（工业化、城市化、福利化和民主化等）为基础的经典现代化；第二次现代化是以发展知识经济（知识化、信息化、郊区化和全球化等）为基础的新现代化。

在《2002年现代化报告》所评价的131个国家中，完成或基本实现经典现代化的国家，1950年有2个，2000年有24个。目前，我国正处于第一次现代化的第二阶段，即经典现代化的发展期；预计2015年将基本实现经典现代化，达到1960年世界发达国家水平；2050年将全面完成经典现代化，基本实现第二次现代化，达到世界中等发达国家水平（相当于2002年美国的水平，进入世界前40名）

3.“三农”发展理论

农村发展，从城乡关系的角度来看，是通过工业化和城市化，不断缩小城乡差距，逐渐弱化以致消除二元结构，实现城乡经济增长和社会生活一体化的过程。所谓二元结构，是二战后发展经济学家对发展中国家普遍存在的一种经济现象的描述，是指生产率水平差别巨大的现代工业部门与传统农业部门同时并存的经济结构，同时并存着的还有比较现代化的城市社会和相对非现代化的农村社会。实现二元结构的一元化转变，是发展中国家完成经典现代化的核心任务。

二元经济结构向一元经济结构转变，关键在于传统农业的现代化。现代农业始于二战后，是一个相对的、动态的和历史的概念，本质上是“高投入、高产出”的产业形态，是世界农业发展的一般方向。国际公认的主要判定标准：一是科技对农业的贡献率在80%以上；二是农产品的商品率在95%以上；三是农业投入占当年农业总产值的比重在40%以上；四是农业劳动力占全国劳动力总数的比重在20%以下；等等。美国在20世纪50年代，西欧在60年代，日本在70年代，韩国和我国台湾省在80年代达到上述指标。

农民的发展具体体现为充分就业、增加收入、利益的政治表达等问题。农民的发展包括两个方向：一个是在农业外部向农村非农产业或城市转移，另一个是在农业内部向现代农业转型。农民是理性的，一旦有利益刺激和相应扶持，便会为追求利润而努力创新，但这有前提条件。首先，农民只有具备完整的公民特征，拥有完整的经济权益和政治权益，才能获得现代化发展最基本的身份基础。其次，在社会上形成与农业生产或农民转移就业结合的研发、咨询、职教、培训系统，促进农民提高人力资本和知识化水平。第三，农民要靠自己解放自己，最有效的方式是合作联合。

（二）国际经验与教训

1. 发达国家（地区）的做法

世界上所有发达国家在工业化、城市化发展到一定阶段，都把开发农村、加强薄弱环节作为整体发展的重要举措，都是以国家投资为引导，调动社会各方面的力量，进行农村的公共基础设施改造。在东亚、欧美的一些国家（地区），政府针对工业化、城市化过程中农村出现的问题，以国家财政用于公共设施投入增加为主要手段带动农村的建设，实行山水田林路的综合投入、综合整治以改变农村的面貌。韩国在20世纪70年代初开始实施“新村运动”。日本在70年代末开始实施“造村运动”。欧美国家，如英国、美国、法国和德国等，也都采取不同措施进行农村建设。这些国家的农村建设取得巨大成就，提高了农村居民的物质文化生活水平，缩小了农村与城市的差距，平衡了城乡发展不协调问题。

发达国家农业现代化是用资本代替劳动的过程，表现为以最少的劳动投入向市场供应最大数目的农产品。欧美国家的农业现代化有三种典型模式：一是人少地多的美国模式（包括加拿大和澳大利亚），二是人多地少的荷兰模式（包括以色列），三是中间类型的法国模式（包括英国和德国）。此外，还有不同于欧美国家的东亚模式（包括日本、韩国）。需要指出的是，欧美国家的农业，产业结构是以畜牧业为主导（占60%～80%），农户结构是以养牛户为主导（占60%），种植业结构是以饲料作物为主导（面积占耕地的70%）。因为具体情况不同，各个国家农业现代化的前进步伐、实现方式和外在特点不尽相同，但在总体目标方面都是相同的，即着眼于生产出数量充足和安全优良的农产品，促进农民增收，维护可持续发展的生态环境。

政府通过立法保护、政策引导及行政干预对农业提供支援，改变农业的弱质性特征是现代农业发展的关键。从国际经验来看，发达国家（地区）对农业的支持力度不断加大。如美国在20世纪30年代开始采取工业反哺农业政策，以1933年颁布的《农业调整法案》为标志。美国有比较完整的指导和发展农业的法律体系，通过税收、补贴、价格干预、信贷管理以及产量定额分配等手段，对农产品市场与农业内部的资源配置保持有效地调节。日本在60年代开始采取工业反哺农业政策，以1961年颁布的《农业基本法》为标志。我国台湾省在70年代开始采取工业反哺农业政策，以1974年实行稻米保证价格制度为标志。法国受益于1992年欧盟出台的《共同农业政策》的保护，同时采用促进农业发展高补贴和高投入的做法，通过国家预算对农业进行财政支持。在政府的扶持下，发达国家的农业已经不再是所谓的“衰落”产业。

2. 发展中国家的做法

二战后，世界格局重大变化之一是新兴工业化国家的崛起。新兴工业化国家（地区），包括亚洲的韩国、新加坡和中国台湾省、中国香港，以及拉丁美洲的巴西、墨西哥和欧洲的葡萄牙、西班牙、希腊和南斯拉夫等。从70年代开始，随着工业化和城市化的不断推进，其中一些国家的农村得到跨越式发展，城乡差别迅速缩小，二元结构不断弱化。目前，葡萄牙、西班牙、韩国、新加坡已经进入发达国家行列。但是，大多数发展中国家在经济迅速增长的同时，都经历了人口爆炸的过程，失业率居高不下甚至继续攀升，剩余劳动力既存在于农村，也存在于城市。目前，部分发展中国家失业与贫困之间已经形成恶性循环，"农村—城市"人口转移机制失灵，城乡发展的不平衡性加剧，二元结构还在不断固化。

以巴西为例。在工业化加速发展过程中，为了快速积累资金，20 世纪 30 年代至 50 年代中期，巴西开始实施面向国内市场的进口替代工业化战略，采用重工抑农的经济发展政策。从 20 世纪 50 年代后期开始，巴西工业化资金来源不再以国内储蓄和资金为主，转而依靠国外资本，开始大举借外债，外国资本和技术成了巴西工业的主要推动力。这一时期，巴西城市化快速发展。1950—1980 年的 30 年间，巴西城市化水平从 40%提高到 66%。而发达国家花了 50 年才实现同样的增幅。在同样的城市化水平增幅内，发达国家的人均国民生产总值增长了 2.5 倍，而巴西等拉美国家只增加了 60%。过度城市化给巴西带来了城市人口过度膨胀、城市贫困化加剧、收入分配两极分化、城市环境恶化等一系列社会问题。在外债和通货膨胀的双重困扰下，巴西经济在 20 世纪 70 年代后陷入了长达 20 多年的经济停滞。

巴西政府面对诸多问题，开始对发展战略进行反思，并对工业化波动停滞时期的农业政策进行调整。20 世纪 70 年代中后期，巴西政府重新审视了农业发展方向和农村建设思路，调整了农业政策，以土地改革为核心，重点解决农村贫困问题，并推出了相应的政策与措施。主要包括进行土地改革，给无地农民分配土地，鼓励开垦荒地等；扶持家庭农业，给予从事家庭农业的农户提供低息生产信贷、减免土地税、鼓励参与农村养老金制度和参加农业保险，扩大农村就业机会和提高农民收入；实行最低农产品保护价，保障农业经营者的基本收入；加大农业基础设施建设；建立农民社会保障制度。巴西对农业的投资也由 1974 年占国家预算开支的 1.5%提高到 1982 年的 5.1%。通过宏观政策的调整，巴西经济出现了全面恢复，农村贫困人口也有所下降。

3. 几点启示

国际经验对我国现代化进程的启示：首先，要选择适合本国国情的工业化道路。如果发展战略和政策措施，特别是在产业关系和社会关系方面把握得好，就会保持经济快速增长和社会长期稳定。其次，要充分认识城镇化的重要意义。工业化和城镇化就像是一对孪生兄弟，正是工业化和城镇化的交互作用，推动着社会的进步和经济的发展。第三，要时刻警惕忽视农业的倾向。众所周知，发展中国家因忽视农业，工业化和现代化进程受到严重影响；但是同时，往往被人们所忽视的是，许多发达国家在工业化过程中也曾出现过严重的农业问题。这一现象的出现说明，即使在政策上没有忽视农业的倾向，农业问题也可能因环境的变化而随时出现，即使没有忽视农业的主观意愿，忽略农业发展的情况也可能不断发生。第四，要正确发挥政府在现代化进程中的作用。政府要根据不同的发展阶段和现实特点适时调整农业、农村政策，以适应变化的环境。

第二章　社会主义新农村建设的进展与成就

一、新农村建设的部署与要求

建设社会主义新农村是一个顺应新时期发展战略转变、统领经济社会发展全局的新任务。它承接了党的十六大以来中央提出的着力破除城乡二元结构矛盾、实现城乡统筹发展的新理念和新方略，是对“三农”工作重中之重、“多予少取放活”和以工促农、以城带乡指导思想和方针的落实和推进。社会主义新农村建设决策提出后，中央逐渐明确了建设社会主义新农村的任务和要求，概括起来就是“实现五大目标、搞好五个建设、完成五大任务、坚持五项原则、处理五个关系”。

实现五大目标。建设社会主义新农村，要按照“生产发展、生活宽裕、乡风文明、村容整洁、管理民主”的要求，扎实稳步推进。这五句话就是我们建设社会主义新农村要实现的基本目标。

搞好五个建设。建设社会主义新农村，要协调推进农村经济建设、政治建设、文化建设、社会建设、党的建设。这五句话就是我们建设社会主义新农村要搞好的基础建设。

完成五大任务。关于建设社会主义新农村的任务和要求，《中共中央关于制定国民经济和社会发展第十一个五年规划的建议》提出了五个方面的任务，《中共中央国务院关于推进社会主义新农村建设的若干意见》讲了八个方面的内容，《中华人民共和国国民经济和社会发展第十一个五年规划纲要》在第二篇设置了六章十四节。归纳起来，建设社会主义新农村就是要完成五大任务。一是推进城乡统筹发展。首先要坚持“多予少取放活”和“工业反哺农业、城市支持农村”的方针。其次要调整国家财政支出、预算内固定资产投资和信贷投放结构。第三要建立以工促农、以城带乡的长效机制，加大各级政府对农业和农村增加投入的力度，扩大公共财政覆盖农村的范围，强化政府对农村的公共服务。二是推进现代农业建设。加快农业科技进步，加强农业设施建设，调整农业生产结构，转变农业增长方式，提高农业综合生产能力。要按照建设资源节约型、环境友好型社会的要求，大力发展循环农业，形成“低投入、低消耗、低排放和高效率”的节约型农业增长方式，实现农业可持续发展。三是促进农民持续增收。挖掘农业增收潜力，增加非农产业收入，完善增收减负政策，加大扶贫开发力度。四是全面深化农村改革。完善农村土地制度，推进农村综合改革，深化农村金融改革，完善农村流通体系，保障农民工合法权益，发展专业合作经济组织，加强村级组织建设。五是发展农村公共事业。加强农田水利和农业生态建设，加强农村生产生活设施建设，发展农村各项社会事业，完善农业和农村社会化服务体系。

坚持五项原则。推进新农村建设，必须坚持以发展农村经济为中心，进一步解放和发展农村生产力，促进粮食稳定发展、农民持续增收；必须坚持农村基本经营制度，尊重农民的主体地位，不断创新农村体制机制；必须坚持以人为本，着力解决农民生产生活中最迫切的实际问题，切实让农民得到实惠；必须坚持科学规划，实行因地制宜、分类指导，有计划、有步骤、有重点地逐步推进；必须坚持发挥各方面积极性，依靠农民辛勤劳动、国家扶持和社会力量的广泛参与，使新农村建设成为全党全社会的共同行动。

处理五个关系。建设社会主义新农村，要正确把握和处理好推进新农村建设与做好“三农”工作的关系，推进新农村建设与推进城镇化的关系，农民自力更生与国家政策扶持的关系，创新投资体制与增加资金投入的关系，搞好试点示范与做好面上推广工作的关系。

二、“十一五”以来新农村建设的成就

“十一五”时期，国家持续加大农业农村投入，稳步推进现代农业建设和新农村建设，农业农村发展取得了巨大成就，实现了“三个新进展”。

（一）农业农村经济社会发展的新进展

1. 粮食等主要农产品产量稳步增长，质量安全水平明显提高

“十一五”期间，粮食生产连年丰收。2010 年全年粮食总产 5 464 亿千克，增产 156 亿千克，亩产达 331.5 千克，总产单产双双刷新历史纪录。粮食连续 7 年增产，是 1958 年以来的第一次；7 年增产 1 650 多亿千克、连续 4 年产量过万亿斤，是历史上第一次。“十一五”期间，棉花生产再上一个台阶，年均产量达 699.74 万吨，比“十五”增长 28.9%。油料生产实现恢复性增长，2008 年扭转前两年生产下滑的趋势，2010 年达到历史最高水平 3 230 万吨。糖料生产实现较快发展，年均增长 6.6%，一举打破了“十五”徘徊的局面。“菜篮子”产品稳定发展。2010 年，肉类、禽蛋、奶类总产量分别达到 7 850

万吨、2 760 万吨和 3 740 万吨，比上年增长 2.6%、1.5%和 0.2%；水产品 5 350 万吨，增长 4.6%；蔬菜、水果分别达到 6.37 亿吨、1.31 亿吨，增长 3.1%和 6.7%。近几年，我国加大了对农产品质量的监管力度，农产品质量安全水平明显提高。2010 年，蔬菜、畜产品、水产品监测合格率分别为 96.8%、99.6%和 96.7%，全年未发生重大农产品质量安全事件；新制定发布农业行业标准 400 项，无公害农产品、绿色食品、有机农产品比重提高。

2. 农村劳动力转移就业规模持续扩大，农民收入保持较快增长

"十一五"期间，到本乡镇以外务工经商 3 个月以上的农村劳动力由约 1.1 亿人增加到约 1.5 亿人，年均增加约 900 万人，比"十五"平均约增加 150 万人。平均月收入由约 870 元提高到 1 400 多元，年均增长 12.9%，初步扭转了长期以来低水平徘徊的局面。农民人均纯收入由 3 255 元增加到 5 919 元，年均实际增长约 9%，比"十五"平均提高约 3 个百分点。工资性收入占纯收入的比重由 36.1%上升到 41%，对农民增收的贡献率超过"十五"时期。

（二）农业和农村基础设施建设的新进展

1. 农田水利建设取得新进展

根据水利部统计，"十一五"期间我国节水灌溉面积逐年递增，2010 年达到 3 333 万公顷，较 2005 年增加了 1 200 万公顷。2008 年，大中型灌区比 2005 年新增 554 处，其中新增大型灌区 160 处，新增有效灌溉面积 2 414 千公顷；新增中型灌区 394 处，新增有效灌溉面积 607 千公顷。2010 年，全国大型灌区续建配套与节水改造项目建设第一批计划下达投资 84.92 亿元，其中中央投资 53 亿元，地方配套资金 31.92 亿元，用于 310 处大型灌区续建配套与节水改造建设。截至 2010 年 12 月 31 日，全国大型灌区节水改造项目累计完成 42.23 亿元，占总投资的 49.72%，比上年同期快 23.5 个百分点。自 2005 年中央财政设立小型农田水利工程建设补助专项资金以来，小型农田水利建设恢复明显。截至 2008 年底，项目实施 4 年共安排以小型水源工程、小型灌排工程为重点的项目区 6 000 个，总投资 145 亿元，其中中央财政 49 亿元，地方财政 33 亿元，农民投资投劳 63 亿元，新增粮食综合生产能力 15 亿千克，新增节水能力 40 亿米^3。2009 年以来，中央财政大幅度增加了小型农田水利设施建设专项资金规模，并集中资金在全国实施了两批 850 个小型农田水利重点县建设，取得了明显成效。林草生态建设取得新进展。退耕还林工程稳步推进。2006 年度退耕还林共完成 1 444.64 万亩，占全年总计划任务 2 000 万亩的 72.23%。其中退耕地还林 306.78 万亩，占计划任务 400 万亩的 76.69%；

宜林荒山荒地造林1 137.86万亩，占计划任务1 600万亩的71.12%[①]。2009年，全年完成造林面积89.86万公顷（含京津风沙源治理工程中的1.20万公顷），其中退耕地造林0.07万公顷，配套荒山荒地造林57.67万公顷，无林地和疏林地新封山育林32.12万公顷。草原生态建设稳步推进。据农业部对内蒙古、四川、西藏、甘肃、青海、宁夏、新疆等7省（自治区）和新疆生产建设兵团的退牧还草工程地面监测的结果显示，退牧还草工程区内的平均植被盖度、高度、鲜草产量和可食鲜草产量分别为64%、21.3厘米、3 185.0千克/公顷和2713.5千克/公顷，比非工程区分别提高12个百分点、36.2%、75.1%和84.1%[②]。

2. 耕地质量建设取得新进展

2004—2008年，国家统筹安排资金123亿元，建设标准粮田400多万公顷。2008年底，中央从"拉内需、促增长"投资中追加安排8亿元用于标准农田建设。2009年国家启动实施了《全国新增1 000亿斤粮食生产能力规划》，当年安排投资65亿元，用于规划的田间工程及农技服务体系项目建设。除了安排投资用于田间基础设施建设外，中央财政和各级地方财政还通过补贴项目形式，加强耕地质量建设，培肥土壤，提升地力。测土配方施肥项目实施五年来，中央财政累计投入40亿元，地方配套4亿元，项目县（场）从2005年的200个扩大到2010年的2 498个。2006年启动实施的土壤有机质提升试点补贴项目，投入规模从1 700万元扩大到2010年的5.5亿元，实施面积从85万亩增加到2 750万亩，同时带动了北京、上海、江苏等10多个省市出台商品有机肥补贴、鼓励利用冬闲田恢复绿肥种植的政策，耕地质量建设的方式更加多样[③]。

3. 农村饮水安全规划提前一年实现

根据水利部门提供的资料，2006—2008年国家已安排中央投资238亿元，地方自筹配套资金195亿元，用以解决10 866万人的饮水安全问题。2009年，农村饮水安全工程使6 069万农民受益，农村自来水普及率达到68.7%，比上年提高3.2个百分点，提前一年完成了"十一五"饮水安全规划任务，提前6年实现联合国千年宣言提出的到2015年将饮水不安全人口比例降低一半的目标。

① 国家林业局退耕还林办公室：《退耕还林工程简报》（第85期），2007年3月20日。

② 农业部：《2009年全国草原监测报告》，2009年3月29日。

③ 耕地质量建设夯实了增产基础，http://www.chinadaily.com.cn/hqcj/zxb/2010-11-12/content_1192425.html。

4. 农村公路建设速度继续加快，管养改革深入推进，建设质量稳步上升，农村公路建设迈上了一个新台阶

2010 年，全国农村公路（含县道、乡道、村道）里程达 350.66 万公里，比上年末增加 13.75 万公里，其中县道、乡道、村道比上年末分别增加 3.46 万公里、3.53 万公里和 6.77 万公里，五年新增农村公路 59.13 万公里。全国通公路的乡（镇）占全国乡（镇）总数的 99.97%，通公路的建制村占全国建制村总数的 99.21%，比上年末分别提高 0.37 个和 3.44 个百分点，比“十五”末分别提高 6.33 个和 22.30 个百分点。通硬化路面的乡（镇）占全国乡（镇）总数的 96.64%，通硬化路面的建制村占全国建制村总数的 81.70%，比上年末分别提高 4.18 个和 4.10 个百分点，比“十五”末分别提高 16.24 个和 28.81 个百分点[①]。

5. 农村电网改造成效显著

全国农村水电电网建设共完成投资 43 亿元，新增 110 千伏及以上变电站容量 464 万千伏安；新增 35（66）千伏变电站容量 142 万千伏安；配电变压器容量 220 万千伏安。新投产 10 千伏及以上高压线路 2.2 万公里，低压线路 12 万公里。

6. 农村危房改造试点逐步开展

2009 年是扩大农村危房改造试点的第一年，中央财政共安排 40 亿元资金，支持全国陆地边境县、西部地区民族自治地方的县、国家扶贫开发工作重点县、贵州省全部县和新疆生产建设兵团边境一线团场完成 79.4 万农村贫困户的危房改造。同时，支持东北、西北和华北等三北地区试点范围内 1.5 万农户，结合农村危房改造开展建筑节能示范。截至 2009 年 11 月 30 日，全国扩大农村危房改造试点任务开工率 91.1%、竣工率 64.9%，山西、吉林、黑龙江、宁夏、贵州、江西、甘肃等省、自治区和新疆生产建设兵团竣工率达到 90%以上；建筑节能示范开工率 84.7%、竣工率 74.3%，吉林、黑龙江、陕西、青海等省竣工率达到 100%。

（三）农村公共事业取得的新进展

1. 农村教育事业取得新进展

“十一五”期间，在教育优先发展的战略思想指导下，我国各级政府都加大了教育投入，并不断完善教育经费保障机制，使教育经费总投入从“十五”期末的 8 418.8 亿元增至 2009 年的 16 502.7 亿元，增幅达 96%。针对农村义

① 交通运输部 2010 年统计公报。

务教育阶段的贫困学生，国家“十一五”期间继续实施“两免一补”（免杂费、免书本费、逐步补助寄宿生生活费）政策。2006 年西部地区农村义务教育阶段中小学生全部免除学杂费，2007 年中部地区和东部地区农村义务教育阶段中小学生全部免除学杂费。2008 年对全部农村义务教育阶段学生免费提供教科书，提高农村义务教育阶段家庭经济困难寄宿生生活费补助标准，扩大覆盖面。2009 年提高家庭经济困难寄宿生补助标准。国家新增助学金向农村生源学生倾斜。据农业部农村经济研究中心发布的《2010 年中国农村政策执行报告》表明，在所调查的 12 个省 118 个县的问卷调查显示，有 91.8%的调查县对农村家庭经济困难寄宿生实行住宿补助，有 85.6%的县减免了中等职业学校新招收农村家庭困难学生和涉农专业学生学杂费。

2. 农村医疗事业取得新进展

“十一五”期间，从新型农村合作医疗的进展情况看，发展非常顺利。截至 2010 年底，开展新农合的县（区、市）达 2 678 个，新型农村合作医疗覆盖率达 94%，提前实现“十一五”规划提出的 80%的约束性指标；参合人口 8.36 亿，参合率为 96%，高于中央提出的 90%的参合率。2010 年新型农村合作医疗筹资总额为 1 308.3 亿元，人均筹资 156.6 元。全国新农合基金支出 1 187.8 亿元，补偿支出受益达 10.87 亿人次。据农业部农村经济研究中心发布的《2010 年中国农村政策执行报告》表明，在所调查的 12 个省 118 个县的问卷调查显示，2010 年有 94%的县提高了农村新型合作医疗的筹资水平，农民筹资标准人均 32 元，政府补贴的标准人均 108 元。在所调查的 12 个省 9 950 个农村固定观察点调查户的问卷调查显示，参加新型农村合作医疗保险的农户比例高达 97.5%。

3. 农村文化事业取得新进展

广播电视“村村通”工程稳步推进。中央和地方财政投入资金 82 亿元，解决了全国 71.66 万个 20 户以上已通电自然村“盲村”群众听广播、看电视难的问题。针对 20 户以上已通电“盲村”地处偏远，农户居住分散等特点，工程建设主要采用直播卫星方式解决覆盖问题。广电总局组织建设了“村村通”直播卫星节目上行平台，并安排了包括维吾尔语、哈萨克语、蒙古语、藏语（卫藏、安多、康巴）、蒙柯语、朝鲜语等少数民族语言节目在内的 40 多套广播电视节目通过“村村通”平台播出，为广大农村群众提供高质量的广播电视服务。通过直播卫星方式共解决了中西部 1 350 万户近 5 000 万人听广播看电视难的问题。“十一五”开始实施的农村中央广播电视节目无线覆盖工程建设，中央财政共安排补助资金 50 亿元，对全国 3 032 座大中功率广播电视无线发射台站转播中央第一套、第七套电视节目和第一套广播节目的 6 626 部电视、调频和中波发射机进行更新改造并对设备加强运行维护。同时，按照分级负责原则，各省（自治区、直辖市）积极推进省、市（地）、县级节目无线覆盖工程建设，累计投入超过25亿元资金，对2 212座无线发射台站的4 093部转播地方节目发射机进行更新改造和运行维护①。农村电影放映工程稳步推进。截至2010年，全国已组建农村电影数字院线218条，有数字放映队28 730支，加上目前正在下发的设备，2010年将基本完成16毫米胶片放映向数字放映的过渡②。乡镇综合文化站建设稳步推进。截至2010年初，中央财政共投入资金21亿元，完成规划总投资的53%，新建、改扩建1.2万个乡镇综合文化站。农村书屋工程稳步推进。截至2009年上半年，全国已建成农家书屋9.2万余个，预计2009年底到2010年初将建成24万～30万个，覆盖全国40%～50%的行政村，可以提前完成原定的"十一五"建设任务。

4. 农村社保事业取得新进展

覆盖全国的农村最低生活保障制度建立。2007年底，农村最低生活保障制度在全国范围内普遍建立，平均低保标准70元/(人・月)。2009年末，平均低保标准提高到101元/(人・月)。截至2010年2月，全国共有4 840.4万人、2 328万户已纳入农村最低生活保障，比"十一五"初期增加了4 000万人以上。新型农村养老保险试点稳步开展。截至2009年末，已经审批和即将审批的试点县共320个，占县（市）总数的11.6%，届时享受养老保险待遇的农村人口约有1 500多万。农村"五保户"供养等社会救助体系不断完善。到2009年末，全国农村得到五保救济的人数达到554.3万，覆盖了528.6万户，农村五保供养平均供养标准提高到2 001元/(人・年)。农民工的社会保障制度逐步建立。据人力资源和社会保障部数据，2008年底全国农民工就业总量是2.42亿人，其中参加工伤保险的农民工人数达6 300万人，全国农民工参加工伤保险的比率约为26%。

三、推进新农村建设存在的问题及面临的挑战

党的十六大以来，我国农村经济社会发展成效显著，新农村建设快速推进。然而，由于农业基础薄弱，城乡二元体制障碍根深蒂固，资源要素持续从农村流出的趋势短期内难以逆转，新农村建设仍然存在着诸多问题。随着我国

① 广播电视村村通工程：切实保障农村群众的基本需求，http://news.xinhuanet.com/2011-01/28/c_121036533.htm。

② 国家广电总局：《关于推动农村电影放映工程持续健康发展的通知》，2010年2月。

经济社会的进一步发展，新形势下加快推进新农村建设也将面临一些新的挑战。

（一）当前新农村建设中存在的突出问题

1. 农业农村经济发展仍然滞后

一是农业现代化水平低。我国农业科技进步贡献率仅为50%左右，远远低于农业发达国家70%～80%的平均水平；农业科研推广体系不健全，科技成果转化率不足40%；耕种收综合机械化水平较低，全国仍有相当一部分地区的农田作业以传统的手工劳动和畜力耕作为主。

二是农村二、三产业发育不足。农产品加工转化率不高，深加工比重较低，加工产品附加值和科技含量不高，2009年我国农产品加工转化率不足50%，增值率仅为2∶1；运输、仓储、市场营销、科技研发推广、信贷担保等农业生产性服务业发展相对滞后，不能满足新形势下农业农村发展的需要。

三是城乡收入差距持续扩大。2004—2009年，城乡居民收入绝对差距则由6 485元扩大到12 022元，相对差距由3.21∶1扩大到3.33∶1。导致城乡收入差距扩大的重要原因是农民收入绝对水平和增长速度都比较低。2009年全国农民人均纯收入为5 153元，仅为城镇居民人均可支配收入的30%。

2. 对农业农村的支持保护仍然不够

一是财政资金投入不足，资金使用效率不高。2006—2010年，中央财政用于“三农”支出占财政支出的比重仅为16.2%。财政支农资金增长机制还不健全是导致财政支农资金投入不足的重要原因，目前支农资金的增加主要靠财政支出增量调整，这在较大程度上限制了财政支农资金难以快速增加。财政支农资金投入结构不合理、投入分散导致了财政支农资金使用效率不高。基础设施建设中小型农田水利等薄弱环节投入较少，农业科技支出比例偏低特别是技术推广经费严重不足；财政支农资金缺乏统筹规划、投入分散、多头管理问题比较突出。

二是农村金融发展缓慢，服务“三农”力度不足。2009年我国农业贷款额为21 000多亿元，仅占全社会贷款额的3.2%，农村信贷资金大量流出的状况仍没有改变，这导致了农村中小企业和农户贷款难的问题仍然广泛存在。农业保险发展严重滞后，农业保险覆盖品种主要是粮棉油作物，对地方支柱农业和特色农业，特别是肉、蛋、奶、渔、果、菜等“菜篮子”产品覆盖明显不足。2009年参保农户1.3亿户，不足农户总数的一半。农村金融衍生工具发展较慢，农产品期货市场风险扩大，农业生产保险支持下的订单农业发展不足。农产品电子交易市场管理不规范，反而助长了农产品涨价，亟待整顿规范。

3. 农村基础设施和公共服务水平仍然低下

一是农村基础设施建设水平难以满足农村生产生活的需要。目前全国规划内仍有1.7亿左右农村人口尚未解决饮水安全问题，农村电网老化失修，农村部分地区农民出行难的问题还没有得到解决，还有相当部分农户仍在危房居住，农村信息化水平偏低。建管机制不健全制约了农村基础设施水平难以快速提升。农村基础设施后期管护机制不健全，养护责任落实不到位，缺乏后续投入和维护管理，农村基础设施老化失修现象较为普遍，直接影响基础设施的使用效果和使用年限，难以长期发挥效益。

二是农村社会事业发展相对滞后。农村义务教育投入不足，教师整体素质亟待提高。农村中小学公用经费保障水平明显偏低，相当一部分农村地区中小学校舍、教学设施、仪器设备达不到国家规定的基本标准，农村骨干教师严重缺乏。农村医疗卫生条件较差，医疗保障水平低。农村三级医疗卫生体系建设滞后，县乡村医疗机构条件差，设备落后，医疗卫生队伍水平偏低。新型农村合作医疗保障水平低，绝大部分地区都以保大病住院为主，门诊补偿比例低；住院报销比例不高，报销封顶额偏低；患有慢性病、大病术后康复等特殊病种的农民得不到有效保障。社会保障水平偏低，制度不完善。农村养老保险覆盖面低，2009年享受养老保险的农村人口仅有1 500万；养老标准偏低，基础养老金每人每月仅为55元。农民工社会保障制度建设滞后，社保缴费时间相对较长，社保关系跨区域转移接续困难，农民工参保率低。

4. 农村基层治理制度建设仍显滞后

一是乡村治理机制不完善。一方面，乡镇机构职能错位、缺位、越位问题并存。片面重视经济增长，忽视乡村的公共服务和社会管理；延续传统管理模式，依法行政意识不强，例如乡镇直接干预村庄自治事务。另一方面，村民自治制度执行难。民主选举受到宗族、派性势力的干扰和影响严重；村庄事务的决策和管理权存在村干部等少数人控制问题，农民的参与权、决策权受到忽视，村民会议、村民代表会议缺少权威；民主监督机制发育滞后，村务公开名不符实，公开内容不真实具体，公开时间不及时，民主理财等监管措施流于形式、难以执行；村级公益事业"一事一议"难以有效组织和落实。

二是农村社会组织发育滞后。乡村中介组织和协会数量不足，存在着能力偏弱、性质模糊、内部建设不够规范等诸多问题，在乡村治理中作用发挥有限。

三是农村社会管理制度不健全。当前农村利益分化加剧，人口流动加快，乡村社会治安情况有所恶化，由征地、移民安置、资源权属纠纷、环境污染等带来的矛盾纠纷增多，群体性事件屡有发生。而乡镇机构流动人口管理、社会治安联防等制度建设相对滞后，基层纠纷调解、信访等制度不完善，应对和防范机制不完善，缺乏有效应对和化解的能力和手段。

（二）加快推进新农村建设面临的挑战

建设社会主义新农村是我国的一项长期的战略任务，对全面实现小康社会和国家现代化有着突出意义。从今后一个时期看，推进新农村建设面临的形势发生了变化，还存在不少挑战。

1. 农民增收难度加大，推进城乡一体化发展任务更加艰巨

党的十六大提出实行统筹城乡经济社会发展的基本方略，党的十七届三中全会进一步明确把加快形成城乡经济社会发展一体化新格局作为根本要求。当前，中国农村经济社会发展滞后，农民收入水平低，城乡收入差距持续扩大，难以适应推进城乡经济社会发展一体化的要求。未来一段时期，保持农民收入较快增长、扭转城乡收入差距持续扩大的趋势难度加大。

一是依靠农业发展促进家庭经营性收入增长的空间不大。在农业连续7年丰收、粮食产量连续4年超5亿吨的基础上，粮食等主要农产品产量大幅度提高的难度加大；受国内农产品供求状况和国际农产品贸易形势变化的影响，短期内农产品价格大幅度上升的空间有限。因此，未来通过增加产量和提高价格实现农民收入较快增长难度较大。

二是依靠农村劳动力转移就业促进工资性收入增长呈放缓趋势。从近几年的变化情况看，农民工资性收入增长趋势放缓，增速由2005年的17.6%逐步下降到2009年的11.2%。今后农村劳动力转移就业的结构性矛盾突出，转移难度加大，这个趋势可能还会持续下去。

三是依靠政策性因素促进转移性收入增长的作用减弱。从近年来的变化情况看，粮食直接补贴、农资综合补贴、良种补贴、农机具购置补贴4项补贴支出，2009年的人均水平比2005年增长了4倍多，但与2008年相比只增长16.2%，增速明显下降。今后随着补贴规模的扩大，人均补贴水平增速下降的趋势会更加明显。

2. 农业现代化发展滞后，推进“三化”同步发展更加迫切

改革开放以来，我国工业化、城镇化进程加快，获得了长足的发展。工业增加值从1978年的1 607亿元增加到2009年的135 240亿元，增长83.2倍，年均增长15.4%；城镇化率从1978年的17.9%提高到2009年的46.6%，年均提高0.9个百分点。与工业化、城镇化的快速发展相比，我国农业现代化发展明显滞后。2009年，我国农业科技进步贡献率仅为51%，耕种收综合机械

化率49%，占就业总量38.1%的农业劳动力只产出了10.2%的产值，远低于世界同等工业化、城镇化国家的平均水平。

从世界现代化发展的历程看，工业化、城镇化和农业现代化“三化”相互影响、相辅相成。工业化、城镇化可以带动和装备农业现代化，农业现代化则为工业化、城镇化提供支撑和保障。工业化、城镇化不发展，农业现代化就缺乏动力；反过来，农业现代化若跟不上工业化、城镇化发展步伐或者忽视农业现代化，就会导致工业化、城镇化陷入停滞，造成“三化”都难以为继。纵观美国和日本等发达国家农业现代化发展历程，他们都是依靠工业化、城镇化的发展成果，用先进技术和物质装备等现代要素替代土地、劳动等传统要素，大幅度提高农业生产率，实现了工业化、城镇化与农业现代化的同步推进，较快地迈进了现代化国家行列。但也有一些国家在推进工业化城镇化进程中没有处理好“三化”关系，出现忽视农业弱化农村的现象，导致工农失调、城乡失衡，严重阻碍了现代化进程。

党的十七届五中全会强调，要在工业化、城镇化深入发展中同步推进农业现代化。同步推进工业化、城镇化和农业现代化，既是一项基本原则，也是一项重大任务，这为我国经济社会发展提出了新的更高要求。然而，我们应清醒地看到，当前和今后一个时期制约农业现代化的影响因素仍将存在，有的甚至还会加剧。城乡二元体制障碍难以在短时期内破除，资源要素从农村流出的局面还会持续，城乡差距加大的趋势可能会进一步加剧，加快推进农业现代化、实现“三化同步”依然面临诸多的挑战。

3. 经济社会发生深刻变化，创新农村社会管理更加紧迫

随着工业化、城镇化和农业现代化的快速推进，要素流动会进一步加快，农村经济社会将发生深刻变化。一是新生代农民工成为进城务工人员的主体。当前新生代农民工占农民工总数的50%左右，据估算，到2020年这一比例将达到80%左右。二是将会出现城市人口向农村转移的情况，尤其是向城市近郊农村转移。随着农村基础设施不断完善和公共服务不断改善，农村高质量的生态环境和轻松的生活环境将吸引一定数量的城市人群向农村转移。三是农村居民收入差距较大，并在持续扩大。据测算，2009年农民收入基尼系数为0.54，高于全国收入基尼系数，也比2000年提高11.3个百分点。

农村人口结构变化和社会分化，使农民的利益分化和权利诉求将更加复杂和强烈，对农村社会管理体制提出新的要求和挑战。一是户籍制度改革的要求更加迫切。新生代农民工的城市认同感、生活方式等方面与第一代农民工有很大不同，他们更加渴望城市文明，更加渴望获得平等的对待，更加懂得争取自己的权利。现行的户籍制度使他们长期得不到公平的待遇，已经不单单影响到

我国经济的可持续发展，更影响到我国社会的稳定。二是村民自治制度遇到新的难题。城市人口转移到农村后，难点是他们村民身份的认定，这直接关系到他们能否享受所在村庄的政治权利和经济权利，而现行的村民自治制度还没有这方面的制度设计。三是对土地管理制度提出新的要求。从农业的角度看，如何保证耕地资源得到充分合理利用，避免出现土地粗放经营甚至撂荒；从农民的角度看，如何在自身权益得到充分维护的基础上，建立土地承包权和宅基地地权退出机制。

四、深入推进社会主义新农村建设的政策建议

在新形势下深入推进社会主义新农村建设，要按照同步推进工业化、城镇化和农业现代化，加快建立城乡经济社会一体化发展新格局的要求，完善以工促农、以城带乡长效机制，加大强农惠农力度，加快现代农业建设，全面繁荣农村经济，加强农村基础设施建设，强化农村公共服务，创新完善农村发展体制机制，着力提高农业现代化和农民生活水平，建设农民幸福生活的美好家园。

（一）调整国民收入分配结构，加大农业农村资金投入

1. 调整固定资产投资结构

科学界定农业投资范围，规范农业投资科目，增加农业固定资产投资，提高农业固定资产投资比重。要把农业投资的重点放在农田水利、林草生态、耕地质量、机耕道路、仓储物流、农产品市场和农村基础设施建设等。

2. 增加财政支农资金投入

按照“总量持续增加、比例稳步提高”的要求，增加财政支农资金投入。按照《农业法》的要求，确保国家财政对农业总投入的增长幅度高于国家财政经常性收入的增长幅度；提高土地出让金用于农业土地开发的比例，由目前“不低于土地出让平均纯收益的15%”提高到“不低于土地出让平均纯收益的25%”。完善强化农业补贴制度。要进一步提高收入性综合补贴标准，完善生产性补贴标准和发放方式，理顺主要品种之间补贴标准的比价关系，增加甘蔗良种补贴等地区性特色品种补贴种类；生产性补贴政策向种养大户、农机经营大户等规模经营主体倾斜。

3. 加大农业金融支持力度

抓紧完善落实县域内银行业金融机构新吸收的存款主要用于当地发放贷款的政策要求，银行业金融机构要进一步增加涉农信贷投放。加快发展村镇银

行、贷款公司、农村资金互助社、小额贷款组织等，引导社会资金投资设立适应农业发展需要的各类新型金融组织。改革农业和农村贷款担保抵押方式，扩大农用生产设备、集体林权、四荒地使用权、农户用房等抵押贷款试点。完善农业保险补贴政策，探索开展农村住房保险、小额保险、农机具保险、渔业保险。加强财税政策与金融政策有效衔接，引导更多信贷资金投向“三农”。

4. 健全“三农”投入长效机制

改革支农资金管理体制，合理划分中央和地方政府财政在农业和农村发展中的事权和财权，进一步扩大在县级整合支农投资试点范围，完善支农资金和项目管理办法，提高支农资金使用效率。采取税收、补贴、贴息等政策措施，引导社会资金投向农业和农村。抓紧研究制定《农业投入法》、《农业信贷法》和《社区再投资法》，促进农业和农村资金投入规范化、制度化、法治化。

（二）加快发展现代农业，积极推进农业现代化

1. 完善现代农业产业体系

在稳定粮食生产的基础上，继续调整农业结构。优化农业产业布局，重点建设粮食生产核心区、畜牧水产优势区、经济作物优势区、东部沿海农业区、大城市郊区农业区、西部特色农业区、农垦经济区和草原生态经济区八大区域建设。组织实施高标准农田建设工程、现代种业工程、新一轮“菜篮子”建设工程、渔政渔港建设工程、动植物保护工程等工程建设，夯实现代农业发展的物质基础。推进农业产业化经营，扶持壮大农产品加工业和流通业，促进农业生产经营专业化、标准化、规模化、集约化。

2. 健全农业社会化服务体系

加快健全乡镇或区域性农业技术推广服务机构，进一步完善农业科技推广机制，充分发挥农业专业技术推广机构的作用。积极培育多元化的农业社会化服务组织，支持农民专业合作组织、供销合作社、农民经纪人、龙头企业等主体提供多种形式的生产经营服务，进一步提高农技推广服务水平。积极发展农产品流通服务，加快建设流通成本低、运行效率高的农产品营销网络。

3. 加强农业基础设施建设

合理开发利用和严格保护农业资源，实行最严格的土地管理制度，切实保护好耕地特别是基本农田。继续实施沃土工程，引导农民科学施肥，发展保护性耕作，加快中低产田改造，努力提高耕地质量。大力加强农田水利基本建设，发展节水灌溉农业，充分合理地利用各类水资源。完善农业自然灾害、生物灾害的应急反应机制，健全防灾减灾体系，建立可持续防灾减灾的长效机制。

4. 大力推进农业科技进步

稳步增加对农业科研的投入，力争到“十二五”末农业科技投入强度达到2%。加强农业科技创新体系建设，加强不同部门、不同层级农业科研单位之间开展合作研究，鼓励科研单位与企业之间开展联合攻关。以农业生物技术为重点，推进生物育种技术创新，培育优质、高产、安全的农作物新品种和健康、专用的动物新品种。加快新品种新技术的推广。围绕新品种使用、耕地保护与节约利用技术、农业节水灌溉技术、动植物重大病虫灾害控制技术等关键性农业技术，通过开展示范和引导，加快普及推广新品种和适用先进技术。积极推进农业信息化。

5. 大力推进农业机械化

适应农业规模化、精准化、设施化的要求，积极开发多功能、智能化、经济型的机械装备设施，优化农机装备结构。促进农机农艺协调发展，建立农机和农艺科研单位协作攻关机制，制定科学合理、相互适应的机械作业规范和农艺标准，有针对性地推广一批适合机械化作业的品种和种植模式。推广先进适用农业机械，增加农机具购置补贴，加快普及主要农作物重点环节和关键农业机械化技术。发展农机社会化服务，大力发展农机专业合作社，鼓励发展农机专业大户和联户合作，探索发展农机作业公司。

6. 完善农业基本经营制度

在坚持以家庭承包经营为基础、统分结合的双层经营体制的基础上，按照依法、自愿、有偿的原则，引导土地向种田能手、专业大户和农民专业合作社等经营主体流转，发展土地适度规模经营。积极开展农民承包土地确权登记工作，明晰农民的土地承包权益。加强土地流转服务和管理，建立健全土地承包经营权流转市场，加强土地用途监管。

（三）加快农村非农产业发展，全面繁荣农村经济

1. 大力发展农产品加工业

重点培育一批产业关联度大、带动能力强、有国际竞争力的大中型农产品加工龙头企业，带动相关产业发展。鼓励引进国外先进加工技术，支持企业与各类研发机构联合开展重大关键加工技术的攻关，加快科技成果的转化应用。加大对农产品加工企业原料基地建设、设备引进、市场开拓的财政、信贷支持力度，完善企业税收优惠政策。制定实施农产品加工业发展规划，加强行业管理和自律。

2. 加快发展农村二、三产业

抓住城市工业结构转型升级、产业转移、技术扩散的有利时机，立足当地

资源状况、市场条件、区位优势和技术水平选择支柱产业，加快农村工业发展。加快技术改造步伐，淘汰落后工艺和设备，围绕节约资源、提高效率，减少面源污染、保护生态环境，提升农村传统产业，促进农村工业转型升级。支持供销合作社、农民专业合作社、专业服务公司、专业技术协会、农村经纪人等多种主体，为农户提供农资经销、农机销售和维修、农业技术推广和指导、动物防疫、市场信息和农产品流通等多种形式的生产经营服务。围绕技术研发、职工招聘与培训、仓储物流、市场营销、邮政、金融、会计、法律、管理咨询等内容，为农村中小企业发展提供专业化服务。鼓励农村个体工商户围绕餐饮、交通、商贸、娱乐、旅游等，发展以服务当地农村社区为主的生活性服务业。

3. 大力发展县域经济

依托当地资源优势和市场条件，通过优化投资环境、强化扶持政策发展培育龙头企业，带动支柱产业发展。引导企业、技术、产业向县城、中心镇和工业园区集中，发挥支柱产业的关联带动作用。落实鼓励和引导民间投资健康发展的政策措施，支持民间资本投向基础产业和基础设施、公用事业、社会事业、金融服务等领域。清理整合涉及农村非公有制企业的行政审批事项，简化环节、缩短时限，提高行政服务效率。进一步完善对农村中小企业的支持政策，进一步清理和规范涉企收费，切实减轻农村中小企业负担。加快发展多种形式的新型农村金融组织和以服务农村为主的地区性中小银行，积极引导民间融资健康发展，加快发展多层次信贷市场，加大金融对县域经济发展的支持力度。

（四）加快农村劳动力转移就业，促进农民收入持续稳定增长

1. 大力发展劳动密集型产业，扩大农村劳动力转移就业机会

与重工业相比，纺织业等轻工业部门单位资本吸纳的劳动力就业量较多，是吸纳农村劳动力转移就业的主阵地。要大力发展纺织、服装、玩具制造等劳动密集型产业和运输仓储、商贸服务等生产性服务业，积极发展旅游健身、家政养老和社区服务等生活性服务业，为农村劳动力转移就业提供广阔的就业机会。

2. 加强农民转移就业培训，提高农村劳动力转移就业能力

进一步整合各部门的培训项目和资源，研究制定农村劳动力转移就业中长期培训计划。加快建设政府补助、面向市场、多元办学的职业培训机制，鼓励个人和社会力量以多种形式开展农村劳动力转移就业培训工作。加强与用工企业合作，开展订单培训、定向培训、岗位技能培训，提高培训针对性。改革对

农民工培训的补贴办法，通过培训券等形式将补贴资金直接发放到个人，再由个人自主选择培训机构和培训课程。

3. 深化户籍管理制度、住房保障制度和社会保障制度改革，加快农民工市民化进程

放宽中等城市、小城市和小城镇的落户条件，逐步推进省会城市和大城市户籍制度改革，稳妥推进特大城市户籍制度改革。扩大城镇住房保障覆盖，促进有条件的城市将有稳定职业并在城市居住一定年限的农民工逐步纳入城镇住房保障体系。扩大农民工工伤、医疗、养老保险覆盖面，落实农民工养老保险关系转移接续政策。积极推进农民转市民进程，鼓励有稳定就业和居住的新生代农民工转为城市居民。将新旧市民共同纳入城镇管理和保障体系，实现行政区划内的户籍人口享有平等的公务服务、社会福利和权益保护。

（五）加强农村基础设施建设和公共服务，创建幸福生活的宜居家园

1. 加强农村基础设施建设

科学编制乡镇村庄规划，合理安排乡镇建设、农田保护、产业聚集、村落分布、生态涵养等空间布局，统筹农村生产生活基础设施、服务设施和公益事业建设。加强农村饮水安全工程建设，继续推进农村公路建设，加强农村能源建设，全面推进农村危房改造和国有林区（场）、棚户区、垦区危房改造，实施游牧民定居工程。加强面源污染治理力度，加快推动农村垃圾集中处理，开展农村环境集中连片整治。

2. 强化农村公共服务

大力发展农村教育，提高农村义务教育质量和均衡发展水平，全面实施农村中等职业教育免费，积极发展农村学前教育。建设覆盖城乡居民的公共卫生服务体系、医疗服务体系、医疗保障体系、药品供应保障体系，为农民群众提供安全、有效、方便、价廉、可及的医疗卫生服务。加快健全农村社会保障体系，提高农村保障标准，发展以扶老、助残、救孤、赈灾为重点的社会福利和慈善事业。加强农村公共文化和体育设施建设，丰富农民精神文化生活。

3. 完善农村公共品管护机制

健全基础设施和社会事业项目专家评审制度，严把项目审批关；完善基础设施和社会事业项目招投标制度，严把项目实施关；实行资金使用公开制度和项目责任追究制度，完善资金项目监督管理机制，确保资金规范、安全、高效运行。推进农村水利建设管理体制改革，开展农电体制改革，深化农村公路管理养护体制改革。推进农村基础设施产权制度改革，明晰产权，明确责任，加

强管理和维护，提高设施利用效率。

（六）全面深化改革，健全城乡一体化发展的体制机制

1. 完善农业农村发展体制机制

完善农村土地法律法规和相关政策，现有农村土地承包关系保持稳定并长久不变；完善土地承包经营权权能，依法保障农民对承包土地的占有、使用、收益等权利；健全土地承包经营权流转市场，发展多种形式的适度规模经营。完善农村集体经营性建设用地流转和宅基地管理机制。严格界定公益性和经营性建设用地，改革农村土地征用制度。农村集体经营性建设用地要通过统一有形的土地市场、以公开规范的方式转让土地使用权，建立城乡统一的建设用地市场。按照转变职能、理顺关系、优化结构、提高效能的要求，加快推进农业行政管理体制改革；理顺中央各部门之间职能，建立产加销、内外贸、内外检一体化的农业行政管理体制；按照中央地方分工协作、各司其职的原则，调整确定各级农业行政管理部门的职责。

2. 推进县乡财政和行政体制改革

调整财政收入分配格局，增加对县乡财政的一般性转移支付，提高县级财政在省以下财力分配中的比重，建立县乡基本财力保障制度，全面推进县乡财政体制改革，增强县域经济发展实力。稳步推进扩权强县改革试点，鼓励有条件的省份率先减少行政层次，探索试行省直接管理县（市）的行政体制，扩大县级政府的经济和社会管理权限，增强县域经济发展活力。按照着力增强乡镇政府社会管理和公共服务职能的要求，优化岗位设置和人员结构，继续推进乡镇机构改革。推进村民自治制度化、规范化、程序化，加快培育农村服务性、公益性、互助性社会组织，完善农村社会自治功能。顺应农村居住方式和生活方式变化的要求，做好乡村建设规划，深化农村社区管理体制改革。

第三章 国外及我国台湾地区新农村建设的主要做法和基本经验

建设社会主义新农村，是党中央从我国现代化建设的全局出发提出的重大历史任务。在推进我国新农村建设的过程中，有必要借鉴国外的经验和教训。为此，必须准确把握建设社会主义新农村的完整内涵，就是要按照“二十个字”的要求，全面推进解决农业、农村和农民问题的进程。从世界现代化进程和经验来看，对农村进行改革以建设新型农村，是世界上所有国家在实现由传统社会向现代社会转型过程中必须经历的一个历史阶段。在这方面，世界很多国家和地区在解决“三农”问题上给我们提供了广阔的视野和有益的借鉴。但是，立足我国国情，尤以韩国、日本的乡村运动开展的背景与我国相似，都是人多地少且农业生产主体为小规模农户的国家和地区。开始新农村建设时，农业发展已经有了相当的基础；而同美国、加拿大以及巴西等美洲国家相比，欧盟农业生产者拥有的农场规模较小，农业生产条件与我国更为相近，其农村开发与资金管理措施对我国具有较强的借鉴意义。巴西在缩小城乡差距上的教训对我国现阶段的新农村建设具有警示意义。所以，本章将主要对这几个国家和地区在农村建设问题上的一些做法进行全方位的审视和分析。

一、国外新农村建设的主要做法

（一）韩国的新农村运动

20世纪70年代，韩国曾经推行“新村运动”，有效地改变了农村地区的落后面貌，缩小了城乡差距，为韩国的经济起飞奠定了基础。韩国新农村运动的主要特点是：政府自上而下推动，以修建村庄道路为主要目标，注重发挥农民的积极性。

1. 发展背景

（1）人均GDP较低，城乡差距逐步扩大。韩国从1910年到1945年为日本的殖民地，1947年开始规划并启动农村土地改革，到1955年完成。在1953—1961年的战后恢复期，经济发展并不快。据统计，1953年韩国人均

GDP为57美元，到1962年仅提高到87美元。农业仍是传统农业，农民十分贫穷，农村基础设施也相当落后。1961年朴正熙军政府上台执政，1962年开始实施第一个五年计划。与计划经济国家的“赶超战略”和拉美国家的进口替代型经济不同，韩国政府在经济发展战略上，选择了出口导向型经济，以劳动密集型产业为主导。事实证明，这一经济发展战略取得了成功，韩国经济开始起飞。到1971年，韩国人均GDP达到286美元。但是，随着工业化和城市化的快速发展，城乡差距开始凸显并逐步扩大。

（2）使用政府主导投资解决农业和农民问题的作用有限。当时的韩国领导人高度重视农业和农村问题。在倡导“新村运动”前，政府就试图用财政资金解决农民的债务和农业生产资金问题，但没有取得较好的效果。当时粮食和供应加工业的农产品原料不足，政府收购农民大米的价格只有市场价格的75%。同时，城乡收入差距吸引了大批青年农民进城就业。在农村地区，基础设施建设滞后，农民居住条件简陋，务农的收入极低。在“新村运动”之前的1970年，韩国农村家庭数量为250万，其中80%的家庭居住的是茅草房；韩国自然村数量约5万个，其中80%的村不通电，只有60%的村勉强能通汽车。

之后，政府尝试从财政投资主导转向激励农民参与，引导农民调整农业结构，并积极发展农产品加工业。这一尝试取得了明显的效果。在此基础上，韩国政府在1970年4月开始倡导并推进“新村运动”。

2. 政策措施

韩国在开始推行“新村运动”之前，农村面临的问题很多，可划分为三大类：①需要由农民自己解决的问题，例如农业生产决策等；②需要村民合作解决的问题，例如修建村庄道路等；③需要政府解决的问题，例如新品种培育、通电、建设高中、医院、水库、公路等。韩国政府确定的新村建设项目内容，主要针对第二类问题，即需要村民合作解决的问题。“新村运动”以“勤勉、自助、合作”为宗旨，以提高农民的生活伦理水平和改善农村物质生活条件为目标，实现“摆脱贫困，走向富裕”。韩国政府高度重视“新村运动”，在重点开展“新村运动”的1970—1979年间，国会领导人和内阁成员都参加了有关此项工作的会议，会议则由总统主持。主要做法是：

（1）以村为单位筛选实施项目。项目的选择和确定，采取民主方式进行，由地方官员（主要是乡镇干部）和村民共同商议，提出选择建议，并逐级上报到中央政府。各地上报的建议项目有所不同，但是有16类项目是全国3.3万个村庄所普遍需要的，其中包括进村公路、村内公路、村边小桥、排污系统、草屋顶换瓦、河边洗衣场所改善，等等。政府把这些项目按照村庄的需要和紧迫性，排出优先次序，并予以通报。各村村民根据自己的实际情况，选择具体项目。

（2）政府给予建材支持。政府的扶持是以实物方式进行的，第一年提供水泥，从第二年开始提供钢筋。水泥和钢筋都是提供给村里集中使用，而不是给村民个人。据统计，1970—1978 年，平均每个村获得水泥 84 吨，钢筋 2.6 吨。如果折合成当期价值，8 年间，每个村庄获得 2 000 美元，每个农户获得 35 美元。

（3）激励农民自助合作精神。韩国发动“新村运动”时，农村不存在劳动力短缺问题。村民按照“勤勉、自助、合作”的宗旨，积极出工出劳，投入新村建设。据统计，1971—1978 年间，平均每个农村家庭每年贡献的劳动力为 13 个工作日。为了激励村民的主动勤奋和积极向上精神，促进各村之间的竞争，政府将村按参与程度由高到低分为三类：自立村、自助村和基础村。对新村建设搞得好的自立村，给予不同形式的奖励，并鼓励自立村帮助基础村推进新村建设。

（4）发挥基层组织与村庄领导人的作用。韩国的最基层政府是“面”，即乡镇，一般一个“面”包含约 20 个村庄。每个乡镇政府工作人员约 20 人左右，他们都必须积极参与新村建设工作，每人负责 1～2 个村庄的水泥、钢筋发放工作。同时，“新村运动”要求每村选出一个政府不支付报酬的领导人，来领导组织本村的项目建设。

（5）始终重视培训工作。韩国政府认为培训村庄领导人至关重要。培训内容主要包括政策和经济发展问题讲座、成功案例、参观先进、小组讨论、工程技术等等。此外，还有对乡镇干部的培训，对培训者的培训等。为了提高整个社会对“新村运动”的理解和支持，政府对高级官员和社会精英也进行了相关培训，并且是与村庄领导人一起进行培训。高级官员中有部长、副部长、国会议员，甚至包括总统卫队，社会精英则来自各行各业，其中有教授、记者、医生、艺术家等。

3. 效果与评价

通过 10 年的努力，韩国“新村运动”取得了令人瞩目的成就，农业生产和农民收入快速增加，农村面貌发生了巨大变化，国民的整体素质大幅度提高。期间，韩国经济实现了起飞，农业 GDP 占全国 GDP 的比例，从 1970 年的 27.1%下降到 1980 年的 15%左右，城乡发展的差距也大为缩小。到 1977 年，全国所有农村居民都住进了瓦片或铁片房顶的房屋；到 1978 年，全国 98%的农村家庭装上了电灯，并普遍用上自来水；到 20 世纪 70 年代后期，韩国农村改善道路共计 8.5 万公里，平均每个村庄得到改善的道路为 2 600 米，修建小桥的总数达 70 000 座，平均每个村庄 2.1 座，除个别极为偏远的村外，全国农村基本实现了村村通车；改善的河岸总长度约为 7 800 公里，平均每个村得到改善的河岸长度为 238 米；1971—1978 年间，“新村运动”建设的水库共计 24 000 座，每个村平均 0.7 座；兴建了大量村民会馆、公共澡堂、公共洗衣处、公共饮水设施等。新村运动期间，农民收入明显提高，1970 年农村家庭人均年收入为 137 美元，1978 年这一数字已经达到 649 美元。90 年代初期，农村居民人均收入达到城市居民的 95%。

然而，韩国“新村运动”在推进过程中也暴露了一些问题，主要有：①“新村运动”政策有明显的“一刀切”倾向，教育指导上没有做到区别对待和因地制宜，从而忽视了各个村庄的特殊性。一个证据是，“新村运动”开展初期政府发放给每个村庄的水泥包数竟然是一样的，完全没有考虑村庄的大小与地理位置的差异。②政府为鼓励区域之间的竞争，有意根据各村的建设成就将他们划成三类，即自立村、自助村和基础村。政府将业绩好的村庄评为自立村，并追加投资。为获得检查人员的好评，政绩工程和形式主义一度泛滥。③过分依赖政府“自上而下（top-down）”主导。20 世纪 70 年代的“新村运动”，是韩国政府主导下的一场从上到下的“官唱民随”运动。从对各个村子的资金投入、新村教育到各级指导机构的设立都是政府行为。结果，民间参与新村建设对政府产生依赖性，缺乏内生性动力。新村建设项目中政府权力过大，导致了系列腐败事件的产生。此外，官僚机构重叠和财政浪费也很严重。④社会精英阶层参与不足，没有发挥应有的表率作用。“新村运动”缺乏综合计划，特别是理论研究滞后，经验证据也缺乏收集、整理及归纳。于是，有相当部分人怀疑和批判“新村运动”。

4. 基本经验

首先，新农村建设必须抓住时机，适时推进。在 70 年代初，伴随工业化和城市化的快速发展，韩国城乡差距开始出现并逐步扩大，社会矛盾开始显现。此时发起并推进新村建设，及时地遏制了城乡差距扩大的趋势。当时，韩国还处在传统农业时期，土地和劳动力价格很低，建设新村的投入成本较低，农民自己出地出劳的积极性也比较高。如果等到 80 年代再启动的话，土地和劳动力要素的价格大大上升，这些项目实施起来就需要大量财政资金支持。我国开展新农村建设也要审时度势、与时俱进，分阶段快速推进新农村建设，抓住历史性时机，实现跨越式发展。

其次，政策目标要明确，推进方式可操作性要强。韩国政府倡导“勤勉、自助、合作”精神，坚持培训为先，并贯穿始终。政府投资兴建公路、桥梁、水库，整治河岸，并对新农村建设参与者实施急需技能和实用技术的培训。我国政府在进行新农村建设时，也要始终贯彻“二十字”方针，并进一步细化目标，必要的指标要进行量化。政府主导投资农村急需的工程，集中一段时间对老旧水电路气房工程进行升级改造。把新农村建设与培养新型农民结合起来，重点培训操作性强的知识和技能。建立一个跨部门的领导小组，保证政策在部门之间和时间上的一致性，自上而下地推进新农村建设。

再次，应提高农民建设家园、建设国家的积极性。韩国政府在“新村运动”初期，对村民依靠自己努力建设家园的村庄给予更多的支持，极大地提高了广大农民参与“新村运动”的积极性。与此同时，政府促进了韩国农村中农民合作组织的发展与完善，也提高了农民内部决策制订的能力，推动了农民基层组织内部的民主管理。整个“新村运动”自上而下地协调推进，在确定基础设施建设项目时，上下结合，始终围绕农民的实际需求和意愿实施建设项目。我国在建设新农村时也应注意到这一点：新农村建设的唯一主体是农民。中国的农民要富裕，必须自力更生、努力发展生产，光靠政府的减税免费和直接财政补贴，给农民直接带来的收入增长数额是极其有限的。在新农村建设中，政府要想方设法让农民从被动建设走向主动建设，一定要走群众路线，即新农村建设是一切为了群众，新农村建设也要一切依靠群众。新农村建设中实施的项目，要尊重农民的意愿，在广泛调查研究的基础上，明确农民的真实需要，并让农民自己办事、自己管事，尽可能发挥农民本人、村里的带头人、集体组织的积极性。

最后，要坚持以推进农业现代化、增加农民收入为核心。在推进新村建设的初期，韩国政府就在引导农民调整种植和养殖结构，开发和推广优质高产的水稻品种，发展农产品加工业，转移农业劳动力等方面付出巨大努力，达到了增加农民收入的目标。在我国，实现农民持续、较快增收，也是推进新农村建设的核心任务，应采取综合配套措施，广辟农民增收渠道。例如，保持粮食和农产品价格稳定中适度上涨的态势，针对生产资料价格的上涨，完善农业补贴动态调整机制，努力使农产品价格上涨的收益能够真正落到农民手中；充分挖掘农业内部增收潜力，发展高产、优质、高效、生态、安全农业；在稳定和完善现有农业补贴政策的基础上，逐步建立和完善符合国情的农业支持保护制度；加强农村劳动力技能培训，增强农村劳动转移就业能力，提高科学种植和养殖水平；依法保障进城农民工的合法权益，改进对农民工的各项服务等。要通过持续、较快地增加农民收入，不断提高农民的生活水平，使城乡居民收入差距扩大的趋势缓解，差距逐步趋于缩小。

（二）日本的农村振兴运动

日本在促进农业与农村发展的过程中面临着人多地少的资源性约束，这与我国的基本国情相似，因此日本振兴农村的经验也值得我们借鉴。日本“农村振兴运动”的主要特点是：始终把提高农业生产力作为农村振兴运动的主要目标之一。

1. 历史背景

（1）农业为工业发展奠定了坚实基础。日本在历史上同中国一样，是个小农经济国家，一直秉承“以农为本”的治国理念。明治维新以后，日本在全面引进西方文明的同时，依然重视农业的发展，“农本思想”作为优秀传统被继承下来。农业的发展为工业化起步奠定了坚实的基础，主要表现在提供食品、工业原料和资本剩余（包括外汇）等方面（Tsakok and Gardner，2007）。

（2）随着工业的不断进步，农业与工业之间的矛盾逐渐显现。由于农业本身的弱质性，以及资本主义经济和地主经济交织在一起，形成了错综复杂的矛盾。第一次世界大战之后，各种矛盾更加凸显，与农业直接相关的大事件有两个。一是发生在1918年的“大米骚乱”：由于大米价格暴涨，工人和农民生活难以维系，发生了袭击米店、富商、警察的暴力事件，造成了流血冲突。二是发生在20年代中后期到30年代初期的农业危机：“大米骚乱”之后，日本政府采取积极措施，发展国内农业生产，并从殖民地台湾、朝鲜等地增加大米进口。通过这些措施，虽然解决了国内农产品短缺问题，但农产品价格持续下跌，到30年代中期，大米价格降幅达40%左右。很多农民入不敷出，城乡收入差距加大，农村贫困问题表现得尤为严重（速水佑次郎和神门善久，2003）。1931年农民的收入仅仅相当于市民的32%，一度引起了社会动荡。沉痛的教训促使日本政府想方设法解决农业问题。1931年日本政府做出了“农村经济更生运动”的决定，兴办农田水利工程，清理农民负债，增强农村的组织化，要求町村组织制定包括改善农业经营、增加生产资料自给的经济更生计划，并对计划的实施进行财政补贴。在农村经济更生运动和一系列其他政策的配合下，农民的收入水平在1942年提高到市民的70%左右。二战后，随着城市经济的加速发展，日本城乡居民的收入差距又一度拉大，1959年农民的收入水平仅相当于市民的60%，再度引起了农民的不满。

2. 主要措施

二战后日本的农业和农村建设大致可以划分为四个时期，每个时期有不同的政策目标，从而衍生出不同的政策措施，如表3-1所示。

表 3－1　日本农村建设过程

时期划分	粮食增产时期	高度经济增长时期	经济稳定增长时期	新农业发展时期
时期	1946—1960 年	1961—1975 年	1976—1990 年	1991 年至今
背景	战后经济社会混乱，主要以增加粮食产量为目标	以经济的高速增长为背景，主要以提高农业生产力为目标	以饮食结构多样化和经济稳定增长为背景，继续实施提高农业生产力的政策	以兼顾提高农业生产力和农业的多功能性为目标、振兴农村经济
政策措施	1949 年出台《土地改良法》，制定保护自耕农措施	出台《农业基本法》，促进城乡居民收入均等	出台“农地三法”，开展“造村运动”	出台《食品农业农村基本法》

资料来源：聂华林等著，《中国西部新农村建设概论》，中国社会科学出版社，2007 年。

第一阶段，粮食增产时期。二战刚结束时，日本许多城市被夷为废墟，物资极度匮乏，农业也遭遇歉收，通货膨胀严重。为了改变这种局面，1955 年日本农林大臣提出了“新农村建设构想”，开启了日本战后的首次“新农村建设”。这一阶段的主要措施是陆续制定了一些保护自耕农的措施，包括农业灾害补偿制度、农业协同组合制度、农产品价格措施等；政府在指定区域成立农业振兴协会，制定振兴规划并付诸实施。同时政府加大对农村建设的资金扶持力度。

第二阶段，高度经济增长时期。1961 年，日本在充分调查研究的基础上，借鉴法国和德国的经验，制定了《农业基本法》。根据日本农业基本法的基本精神及其他相关法律，日本实现城乡居民收入均等的主要政策措施有：①实行补助金农政。即日本政府把推行农业政策所必需的经费（人员经费、材料费、补助费、补助金、委托费等）列入财政预算，交付给执行政策的地方公共团体、法人、个人或者其他团体，以求农业政策的落实。②“农协＋农户”的基本经营体制。日本农户经济规模小，在农业现代化进程中遇到了两个问题：一是分散的小农户如何对抗市场风险和自然风险，二是政府如何有效地分配和管理投放到农村的资金。日本解决这两个问题的基本经验是把农民组织起来。在抗御风险方面，农民组织起来的方式是加入“农业协同组合”（简称农协）。③农户兼业化。为解决日本农村土地少与劳动力多的矛盾，政府通过市场机制把农户导向兼业经营，即农户的收入既靠农业也靠非农产业。④农业人养老金制度。即通过土地流转促进经营者年轻化及扩大经营规模。

第三阶段，经济稳定增长时期。1980 年日本完成了包括《农地法》、《增进农用地利用法》、《农业委员会法》在内的“农地三法”，促进了农地的有效综合利用。这一时期，日本实施了著名的造村运动，主要措施包括：①开展“一村一品”运动，这是由日本大分县前知事平松守彦于1979年开始提倡的。所谓“一村一品”运动，实质上是一种在政府引导和扶持下，以行政区和地方特色产品为基础形成的区域经济发展模式。它要求一个地方（县、乡、村）根据自身的条件和优势，发展一种或几种有特色的且在一定的销售半径内名列前茅的拳头产品，以振兴“1.5次产业”①。②以开发农产品市场为手段，促进产品的生产流通。农协系统通过组织农家开展联合销售和购买，形成批量买卖，从而在农产品销售市场、农产品生产资料市场争取有利价格，阻止中间商的不当利益。③开设各类补习班以培养人才。培养出一大批既有实践能力又能扎根于本地区的人才是造村运动的最终目标，为此大分县政府无偿开办了很多补习班并派遣讲师教授课程，农民可免费参加学习。④建立合理的融资制度，提供农业低息贷款。这项工作主要由农协来承担，农协的信用系统以略高于普通银行利率的优惠利率吸引农民存款，并以优惠条件向农户发放贷款。政府发放的政策性贷款和向农业部门投放的贷款资金和利息补贴资金，也通过各级农协发放给农户。

第四阶段，新农业发展时期。1999年，日本公布了《粮食、农业和农村基本法》，被称为新农业基本法，标志着日本开始了新一阶段的农村建设。和旧的农业基本法不同，新农业基本法接受农村工业化的现实，从国家粮食安全、生态保护和传统文化继承的角度，强调农村的社会地位。新的基本法肯定了农业、农村在粮食之外的多功能作用，如土地保护、水源涵养、景观形成和文化传承等，同时强调追求农业可持续发展，即不能为追求经济效益而无限制地开发农业资源，应当注意尊重农业的自然循环过程。更为重要的是，新农业基本法把改善农村生活条件提高到了与增强农业生产基础同等重要的地位上（速水佑次郎、神门善久，2003）。基于此，日本的农业政策变为，在保持一定的粮食自给率的基础上，提倡适当的休耕，由国家出钱补贴休耕农民；鼓励发展观光农业和休闲农业，鼓励社会资本投入农业事业。2006年，日本农林水产省用于农业农村振兴的项目投资共计7 955亿日元，占农林水产省公共关系方面投资总量的55%。另外，新农政还在“实现舒适安全的农村生活”方面投资176.3亿日元，在“城市与农村的双向交流”方面投资466.1亿日元。

3. 效果与评价

日本的农业与农村发展的第二阶段与我国现在大体相当。总括起来看，在

---

① 即以农、林、牧、渔产品及其加工品为原料所进行的工业生产活动，通过这个生产活动增加农产品的附加价值，延长农业产业链，提高农业综合效益。由于该生产活动是介于第一和第二产业之间的概念，所以称为1.5次产业。

这一阶段，日本在实现城乡居民收入均等方面是相当成功的，与此同时也实现了农业与农村的全面现代化。补助金农政保证了农民在劳动报酬上同城市雇佣劳动阶层获得同等地位；农协体制则保护了农户在农业产前、产中、产后各个环节上的利益；兼业化经营则使农户的农业剩余劳动力得到了充分利用。从统计上看，日本政府在60年代提出的新农村建设目标，使农民职业者和其他职业人员享受同等收入与生活，已经在70年代就得以实现。从收入上来看，1955年以前日本农民十分贫困，1950年还有10万农户为生活所迫卖掉了土地。1960年农民人均收入是工人的87%，是第三产业职员的65%。但是，70年代农民收入就赶上和超过了城市工人。1977年，农民平均月收入25万日元，而城市工人中熟练工的月收入也仅在20万～30万日元之间，大学生刚参加工作的月收入仅在10万～12万日元。

然而，在日本新农业基本法颁布以后，农业发展中也存在不容忽视的问题。主要表现为两方面：一是农业基本法规定的培养"自立经营农户"的目标没有得到完全实现，这样，为了保证农民的收入水平提高就不得不加大农业补贴的支出力度，增加了财政负担。"自立经营农户"在农业中所占比重越来越小的基本原因是土地私有制。小块农业用地的出售价格很低，无法给予农户通过转让方式流转土地的激励，加上保守祖业的传统观念和耕种小块土地的乐趣，小规模农户缺乏放弃土地的意愿，其他农户扩大土地经营规模的意愿难以实现。二是农业以兼业农户为主，使得农业一线劳动力以老人、妇女为主，土地粗放经营，甚至撂荒现象比较普遍。土地流转缺乏供给和农业"老龄化"、"女性化"也是现阶段我国在进行新农村建设中需要特别注意的问题。

4. 基本经验

首先，要走合作化道路，加强农民组织建设。人多地少的小农经济特征使得日本农业很难实现规模化、产业化经营，日本在坚持私有制的原则之下，走合作化道路，广泛组织了农业协同组合（简称农协）。农协系统在日本政府给予的财力和物力支持下，对日本的农业和农村发展发挥了重要作用。首先是扩大了农业经营规模，统一了农业生产的品种、技术和销售，使一户的经营规模变成了一村的经营规模；其次是集中了农民的剩余资金。农协的信用合作社和农协商店遍布日本农村，农民不用现金就可以订货和享受送货上门服务；再次是执行了日本政府的惠农政策，日本的农业政策都是通过农协系统来实施的；最后是实现了农产品产销衔接，促进了农产品流通。日本农民生产的农副产品80%以上是由农协为其销售的，90%以上的农业生产资料是由农协提供的。

其次，政府应积极扶持农业及农民，同时明确自己的职能定位。日本开展的新农村建设首先是从积极保护和扶持农业、农村和农民开始的，制定了一系列保护政策，例如长期的农业保护关税，政府和农协之间就米价每年协商的机制（基本上每年应农协的要求有所上升），农田基本建设的政府资助，农业改良和导入大型农业设施的政府补助等。日本的国家财政对农业的支持力度和保护程度是所有发达国家中最高的。若将地方政府预算支出计入，日本财政支农资金超过农业 GDP 总额。同时，政府也十分明确自己的职能定位，不干预农民的生产自主性。政府的主要工作是引导群众自发建设，并在技术指导、信息服务、市场开发、人才培训等方面提供服务。

最后，要重视对农民的教育培训，重视科技兴农。日本十分注重教育和科技的作用。自明治维新以来，日本历届政府始终重视普及国民教育，特别是积极发展初等教育和职业技术教育。1965—1973 年期间，公共教育投资年平均增长 17.6%，甚至超过了同期经济增长率。同时，日本政府支持、鼓励其他非政府力量参与农民教育，使农民教育的供给呈现出多元化特征：一是各级农业科技教育培训中心；二是高中等农业院校；三是企业与民间的各类培训服务机构；四是各级农民协会；五是各级农业技术推广服务体系和农业改良普及系统。这种由政府、学校和民间力量共同构成的多主体参与，相互交流、相互补充的全方位供给系统，使日本的农民职业技术教育能够有计划、分层次、有重点地开展起来。

（三）欧盟的农村建设与开发

欧盟的农村建设与开发的主要特点是：从背景上看，欧盟拥有十分雄厚的资金基础，农业生产也已发展到了很高的水平；从目标上看，欧盟要解决的主要是不同成员国之间的地区发展差距，而非城乡差距；从过程上看，由于各成员国发展程度差距明显，因此，欧盟推进新农村建设的运动经历了差不多半个世纪之久，并多以项目带动型为主。

1. 背景与目标

（1）以消除成员国之间的差距，实现均衡发展为宗旨。欧盟的前身——欧共体成立于 1957 年，最初有 6 个成员，以后逐步扩大。1993 年，欧盟正式成立，到 1995 年扩大为 15 国，2004 年原来中欧和东欧的 10 个国家成为新成员。早在欧共体成立时发布的《罗马条约》就曾明确指出，成立欧共体的目的之一，是促进加盟国经济的均衡发展和消除地区间的经济差距。促进农村地区开发，是欧盟的一项重要工作内容。为了确立农村地区开发的主体，欧盟设立了一系列的基金，比如，欧洲农业指导保证基金（EAGGF）、欧洲社会基金（ESF）、欧洲地区开发基金（ERDF），这三大基金曾经是欧洲农村的开发主体。2004 年 10 月欧盟通过《共同农业政策》（CAP），CAP 的具体行动方案——“2007—2013 年农村发展政策”提出，把目前对农村地区投资合并到“欧洲农业农村基金”（European Agricultural Fund for Rural Development，EAFRD），由这一个基金对欧盟农村发展资金的投入、管理和审计实施统一管理。也就是说，不是以行业管理的方式按条块分发农村建设基金，而是集中各行业的资金到一个基金，然后以规划区为单位按项目拨发下去。按照“2007—2013 年农村发展政策”的规定，一个地区在申请项目使用农村发展资金时，必须兼顾四个原则，即：至少在“提高农业竞争性”和“推进农村经济的多样性和改善农村地区的生活条件”上使用 15%的资金；在“管理土地和保护环境”上使用 25%的资金；在“自下而上地制定地方发展规划”上使用 7%的资金。其目的是，要求每个项目都要对经济、社会和环境做出贡献，不能偏颇，以协调使用建设基金，以克服“短板效应”。

（2）从农业生产逐渐过渡到农村发展。欧盟的新农村建设主要经历了三个阶段：

第一阶段（1962—1991 年）：以农业结构调整促农村发展。二战以后，为了实现欧洲重建，1957 年欧洲经济共同体诞生。在经济一体化带动下，欧共体成员提出了农业一体化要求。为了应对美国、加拿大和澳大利亚等国质优价廉进口农产品的国际竞争压力，1962 年法国、荷兰、意大利推动欧洲共同体建立了共同农业政策。共同农业政策的目标中规定：进行农业结构调整，促进农村经济和社会全面发展。欧共体成立之初，粮食生产水平总体均偏低，粮食自给率也较低，20 世纪 60 年代初期仅为 80%左右。因此，提高粮食单产，增加粮食产量，是一个突出的政策目标。

第二阶段（1992—1999 年）：从以农业生产为中心向关注农村发展过渡。从 20 世纪 70 年代到 80 年代，共同农业政策在促进农产品产量翻倍提高的同时，也因生产过剩带来了严重后果，暴露出一些弊端。预算负担不堪重负，环境保护和食品安全压力加大，内部利益分配不公，欧盟扩张压力增大，世界农产品贸易自由化挑战不断。欧盟对农业和粮食生产中的环境问题日益重视。由于化肥和农药施用所造成的土壤和地下水的污染问题，农产品的质量和食品安全问题，生物多样性和自然生态的保护问题等，日益成为包括粮食政策在内的农业政策的重要目标。1992 年欧盟第一次比较全面地改革共同农业政策，把过去以价格支持为基础的机制过渡到以价格和直接补贴为主的机制，降低价格支持水平，控制农产品生产和财政预算开支的过度增长，进行国土整治和保护环境，促进农村发展。

第三阶段（2000 年以后）：农村与农业共同发展。为了应对世界贸易组织新一轮农产品贸易谈判要求，特别是来自美国等国家的压力，减轻居民对口蹄疫、疯牛病等食品安全的担忧，正视农业劳动力老龄化、农村发展缓慢现象，1999年欧盟委员会通过了《欧盟2000年议程》，对共同农业政策进行了第三次更彻底的改革。欧盟提出建立欧洲农业模式，将共同农业政策转变为"共同农业和农村发展政策"，将农村发展作为共同农业政策的第二支柱；注重农业在农村发展中的多功能作用，强调保护生态环境，使农业、农村、环境协调一致、共同发展。

2. *措施与做法*

欧盟的农村地区振兴政策，实际上是两个平行的政策意图相重叠的结果。一个是从《罗马条约》中诞生的农业及农村政策，而另一个则是在20世纪70年代中期设立欧洲地区开发基金（ERDF）之际开始实施的欧盟地区政策。在具体政策措施上，主要可以分为以下几种：

第一，地区开发政策。欧盟地区开发政策经过演变，主要集中在对于发展极为落后的地区采取集中介入的措施；对有助于该地区自主开发的行为予以融资；引进由委员会和加盟国实施的、跨年份的协调融资机制等三方面。欧盟的资金支持主要集中在落后地区开发，其资金使用要占欧盟三大基金的70%以上。由于各国的国情和发展水平差异，在资金分配时也各有侧重点：爱尔兰、瑞典和芬兰大多是用于对落后地区的补贴上；比利时则把重点用于农场及农产品加工业的投资上；西班牙、意大利和法国则多数用于农业的多样化上；荷兰、德国和英国则广泛地将资金用于农村开发方面，包括村庄、农村基础设施的修复、改善上。

第二，LEADER项目。LEADER（Liason Entre Actions pour le Development d'l Economie Rurale）项目是欧盟调整农村经济振兴策略的计划项目。主要是在落后地区、农业地区以及人口稀少的地区开展。其目的包括：一是奖励与促进地方富有创意的振兴农村策略，并对各地方的农村各类活动团体给予资助；二是通过开发欧洲农村网络，促进各加盟国之间的合作和信息经验交流。

第三，农业基础建设投资扶持政策。欧盟在帮助农民进行农业生产能力建设方面，通过提供购买补贴和贷款优惠，长期以来给予了大量的支持。范围包括农业生产机具的购买，农场设施建筑如谷物仓库建设，农田整治，农场道路，水利设施建设等。一些国家对农产品加工和营销设施的购置也提供支持。2001/2002年用于农业和农场基础设施的政府支出是65亿欧元；此外还有24亿欧元的落后地区援助，大部分也是用于扶持各种基础设施的建设。从几十年的积累效果看，欧盟这个方面的支出数额是很庞大的。

第四，对农业发展条件差[①]的地区的特殊政策。优惠政策包括：对家畜及土地的常年补贴（379 万欧元）；若该地区是农业现代化项目的对象地区，对其资助的金额最高将高于其他地区的 10％（若经营者是年轻从业者，该比例将为 12.5％）；对包括改善草地及粗放型放牧在内的共同投资的资助（17.4 万欧元）；农村社会奖励金、欧盟共同市场政策上及对策上的优待措施；农业环境保护政策及根据共同市场政策适时的对粗放农业的直接资助等等。

第五，农业环境政策。欧盟十分重视环境建设，并把环保整合进农业政策之中，成为欧盟农业政策中的重要一环。农户的许多保护环境的行为都会获得奖励金，比如，在一定程度上减少化肥及农药使用并维持减少状态的行为；采用有机肥料进行农业生产并持续下去的行为；采用粗放生产方法，将耕地转化成粗放式草地的行为；种植有必要保护其遗传因子植物的行为；减少每公顷饲养用地饲养牛羊头数等等。欧盟还规定各国制定的计划必须由欧盟专业委员会进行核查，在核查时将是否有利于农业环境保护作为考虑的重要因素。

3. 实施效果

欧盟的农业政策大大地促进了农业生产的发展，表现在生产总量、贸易额、单产和劳动生产率水平上的大幅度提高，在 80 年代中期以前更为明显。80 年代末期以后，由于农产品出现过剩，欧盟采取了一些限制生产发展的措施，使得生产的增长速度减慢，有些产品生产甚至下降（主要是由于减少了种植面积）。但由于科技支撑和基础设施的不断改善，各项农产品的单产水平仍然继续提高。具体情况如下：

（1）生产总量。在 1961—1984 年间，欧盟主要农产品生产总量都增加了一倍左右。其中谷物从 9 143 万吨增加到 2.02 亿吨，油料作物从 185 万吨增加到 433 万吨，甜菜从 5 794 万吨增加到 11 155 万吨，肉类从 1 599 万吨增加到 3 066 万吨。

（2）农产品贸易。1961 年，欧盟净进口谷物 2 511 万吨，到 1984 年变为净出口 948 万吨。1992 年谷物净出口最多，达到 3 300 多万吨。欧盟中以荷兰的农业生产成就尤为突出。荷兰总人口 1 615 万，其中农业人口只有 50 万人，人均耕地面积不到 0.9 亩，却是仅次于美国的第二大农产品出口国。其农产品出口额 1961 年为 12 亿美元，1984 年为 150 亿美元，2003 年达到 419 亿美元。同期农产品净出口额分别为 3 亿美元、47 亿美元和 191 亿美元。

---

① 所谓发展条件差的地区主要包括三种：海拔高、山坡陡、生物生长期短，利用农机困难的山区及丘陵地区；土壤贫瘠，农业收入低的一般发展条件差的地区；水利条件差，定期存在水灾，为维持农村地带必须进行农业生产活动的发展条件极差地区。

（3）单产水平。欧盟农产品的单产水平高，发展较快。例如，1961 年小麦每公顷产量为 1 960 千克，1984 年增加到 5 098 千克。2003 年每公顷小麦的单产水平已经达到了新高，荷兰为 8 700 千克，比利时为 8 600 千克，爱尔兰为 8 300 千克，英国为 7 800 千克，普遍比我国小麦单产水平高一倍左右。大麦、油菜、甜菜等作物的单产水平也有较大幅度的提高。此外，欧盟奶牛每年的产奶量也不断提高，1961 年为 2 929 千克，1984 年为 4 252 千克，2003 年达到 6 347 千克。一些国家奶牛的年产奶量更高：瑞典为 7 955 千克，丹麦为 7 844 千克，荷兰为 7 493 千克。

（4）劳动生产率。由于在生产总量增加的同时，农业人口不断减少，因此，欧盟农业劳动生产率提高的速度很快。按农业人口平均，1961 年人均生产谷物 1 400 千克，1984 年为 6 613 千克，到 2003 年增加到 13 040 千克；农业人均肉类生产同期分别为 245 千克、1 003 千克和 2 471 千克。劳动生产率的提高，为农业人均收入的增加提供了有利的基础。

欧盟成立后，农业生产不断发展，在早期阶段，是政府各种促进农业生产发展政策的共同作用，包括市场支持政策、科研与推广服务和基础设施建设扶持政策。20 世纪 90 年代以后，市场支持政策减弱，同时对农业生产的数量方面进行了一系列限制。尽管如此，由于长期以来形成了较高的生产能力，同时政府在科研服务和基础设施方面继续给予支持，因此农业仍然不断发展，只是在生产总量方面的增长速度慢了些。

4. 基本经验

首先，要有强有力的财政金融援助及科学合理的资金管理方式。根据“2007—2013 年农村发展政策”，欧盟 7 年计划投入的农村发展资金为 970 亿欧元（2004 年不变价），约合人民币 9 350 亿元。此外，欧盟各国还需拿出几乎相同数目的配套资金。这样，欧盟和 25 个成员国 7 年计划投入农村建设的资金将达到 2 000 亿欧元（约合 2 万亿人民币，平均每年 2 850 亿人民币）。欧盟对农村发展资金实行统一管理，还利用资金使用比例的管理方式把农村建设协调起来。按照“2007—2013 年农村发展政策”的规定，一个地区在使用农村发展资金中应兼顾四个原则，在“提高农业竞争性”和“推进农村经济的多样性和改善农村地区的生活条件”上至少使用 15％的资金；在“管理土地和保护环境”上使用 25％的资金；在“自下而上的制定地方发展规划”上使用 7％的资金。这样做可以在一个社区里协调使用建设基金，以克服短板效应，避免造成农村发展中新的不协调。

其次，既要有统一的发展原则，又要给不同地区留下选择的余地。欧盟“2007—2013 年农村发展政策”确定了农村发展政策的四个基本原则，但它也要求各国按照自己的国情，根据自己的实际情况把欧盟的农村发展原则转化为本国战略；各地区在每个原则中选择适合于自己实际情况的项目，例如，在“提高农业竞争性”下，有15类项目；在“管理土地”下，有12类项目；在“推进农村经济的多样性和改善农村地区的生活条件”下，有8类项目。但是有一项原则是所有国家和区域都必须执行的，那就是必须“自下而上（Bottom-up）的制定地方发展规划”，这也是值得我们学习的经验。

最后，要坚持规划先行，采用自下而上由地方社区驱动的方式进行规划和项目管理。规划先行即由地方社区驱动和地方社区各社会部门合作的自下而上的规划方式。欧盟赋予这个规划方式一个有趣的名称“领导＋”（Leader＋），它的正式名称是“把农村发展的愿望与农村经济发展的各项活动联系起来”，具体做法是，地方社会团体联合会主持制定他们所在地区的农村发展总体规划，按欧盟政策导向设计农村发展项目，并负责执行他们所在农村社区的发展规划及管理项目的实施。按照欧盟的规定，“领导＋”联合会所辖区域大约在80～800平方公里之间，大体相当于我国一个乡镇的土地面积和人口。从1989年开始，欧盟已经有了“领导Ⅰ”，“领导Ⅱ”。2000年以来，他们在老欧盟的15个发达国家推行了“领导＋”的规划方式，现在，欧盟要在今后7年里在25个国家全面推行“领导＋”的规划模式。

（四）巴西的做法及其经验教训

巴西与我国一样属于经济较为发达的发展中大国，农业生产力水平较高。在经济发展过程中，巴西城市化的速度之快、水平之高在发展中国家名列前茅。但也正因为城市化进度过快，忽视了农村建设和农民权益，使得巴西经济呈现出典型的城乡二元结构，贫富差距迅速拉大，带来了严重的社会问题，陷入了过度城市化的“陷阱”，阻碍了整体经济的发展。

1. 背景与问题

（1）自然资源丰富，农业生产力水平较高。巴西是一个发展中的大国，国土面积与人口均居世界第五位。2008年人均GDP为8 205美元。巴西的土地资源丰富，并且仍有增长潜力。在过去的半个世纪中，世界大部分国家耕地面积或者减少，或者变化很小，但巴西的耕地面积却大幅度增加，从1961年的2 212万公顷增加到2003年的7 670万公顷，在不毁坏更多热带林的条件下，可耕面积大体上还能增加1亿公顷。巴西的水资源更为丰富，仅亚马逊河流域淡水资源就占世界淡水资源总量的25%。由于有得天独厚的自然资源条件，巴西成为世界重要的农业生产大国。2008年同1961年相比，谷物生产增长了4.3倍。目前，巴西甘蔗生产超过5.7亿吨，柑橘1 660万吨，咖啡豆250万吨，均遥居世界首位；巴西的大豆产量超过 5 100 万吨，是仅次于美国的世界第二大生产国；玉米产量 5 230 万吨，位居世界第三。巴西还是农产品出口大国，食糖、咖啡豆和鸡肉出口居世界第一，大豆、豆粕和牛肉出口居世界第二。

（2）城乡二元经济结构典型，社会分配极不平衡。巴西最突出的问题是二元经济结构十分典型，贫富差距极大。2007 年，巴西占全国人口 10%的最穷者占国民收入的 1%，而 10%的最富者占国民收入的 43.0%；基尼系数高达 0.55。巴西社会分配严重不平衡，城市的贫民窟问题极为突出。巴西的贫民窟数量众多，并且呈增加趋势，2000 年有 3 905 个的贫民窟。巴西最重要的国际化旅游大都市里约热内卢，城市人口 550 万人，其中就有 150 多万生活在贫民窟中。并且，贫民窟已经成为包括犯罪在内的众多社会问题滋生的温床。根据世界卫生组织（WHO）的统计，2004 年巴西每十万人中故意杀人者有 26.2 人次，而同期中国的这一数字仅为 1.9，在私人枪支泛滥的美国这一数字也只是 5.6。大多数犯罪活动都发生在贫民窟当中。贫民窟的产生，最根本的原因之一是农业和农村发展政策不力，农村发展严重滞后于城市的发展，使得大量的农村人口由于破产等原因，离开农村涌向城市，而城市的发展又没有提供足够的吸纳能力，使得无业贫民群居而形成了贫民窟。在这个意义上，城市贫民窟无非是农村贫民向城市的平移。

2. 根源与成因

巴西城乡两极分化、收入分配不公，有其极为深刻的根源和成因：

（1）土地兼并造成大量失地农民。2003 年，巴西土地占有面积低于 10 公顷的农户占全部农户的 31.6%，仅占全部土地的 1.8%；而面积超过 2 000 公顷的农户只占农户总数的 0.8%，占全部土地的比例高达 31.6%。2006 年农业普查显示，全国农场 517.548 9 万个（包括商业农场），其中家庭农场 436.790 2 万个，占 84.4%。商业农场占用 75.7%的耕地，家庭农场占用 24.3%的耕地，农场平均面积小于 10 公顷。与此同时，巴西存在大量的无地农民，据不同数据来源，目前约有 1 000 万～2 000 余万人为无地农村人口。这部分人或依附于庄园主、农场主作雇工而生活，或作为季节工而只能在耕种和收获季节找到工作，或流入城市谋生，住在贫民窟，被严重边缘化。巴西政府从 20 世纪 60 年代以来曾多次尝试有偿征收大庄园主的闲置土地，并分配给无地农民，但由于种种原因，收效并不大。

（2）工业化模式偏差及政策误导。巴西工业化模式偏差表现为高度的资本密集型和技术密集型，该模式必然会减少对劳动力的需求，而且吸纳的是有技术和半技术劳动力并以男性为主，进而导致收入分配不公加剧。而同期进行的工业化政策的误导，引起过度城市化。欧洲城市人口由占总人口的40%提高到60%经历了50年，拉丁美洲实现相同水平的跨越仅用了25年。1950—1980年间，圣保罗市人口由250万增加到1 350万，里约热内卢市由290万增加到1 070万。目前，巴西的城市化程度为85%以上，超过百万人口的城市人口占全国总人口数量的38.8%。快速城市化并不完全是二、三产业增长的结果，而是大量农村人口盲目涌入而造成的，产生了普遍的贫困和贫民区。

（3）税收制度不合理。巴西所得税相对于GDP的比重是较低的，主要是因为个人所得税很低（不到1%）。巴西迫于中产和高收入阶层的压力，最低起征线定得很高，为人均收入的3倍多。此外增值税和销售税也比较低。这种税收制度表明，巴西的财政收入主要来自占人口大多数的广大劳动群众，而非来自富人阶层。这也意味着巴西政府未能通过再分配手段调节收入差距。

（4）政局动荡不安、社会问题层出不穷。20世纪初至今，巴西政局始终处于不稳定的状态中，军人政府和文人政府交替上台执政，政治的不稳定让国民经济蒙受了巨大损失。同时，巴西的外债负担一度非常沉重，2002年高达2 600亿美元，约占国内生产总值的30%，出口总额的336%；每年仅还本付息就需470多亿美元，偿还外债占了国家收入的相当部分。虽然近年来，外债负担有所减轻，但是外债负担造成金融系统依然脆弱。这种经济社会状况，无形中加剧了贫民窟的恶性发展并导致收入分配的严重不公。

3. *改进措施*

面对社会的两极分化现象，巴西政府意识到，在加快现代化进程中，农村建设和农民权益不能被忽视，否则工业和农业发展的不平衡会带来严重的社会问题。20世纪90年代后，巴西政府重新审视了农业发展方向和农村建设思路，并推出了相应的政策与措施。

（1）土地改革。巴西后备耕地资源丰富，为了促进中西部地区的农业开发，政府一直努力吸引南部地区的农民到这些地区从事农业生产。促进土地改革的主要工具是土地征用（land confiscation），政府通过法律对大农场闲置土地予以强制征收，将征收的土地分配给无地农民，让无地农民有安居乐业的“根据地”。无地农民在得到土地的同时，还可以得到6 000雷亚尔的安家费甚至基本食品补贴，这一举措使得4万多个家庭得以在农村定居下来。另一项措施是于1999年成立“土地银行”，由联邦政府向农民提供信贷用于购买农村地产，从而推动社会基础设施的建设。2000年，这类信贷额高达2.67亿雷亚尔，1.56万家庭从27.6万公顷土地中受益。

（2）家庭农业支持计划。家庭农业支持计划的主要目标是确保小农户的基本收入，增加农村就业机会，把小农固定在土地上，不让农民大量进入城市，抑制农业人口向大城市的过快流动而造成的城市社会问题，维持社会稳定。家庭农业支持计划有三条主线：一是基础设施建设。主要是农村公共需要的道路、电信、电力、勘探、仓库的建设等。在可行的计划中确定优先扶持对象，由联邦、州和市三级政府共同出资（各约 1/3），农民不出资。在部分地区，也对农民购买农业机械予以支持，大体上农民和政府各出一半价钱。二是农业信贷。给小规模农户提供比商业贷款利率（17%）更低的低利率（2%或6%），分期付款的话还可以免除 30%的本金。三是免费对农民和技术人员进行培训，免费提供各种病虫害防治技术资料，但种子、肥料等仍然是商业行为。

（3）为农民提供社会保障。1988 年，巴西建立了农村养老金制度，只要农民按每年农产品销售额的 2.1%缴纳社会保障金，就可以享受退休金、疾病和工伤事故补贴、家庭困难补贴、带薪产假以及领取抚恤金等福利待遇。此外，巴西政府为解决家庭农业的运输问题，投资修建和维修农村公路 1 万多公里。还加大了农村社会事业的投入，农村的基础设施以及教育、卫生等条件都有所改善。政府推行的土地改革与教育相配套的计划，让数万农民免费进人学校，学习科学文化知识。巴西政府还从 2003 年起推行“零饥饿”计划，向月收入低于 120 雷亚尔的家庭每月发放最高 112 雷亚尔的家庭补助金，约 1 100 万个主要位于农村地区的贫困家庭因此受惠。

（4）发挥农民合作组织的作用。为了将分散的农户组织起来，发展产业化生产，巴西政府鼓励农村建立合作组织，目前主要有两种类型的合作组织：一种是由分散的农户自己组织的合作社，由农户选举合作社领导，通过合作社集资办农产品加工厂，将自己生产的农产品统一推销或者是集中加工；另一种是由某工业企业或财团牵头，与农户签订合同，农户根据企业要求进行生产，企业则根据市场需求组织农户生产，按合同收购农户提供的产品。据巴西全国合作社组织的统计，2005 年初，巴西有各类合作社 7 355 家，参加合作社的农民有 576 万多人，合作社职工 18 万人。其中，在从事农牧业生产的合作社中，农户平均收入是没有加入合作社农户的两倍。另据巴西计划部实用经济研究所 2004 年的调查，1994 年至 2004 年，巴西农村贫困人口比重下降了 9.8 个百分点，农村人口外流的现象基本得到控制。

4. 教训与警示

巴西的资源条件极为丰富，经济发展的基础在发展中国家也是比较好的，但是却出现了如此突出的社会问题，这是值得深思的。我国已经进入了工业化和城市化快速发展的阶段，需要认真分析研究并吸取巴西的教训，避免重走巴西的弯路，防止落入所谓的“拉美陷阱”。以下几点值得特别注意：

首先，应注意城乡协调发展，避免存在大量贫民窟的畸形城市化。城市化进程是与工业化进程密切相连的，如果过快地推进城市化进程，超过工业化的发展速度，就可能出现严重的社会问题。巴西农民因失去土地流入城市沦为城市贫民，这提示中国在转移农村人口时要建立农村人口回流机制，使农民能够维持最基本的生活需要，不要重蹈巴西城市贫民窟的覆辙。

其次，要妥善处理农村土地关系，确保农民的基本生活保障。土地的私有制会赋予农民充分的财产权利，在一定程度上有利于土地流转，实现规模化经营，提高土地的利用效率。但是，如果土地集中兼并的速度过快，就会产生大量的无地农民。无地农民如果不能纳入工业化的过程，就必然形成贫民和贫民窟。

最后，在进入城市化和工业化进程加快的发展阶段时，必须加快农村基础设施建设，改善农村生产生活条件。如果在城市化和工业化迅速发展的阶段，不建设配套的农村基础设施，改善农村生产生活条件，就会使得城乡差距越来越大，积重难返，将来解决起来会更加困难。

二、我国台湾地区的新农村建设

台湾为典型的小农经营体制，只是发展阶段不同。农业在台湾经济发展中曾经占有重要地位，为工业发展提供了大量资金、劳动力与市场，奠定了台湾经济起飞的基础。台湾地区建设新农村是从20世纪90年代开始的，其主要特征是以打造“富丽农渔村”为最终目标，在农村建设中强调生产、生活、生态，三生一体的观念，注重科技投入的重要作用。

（一）建设背景

1. 农业生产呈现负增长，农业面临结构调整

1949年后，台湾农业的主要目标都是恢复和发展农业生产力，经历了四个阶段：第一阶段从1949—1952年，主要是恢复农业生产，鼓励发展农业，特别是粮食和甘蔗。至本阶段末期，农业生产已达到日本侵占时期的最高水平，农业生产年增长率高达13%，农业生产总值占台湾地区内生产总值的36%；第二阶段是从1953年实施第一个四年经济建设计划开始，到20世纪60年代末70年代初。这一时期是农业部门对整体经济积极贡献的时期。本阶段，台湾当局继续推动土地改革措施，加强农业生产能力建设，使农业成长率维持在5.5%左右；第三阶段是20世纪70年代初至80年代初大约10年左右，农业发展缓慢，呈“低度增长”。这个时期农业生产平均年增长率为2%左右，

除畜牧渔业外，狭义农业已呈现负增长；第四阶段由 20 世纪 80 年代开始至 1990 年，以传统生产方式为主且对外封闭的台湾农业，在有限的自然资源下，已达到了发展的极限。与此同时，台湾地区部分农产品进口快速增加，农产品产销结构呈现出极大的落差，因此调整生产结构一直是本阶段农业政策的重要指向。

2. 建设多元化的新农村成为时代发展的必然趋势

由 1991 年至今，是台湾“新农业”发展时期。为顺应贸易自由化、重视农业多功能性的世界趋势，台湾当局于 1991 年制定“农业综合调整方案”，强调“三生农业”的重要性，即包括生产粮食的一级产业，农产品加工的二级产业，以及运销、休闲、文化体验的三级产业。在方案中首次提出了确立“照顾农民、发展农业、建设农村”，最终实现“富丽农渔村”的长期目标。1996 年颁布“农业政策白皮书”，在强调生产、生活、生态，三生一体的框架下，发布“提高农业经营效率，强化农产品市场竞争力”、“加强农村建设，增进农民福祉”及“维护环境资源，促进生态和谐”的长期农业施政目标，及以科技、经济、环境与国际为导向的长期农业发展方向。1998 年实施“跨世纪农业建设方案”，制定了“发展效率与安定的现代化农业、建设富裕与自然的富丽农渔村、追求有信心与尊严的农渔民福祉”的施政目标。

（二）措施与做法

台湾从土地政策、产业发展、科技研发、农村金融、农民组织建设等方面着手，相继出台了一系列政策措施，以推动“富丽农渔村”建设。

1. 以土地改革促进农村发展

土地改革对于台湾地区农村建设甚至对于台湾地区整个社会的经济起飞，都做出了“基础性的贡献”。20 世纪 40 年代末和 50 年代初，台湾当局采取“三七五减租，公地放领，实施耕者有其田”等新的土地政策，对台湾农村在随后年代出现的快速发展，起到了巨大的推动作用，从而促进了台湾的工业化、城市化和现代化的发展。台湾农村建设中有一个重要因素，就是土地资本市场的形成，这使得农民可以以土地为抵押向银行或者农会申请贷款，农民可以从土地的征购、房屋的拆迁中得到更多的补贴。为提升土地效益，台湾还对农地进行重划。台湾从 1991 年开始，通过重划土地进行农村社区更新整体规划，于重划后再实施建设，营造农村新面貌。

2. 以建设“富丽农渔村”为目标，营造“健康活力的乡村新风貌”

台湾“富丽农渔村”建设的内涵包括三个方面：一是农业生产企业化，继续推行农地重划，发展专业化生产，改善农产品运销，实现农业产销一体化；

二是农民生活现代化，发展农村教育，增进农民福利，缩小城乡生产差别，维护农村繁荣安定；三是农村生态自然化，加强自然文化景观保护，健全农业资源管理制度，发展观光休闲农业，绿化、美化农村环境。实际上就是要协调台湾城乡发展，缓解“三农”矛盾。采取的主要政策措施包括：①推进农村整体规划和重点建设。以县为单元，根据县域农业农村资源的分布，组织进行跨乡镇的整体规划，调整产业发展的空间布局。②修订农村休闲农业辅导管理办法及相关作业规范。以“健康活力的乡村新风貌”的要求，组织官、产、学界人力与知识资源，对嘉义、台南等重点地区的休闲农业进行评审认证和专案辅导，把休闲农业与“富丽农渔村”建设密切结合起来。③台湾健康社区六星计划。即以产业发展、社福医疗、小区治安、人文教育、环境景观、环保生态等6大方面作为小区发展的目标，称之为“六星”，并以新故乡小区营造计划为基础，扩大其覆盖范围。计划的核心是培训“富丽农渔村”规划与建设人才。

3. 以科技为先导，提高农业竞争力

主要措施包括：①实施鼓励农业科技发展的政策措施。20世纪90年代以来，重点实施了“农业科技计划产学合作实施要点”、“农业新兴重要策略性产业部分奖励办法”等。通过政策的制定和实施，充分发挥科技人员的积极性和创新性，确保农业科技资源的有效利用，促进科技成果转化，提高农业综合生产力水平。②加强农业科技园区建设，营造农业科技产业集聚效应。台湾于2003年2月出台“农业生产技术园区规划构想”，决定在全岛建设5个农业生物技术园区。2004年，还公布实施“农业科技园区设置管理条例”，对进驻园区的农业生物技术业者在提供土地、温室、实验农场、标准厂房、水电通信及行政服务方面提供优惠措施。③大力发展高新技术在农业上的应用。这是台湾发展农业科技，推动农业生产力进步的重中之重。近年来台湾着重加强生物技术和信息技术在农业上的应用，在政策上支持利用生物技术，开发具有经济价值的农业新品种，同时将遥测技术运用于农业生产；利用信息技术发展电子商务等，从而使台湾农业技术水平一直保持领先地位，对提高农业竞争力起了重要作用。

4. 完善农业金融体系

2002年11月30日台湾举行全台农业金融会议，提出了要加强农村经济发展，尽快出台“农业金融法”，完善金融改革的配套措施，健全农渔会信用部的体制，满足农渔民对金融服务的需求，稳健改革手段的改革方向和目标，从而真正开启了台湾农业金融改革的帷幕。主要措施包括：①建立农业金融法律体系。2004年1月“农业金融法”正式实施，台湾从此建立了独立于一般金融体系之外的农业金融体系。②建立二级制的农业金融架构。根据“农业金融法”规定，台湾农业金融在组织架构上，采取全岛农业金库和农渔会信用部二级制，并为此专门颁布了“农业金库设立许可办法”。为加强对农业金融的监管，台湾于 2004 年 1 月公布实施“‘行政院’农业金融局组织条例”，并依此成立“农业金融局”，归属“农委会”。③完善农村基层金融制度，提升经营效率。主要措施包括：制定“农会渔会信用部净值占风险性资产比率管理办法”，正式将信用部资本适足率纳入管理；实施“农会渔会信用部各项风险控制比率管理办法”，强化金融风险管制；妥善处理问题信用部，发布“信用部让与银行承受之农会渔会争议资产认定与处理准则”，以解决受争议的资产问题，并对经营不善的信用部进行横向合并；培育信用部金融人才，建立农业金融机构网际网路申报系统，以提升农业金融资讯透明化及时效性。

5. 建立和加强农民经济组织

台湾农民组织的主体是农会、渔会、水利会等，它们是沟通当局与农民之间的桥梁，是“富丽农渔村”建设的骨干力量。其中，台湾农会作为农民的重要组织，为推动台湾农业发展、改善农民生活以及在建设台湾农村过程中发挥了非常重要的作用。台湾的农会组织按行政区域设立，分省农会、县市农会、乡镇农会和农事小组。农会的宗旨是“保障农民利益，提高农民技能，增加农业生产，改善农民生活，发展农村经济”。主要功能有四项，即农业技术推广和教育、农产品供销、农村信用和农业保险，涵盖了农业和农村经济发展的产、供、销全过程和农村金融、保险等重要领域。农会为农民提供服务不以盈利为目的。台湾当局对农会事业的资金支持主要有：一是直接支持，如基础设置、公益性建设等；二是间接支持，如减免税等。2001 年，台湾当局修正了“农会管理办法”，并于 2005 年 1 月正式颁布实施。修正的内容主要有：加强民主管理，遵循公开原则，农会人事评议小组成员由票选产生；加强农会员工考核，明确农会员工权责利，将工作业绩与薪资更紧密挂钩；建立农会主管储备培训制度，以强化农会主管人员的专业知识和领导管理能力等；促进人事的新陈代谢，明确退休年龄、退休金发放标准并及时办理。

（三）实施效果

第一，台湾农民收入明显增加，工农收入差别明显缩小。1973 年台湾工农收入之比为 100∶60.2，1989 年，台湾人均生产总值 7 626 美元，农民人均纯收入 3 395 美元，工农收入之比已缩小到 100∶72.5。到 1996 年台湾工农收入之比进一步提高到 100∶73.9。农村基本上实现了现代化，每个农村家庭至少拥有一辆小汽车，95%以上的村民接受了初中以上教育。

第二，乡村的面貌大大改善，生活质量得以提高。①村村通汽车，百分之百的农村道路已经硬化；②各村基本都拥有完善的学校设施、村民活动中心、停车场、展售中心和休闲公园等各项设施；③农村地区普遍新建或修建了具有浓郁地方特色的现代化农宅，配有方便的卫生设施和完善的污水、垃圾处理设施；④创办了240多家规模不等、功能不同、特色各异的休闲、生态、教育和度假农场。1993—2000年，台湾全省共投资建设了377个“富丽农渔村”规划地区（或村），其中“富丽农渔村”重点示范区16个。2001年以后，实施农村新生活圈建设计划，据台湾“农委会”历年工作报告提供的数字，2001—2003年累计投资建设休闲农业园区80处，农村新生活圈26处，辅导19个县市、134个乡镇建设农村休闲景点555处。

第三，台湾农业金融改革成效显著。“农渔会信用部”经营状况不断好转，多项业务及财务指标明显改善，风险承担及获利能力不断增强。2006年1—8月全台“农渔会信用部”获利59亿元，较上年全年获利增加1.1亿元，逾期放款585亿元，呆坏账率30.19%，放款品质得到改善，同期放款规模达6 456亿元，较上年底增加507亿元，营运规模进一步扩大；“农业金库”和“农业金融局”的功能得到有效发挥，农业专案贷款规模不断扩大，年度贷款总额度由2003年的50亿元扩大到2004年的265亿元及2005年的335亿元，到2006年底，全台已发放专案农贷410亿元，使45 000多位农渔民受惠。

（四）基本经验

首先，应建立与农村生产力水平相适应的土地制度。台湾土地政策确保了农民对土地的收益拥有绝对的权益，不论是土地非农化，还是农地买卖，土地的受益主体均是农民，而不是其他群体或组织。因此，在建设社会主义新农村中，应该合理规划和利用土地，节约用地，调整土地布局，提高土地利用率、产出率，以提升土地使用效益。同时，在土地政策上进一步确立农民对土地收益的拥有权，明确土地征用补偿受益机制。

其次，要重视农会组织在新农村建设中的作用。台湾通过农会组织进一步强化了农民的自我发展能力，这对农民合作组织建设具有借鉴意义。但从我们实际情况出发，我们的农会首先应是一个经济、教育和社会组织，而不是一个政治组织。实际上，台湾的农会虽然具有经济性、教育性、社会性和政治性，但是更偏重的还是经济性和教育性，而不是政治性。这点经验对我们农村发展农会组织，有着非常重要的参考意义。从实施路径上看，一是应简化乡镇政府职能，特别是要将乡镇政府的经济职能剥离出来，交由农民经济合作组织这样的农村民间组织承担，使乡镇政府变成县政府的派出机构；二是应在乡镇范围建立农村民间组织，并赋予该组织经营农村金融的职能，使其从这样的经营组织中获取其运行的经济条件；三是国家应从法律上规范农村民间组织，并要求地方政府帮助建立农村民间组织的章程。

再次，应实施农业金融体系改革为农村发展奠定基础。台湾地区在农村金融法制建设、农村金融整体架构以及农村基层金融机构建设方面进行了有意义的探索。有鉴于此，我们也应当鼓励农业银行、农业开发银行、农村信用合作社、邮政储蓄银行加大对农业企业投入，开列农业企业贷款专项资金项目，支持农业企业发展。同时，还应积极发展农村各类金融组织，构建新型的农村金融体系。建立以非国有银行为主体的、基于市场机制的、受法律制约的、规范的、多样化的农村金融机构，尤其是要大力发展农村合作银行，组建各种农村基金（如农业企业基金、农业风险投资基金等），动员各种物质资源，连接各个农业投资主体，构建农村多元化的农业企业投资新体系。

最后，要加大农业发展过程中的高科技投入。在台湾地区的农业发展过程中，高新技术的应用为其拓展了空间，为产业化铺平了道路。农业要实现产业化、现代化，必须实现高新技术的产业化。农业高新技术产业，是在农业高新技术的研究、开发、推广和应用基础上形成的企业群或企业集团的总称。农业高新技术产业化，是以农业高新技术为主形成新兴产业的过程。要使农业领域实现高科技产业化，必须加强对农业高新技术的研究和开发，使农业高新技术转化为产品，形成农业高新技术产品的大规模生产。这个过程，应该是以农业企业为主体进行研发、推广、应用，政府应处于支持、扶持的辅助地位。

三、新农村建设经验对我国的启示

韩国、日本、欧盟和我国台湾地区在长期农业发展和农村建设的实践中，积累了宝贵的经验，为我们的新农村建设提供了参考。巴西过度城市化的问题也为我国的新农村建设敲响了警钟。从以上农村建设和发展的案例中，我们主要可以得到以下几点启示：

首先，农业与农村发展问题是事关国家经济社会发展全局的重大问题。在现代化过程中，农业在GDP中比重将下降，但是并不意味着农业的重要地位下降。越是发达的国家，对农业和农村发展问题的重视程度越高。例如日本，农业在其工业化的进程中发挥了重要的作用。很多国家都认识到，农业、农村和农民问题，不仅仅是农业本身、农村内部和农民自己的事，而是与整个国家的经济社会发展密切相关。国外的经验表明，解决好农业和农村发展问题，整个国家和社会就会获得和谐发展，例如欧盟和日本。否则就会出现大的社会问题，例如巴西，尽管资源丰富，发展的基础也较好，但由于农村问题没有解决好，导致整个社会经济发展严重失衡。

其次，城市化和工业化的健康发展是以农村发展为基础的。当社会进入了快速的工业化和城市化进程时，必须抓住时机，大力加强农村建设，及时遏制城乡差距迅速扩大的趋势，并努力加以缩小。韩国的新农村建设就是在工业化和城市化的快速发展，城乡差距出现并逐步扩大，社会矛盾开始显现的背景下进行的，由于及时推进了新村建设，韩国及时地遏制了城乡差距扩大的趋势；而巴西在本国城乡二元经济结构十分典型，贫富差距极大的情况下未能及时采取措施，致使社会化问题严重。国外正反两个方面的经验教训都表明，只有把农村建设好，缩小城乡在基础设施（水、电、路）和公共服务体系（教育、卫生、社会保障）方面的差距，城市化和工业化才能健康发展，整个社会才能和谐有序。

第三，新农村建设必须以推进农村生产发展为首要任务。不论在任何时候，农业生产力的发展都是最重要的。韩国在推进乡村建设的同时，仍不忘积极推广高产水稻品种，提高农民收入；日本则始终将提高农业生产力作为振兴农村的主要内容，在农业发展的任何阶段的所有措施都以提高农业生产力作为基础；欧盟的农村发展本身就是从农业生产力发展过度而来的。这些国家的经验就能表明，新农村的建设与发展不能放弃推动农村生产力发展，不能以破坏环境、牺牲生态为代价，不能重复工业化建设中先污染再治理、先破坏再恢复的老路。在推动农村生产发展中，首要的是必须突出产业支撑作用，坚持依靠科技科学发展；其次，农业面临着自然和市场双重风险，在推进新农村建设进程中，必须积极代表和维护农民权益，不断创新经营体制，真正从质量和效益上提升农民生活状态。

第四，国家必须加大对农业发展和农村建设的投入。一方面，农业是弱质产业，即使在发达国家也是如此；农业问题的公益性比较强，即便在高度自由的市场经济国家中，也具有特殊性；农村的基础设施和公共事业，农民自己是无力承担的，即使在发达国家也是如此。另一方面，国家在基础设施、公共服务等方面的措施，对农业和农村发展影响重大，并且具有累积效应，投入之后，会在较长期时期内发挥作用。各国推进新农村建设的各项政策措施都是以财政投资和融资支援为后盾的。欧盟的作法是建立基金会，以基金会这种金融机构为主体筹集资金，专门用于农业和农村建设，特别是落后地区、贫困地区的开发和建设。韩国“新农村运动”则采取中央财政和地方财政投资加乡村集资的方式，中央财政由中央新农村领导小组直接负责，通过专款专用、专款配套、直接到村或农户等各种方式，建立合理的财政投入管理体制。但是，在国家“自上而下（top-down）”地推动新农村建设的同时，必须通过合理的监督执行机制，提高财政资金和公共资源的使用效率（Banerjee et al，2008）。

第五，新农村建设必须充分发动广大农民的积极性。新农村建设的主体是农民。只有充分尊重农民的意愿，激发广大农民的积极性，才有可能把新农村建设的各项事业推进下去。纵观世界各国的农村建设与发展，农民的参与都是新农村建设的关键。无论是韩国、欧盟的村庄领导人培养，还是日本、巴西，以及我国台湾的合作组织建设，都离不开广大农民的广泛参与。因此，提高农民的参与程度，各地新农村建设的项目开展要尊重农民的意愿，满足农民最紧迫的需求，在新农村项目的规划、实施、监测和评估的各个阶段保证农民的参与。这种“自下而上（bottom-up）”的公共行动，在短期内可以成为对国家行动的有效补充，在长期内可以保障新农村建设的持续性。

第六，城乡协调发展需要以合乎国情的政策体制作保障。城乡二元结构的原因是多方面的，解决二元结构的措施不能简单化。例如，户籍制度是城乡二元结构的成因之一，但是并不是唯一原因。国外没有户籍制度，但一些发展中国家的城乡二元结构比我国还突出。户籍制度的形成有历史原因，其取消也应是一个历史过程，需要城乡统一的社会保障体系等做基础。操之过急，就有可能重蹈巴西过度城市化的覆辙，使农村人口大量转移到城市，加重城市公共管理负担。土地制度也是一个非常重要的因素。如果土地兼并速度超过了工业化的发展速度，大批失地农民涌入城市后，不能及时纳入城市就业，结果只能是形成贫民窟，造成严重社会问题。因此稳定我国现行的土地家庭承包经营制度具有重大意义。

最后，应充分认识到农业与农村发展是一项长期性的历史任务，做好打持久战的准备。农业科技创新，农业和农村基础设施建设，适应现代化需要的新型农民的培育，农业劳动力和农村人口的向外转移，等等，都是农业与农村发展的必然要求。而所有这些，都是长期性的历史任务，不可能在短期内完成。发达国家的现代农业建设和农村建设，都经过了几十年乃至上百年的长期过程。我们借鉴国外经验，推进新农村建设，要避免不切实际，急于求成，短期效应；而是要树立长期奋斗思想，讲究实效，既要立足当前，解决当务之急，也要着眼长远，打好基础，扎扎实实地稳步把新农村建设推向前进。

第四章 国内社会主义新农村建设的典型案例

——广西壮族自治区武鸣县大皇后村的案例研究

2005 年 10 月，党的十六届五中全会提出，“建设社会主义新农村是我国现代化进程中的重大历史任务，要按照生产发展、生活宽裕、乡风文明、村容整洁、管理民主的要求，扎实稳步地加以推进。”全会以后特别是 2006 年以来，全国各地按照中央提出的 20 字方针的总体要求，迅速掀起了建设社会主义新农村的浪潮。为了贯彻落实中央精神，农业部于 2006 年在全国范围内启动实施了社会主义新农村建设示范行动，选择确定了 35 个示范村（场）、65 个联系村共 100 个村（场）开展新农村示范的“省部共建”活动。

2006 年 5 月，按照农业部与广西壮族自治区政府的统一安排，农业部农村经济研究中心与广西壮族自治区农业厅选择了武鸣县大皇后村作为落实省部共建的一个示范点，开始了大皇后村的社会主义新农村建设。大皇后村地处广西壮族自治区武鸣县城厢镇（县城所在地）。武鸣县是广西首府南宁市的市辖县，国土面积 3 378 平方公里，下辖 13 个镇、198 个行政村、20 个社区、3 415 个村民小组。2007 年末，全县总人口 67 万人，耕地 6.2 万公顷，人均占有耕地 1.39 亩。2008 年，全县完成地区生产总值 107.5 亿元，增长 16%，首次突破 100 亿元大关；实现财政收入 5.3 亿元，增长 21.7%；全县农民人均纯收入 4 890 元，比全国平均水平高 2.7%。

在建设过程中，本课题组的部分成员参与了调研、规划、立项、培训和项目落实等全过程的建设。本章以大皇后村的新农村建设作为典型案例，通过分析讨论和回顾总结，试图概括出几条基本经验，为其他地区建设社会主义新农村提供一些有价值的启示。

一、2005 年时的大皇后村

大皇后村位于武鸣县城西南部，距县城约 5 公里。全村共有 6 个村民小组、4 个自然村、371 户农村居民（包括 1 户非农居民）、1 497 人（包括非农业人口 2 名）。该村属丘陵地区，总面积 4.1 平方公里。

从 2005 年末该村的土地利用结构看，耕地为 1 813 亩，占 29.5%；果园为 100 亩，占 1.6%；鱼塘为 1 931 亩，占 31.4%；工业发展区用地 2 000 亩，占 32.5%；住宅、道路及其他用地为 306 亩，占 5.0%。主要农作物有水稻、木薯、玉米、花生、蔬菜及少部分的荔枝、芒果等。

从种植业构成看，2005 年该村农作物总播种面积为 4 034 亩（一年两熟，可以实现一年三熟），主要作物有木薯、水稻、玉米、花生等。其中，木薯的播种面积为 1 500 亩，粮食播种面积为 1 305 亩。粮食生产以稻谷为主，2005 年稻谷面积为 760 亩，占粮食种植面积的 58.2%；玉米面积为 310 亩，占粮食种植面积的 23.8%。花生的播种面积为 686 亩；其他作物的播种面积为 543 亩。从动态变化看，2001—2005 年期间，木薯面积由 1 050 亩增加到 1 500 亩，增长 43%；而粮食面积却从 2 331 亩减少到 1 305 亩，下降 44%。

养殖业是大皇后村的传统产业，尤其是淡水养殖规模较大，有 1 931 亩鱼塘，2005 年全村水产品产量 2 000 多吨。另外还有畜禽养殖，2005 年全村生猪出栏 3 951 头（其中的 3 户规模化养殖户，年出栏约 2 000 头），年末存栏 2 845 头，其中能繁殖母猪 213 头；全年出栏肉鸡 47.6 万只（其中规模化养殖 30 万只），出栏肉鸭 4.86 万只。

2005 年，大皇后村经济总收入 8 000 万元，工业总产值 4 282 万元，吸纳本村非农就业劳动力 400 多人（大部分属于兼业）；村集体收入约 60 万元；农民人均纯收入 4 050 元，比全县平均水平高 34.7%，居于中等偏上位置。

大皇后村的教育在全国农村处于中等偏上的水平。根据课题组对全村农户的调查，2006 年，全村适龄儿童入学率和小学适龄人口（6～11 岁）的在学率均达到 100%，初中、高中适龄人口（初中为 12～14 岁，高中为 15～17 岁）的在学率分别达到 88.6%和 72.7%，高中以上教育适龄人口（18～22 岁）的在学率为 17.7%，全部教育适龄人口（6～22 岁）的在学率达到 47.5%。这些指标均高于全国村镇的平均水平。劳动力的文化水平也相对较高。2006 年，在劳动力中，文盲半文盲的比重为 2.8%，小学的为 16.9%，初中的为 65.4%，高中的为 13.7%，高中以上的为 1.3%。

大皇后村的劳动力就业呈现出多元化特征，大部分的农户为兼业农户。2005 年末，全村劳动力有 1 009 人。根据对全村农户的调查，主要从事农业的劳动力占 67.4%，从事工业的占 16.3%，从事建筑业的占 1.2%，从事运输业的占 1.7%，从事商业饮食服务业的占 5.9%，从事其他行业的占 7.5%。尽管大部分农户报告自己主要从事农业生产，但在这些劳动力中，有 40.0%的劳动力外出打工时间在 3～5 个月之间（包括在本村内）。在全部调查农户中，兼业农户的比重达到76%。

大皇后村的农民收入仍以农业为主。在2005年农户纯收入中，来自农业的占62.2%，来自非农产业和外出务工的占37.8%。在农业收入中，来自种植业的占44.1%，来自畜牧业的占23.2%，来自渔业的占32.6%。

二、新农村建设历程

大皇后村的新农村建设始于2006年3月，大致可划分为4个阶段：2006年3月初至2006年4月底为第一阶段，属于调研发动期；2006年5月初至2006年7月底为第二阶段，属于规划编制期；2006年8月初至2006年9月底为第三阶段，属于基础设施建设期；2006年10月初至今为第四阶段，属于全面建设期。

（一）调研发动期

这一时期的主要任务是宣传中央政策，摸清村情民情，了解广大村民对新农村建设的看法、意愿和具体要求。在这一时期，农业部农村经济研究中心与广西农业厅成立了联合调研组，深入县乡村组，听取县、乡镇和村3级干部的情况介绍，走访农户，召开群众代表和党员代表座谈会，了解情况。同时，调研组还查阅了武鸣县的县志、“十一五”计划、城乡建设发展规划、土地利用规划和历年统计年鉴，掌握了大量数据资料。

在调研过程中，调研组注意到，大皇后村具有很多建设社会主义新农村的有利条件。一是区位优势明显，建设环境优越。大皇后村地处武鸣县城厢镇西南角，距县城仅3公里；该村南临西江河，北靠宁武公路，东临都南高速，西部、北部紧靠国家级“中国—东盟经济园区”和武鸣县工业集中区。从总体上说，大皇后村地理位置优越，具有良好的发展环境，既可以接受城镇市场的辐射，更容易受到“中国—东盟经济园区”和武鸣县工业集中区发展的带动。二是工业基础较好，发展前景广阔。大皇后村有1个占地2 000亩的工业集中区，是武鸣县三大工业集中区之一；该区已开发近1 200亩土地，已有皇后淀粉化工厂、圣康制药厂和八桂纸业等企业入驻，500多人就业，其中有本村劳动力400多人。更为有利的是，该区属于荒坡丘陵地，不容易产生土地纠纷，这对外来工业投资具有很强的吸引力。当时，该区正在开发800多亩土地，建设木材加工基地，首批将有47家企业落户。工业集中区的发展，必将对该村产业结构和就业结构的调整产生重要而又积极的影响。三是该村村民2005年的人均收入（4 050元）高于全县（3 340元）和全国平均水平（3 255元），且民风淳朴，村民对建设社会主义新农村的热情很高。四是班子能力较强，村风民风和谐。大皇后村的“两委”班子和村组干部非常团结，具有较强的凝聚力、战斗力、号召力；村组干部具有较强的发展意识和致富能力。现任村主任覃贵宗是大皇后村致富带头人和皇后淀粉厂厂长，曾荣获“全国农村优秀人才”和“全国农村学习实践‘三个代表’重要思想基层干部标兵”等称号，并当选为中共十六大代表。更为有利的是，大皇后村是单一民族（壮族）村，系出同族，无民族矛盾，是单一覃姓村，系出同宗，无宗族纠纷；村民勤劳善良、互助团结，不涉黄赌毒，极少打斗殴，社会治安良好；村民纯朴好学，爱好文艺，集体观念强，文体活动多，村风民风和谐。2005 年，大皇后村被授予“全国文明村”称号。

同时，调研组在调研过程中也注意到，大皇后村建设社会主义新农村也存在一些制约因素。一是农业基础设施不配套，发展后劲不足。大皇后村拥有丰富的农地资源和西江河水资源，也具备良好的气候条件（可种 3 季），但由于水利灌溉设施不健全、有的还年久失修，也缺少电力灌溉设施，无法实现提流灌溉，西江河水不能充分利用，致使每年 11 月至下年 3 月农业生产严重缺水，农田冬季不能耕种（2 季），鱼塘冬天不能养殖；也由于田间道路和塘间道路质量差，也缺乏农产品、尤其是水产品市场设施，致使农产品生产、运销困难。这都严重影响了农业生产的健康发展。二是耕地保护措施不明确，影响农业发展。近些年来，因兴办工业、发展淡水养鱼和兴建村民住宅，大皇后村的耕地面积缩减得很快。2001 年，大皇后村尚有耕地 2 336 亩；但到了 2005 年末，全村仅有耕地 1 813 亩，比 2001 年净减少 523 亩。2001 年，全村人均占有耕地 1.64 亩；到了 2005 年，人均耕地占有量仅为 1.21 亩，比 2001 年下降 26%。而且从趋势来看，该村的耕地面积以后还有继续下降的可能。另外，全村没有山地，也基本没有后备荒地资源可以开垦。耕地资源对今后农业的发展，是一个突出的限制因素。三是村庄规划整治不及时，环境条件较差。大皇后村总体规模较小，只有 1 400 多人口，但却有 5 个自然村，农户居住相对分散。有 2 个自然村超过 100 户，另外 2 个自然村只有 20 多户，还有一个自然村，随着家庭和人口的搬迁，处于“只见房屋，不见人居”的状态。主要的问题是，村道、巷道建设落后，交通不便；垃圾处理设施不全，污水排放不畅，发酵、净化处理不够；杂物摆放混乱，巷内杂草丛生，清理整治不够；沼气入户率虽然较高，但实现改厨、改圈、改厕的“三改”率较低。这些问题直接导致了村庄环境较差。四是农民培训设施不健全，技术人才缺乏。目前，大皇后村人口中受过高中以上文化教育的仅为 15%，大多数人口仅接受过初中以下教育，缺乏一技之长。虽然本村有着较为丰富的自然资源，但却缺乏素质高、能力强、懂技术、会管理的高级人才，这已成为障碍该村经济社会发展的一个突出因素。

（二）规划编制期

这一时期的主要任务是汇集各方面意见，编制新农村建设规划。2006 年 5 月中、下旬，为了编制好大皇后村的新农村建设规划，我们课题组一行 5 人赴江西省赣州市进行了为期十天的考察。

赣州新农村建设始于 2004 年 9 月。9 月 14 日，赣州召开了新农村建设工作动员大会，并出台了《关于加强社会主义新农村建设的决定》。《决定》提出了新农村建设的目标是，经过 5 年的努力，全市 60%的村镇基本达到“经济社会发展，群众生活安康，环境整洁优美，思想道德良好，公共服务配套，人与自然和谐”的文明村镇标准。新农村建设的基本原则是，“政府主导，农民主体；实事求是，量力而行；因地制宜，科学指导；建章立制，规范操作；整体推进，务求实效”。新农村建设的内容主要是“五新一好”，即以村镇规划为龙头，建设新村镇；以农民增收为目标，发展新产业；以实施“农民知识化”工程为依托，培育新农民；以农业产业化为动力，组建新经济组织；以创建文明村镇为先导，塑造新风貌；以“三民”（亲民、为民、富民）活动为抓手，创建好班子。动员大会之后，赣州市县乡三级派出了万人组成的工作组下到乡村指导新农村建设，并把“三清三改”作为启动新农村建设的切入点和突破口。“三清”即清垃圾、清淤泥、清路障，“三改”即改水、改厕、改路。为筹集建设资金，赣州的做法是对各类涉农支农资金和项目统筹安排、集约投放。在新农村示范点的建设中，赣州采取了“统一扶助标准、择优选择定点、实行以奖代补、农民自主建设”的办法进行推动。赣州市新农村建设的一个亮点是成立新农村建设理事会，由村民自主推选有威望、有能力、公道正派的农村老党员、老干部、老模范、老工人、老教师和青年积极分子组成。通过理事会制定村规民约，实现村民的自主管理、自主实施、自我教育、自主服务、自我监督。换言之，村庄的“三清三改”、基础设施及公益事业建设，都要通过新农村建设理事会来组织实施，做到建设资金由理事会管理、建设合同由理事会签订、工程进度由理事会督促、建设质量由理事会监管。

回到大皇村后，课题组成员一致认为，大皇后村的建设规划应当包括两个方面的内容：一是经济社会发展规划。我们组织了农业部农村经济研究中心的部分研究人员和广西农业厅的有关专家，依据《农业部社会主义新农村建设示范行动方案》、《广西壮族自治区社会主义新农村建设试点方案》和《武鸣县社会主义新农村建设试点工作实施方案》的要求，花了近 2 个月的时间，在广泛征求大皇后村广大干部群众意见的基础上，结合当地实际情况，制定了一个较为详细的规划，即《武鸣县城厢镇大皇后村新农村建设规划（2006—2010）》。二是村庄建设规划。大皇后村以前虽然有一个村庄建设规划，但编制时间较早，已经不适应新形势下该村经济社会发展的要求，需要尽快编制一个新的规划。由于村庄建设规划涉及村镇布局、功能分区和土地用途等内容，专业性强，技术要求高，而且还需要与乡镇的总体规划和土地利用规划衔接起来，所以我们在武鸣县委、县政府的支持下，特意请武鸣县城乡规划所帮助设计了一个比较科学、有前瞻性的规划方案。

2006 年 7 月底，《武鸣县城厢镇大皇后村新农村建设规划（2006—2010）》在大皇后村“两委”会议上获正式通过。《武鸣县城厢镇大皇后村新农村建设规划（2006—2010）》主要包括 5 个方面的内容：第一部分是“基本情况与基础条件”，描述了大皇后村的基本情况，分析了该村建设社会主义新农村的有利条件、不利因素及发展潜力；第二部分是“总体思路与基本原则”，明确了建设的总体思路和基本原则；第三部分是“建设目标”，从产业发展、就业、增收、基础设施、住宅规划、环境整治、资源利用、生态保护、社区服务、社会事业发展等几个方面设置了新农村建设的具体目标；第四部分是“重点建设项目与建设内容”，重点讨论了基础设施建设、农业生产发展、村庄规划、环境整治、社区服务和社会事业发展等建设内容，并提出了具体的实施方案。第五部分是“保障措施”，提出了加强组织领导、完善议事决策制度、积极筹措建设资金、政府提供指导服务等建设措施。

（三）基础设施建设期

这一时期的主要任务是选定一些短平快的基建项目予以实施，为全县社会主义新农村建设起到示范带动作用。

8 月份，武鸣县政府决定，要以完成基础设施项目的建设为突破口，切实改变大皇后村“脏、乱、差”的状况，促使村容村貌有新的变化，为全县社会主义新农村建设起到示范带动作用。

9 月份，武鸣县县委、县政府召开了两次关于大皇后村新农村建设的重要会议。一次是新农村建设协调会，县委书记苏绍荣、县政府县长助理曾丽珍以及各个相关责任单位负责人参加会议。会议通过了关于城厢镇大皇后村社会主义新农村建设示范村的实施方案，明确了创建目标和内容。另一次是建设现场会，县政府县长助理曾丽珍以及各个相关责任单位负责人参加会议。

现场会明确了大皇后村创建社会主义新农村建设示范村涉及的 10 大建设项目：一是从港鸣公司门口至村部一带以及村部周边的环境卫生综合整治。二是村部四周及新村绿化、美化、亮化。三是村部到新村道路水泥硬化。四是新村电网改造。五是建立垃圾池一个，添置若干个小垃圾箱。六是在村部显著位置设立大皇后村新农村建设整体规划图宣传牌。七是建立面积约 800 米^2 的文化长廊及群众娱乐场所，购置乒乓球桌、象棋桌、健身器械等体育健身器材一批，设立石桌、石凳等群众生活娱乐设施一批。八是建立一批新农村建设、牢记社会主义荣辱观等内容的固定宣传牌。九是抓好村部旁的农户以及新村住户的房屋、庭院的美化、亮化工作，创建一批科技示范户、小康示范户、文化中心户、文明示范户。十是进行农村信息化建设，建立电子信息服务站，购置电脑一批，实现宽带进村入户。

为确保完成各项建设任务，武鸣县成立了社会主义新农村建设亮点村工作领导小组，县委、县政府主要领导担任组长，分管领导担任副组长，各责任单位及城厢镇主要领导为成员，落实了责任制。9 月底，大皇后村的基础设施建设项目全部完工。

（四）全面建设期

这一时期的主要任务是按照建设规划的总体要求，以项目建设为龙头，在调动全体村民积极性的同时，广泛吸引社会力量参与到新农村建设中来。

大皇后村全体村民在“两委”班子的领导下，为建设美好的家园，争先恐后，积极主动。几年来，该村利用集体经济积累先后投资近百万元，群众义务投劳 1 万多人（次），进行了村路巷道硬化、人畜分离、沼气入户、改厨改厕，改变了村民的居住生活环境；村里投资 120 多万元装修了村办公楼，建成了表演戏台、灯光球场、图书室、文体活动室和科技咨询室，配备了电视机、DVD 等器材，购置了图书、杂志，订阅了报刊；建立了较为完善的民主理财、集体决策和“一事一议”等制度，每个季度召开一次村民大会对村内重大事务进行讨论，每个季度都公开一次村集体的财务收支情况；村里还成立了体育运动队和文艺表演队，利用农闲时间组织体育比赛和文艺演出，鼓舞士气，增强了凝聚力。

同时，大皇后村在国家政策鼓励下，积极争取财政资金的支持。已经实施的项目主要有：奶牛良种化建设补贴项目、测土配方施肥项目、农机具购置补贴项目、科技入户项目、鱼塘混养新加坡星州鱼项目、农村实用人才培训工程项目、阳光工程项目和信息化建设项目。

此外，大皇后村还大力推进招商引资，广泛吸引社会资金的进入。为招商引资，大皇后村建立了一个工业园区，已经引进 40 多家木材加工企业入驻，建成西南地区最大的木材加工市场；引进的八桂纸业、圣康制药厂等企业已先后正式投产，效益显著；2008 年引进的新源陶瓷厂目前正在建设中，总投资约 1 亿元。

三、主要建设成就

大皇后村开始建设社会主义新农村以来，在县、乡党委和政府的支持下，在村党支部和村委会的领导下，全体村民群策群力，取得了显著成就。

（一）建成了信息化第一村

在县信息办、科技局、电信武鸣公司的帮助下，大皇后村电子信息服务站和专题网站开通启用，从而使大皇后村成为了广西首府南宁市的信息化第一村。信息村建设主要是以为农户安装电话和宽带上网，通过信息网络为农民提供以涉农信息为主的综合信息交互式服务，使农民懂信息、用信息，把信息技术转化为农村发展生产、增加收入的手段和能力。为进一步加快该村信息化的建设步伐，通过信息化建设促进农民增产增收，武鸣县信息化工作办公室为该村“量身定做”了武鸣县大皇后村专题网站，网站内容涵盖大皇后村简介、村委领导、最新动态、供求信息、招商引资、本地特产、信息化建设、留言版等多个栏目。同时，为使社会各界人士充分了解和感受大皇后近年来的变化，网站利用多媒体的手法体现各种图文声像，最新动态栏目通过收集新闻和视频影像等全面报道该村的政治、经济、文化等各项工作的建设步伐，实现有文有影有声；招商引资和本地特产等栏目如实反映该村的项目建设成果和自身具有特色的农副产品，做到图文并茂。目前，只要点击便可轻松的全方位、多角度浏览该村的各种情况、信息。通过建立专题网站，树立了该村的良好形象，营造了良好的发展氛围，进一步提高大皇后村的知名度。该网站自开通以来，充分发挥网络宣传的独特优势，向人们展示了大皇后村的魅力，在扩大招商引资、促进本地经济发展等方面取得了明显成效。此外，在县信息办技术人员的努力下，大皇后村电子信息服务站已建成启用，方便了村民获取科技信息和科技培训。

（二）建成了标准化养殖示范基地

经过几年的建设，大皇后村已经建成了水产养殖场、奶牛养殖场、专业养猪场和肉鸡养殖场等数个标准化养殖示范基地。其中，1 800 亩的水产养殖场已建成 200 亩养虾基地、300 亩中高档品种鱼苗示范基地和 800 亩标准化无公害鱼塘，主要养殖雄性罗非鱼、南美白对虾、青竹鱼等名优品种。肉鸡养殖场主要依托利源公司，采取“公司＋基地＋农户”模式，扶持 25 个养鸡专业户，全村年出栏肉鸡达 30 万羽以上。

（三）工业园区建设稳步推进

近年来，武鸣县大皇后村大力加强村容整治，投入110多万元硬化村道和村委广场，修建戏台、村卫生室、五保新村、花圃和抽水工程等设施，投资350万元建设小康新村。良好的生活环境吸引了大批外商前来投资，工业园区（伊岭工业经济开发区）建设正在稳步推进。在入驻的几家企业中，皇后淀粉化工厂实现年产值4 000多万元，年上缴税金200万元。八桂纸业有限公司有两条先进的纸板生产线，日产纸板20万米^2、纸箱10万只，是广西最大的纸箱加工制造企业之一，年销售收入达7 000万元，产品畅销广西全区，并远销到广东、海南、云南和贵州等省份。圣康制药厂是一家占地50亩，投资3 130万元兴建的，以科研生产为基础，集科、工、贸于一体，产、供、销一条龙，按照国家GMP标准建设的现代医药企业，主要生产胶囊剂、片剂、颗粒剂、洗剂、保健食品五大剂型，年产片剂10亿片，胶囊剂5亿粒，软膏剂5 000万支，年产值达5 000万元，上缴税金300万元。2008年，工业小区又引进了新源陶瓷厂，目前，该厂正在建设中，总投资预计达1亿元左右。

（四）各项事业全面发展

新农村建设以来，大皇后村各项社会事业都取得了长足发展，卫生改厨改厕工作、村容村貌工作、生态农业发展等成效显著，每个屯都实现了通路、通水、通电、通讯和通闭路电视，沼气入户率达93%。全村精神文明建设健康发展，文体活动十分活跃，农民文化生活丰富，村民学科学、用科学蔚然成风，全村的义务教育普及率和新型农村合作医疗覆盖率均已达100%。

四、新农村建设的基本经验

大皇后村在建设社会主义新农村的过程中，积累了4条基本经验：一是规划先行；二是干部带头；三是重视制度建设；四是以环境整治为突破口。

（一）规划先行

目前，很多地方在建设新农村时，都缺少一个相对完整、科学的规划，导致盲目建设，造成人力、物力的大量浪费。有的地方只重建设，不重规划，认为有没有规划无所谓，搞规划是在瞎花钱。另一些地方虽然也编制了一些规划，但由于缺乏专业人员，所以编制的规划不够科学、合理。规划编制是建设新农村的一项非常重要的任务，也是一项很严肃的基础性工作。大皇后村在编制建设规划时，按照科学发展观和统筹城乡发展的要求，因地制宜，实事求是，坚持科学性、前瞻性和实用性的统一，尊重农民意愿，合理安排生产和生活空间，得到了广大村民的支持和肯定。

（二）干部带头

俗语说，“火车跑得快，全靠车头带”。大皇后村的“车头”就是党支部和村委会。该村的支部书记覃道贵是个思想开拓、务实为民、无私奉献的好干部，他带领班子成员到各地学习致富经验和生产技术，根据形势变化与本村特点，提出了“科技养鱼富村”的正确思路。该村的村主任覃贵宗，既是个养鱼大户，又是淀粉厂的老板，这些年里，他毫无保留地向乡亲们传授着自己的养殖技术，并把那些找不到工作的村民都安排到自己的厂里上班，既解决了当地木薯的销路问题，又吸纳了本村的大批剩余劳动力。在党支部和村委会的带领下，大皇后村村民顺利走上共同富裕的正确道路。

（三）重视制度建设

新农村建设以来，大皇后村先后建立健全了经济发展、计划生育、社会治安等规章制度，完善了村民会议制和村务公开制等各项民主管理制度。村内的重大事项，都要在村民代表大会和党员大会上提出，表决通过后才能实施。同时，村里建立了理财小组和监督小组，每月将财务收支情况在公开栏上向群众公布。这样一来，村民的当家作主意识、民主管理意识和参政议政能力都得到了明显增强。村委会开展工作比较顺利，群众都很配合，这为全村各项事业的健康发展提供了良好的环境。

（四）以环境整治为突破口

新农村建设中，环境整治是非常重要的一环。村容村貌的美化、净化，不仅可以改善农村的人居环境，还可以促进村民革除陋习，形成健康、文明、向上的生活方式。大皇后村以环境整治为突破口，大力推进改水、改厕、改灶、改圈，教育村民不乱倒垃圾、不乱堆乱放、不乱搭乱建，在很短时间内，就切实改善了本村的人居环境，赢得了村民的赞同，效果显著。

附录　广西壮族自治区武鸣县大皇后村规划

依据《农业部社会主义新农村建设示范行动方案》、《广西壮族自治区社会主义新农村建设试点方案》和《武鸣县社会主义新农村建设试点工作实施方案》，在广泛征求大皇后村村民意见的基础上，结合当地实际情况，制定本规划。

一、基本情况与基础条件

（一）基本情况

1. 社会经济总体状况

大皇后村位于武鸣县城西南部，距县城约 3 公里。全村共有 6 个村民小组、371 户居民、1 497 人。本村属丘陵地区，总面积 4.1 平方公里。2005 年，大皇后村经济总收入为 8 000 万元，工业总产值 4 282 万元，村集体收入约 60 万元；农民人均纯收入 4 050 元，比全县平均水平高 34.7%，居于中等偏上位置。

大皇后村的农民收入主要来自农业。在 2005 年农户纯收入中，来自农业的占 62.2%，来自非农产业和外出务工的占 37.8%。在农业收入中，来自种植业的占 44.1%，来自畜牧业的占 23.2%，来自渔业的占 32.6%。

2. 土地利用结构

2005 年土地利用结构：耕地为 1 813 亩，占 29.5%；果园为 100 亩，占 1.6%；鱼塘为 1 931 亩，占 31.4%；工业发展区用地 2 000 亩，占 32.5%；住宅、道路及其他用地为 306 亩，占 5.0%。

3. 种养业结构

2005 年，农作物总播种面积为 4 034 亩，其中木薯面积为 1 500 亩，稻谷面积为 760 亩，玉米面积为 310 亩，花生面积为 686 亩。从动态变化看，2001—2005 年期间，木薯面积由 1 050 亩增加到 1 500 亩，增长 43%；粮食面积从 2 331 亩减少到 1 305 亩，下降 44%。

养殖业是大皇后村的传统产业。2005 年，共有鱼塘 1 931 亩，年产水产品 2 000 多吨；全年出栏生猪 3 951 头，出栏肉鸡 47.6 万只，出栏肉鸭 4.86 万只。

4. 就业结构

2005 年末，全村有劳动力 1 009 人。其中：67.4%的劳动力主要从事农业，16.3%从事工业，1.2%从事建筑业，1.7%从事运输业，5.9%从事商业饮食服务业，7.5%从事其他行业。

5. 社会事业发展与社区服务

大皇后村的教育在全国农村处于中等偏上的水平。2006 年，全村适龄儿童入学率和小学适龄人口的在学率均达到100%，初中、高中适龄人口的在学率分别达到88.6%和72.7%，高中以上教育适龄人口的在学率为17.7%。劳动力的文化水平也相对较高，劳动力中文盲半文盲的比重为2.8%，小学比重为16.9%，初中为65.4%，高中为13.7%，高中以上为1.3%。

农民生活服务和环境整治已经具备一定基础，自来水入户率、农户生活用电率、有线电视入户率、村民新型合作医疗参加率均为100%，有线电话普及率为80%；沼气入户率达50%以上，沼气户实现改厨、改圈、改厕"三改"率达60%，建设化粪池9座。

6. 农民的新农村建设意愿

大皇后村农民建设社会主义新农村的热情高涨。调查表明，有96%的农户愿意为村道路整治等公益建设出资出劳，平均每个农户愿意每年出资754元，出工30天。

（二）有利条件

1. 区位优势明显，建设环境优越

大皇后村南临西江河，北靠宁武公路，东临都南高速，西部、北部紧靠国家级"中国—东盟经济园区"和武鸣县工业集中区，地理位置优越，具有良好的发展环境，既可以接受城镇市场的辐射，更容易受到"中国—东盟经济园区"和武鸣县工业集中区发展的带动。

2. 工业基础较好，发展前景广阔

大皇后村现有1个占地2 000亩的工业集中区，是武鸣县三大工业集中区之一。目前，该区已开发近1 200亩土地，已有皇后淀粉化工厂、圣康制药厂和八桂纸业等企业入驻，500多人就业，其中有本村劳动力400多人。该区属于荒坡丘陵地，不易产生土地纠纷，这对外来工业投资具有很强的吸引力。目前，该区正在开发800多亩土地，建设木材加工基地，首批将有47家企业落户。工业集中区的发展，对本村产业结构和就业结构的调整产生积极影响。

3. 班子能力较强，村风民风良好

大皇后村的"两委"班子和村组干部团结，具有较强的凝聚力、战斗力、号召力；村组干部具有较强的发展意识和致富能力。现任村主任覃贵宗是大皇后村致富带头人和皇后淀粉厂厂长，曾荣获"全国农村优秀人才"和"全国农村学习实践'三个代表'重要思想基层干部标兵"等称号，并当选为中共十六大代表。大皇后村是单一民族（壮族）村，村民勤劳善良，互助团结，纯朴好学，爱好文艺，集体观念强，村风民风良好。2005年，大皇后村被授予"全国文明村”称号。

（三）主要制约因素

1. 农业基础设施不配套，发展后劲不足

大皇后村水利灌溉设施不健全，有的年久失修，缺少电力灌溉设施，无法实现提流灌溉，致使每年11月至下年3月农业生产严重缺水，田间道路和塘间道路质量差，缺乏农产品市场设施，致使农产品生产、运销困难。

2. 耕地保护措施不明确，制约农业发展

近些年来，因兴办工业、发展淡水养鱼和兴建村民住宅，大皇后村的耕地面积缩减很快。2005年，人均耕地占有量仅为1.21亩，比2001年下降26%。从趋势看，耕地面积还有继续下降的可能。

3. 村庄规划整治不及时，环境条件较差

大皇后村总体规模较小，只有1 400多人口，但却有4个自然村，农户居住相对分散。村道、巷道建设落后，交通不便；垃圾处理设施不全，污水排放不畅，发酵、净化处理不够；杂物摆放混乱，巷内杂草丛生，清理整治不够；沼气入户率虽然较高，但实现改厨、改圈、改厕的“三改”率较低。

4. 农民培训设施不健全，技术人才缺乏

目前，大皇后村人口中受过高中以上文化教育的仅为15%，大多数人口仅接受过初中以下教育，缺乏一技之长。

（四）发展潜力

1. 工业集中发展区将成为大皇后村经济增长的发动机

大皇后村紧靠“中国—东盟经济园区”的区位优势；使其工业集中发展区成为武鸣县工业集中发展区的一部分，已经呈现出良好的发展势头，必将成为大皇后村经济发展的发动机，促使经济实现快速增长。

2. 淡水养殖可培育为优势主导产业

大皇后村水产养殖具有明显的优势。从资源条件看，鱼塘面积大；从技术条件看，广西壮族自治区水产局的淡水养殖引育种中心位于村内，并长期租用本村300多亩水面，可为本村提供各种名贵的水产品种苗和优质的技术服务；从水产品市场看，本村已形成由12名营销人员组成的比较固定的水产品销售队伍，建立了比较固定的市场销售渠道。在现有基础上，通过引进名、特、优水产品品种，提高饲养和管理技术，改进饲料品质，建设优质水产品养殖基地；通过水利条件的改善，开发冬季养殖，本村的淡水养殖业可实现“一村一品”，发展成为优势主导产业。

二、总体思路与基本原则

（一）总体思路

按照“生产发展、生活宽裕、乡风文明、村容整洁、管理民主”的总体要求，围绕“产业富村、科技兴村、生态建村、企业带村、人才强村”五大工作重点，坚持以振兴农村产业、发展农村经济为中心，以全面小康建设和和谐社会构建为目标，发挥优势，积极推进高产、优质、高效、生态、安全的无公害农产品基地建设，培育优势农业主导产业；充分利用“中国—东盟经济园区”和工业集中区发展的辐射与带动功能，促进农村非农产业发展；动员各方力量，加大投入力度，加快基础设施建设和村庄环境整治步伐，努力将大皇后村建设成为富裕、安全、文明、和谐的社会主义新农村。

（二）基本原则

1. 培育主导产业，发展农村经济

从政策支持到资金投入，从科技投入到生态环境治理，从劳动力培训到基础设施建设，大皇后村新农村建设的各项措施，应有利于促进农村经济发展，有利于优化农业结构、培育优势农业主导产业，有利于“一村一品”发展。

2. 政府扶持服务，农民积极参与

政府在充分尊重农民意愿的基础上，做好科学规划、合理引导、搞好服务、提供政策和资金支持，从解决农民最关心的具体问题入手，组织农民积极参与，充分调动村民建设家园的积极性、主动性和创造性。

3. 注重实事求是，务必讲究实效

从实际出发，立足当地资源条件、经济基础和发展状况，充分考虑农民意愿和承受能力，切实解决农民最关心的实际问题，讲究实效，不搞形象工程，不能做表面文章。

4. 项目长短结合，注重平行推进

既要安排一批短期内就能见效的项目，让农民得到实惠，同时又要有长远眼光，立足于可持续发展，注重建立长效机制。

5. 目标明确具体，措施切实可行

坚持目标明确具体，建设内容有章可循，实施办法易于操作，配套措施简便易行。

三、建设目标

总体目标：到“十一五”末，力争生产条件明显改善，基础设施日趋配套，现代农业建设取得长足发展，二、三产业和非农业就业机会不断扩大，农民收入快速增长，农民素质显著提高，村庄环境整洁优美，公共服务趋于完善，人与自然和谐相处，实现产业发展开创新格局、农民生活达到新提高、乡风民俗涌现新风尚、乡村面貌呈现新变化、乡村治理形成新机制。

1. 农业生产发展目标

遏制耕地面积减少的趋势，禁止非农产业发展和非农建设新占耕地，并尽可能通过土地复垦等措施，适当增加耕地面积，使耕地数量保持在 1 800 亩（人均 1.2 亩）以上。

遏制农作物、尤其是粮食播种面积减少趋势，保证粮食播种面积有恢复性增长，到“十一五”末，争取实现农作物播种总面积 5 000 亩以上，比 2005 年的 4 034 亩增长 24％以上；实现粮食播种总面积 1 700 亩以上，比 2005 年的 1 305 亩增长 30％以上。尤其是，稻谷面积要恢复到 1 000 亩（2003 年的水平）以上，比 2005 年的 760 亩增长 32％；玉米播种面积恢复到 400 亩以上，比 2005 年的 310 亩增长 29％。

通过改善灌溉设施条件、提高管理技术、引进新的品种、调整施肥结构等手段，逐步提高农作物、尤其是粮食单产，增加粮食总产。到“十一五”末，力争粮食单产达到 450 千克，比 2005 年的 402 千克增长约 12％；粮食总产实现 765 吨，比 2005 年的 524 吨增长约 46％。

其他非粮食作物生产要不断调整结构，提高单产，主要包括，稳定木薯播种面积在 1 500 亩左右（2005 年的水平），开发冬种蔬菜（前提是要改善冬季灌溉条件）500 亩。

通过改善冬季灌溉条件，开发冬季水产养殖，通过购置池塘电力增氧设备，增加水产品养殖密度，大力发展淡水养殖业。到“十一五”末，力争淡水养殖面积稳定在 1 800 亩左右，水产品单产实现 1 400 千克/亩，总产实现 2 520 吨，比 2005 年增长约 23.5％。

稳定发展畜禽养殖业，逐步推进畜禽养殖小区发展。到 2010 年，力争当年生猪出栏 4 500 头，比 2005 年的 3 951 头增长约 14％；当年出栏肉鸡 50 万只，比 2005 年的 47.6 万只增长约 5％；推进畜禽养殖小区建设，到“十一五”末，力争发展 3 处畜禽养殖小区，使小区的生猪、肉鸡饲养量占全村的 80％左右。

按照《农产品质量安全法》的要求，不断提高农产品的质量安全水平，在2010年之前，把大皇后村发展成为无公害农产品生产基地，部分产品达到绿色食品标准。

2. 二、三产业发展目标

通过积极招商引资，在严格防治污染的前提下，吸引社会资本进驻园区发展工业。“十一五”期间，企业个数由目前的15家增加至80家以上，工业总产值要由目前的4 282万元增加至1.92亿元（年均增长35%）。同时，围绕“中国—东盟经济园区”的市场需求，大力发展第三产业，搞好配套服务。

3. 增加农民就业目标

到“十一五”末，力争实现本村非农就业劳动力达800人（大部分属于兼业人员），比2005年的400人增加1倍。

4. 农民增收目标

到“十一五”末，力争全村农民年人均纯收入达到6 500元，比“十五”末（2005年）的4 050元年均增长约10%。

5. 基础设施建设目标

改善生产供电设施条件，新建、扩建能够满足农业灌溉、淡水养殖等生产性电力设施。改善冬季水利灌溉条件，修建、新建能够满足农田冬种、冬季水产养殖、雨季排涝等需要的水利排灌干渠和支渠。改善道路交通条件，新建、改建、扩建能够满足村民生产、生活及市场运销等需要的田间道路、屯间道路、屯内巷道、水塘间道路。

6. 村庄住宅规划和环境整治目标

科学规划4个自然村的住宅和环境整治设施建设规划，提供明确规划图纸。继续建设农村户用沼气池，使沼气入户率达到80%，改厨、改圈、改厕“三改”率达100%，逐步推进中型沼气池建设。对农户的生活垃圾、污水实行统一回收、集中处理。

7. 资源利用与生态环境保护目标

保护和节约利用耕地资源，禁止非农业开发及其他非农建设（包括坟墓）新占耕地。保护生态环境，严格控制工业生产、农民生活的污水、垃圾、废料等有害物质对生态环境的污染。

8. 社区服务建设目标

发展农民社区合作组织，有效开展农产品市场营销服务；组织农民文体活动，丰富农民业余生活；帮助村级组织解决农民纠纷，维护农村卫生环境和社会治安等。开展农民培训，让全体村民了解新农村建设知识，提高农民农业实用技术知识和非农就业技能。建设文体活动设施，为农民学习科普知识、举办文体活动提供场所和器材。

9. 社会事业发展目标

消除适龄儿童和青少年失学、辍学现象，确保每位青少年完成9年义务教育；鼓励初中毕业生攻读高中和进一步深造。进一步完善新型农村合作医疗制度，提高农民合作医疗水平和质量。逐步提高大皇后村农民基本养老水平。

四、建设重点

根据本村的实际情况和农民最关心、最急迫需要解决的实际问题，“十一五”期间，突出以下建设重点：

（一）基础设施建设

1. 农田水利排灌设施建设

（1）修建、新建“三面光”灌溉干渠5条，总长2公里，宽2米，高1.5米。

（2）修建、新建田间、鱼塘“三面光”灌溉支渠6条，总长11公里（其中：毛仁——六队——丁屎4公里，那曲——涞坡1.5公里，丁志——皇龙——地境3公里，六马——可直1.5公里，地境——濑坡1.5公里），宽0.6米，高1米。

（3）新建“三面光”排灌渠道，长2公里，宽2米，高1.5米。

2. 道路设施建设

（1）建设环村道路（田间道路），长3.8公里，宽4.5米，厚15厘米。

（2）建设屯间道路：建屯间道3条，总长2.9公里（其中，大屯——旧劳屯1.6公里，大屯——可桐屯0.3公里、大屯——水产养殖基地1公里），宽3.5米，厚15厘米。

（3）建设屯内巷道：建巷道45条，总长11.4公里，宽3米，厚15厘米。

（4）建设鱼塘道路，总长4.8公里，宽4.5米，厚15厘米。

3. 灌溉用电力设施建设

（1）建设电灌站2处：添置电动机2台，新建电灌站用房2间。

（2）建设电灌站电力设施：电线长1公里，电线杆12根。

（3）建设鱼塘灌溉（6大块水面）的电力设施：3条线路，总长9公里，电线杆115根。

（4）配套变压器：新增生产用电变压器6台。

（二）农业生产发展

1. 无公害水产养殖基地建设

（1）通过改善冬季池塘灌溉条件，发展冬季淡水养殖，重点开发冬季鱼苗引育项目，面积1 000亩，引育鱼苗400万尾。

（2）通过引进名、特、优水产品品种，提高饲养和管理技术，改进饲料品质，建设优质水产品养殖水面1 000亩，产量1 500吨。

（3）通过购置池塘电力增氧设备50台套，提高单位水面水产品养殖密度和产量。

2. 畜牧养殖小区建设

建设畜牧养殖小区3处，占地60亩，集中饲养生猪3 000头，肉鸡25万只。

3. 大力发展冬种蔬菜

在保证粮食播种面积、不断提高粮食单产的前提下，利用冬季农田灌溉条件，重点开发冬种蔬菜项目，种植马铃薯、西红柿等反季节蔬菜500亩，产量150万千克。

（三）村庄规划和环境整治

1. 村庄规划

完成4个自然村的住宅和环境整治设施建设规划，提供详细的规划图纸。

2. 发展农用沼气

（1）新建沼气池100口，沼气入户率达80%。

（2）依托畜禽养殖大户或畜禽养殖小区，新建中型沼气工程2处，建设能够供应80个农户用气的输气管道。

（3）推动沼气户改厨、改圈、改厕，使“三改”率达100%。

3. 垃圾、污水处理

（1）新建垃圾发酵池2座。

（2）新建化粪池20座。

（3）新建污水暗排沟5公里，污水净化池3座。

（4）新购置垃圾箱25个。

（四）社区服务建设

1. 发展农民社区合作组织

（1）依托水产养殖业发展，健全“大皇后村水产协会”。

（2）依托老党员、老干部、老教师、老军人、老艺人，成立“大皇后村老人协会”。

（3）依托本村文艺能人，成立“大皇后村文体协会”。

2. 开展农民培训

（1）举办新农村建设知识专题培训班10期，培训农民1 000人次。

（2）实施科技入户工程，开展农业实用技术培训，针对水产养殖、畜禽养殖、化肥农药使用、新品种引种、田间管理等内容，举办培训班50期，培训农民5 000人次。

（3）实施阳光培训工程，开展劳动力转移就业技能培训，针对非农基本技能和技术操作规程、城市生活常识、基本权益保护、基本法律知识、寻找就业岗位的方法和技巧等内容，举办培训班50期，培训劳动力5 000人次。

3. 文体活动设施建设

利用原大皇后村小学教室，新建农民图书阅览室、文体活动室，购置若干有关农业实用技术科普图书、报刊和文体活动器材。

（五）社会事业发展

1. 中小学教育

实现适龄儿童和青少年失学、辍学现象零发生，确保每位青少年上学，完成9年制义务教育；对于完成义务教育阶段有困难的家庭提供社区性扶助。

2. 新型农村合作医疗制度建设

（1）按照国家政策的要求，进一步建立健全大皇后村新型农村合作医疗制度，提高农民合作医疗水平和质量，逐步增加村组集体承担合作医疗费的比例，保证村民基本医疗报销50%，大病医疗报销60%。

（2）扩建大皇后村卫生室，购置必要的医疗卫生设备。

3. 农村基本养老保险制度建设

从2007年开始，用村组集体经济收入，给本村60岁以上的老人按每人每年500元的标准，发放生活补助；到2010年，补助标准调高至每人每年1 000元。

五、组织管理与措施保障

（一）加强组织领导

围绕新农村建设工作的目标和主要任务，建立健全组织机构，完善协调机制，强化工作措施，形成齐抓共管、有序推进的工作格局。分别成立大皇后村社会主义新农村建设指导委员会和新农村建设执行委员会。指导委员会由广西壮族自治区农业厅牵头，农业厅、南宁市、武鸣县等有关单位领导和农业部农村经济研究中心有关人员组成。指导委员会主要负责对大皇后村新农村建设工作的规划、指导和协调，并督促执行委员会开展工作。指导委员会下设办公室，负责日常工作。执行委员会由村组干部组成，负责建设项目的具体实施。自治区及市、县各有关部门要积极支持大皇后村的新农村建设，相互配合，共同推进试点工作的顺利进行。

（二）完善议事决策制度

新农村建设指导委员会定期召开工作协调会，邀请有关方面专家参加会议，共同研究部署和协调解决新农村建设中的有关重大问题。指导委员会办公室定期召开工作例会，建立定期通报制度，部署阶段性工作，并落实领导小组的各有关会议决议。把村里的老党员、老干部、老艺人、老教师和老军人组织起来，成立“老人协会”，具体负责宣传中央政策，协调新农村建设中的各种利益关系。执行委员会在村“两委”的领导下，依托村“老人协会”，按照新农村建设领导小组的统一部署，遵循“一事一议”的原则，把工作任务按月、按人细化落实到位。指导委员会建立监控、考核制度，对新农村建设工作进行阶段性评估与监控，以便提高效率，保证质量，避免盲目建设。

（三）积极筹措建设资金

积极申报项目，争取国家资金支持。调动农民的积极性，发动群众自筹资金、投工投劳，自觉地投身到新农村建设中来。创新投入体制，引入市场机制，动员社会力量广泛参与，形成多元化的投入渠道。

（四）政府提供指导服务

通过选派指导员驻村入户，指导农民建设社会主义新农村；向农民免费提供经济安全适用、节地节能节材的住宅设计图样；培训村组干部，让他们掌握有关知识和技能；制订有关政策，鼓励企业和社会团体参与新农村建设；动员党政机关、人民团体、企事业单位和社会知名人士、志愿者对乡村进行结对帮扶；加强舆论宣传，努力营造全社会关心、支持、参与社会主义新农村建设的浓厚氛围。

第五章　加快农业和农村经济发展

党的十六届五中全会提出建设社会主义新农村是我国现代化建设进程中的重大历史任务，并将“生产发展，生活宽裕，乡风文明，村容整洁，管理民主”作为新农村建设的根本要求。新农村建设的首要任务是生产发展，农业是农村经济的产业基础，生产发展要加快现代农业建设，全面繁荣农村经济。本子课题分析判断了当前我国农业和农村经济发展的状况和特点及其所处的发展阶段，研究探讨了加快农业和农村经济发展面临的问题和主要原因，提出了新阶段加快我国农业和农村经济发展的基本途径和主要措施。

一、我国农业农村经济的基本状况、主要特点和发展阶段

（一）我国农业农村经济发展的基本状况

新世纪之初，我国农业农村经济发展遇到困难，这主要表现在农民收入增长缓慢、粮食生产出现下滑。为此，中央提出调整国民收入分配结构，加大对农业农村经济发展支持力度，加快农村改革，搞活农产品流通，促进生产要素在城乡之间合理流动；实施减免农业税费政策，增加农业生产补贴和农村资金投入，加快发展现代农业，积极推进新农村建设，我国农业农村经济发展取得了重大进展。

1. 主要农产品产量持续稳定增长，农业综合生产能力明显提高

2010 年全年粮食总产 54 641 万吨，粮食连续 7 年增产。棉花产量达 726.2 万吨，油料产量达 3 239 万吨，糖料产量 12 045 万吨，实现较快发展。肉类、禽蛋、奶类总产量分别达到 7 850 万吨、2 760 万吨和 3 740 万吨，比上年增长 2.6%、1.5%和 0.2%；水产品 5 350 万吨，增长 4.6%；蔬菜、水果分别达到 6.37 亿吨、1.31 亿吨，增长 3.1%和 6.7%，主要农产品产量的增长为提高城乡居民生活水平提供了可靠的物质基础。我国农业之所以能获得持续稳定的发展，与不断增强的农业综合生产能力密切相关。2010 年与 2000 年相比，农业机械总动力增长了 66.4%，化肥施用量增加了 30.3 倍，灌溉面积增长了 10.1%。由此，农业综合生产能力提高了 170%。

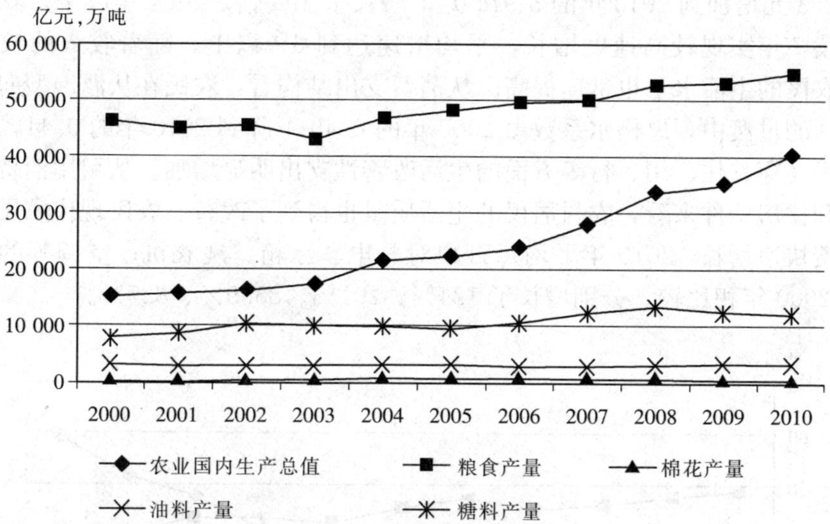

图 5-1　2000 年以来农业国内生产总值和主要农产品产量变动

资料来源：历年《中国统计年鉴》，如无特殊说明，下同。

2. 非农产业迅速发展，农村劳动力就业呈现新格局

非农产业的迅猛发展改变了农村以农业为主的产业结构和就业结构。2010 年，农村从业人员在第一、二、三产业的占比分别为 53.35%、24.38%、22.27%。农村非农产业就业人员和外出从业人员比重迅速增长，促进了农村经济社会协调发展。农村非农产业的崛起，其更深远的意义还在于打破了传统体制下农村发展农业、城市发展二、三产业的二元结构格局，改变了城乡产业结构，增强了农村经济的发展实力。农村经济发展对国民经济的贡献作用已越来越大。

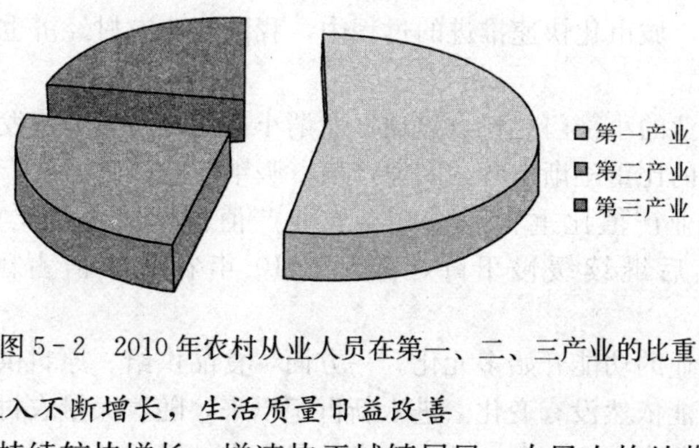

图 5-2　2010 年农村从业人员在第一、二、三产业的比重

3. 农民收入不断增长，生活质量日益改善

农民收入持续较快增长，增速快于城镇居民。农民人均纯收入由 2000 年

的 2 253 元增加到 2010 年的 5 919 元，增长了 1.6 倍。2004 年以来，农民收入连续 7 年实现较高速度增长，平均增速达到 6%以上。随着收入的较快增长，农民的生活水平也迅速提高。从消费支出结构看，农民在从温饱型向小康型生活的过渡中，恩格尔系数由 2000 年的 0.49 下降到 2010 年的 0.41，这表明农民在穿、住、用、行等方面的生活改善性支出明显增加。从耐用消费品拥有量和住房条件来看，农村居民的生活质量也得到了改善。农民现代家用电器的消费快速增长，2010 年平均每百户对彩电、冰箱、洗衣机、空调等的拥有量与 2000 年相比较，分别增长了 124%、201%、85.9%、827%。

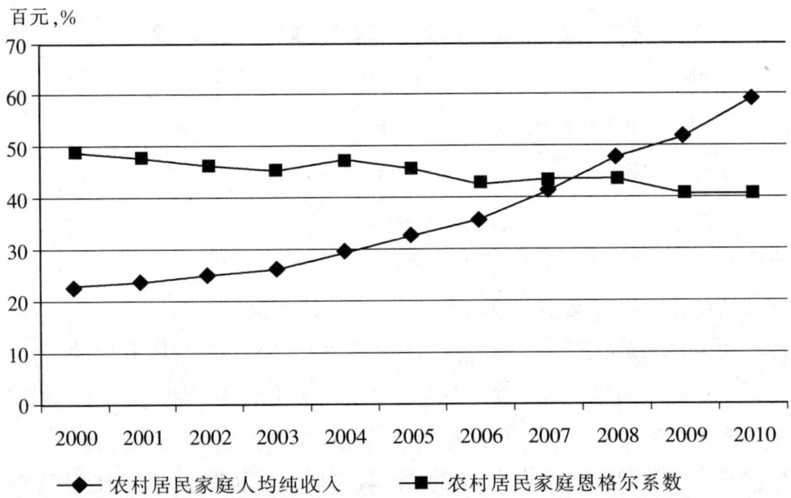

图 5-3　2000 年以来我国农村居民家庭人均纯收入和恩格尔系数变动

（二）我国农业农村经济发展的主要特点

在工业化、城市化快速推进的过程中，我国农业农村经济也发生了一些新的变化和特点。

首先，农业的小部门化特点显现。所谓小部门化是指经济发展过程中农业在国民经济中的比重逐渐下降，农业产值、吸纳就业能力、农产品出口创汇能力下降。从农业产值比重看，2000 年农业产值占国民经济比重首次下降到 15%以下，其后继续缓慢下降，截至 2010 年农业产值占国民经济比重为 10.2%。

其次，农业的功能开始多元化。一方面，食品供给、原料供应和就业增收等农业传统功能依然没有变化。进入新世纪以来，随着大量农村人口和农村劳动力向城镇和非农产业转移，粮食需求总量也在持续增长，农业生产保障粮食有效供给的功能非但没有下降，反而越来越重要。另一方面，环境保护、生态改善、观光休闲和文化传承等农业新功能开始显现。农业的碳汇功能使农业从过去环境的破坏者成为环境保护和改善生态功能的提供者。随着人们生活水平的快速提高，一些地区乡村旅游和农业体验旅游蓬勃兴起，农业的观光休闲和文化传承功能开始显现。

再次，农村生产经营方式发生重大变化。随着农业结构战略性调整的深入推进，主要农产品生产逐渐向优势产区集中，生产主体和生产方式出现分化。粮、棉、油、糖等大宗农产品生产仍主要以分散的农户为主体，在补贴和价格政策的支持和引导下，逐步向优势产区集中，产量稳步提高；瓜果蔬菜花卉等园艺产品和畜禽等产品生产主体逐步向专业化、规模化农户转变，集约化和设施化程度大幅度提高，技术水平快速提升，生产周期大大缩短。

（三）我国农业农村经济发展的新阶段

随着工业化、信息化、城镇化、市场化、国际化深入推进，农业经济结构、农村社会结构、农民就业结构正在发生深刻变化，农业生产要素成本上升的压力不断加大，农业农村发展的资源环境影响不断加深，农村劳动力总量过剩和结构性短缺并存。我国农业农村经济发展进入了一个新的发展阶段，其主要特征表现在以下几个方面。

从农产品供求形势看，主要农产品供求已由“总量大体平衡、丰年有余”进入“紧平衡”阶段；从农业生产成本来看，农业生产进入高成本阶段；从农村劳动力结构来看，农村劳动力进入总量过剩和结构性短缺并存阶段；从城乡二元结构来看，工农城乡关系进入互动增强阶段。从发展趋势来看，农业发展方式由劳动集约向资本和技术集约转变；农村居民收入来源呈现多元化发展；主要农产品价格波动加剧，粮食金融化趋势日益明显；农业和农村经济与世界经济的关联度日益增强。

农业农村经济的这些新变化、新特点和所处的新阶段，要求我们不能再用过去的思路去发展农业，不能用过去的经验去指导农业和农村经济发展，需要对当前农业农村经济发展面临的主要问题进行分析，对农业农村经济的发展思路和战略措施进行调整。

二、当前农业和农村经济发展面临的主要问题和原因

我国农业现代化水平远低于工业化、城镇化水平，农业发展仍处在传统农业向现代农业的转变过程。受农业发展外部环境和自身条件的制约，我国加快

农业和农村经济发展面临着一系列问题。

（一）农业发展方式依然粗放，保障国家粮食安全和主要农产品有效供给的压力增大

从需求方面看，今后粮食等主要农产品需求将呈刚性增长。一是人口总量和结构变化带来的增长。根据中国社科院人口所的研究显示，今后一个时期我国还将处于人口增长期。与此同时，人口结构也在发生变化，大量农民工进入城市或从事非农产业，农产品需求将大幅度增加。二是消费结构升级和加工需求扩大带来的增长。研究表明，随着收入水平提高和城市化加速推进，尽管人均粮食消费量可能会减少，但是人均畜产品和水产品消费量将可能快速增长，这将导致对粮食的需求大幅增加。消费者对农产品品种的需求日益多样，对农产品质量安全的要求不断提高，农产品加工业的发展对农产品原料的需求也迅速增加，这些都将进一步增加对农产品的需求。

从供给方面看，我国人多地少，耕地资源严重不足，随着工业化和城市化的推进，耕地面积还将继续减少；淡水资源总体短缺，时空分布不均，不少地方超量开采地下水，缺水将成为制约许多地区农业发展的瓶颈；农业生态环境整体恶化的局面没有改变，台风、酷暑和严寒等极端气候发生概率增加，区域性、季节性的干旱、洪涝灾害交替出现并有加剧迹象。随着农村劳动力转移规模的逐步扩大，留在农村从事农业的劳动力整体素质下降。农业基础设施和技术装备落后，农业科技自主创新能力不强。当前国际政治经济形势复杂多变，我国利用国际市场调剂余缺的不确定性日益增加，保障国家粮食安全和主要农产品有效供给压力增大。

（二）农村经济发展滞后，农民收入水平低

当前，我国农村经济发展滞后，农民收入水平低，城乡收入差距持续扩大，与全面建成惠及十几亿人口的、覆盖城乡的、更高水平的小康社会的要求相比还有较大差距。“十二五”时期，保持农民收入较快增长、扭转城乡收入差距持续扩大的趋势难度加大。一是依靠农业发展促进家庭经营性收入增长的空间不大。在农业生产连续 6 年丰收、粮食产量连续 3 年超 1 万亿斤的基础上，粮食等主要农产品产量大幅度提高的难度加大；受国内农产品供求状况和国际农产品贸易形势变化的影响，短期内农产品价格大幅度上升的空间有限。因此，进一步通过增加产量和提高价格实现农民收入较快增长难度较大。二是依靠农村劳动力转移就业促进工资性收入增长呈放缓趋势。从近几年的变化情况看，农民工资性收入增长趋势放缓，增速由 2005 年的 17.6％逐步下降到

2010 年的 10.9%。农村劳动力转移就业结构性矛盾突出，转移难度加大，这个趋势可能还会持续下去。三是依靠政策性因素促进转移性收入增长的作用减弱。从近年来的变化情况看，粮食直补、农资综合补贴、良种补贴、农机具购置补贴等 4 项补贴支出，增速明显下降。今后随着补贴规模的扩大和增速提高比较困难。

（三）城市带动农村作用不强，农业资源要素持续外流

进入新世纪以来，我国城镇化呈快速发展趋势。到 2010 年底，我国城镇化率达到 49.2%，比 2000 年提高了 13 个百分点，年均提高 1.3 个百分点；全国设区市 655 个，建制镇 19 234 个，城镇数量和规模进一步提高。在城镇化快速发展过程中，城镇化质量不高，对农村的辐射带动作用不强。首先，城镇人口增长滞后于城市空间扩张。2010 年我国城市建成区面积比 2000 年增长 60%，同期城镇人口数量仅增长 32%。其次，我国的城镇化具有明显的“半城市化”特征。2009 年我国城镇人口 6.22 亿人，其中进城务工人员 1.45 亿人，他们既没有城市户口，又没有稳定住房，仍处于“候鸟式”迁移状态。第三，城市产业发展对农村带动能力不足，城市公共服务向农村延伸不够，城市化的成果没有更多地惠及农村和农民。

由于农业比较效益低，自身积累慢，加上国家长期以来对农业投入不足，我国农业发展资源要素严重短缺。此外，受资本趋利性的影响，农村的资源要素大量向工业部门和城镇流动，这进一步加剧了资源要素瓶颈对发展现代农业的制约。一是大量的耕地被征占。我国耕地总面积由 1996 年的 19.5 亿亩下降到 2009 年的 18.25 亿亩，平均每年减少 1 000 万亩，其中相当一部分流入到工业部门和城镇。二是农村劳动力大量流出，尤其是高素质青壮年劳动力。2010 年我国农民工 2.4 亿，其中外出就业超过 1.5 亿。农村劳动力的大量流出，导致了农业从业人员素质结构性下降，农村有技术、有能力的壮劳动力的供应严重不足，“农村空心化，农业副业化，劳动力老龄化”问题突出。三是农村资金持续外流。据统计，农村贷款占农村存款的比重从 1994 年的 100% 下降至目前的 60%，特别是 1994—2006 年，我国农村资金净流出数量达 1.2 万亿元，而农业发展却面临巨大的资金缺口，严重制约了我国农业农村经济的发展。

三、加快农业和农村经济发展的战略选择和政策措施

通过对当前农业农村状况和特点、当前农业农村经济所处的阶段以及制约

农业和农村经济发展的问题进行分析，我们认为必须加快推进现代农业建设和全面繁荣农村经济，并将其作为推进社会主义新农村建设的重要途径和措施。

针对当前农业农村经济的状况和存在问题，根据中央推进现代农业建设和新农村建设的战略部署，加快农业农村经济发展应该从以下两个方面进行。

（一）加快推进现代农业建设

1. 基本思路

加快发展现代农业，要按照“高产、优质、高效、生态、安全”的要求，用现代物质条件装备农业，用现代科学技术改造农业，用现代产业体系提升农业，用现代经营形式推进农业，用现代发展理念引领农业，用培养新型农民发展农业，提高农业水利化、机械化和信息化水平，提高土地产出率、资源利用率和农业劳动生产率，提高农业综合生产能力、市场竞争能力和可持续发展能力。保障国家粮食安全，增加农民收入，繁荣农村经济，为经济社会持续稳定发展提供坚实支撑。

（1）坚持把提高农业综合生产能力作为发展现代农业的主攻方向。大力加强高标准粮田、农田小型水利设施等农业基础设施建设，大幅度提高农业综合生产能力，尤其要提高粮食综合生产能力。

（2）加快农业科技进步和创新为农业现代化提供支撑。依靠高科技改造传统农业，用先进技术装备农业，大力发展现代种业，培育优质、高产、安全的农作物新品种和健康、专用的动物新品种，依靠科技提高资源利用效率，降低生产成本，提高质量效益。

（3）坚持把调整优化农业结构作为提高质量和效益的根本途径。积极推进区域结构、产业结构、产品结构调整，优化农业生产力布局，确保总量平衡和品种结构平衡，确保农产品质量安全，提高农业效益，增加农民收入。

（4）加快转变农业发展方式，不断提高标准化、专业化、规模化和集约化水平。加强农业物质技术装备，大力培育现代农业生产经营主体，发展适度规模经营和产业化经营，加大农业资源和生态环境建设保护力度，促进资源高效永续利用。

2. 政策措施

从我国国情和农业发展实际出发，突出重点，强化政策措施，扎实推进现代农业建设。

（1）加强粮食综合生产能力建设。保障国家粮食安全，是现代农业建设的首要任务。要把提高粮食综合生产能力作为重点，实施全国新增千亿斤粮食生产能力规划；多渠道筹集资金，按照成片开发、整体推进的原则，突出农田水利建设和耕地质量建设，加快改造中低产田，大规模建设旱涝保收的高标准农田；在全国范围内划定永久基本农田，实施最严格保护；加快农村土地整理复垦，积极稳妥地开发后备耕地资源；建立和完善粮食主产区投入和利益补偿机制，调动粮食主产区发展粮食生产的积极性。

(2) 加快农业科技进步，大幅提高农业技术装备水平。农业科技是农业现代化的重要支撑。我国2010年农业科技进步贡献率仍只有52%，农业耕种收综合机械化率也仅超过50%，远低于发达国家水平。要加大农业科技投入，深入实施科教兴农战略，大力推进农业科技体制机制创新，强化现代农业产业技术体系建设，加强农业科技创新，强化技术集成配套，以种业为农业科技创新的重点、以农业机械为农业科技的重要载体，抓好重大适用技术推广，大规模开展高产创建。

(3) 着力培育现代农业经营主体。加快发展现代农业，生产经营者是主体。有限的农业资源需要高素质的人和组织经营，培养适应现代农业发展要求的新型农民尤为重要。要大力推进人才强农战略，强化农民职业培训，着力培育一大批种养业能手、农机作业能手、科技带头人等新型农民。同时，还要大力培育新型经营主体。加大农民专业合作组织负责人培训力度，提高其组织带动能力、专业服务能力和市场开拓能力；加强政策引导，支持农业产业化龙头企业培养经营人才；依托农产品市场体系建设，加大农产品经纪人培养力度，提高其营销能力。多渠道培养适应现代农业发展的经营主体，发展种养业大户、农民专业合作社和农业产业化龙头企业，发展多种形式的适度规模经营。

(4) 加强农业资源环境保护与建设。要完善草原承包经营制度。加大草原保护建设力度，实施草原保护重大工程，加快完善草原生态补偿机制，推动建立适合牧区特点的补贴政策，加强牧区防灾减灾能力建设。加强水资源保护，加大水生生物资源养护力度，扩大增殖放流规模，强化水生生态修复和建设。要大力推进农业节本增效。按照减量化、资源化、再利用的发展理念，大力推广节地、节水、节种、节肥、节药、节能、节油的农业技术。继续实施农村沼气工程，抓好户用沼气、大中型沼气工程和沼气服务体系建设，促进农业资源循环利用。大力推进农村清洁工程建设，以农村废弃物资源化利用为突破口，加快开发以农作物秸秆等为主要原料的生物质燃料、肥料、饲料，通过集成配套推广节约型实用技术和工程措施，清洁水源、田园和家园，有效治理农业面源污染，实现生产发展、生活富裕和生态良好。

(5) 坚持在统筹国际国内两个市场、两种资源中提升农业国际竞争力。在扩大农业对外开放中提高统筹利用国际国内两个市场、两种资源的能力，实施农业“走出去”战略，实现优势互补，保障国内供给和产业安全，提升我国农业的综合素质和市场竞争力。确定境外农业资源开发重点投资项目、重点投资主体、重点投资国别和重点支持内容的问题。建立必要的合作推进机制，为境外农业开发创造稳定的投资环境。建设信息服务系统，建立境外投资农业企业数据库，跟踪了解这些企业，做好咨询服务。建立和完善法律法规，如信用担保、海外农业直接投资、保险及法律授助等制度，切实保护“走出去”主体的合法权益，为涉外企业创造规范有序的制度环境。

（6）完善现代农业产业体系。加强现代农业产业体系建设，是提高农业发展质量和效益、增强竞争力的重要举措，也是农业现代化的重要内容。要大力优化农业生产力布局，加快实施优势农产品区域规划，形成优势突出和特色鲜明的农产品产业带，发展优质农产品生产和特色农业。加快推进农业标准化、规模化种养。大力发展设施农业，加大对设施农业的投入力度，重点建设日光温室、钢架大棚和“田头冷柜”等农业设施，加强设施农业的科技攻关，推广先进适用设施农业技术，支持企业和农户发展设施农业。大力推进农产品生产、加工、流通一体化经营，引导加工、流通、储运设施建设向优势产区聚集，支持鼓励农业产业化经营，整合产加销全过程，大力发展精深加工，健全农产品市场体系，发展农产品现代流通方式，延长农业产业链，提高农业的附加值和效益。

（7）推进现代农业示范区建设。我国各地发展水平存在较大差异，农业现代化需要在一些地区率先实现，示范带动，梯次推进，进而全面实现农业现代化。开展现代农业示范区建设，是推进农业现代化的一条有效途径。要坚持因地制宜，突出特色，在保护耕地和尊重农民意愿的前提下，充分调动发挥农户、农民专业合作社、农业产业化龙头企业等建设主体作用，大力发展粮食、高效经济作物、养殖、农产品加工等产业，高起点、高标准和高水平地创建一批国家现代农业示范区。通过现代农业示范区建设，探索发展中国特色现代农业的路子，辐射带动全国现代农业的发展。

（二）全面繁荣农村经济

1. 农村非农产业及其对农村经济发展的贡献

农村非农产业是农村第二、三产业部门的统称，是连接农村与城市的桥梁和纽带，是农产品和农村劳动力进入市场的跳板和通道。新世纪以来，以农产品加工企业为主体、以小城镇建设为依托的农村非农产业快速发展，为农村社会的全面发展做出新贡献。

第一，农村非农产业为农村经济发展提供了强大动力。农村非农产业加快了县域经济发展，带动了农民收入和县域财政收入的不断提高，改善了农村基础设施条件，也促进了农村服务业发展。

第二，农村非农产业吸纳了大量农村劳动力。农村非农产业已成为我国劳动力转移的主要领域和就业结构转换的主要动力，农村从业人员在非农产业的比重将超过从事农业生产的比重。同时，农村劳动力大规模向城市流动和转移，且兼业务工减少，完全脱离农业生产、长年在外务工的农民工比例增大，农村劳动力就业呈现新格局。农村非农产业就业人员和外出从业人员比重迅速增长，促进了农村经济社会协调发展。

第三，农村非农产业为农民收入开辟了新的增长点。农村非农产业对农民增收的促进作用逐步增强。农民家庭经营收入中来自农村非农产业比重从1990年的10%提高到2009年的20%，比重提高了一倍。

第四，农村非农产业是延长农业产业链条重要环节。当前，农村非农产业中相当一部分企业是农产品加工企业，其发展缩短了农产品进入消费和生产资料市场的距离，是农产品进入市场的一条重要通道，也是农业持续健康发展的重要动力。农产品加工业发展促进了乡村工业化和城镇化进程，改善了农村基础设施条件，也促进了农村服务业发展。农村非农产业推动了部分地区农村率先实现了工业化、城市化，成为建设社会主义新农村的主导力量。

因此，在建设社会主义新农村的进程中，更应该重视农村非农产业的发展，并把促进其发展作为“以城带乡，以工补农，城乡统筹发展”的重要举措和突破口。

2. 加快农村经济发展的基本思路和主要措施

农业农村经济的新变化和新特点、新问题和新挑战要求我们不能再用过去的思路去发展农村经济，需要根据当前的农业新变化和新特点进行分析和对农村经济的发展思路进行调整。

第一，加快发展农村第二产业发展，大力发展农产品加工业。按照统筹城乡产业发展、实现城乡工业联动的要求，加快转变农村工业发展方式，促进农村工业转型和产业结构升级。一是抓住城市工业结构转型升级、产业转移、技术扩散的有利时机，立足当地资源状况、市场条件、区位优势和技术水平选择支柱产业，加快农村工业发展。二是加快技术改造步伐，淘汰落后工艺和设备，围绕节约资源、提高效率，减少面源污染、保护生态环境，提升农村传统产业，促进农村工业转型升级。三是加强土地利用规划管理和项目用地审批管理，科学规划村镇工业发展用地，采取调整村镇布局、集中置换分散的集体建设用地、推进废弃土地复耕等措施，解决农村工业发展用地问题。四是加大对吸纳就业能力强、技术含量高、低碳环保的农村工业发展的信贷支持力度。健全农村工业企业信用担保体系，落实应收账款、仓单、可转让股权、专利权、商标专用权等权利质押贷款政策。建立中小企业信贷增长风险增长补偿机制，推动中小企业上市融资。

发展农产品加工业，对延长农业产业链、提高农业综合效益、增加农民收入具有重要作用。当前我国农产品加工业发展相对滞后，进一步发展潜力巨大。大力发展农产品加工业，一是重点培育一批产业关联度大、带动能力强、有国际竞争力的大中型农产品加工龙头企业，带动相关产业发展。二是鼓励引进国外先进加工技术，支持企业与各类研发机构联合开展重大关键加工技术的攻关，加快科技成果的转化应用。三是加大对农产品加工企业原料基地建设、设备引进、市场开拓的财政、信贷支持力度，完善企业税收优惠政策。四是制定实施农产品加工业发展规划，加强行业管理和自律。

第二，加快发展农村第三产业，促进服务业发展。在引导农村工业转型、加快农村工业发展的同时，按照优化结构、协调发展的要求，加快农村服务业发展。一是支持供销合作社、农民专业合作社、专业服务公司、专业技术协会、农村经纪人等多种主体，为农户提供农资经销、农机销售和维修、农业技术推广和指导、动物防疫、市场信息和农产品流通等多种形式的生产经营服务。二是围绕技术研发、职工招聘与培训、仓储物流、市场营销、邮政、金融、会计、法律、管理咨询等内容，为农村中小企业发展提供专业化服务。三是鼓励农村个体工商户围绕餐饮、交通、商贸、娱乐、旅游等，发展以服务当地农村社区为主的生活性服务业。四是鼓励发展适合农村特点和满足农民需求的各种小型金融服务，为发展农村服务业提供金融支持，为农村居民提供消费信贷。

第三，大力发展县域经济，促进非农产业发展。县域经济是国民经济的基础层次，也是农村非农产业赖以生存和发展的空间，它既是城市经济和农村经济的结合部，又是工业经济与农业经济的交汇点，处于沟通上下、联络城乡、总揽农村经济发展全局的战略地位，同时也是国民经济的重要基础支撑。因此，大力发展农村非农产业就必须围绕县域经济这个战略支点。加快农村经济发展，要着眼于兴县富民，大力发展县域经济。一是培育支柱产业。优化投资环境、强化扶持政策发展培育龙头企业，带动支柱产业发展。引导企业、技术、产业向县城、中心镇和工业园区集中，发挥支柱产业的关联带动作用。注重发展就业容量大的劳动密集型产业。二是促进农村非公有制经济发展。落实鼓励和引导民间投资健康发展的政策措施，支持民间资本投向基础产业和基础设施、公用事业、社会事业、金融服务等领域。三是促进农村劳动力转移就业。围绕提高农民工就业能力、促进农民工就业，支持多种主体开展农民工培训，强化就业信息、就业指导和职业介绍服务，采取财政支持、税收优惠、信贷优惠、信息服务等帮扶政策支持农民工返乡创业。四是加快发展多种形式的新型农村金融组织和以服务农村为主的地区性中小银行，积极引导民间融资健康发展，加快发展多层次信贷市场，加大金融对县域经济发展的支持力度。

第四，加快农村区域发展，促进协调发展。按照发挥比较优势、加强薄弱环节、促进协调发展的要求，通过制定区域规划和实施区域发展政策，引导和调动地方积极性，探索不同发展模式，形成各具特色的区域经济。尤其要在粮食主产区取得突破。对粮食主产区要进一步加大粮食战略工程实施力度，全面落实全国新增千亿斤粮食生产能力建设规划；增加农民种粮补贴，适当提高粮食最低收购价格，支持主产区农民增产增收；建立主产区利益补偿制度，加大对产粮大县财政奖励支持力度；完善粮食风险基金政策，取消主产区资金配套；推进农业规模化、标准化、机械化和产业化经营，提高粮食商品率和附加值；加大对产粮大县粮食产业建设项目扶持力度，支持发展以粮食及其副产品为原料的加工业。

第六章　促进农民收入持续稳定增长

增加农民收入既是社会主义新农村建设的政策目标，也是社会主义新农村建设的重要保障。在社会主义新农村建设进程中，需要采取一系列制度与政策安排，以促进农民收入的持续增长。本子课题分析了农民收入增长的态势及其原因，研究了未来一个时期农民收入增长面临的有利条件和不利因素，探讨了促进农民收入持续增长的途径及其主要措施。

一、促进农民持续增收是新农村建设的重要任务

（一）城乡收入差距扩大是建设新农村的重要背景

城乡居民收入之间存在差距，且在一定时期会持续扩大，是各国在工业化过程中普遍存在的现象。在我国，伴随着工业化快速推进，最近几年尽管农民收入实现连续快速增长，但城乡居民收入差距却持续扩大。

城镇居民年人均可支配收入与农民年人均纯收入之比，1978 年为 2.57∶1，到 1983 年一度缩小到 1.70∶1，此后一直呈扩大趋势。近 5 年来，农民收入虽然增长很快，5 年人均累计增收 2 000 多元，但增长速度仍然落后于城镇居民，致使城乡居民收入比逐年扩大。2007 年，农村居民人均纯收入实际增长 9.5%，为 1985 年以来增幅最高的一年。而城乡居民收入比却扩大到 3.33∶1，绝对差距达到 9 646 元，2009 年城乡居民收入比扩大为 3.33∶1，绝对差距 12 022 元。如果把城市居民所享有的、对农村居民来说可望而不可及的各种实物补贴，如公费医疗、国家对中小学的财政补贴、养老金保险、最低生活救济等计算在内，城乡的实际差别将更大。

我国经济改革与经济发展导致了居民收入分配方式与收入分布结构的变化。从经济发展的实效来看，这种收入分配体制在一定程度上有效地促进了经济发展和经济效率的提高。然而，城乡居民之间收入差距持续扩大，意味着城乡居民受益于经济发展的程度是不同的。这种收入分配结果的不平等变得越来越严重，并且将进一步导致获取收入机会的不平等和社会的不稳定。城乡收入差距的不断扩大在较大程度上有损于社会公正与社会和谐，最终也将不利于社会经济的健康和持续发展。

城乡收入差距的不断拉大，不仅不符合共同富裕这一社会主义社会的共同目的，也影响了国民经济持续健康的发展。

由于城乡之间过大的收入差距所造成的农村市场过度萎缩，导致城乡消费需求演进链条的断裂，在占全国人口大多数的农民的消费结构不能顺利地实现更新和升级时，农村市场也就无法及时承接城镇居民消费升级后所过剩的工业品供给，从而使得城市中某些产业过早地陷入了衰退。

城乡收入差距的不断扩大导致城乡消费结构出现断层，使消费品工业出现严重的生产能力闲置和产成品积压。目前，在城镇居民中，传统消费品已基本饱和，正处于向万元级消费品跃升的继续准备阶段。但是，本应成为家用电器等耐用消费品后续消费阶段的农民，绝大多数因收入增长缓慢和负担过重而徘徊在较低层次的消费品阶段，尚不具备购买高级耐用消费品的能力。

城乡收入差距过大，城市居民掌握了更为有利的生产条件和资源，而且拥有更多的市场选择权力和自由。那么，城市居民的消费行为必然会引导投资和其他经济资源流向以满足城市居民需要为主的生产部门及相关服务部门，进而造成为城市居民制造产品和提供服务的行业快速发展，而为农村消费者制造产品和提供服务的行业却不断萎缩，国民经济结构呈现畸形化。

长期以来，由于农村资金过量流向非农产业，农民收入增长缓慢，造成农业投入不足，农业劳动生产率低下，严重影响了农业自身的发展，进而也影响了工业的发展。城乡居民收入差距的不断扩大不利于工农业协调发展和宏观经济的稳定。

（二）增加农民收入是全面建设小康社会的重要任务

党的十六大指出：“统筹城乡经济社会发展，建设现代农业，发展农村经济，增加农民收入，是全面建设小康社会的重大任务。”全面小康，顾名思义就是全社会、全体国民都达到小康生活水平，从逻辑上讲，农村小康社会和农民的小康与全面建设小康社会的关系是个别与总体，局部与整体的关系。没有个体的存在和发展，就不可能有整体的存在和发展，反之亦然。农民的小康和农村的小康是我国全面建设小康社会的重要组成部分，这是对实现农民小康、建设农村小康社会在我国实现全面建设小康社会目标过程中的逻辑定位。

在目前大多数农民已经跨越温饱，步入小康的新形势下，增加收入已成为农民的第一迫切需求。农民收入问题是社会主义新农村建设的基本出发点和归宿，也是社会主义新农村建设的关键所在。

农民收入问题是当前“三农”问题的核心，是社会主义新农村建设的基本出发点和归宿。农民长期增收困难，会严重挫伤生产积极性，进而会影响农产品的供给，使农民压缩消费支出，造成农村市场继续疲软，使国民经济失去持续健康发展的动力。农民不富裕，农村难稳定，农业现代化也无从谈起，这个问题的严重性正逐步显现出来。《中共中央国务院关于促进农民增加收入若干政策的意见》指出："农民收入长期上不去，不仅影响农民生活水平提高，而且影响粮食生产和农产品供给；不仅制约农村经济发展，而且制约整个国民经济增长；不仅关系农村社会进步，而且关系全面建设小康社会目标的实现；不仅是重大的经济问题，而且是重大的政治问题。"

党的十七届三中全会定下了 2020 年农村改革发展的六大基本目标，其中有一条是：农民人均纯收入比 2008 年翻一番，消费水平大幅提升，绝对贫困现象基本消除。2020 年要实现全面小康，关键是农村全面小康。

二、改革以来的农民收入增长态势分析

（一）农民收入增长的阶段变化

综观改革 30 多年间农民收入的增长特点：一是增长速度快，由 1978 年的 133.57 元增加到 2010 年的 5 919 元，扣除物价因素，年均增长 7%左右；二是增长呈现出明显的阶段性波动（图 6－1）。

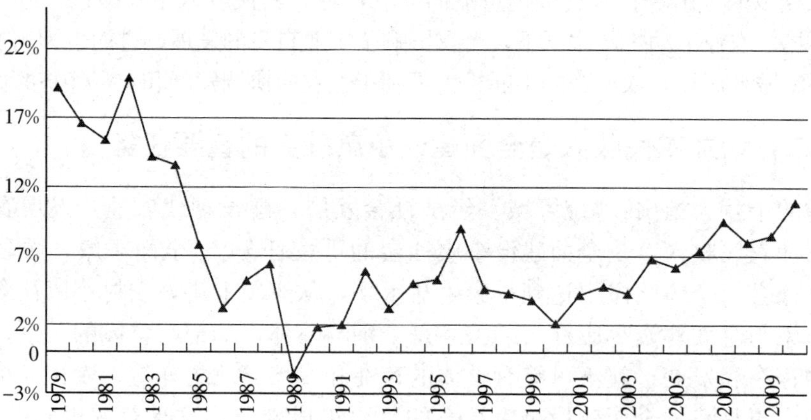

图 6－1　1979—2010 年农民收入增长变化

以增幅为依据，改革 30 多年间农民收入增长大致可以划分为五个阶段：1979—1984 年为超常规增长阶段，农民人均纯收入从 1978 年的 134 元增加到 1984 年的 355 元，扣除物价上涨因素，年平均增长 16.5%。1985—1991 年为低速增长阶段，7 年间农民人均纯收入年均增长 2.8%，比 1979—1984 年年均增长率低 13.7 个百分点，1989 年甚至是负增长。1992—1996 年为稳定增长阶段，5 年间农民人均纯收入年均增长 5.6%，比 1985—1991 年年均增长率高

2.8个百分点。1997—2000年为增幅下降阶段，农民人均纯收入增幅从1997年起连续4年下降，年增长率由1996年的9.0%，逐年降至4.6%、4.3%、3.8%、2.1%。2001—2010年为快速增长阶段，农民人均纯收入年均增长率逐年上升，2010年达到10.9%。

（二）近几年农民收入增长的特点

2004年以来，我国农民收入连续6年快速增长，是历史上增长最快的时期之一。2004—2010年，农民人均纯收入从2 936元增加到5 919元，年均实际增长12.4%。农民收入6年增速超过7%，这是改革开放以来的第一次；年均增收300多元，是历史上第一次。

近几年来，农民收入快速增长的同时，还呈现出以下特点：

1. 家庭经营收入比重继续下降，工资性收入比重逐渐增长

2004年以来，家庭经营收入增长摆脱了之前的低迷状态，由1 746元快速上升至2009年的2 527元，几乎每年实际增速都稳定在2%以上；其中2004年和2007年超过了8%，6年平均实际增速为4.7%。2004—2009年，农业收入年均增长5%，对家庭经营收入增长的贡献率达到80.3%。近几年来，农村经济发展稳定，农民二、三产业收入快速增长，占家庭经营收入比重也稳步提高。2005—2009年年均增长4.5%，占家庭经营收入比重稳定在20%左右。

家庭经营收入增速虽然回升明显，但是与收入其他组成部分特别是工资性收入增速相比仍然较低。因此，家庭经营收入占人均纯收入比重由2004年的60%缓慢下降到2009年的49%，延续了1991年以来农民收入结构变动的大趋势，这也符合工业化进程中农民家庭经营收入比重逐渐下降的普遍规律。

与家庭经营收入逐渐下降的趋势相反，工资性收入成为农民收入增长的重要来源。2004—2009年，工资性收入由999元上升至2 061元，年均实际增速为10.5%明显高于家庭经营收入；占农民收入的比重由34%上升至40%，对农民增收的贡献率达到47.9%。事实上，1994年以后随着农村劳动力大规模转移就业，农民工资性收入就呈现快速增长趋势，实际增速每年都保持在9%以上，1994—2003年平均实际增速达到了10.7%。2004年以来工资性收入快速增长是这一趋势的延续。

收入结构的这种变化，反映了农民就业结构的变化。在我国农村居民家庭劳动力中，已有70%的人员、总数超过3亿人的农村劳动力参与了外出就业与流动；若剔除当年返回农村劳动力及外出就业不稳定的劳动力，实际也有超过一亿多的农民劳动力已经稳定地转向了非农产业。改革开放30多年以来，我国农村劳动力非农就业的年均实际增长速度达到9%以上。

2. 在生产性纯收入中，来自农业的收入下降，非农业活动对农民收入的影响日益增大

长期以来，在农村以农业生产为主的政策下，农民通过农业生产经营活动所获得的劳动收入一直是我国农民人均纯收入的主体。改革以来，随着农村非农产业的发展，来自农业的收入在农民人均纯收入中所占的比重逐步下降，由1978年的85％，下降为1997年的58.4％，2000年开始低于50％，到2007年降至42.1％。

3. 转移性收入和财产性收入稳定增长，增速明显提高

2004—2009年，农民转移性收入和财产性收入的实际增速连续6年都保持在9％以上，这是改革开放以来的第一次。转移性收入由116元上升至398元，占人均纯收入比重由3.9％上升至7.7％；6年平均实际增长22.6％，对带动人均纯收入增速上升具有重要作用。2009年转移性收入对农民人均纯收入增长的贡献率为19％；受农村土地征收补偿水平提高、农民土地流转和房屋出租增多、参加入股投资分红人数增加等因素影响，财产性收入不断增长。2009年财产性收入对农民人均纯收入增长的贡献率为4.8％。

综合分析，近几年农民收入保持较快增长势头，主要得益于强农惠农政策的实施：一是调整国民收入分配政策，增加对“三农”的投入，加快农业和农村基础设施建设，保证了农业增产增效。二是实行对农民的补贴政策，直接提高了农民收入，近几年国家不断出台各种农业补贴等优惠政策，2004—2008年，仅种粮农民直接补贴、良种补贴、农机具购置补贴、农业生产资料综合直接补贴等4项资金，即由145亿元增加到约1 029亿元，增加了6倍多，补贴覆盖范围也逐步拓展。2009年“四补贴”收入占转移性收入的比重达到27.6％。三是出台粮食价格支持政策，实行主要粮食品种最低收购价政策，起到了抑制粮食价格下跌和稳定农民收入的效果。四是实行农村税费改革，对农民实行“少取”政策，让农民休养生息。农村税费改革惠及8亿农民，与农村税费改革前的1999年相比，农民每年减轻负担总额约1 335亿元，人均减负约140元左右。五是加快发展农村养老、医疗、低保等社会事业，带动了农民养老金、报销医疗费等转移性收入快速增长。六是致力于改善农民工的就业环境，农村富余劳动力向城市转移的步伐明显加快，部分具有稳定经济来源和固定住所的农村人口开始在城市定居，农民外出务工收入稳定增长，成为农民收入增长的重要来源。七是深化农村改革，积极稳妥地推进以乡镇机构、农村义务教育和县乡财政体制为主要内容的综合改革试点，同时深化农村金融体制、征地制度、户籍管理制度改革等。这些政策措施，促进了农业和农村经济发展，进而实现了农民的持续快速增收。

三、农民收入增长面临的有利条件和不利因素

2008 年 10 月，党的十七届三中全会审议通过《中共中央关于推进农村改革发展若干重大问题的决定》，对农村改革发展作出新的战略部署，明确提出了到 2020 年农民人均纯收入比 2008 年翻一番，消费水平大幅提升，绝对贫困现象基本消除。探讨促进农民收入持续增长之策，需要对农民收入增长的有利条件和不利因素有一个清醒的认识，以便因势利导，实施相应的政策。

（一）有利条件

1. 国民经济的发展有利于农民增收

实证分析表明，农民收入增长与人均 GDP 增长在趋势上基本上保持一致，国民经济快速增长时期，农民收入增长相对较快；相反，国民经济减速或缓慢增长时期，农民收入增长也随之下滑。例如，1985—1990 年，人均 GDP 增长由 11.9%下降到 2.3%，农民收入增长也从 7.8%下降到 1.8%。1991—1995 年人均 GDP 增长一路加速，年平均增长率为 10.7%，农民收入增长也呈现出较快增长。20 世纪 90 年代中期以后，人均 GDP 增长和农民收入增长均呈现出一路下滑趋势。中国进入工业化中期阶段后，产业结构转变所带来的经济增长潜力仍然较大，未来一个时期国民经济快速增长，对农民收入增长有正向的推动作用。近几年来，我国国民经济连年快速增长，2007 年全年国内生产总值达到 257 306 亿元，增幅达到 13%，与此相对的是农民收入也保持了稳定增长。

未来一个时期，中国仍将处于居民消费结构升级、工业化和城镇化步伐加快的发展阶段。在科学发展观指导下，中国经济结构的调整、经济增长方式的转变、节约型社会的建立，将减少消耗、污染和浪费，获得更好的产出效益，这些将为未来经济的发展打下良好的基础；构建和谐社会和建立社会主义新农村，都将增强内需动力（据国家统计局初步估计，2007 年在 11.4%的 GDP 增长中，消费、投资、净出口分别拉动 4.4、4.3、2.7 个百分点，消费对 GDP 的贡献 7 年来首次超过投资），成为经济增长的新契机；继续支持西部大开发，振兴东北老工业基地，促进中部崛起，加大解决“三农”问题的力度，这些仍是经济增长的重要因素。简言之，中国经济发展在未来仍将保持强劲的动力和巨大的潜力，全国财政收入也将随之继续保持较高增长幅度，这将为落实工业反哺农业、城市支持农村方针，不断加大国家财政对“三农”的投入力度，推进城乡统筹发展奠定坚实的基础。

2. 城镇化的推进有利于农民收入的增长

研究表明，农民收入水平与城市化水平之间有显著的正相关关系。城市化水平较高的地区，农民收入水平也相对较高，反之，则较低。从 1980—2007 年的 27 年间，中国城镇化水平年均提高 0.9 个百分点。截至 2007 年底，中国城镇人口总数为 5.94 亿，城镇化水平达到 44.9%。根据国际经验判断，中国已经进入城市化加速发展的时期。根据有关方面的预计，未来 15～20 年，中国城镇化水平仍将保持年均 0.8 个百分点左右的增长速度，这将从多方面促进农民收入增长。第一，随着城镇人口的增加，全国人均农产品消费水平将提升，对农产品需求增加，将会促进农业生产发展，从而推动来自农业的收入增长。第二，农村劳动力转移就业，可以增加农民的工资性收入。第三，随着城乡劳动力市场的制度性分割进一步打破，农业富余劳动力转移步伐将进一步加快，向非农产业转移的农民由农产品的提供者转变为消费者，这一方面将促进农业商品化率的进一步提高，另一方面将促进农村土地的适当集中，使农业生产经营规模效益提高，还可以提高劳动生产率。

（二）不利因素

2020 年农民人均纯收入比 2008 年翻一番，这意味着在未来的 12 年内，农民纯收入的年均增长至少要达到 6%的水平。如果考虑通货膨胀的因素影响，农民收入现金要达到 10%的增长。虽然近几年农民收入出现了较快增长，但农民收入增长仍处于艰难爬坡阶段，持续增收困难依然较大。

农民增收难题正如 2005 年中央 1 号文件所讲，“是城乡二元结构长期积累的各种深层矛盾的集中反映”，绝不是通过在某个领域采取某一或几项措施就能彻底实现突破的。目前，二元结构及其相关的各种城乡有别的制度是现阶段农民增收难的主要根源，如扭曲的国民收入分配格局剥夺了农民利益、组织程度偏低加剧农民利益的流失、教育卫生医疗保障等制度缺失和非国民待遇加重了农民负担、城乡劳动力市场分割阻碍了农村劳动力转移等。我国二元结构与体制创新目前已从单项突破到了整体推进、从外围进入核心的攻坚阶段，面临的困难和阻力可想而知。农民增收的长效机制尚没建立，制约农民增收的深层体制矛盾尚未消除，要突破农民增收“瓶颈”，关键仍在于制度创新。

农民收入增长还面临其他多种严重挑战，农民增收的不利因素，既有产业特性的因素，也有宏观经济环境和社会差异的因素。

1. 从农业内部看：我国农业无论与国际农业比较还是与国内其他产业比较，都处于弱势地位，不利于农民农业收入增长

一是受农业劳动力数量过多等因素影响，农业劳动生产率不高。我国农业

劳动生产率仅相当于世界平均水平的1/2.4，相当于国内第二产业的1/7和第三产业的1/4。2008年，我国单位农业劳动力所创造的GDP仅相当于非农产业劳动力的18.2%。二是农业生产潜力已得到比较充分的发挥，短期内很难明显提升，产量对农民增收的贡献减弱。以粮食、棉花、油料为例，1979—1997年单产年均增速分别为2.95%、4.40%、3.91%，1998—2008年年均仅分别为1.12%、2.27%、2.55%。三是在日趋激烈的国际农业竞争格局中，我国农产品价格很难持续上升，靠价格来增收也越来越多地受到限制。四是农业生产资料价格持续上涨，且继续上涨的可能性较大，将导致农产品生产成本上升而降低收益。五是农业资源有限，农民很难通过扩大规模、分工分业来增加收入。农户户均不到8亩耕地，远低于22.5亩的世界平均水平，目前农户家庭承包耕地流转比例仅为12.4%。这些都决定了农业生产的发展难以成为农民收入持续增长的主要源泉。

2. 从农业外部看：农民收入增长还缺乏一个宽松、公平、稳定的经济环境和制度环境

一是传统经济发展方式和低成本工业化战略，影响农民工资性收入增长。据调查，2003—2008年进城农民工人均月工资年均名义增长率达7.6%，而城镇职工人均月工资年均名义增长率达15.3%。1994—2009年，东莞市地区生产总值名义增长率年均达到23.7%，而最低工资标准年均仅提高5.4%。二是高成本城镇化导致城镇化发展滞后，影响农民非农产业收入增长。我国一直优先发展大城市和特大城市，而这种导向的城市化成本越来越高，不利于农民变市民，不利于在更大层面上吸纳农村劳动力转移就业。三是城乡二元体制依然存在，不利于农民通过自身发展来增加收入。农村资源要素外流趋势仍未扭转，农村生产要素市场发育不足，相关制度安排不平等，城乡公共资源配置失衡，农民的发展机会未得到切实保障。四是市场化改革滞后不利于中小企业发展，影响农民就业增收。行政垄断扭曲资源要素价格和经济结构，挤压了中小企业和民营企业生存发展空间，不利于扩大农村劳动力转移就业规模。目前我国每千人拥有企业11个，而发达国家平均是45个，发展中国家平均是25个。五是土地、金融等制度创新滞后，影响农民财产性收入的增长。

3. 从国际经验分析：城乡居民收入差距的存在是特定经济发展阶段的普遍现象

城乡收入差距是经济增长状况、宏观经济景气、产业结构变化方向、相对物价水平，以及一系列制度背景因素的函数。从国际经验看，即使是在经济发达国家，也存在较大的城乡居民收入差距。20世纪60年代几个发达国家城乡居民收入情况是：以工业就业者收入为100，农业就业者收入法国为36，联邦

德国为44，美国为56，差距都很明显，而这些国家当时已经是现代化国家了。美国农业有着得天独厚的资源禀赋和生产条件，20世纪20年代农民收入为非农人口的40%，50年代为50%，80年代为80%，靠大量优惠条件和补贴现在才基本持平。日本经济学家速水佑次郎根据库兹涅茨假说，利用1990年的人均GNP数据和19个国家20世纪70年代和80年代的基尼系数资料，绘制了收入分配的倒U形曲线，并通过计算得出倒U形曲线的顶部为人均GNP 2 000～3 000美元，最高点为2 700美元（见图6-2），2007年中国人均GDP仍在2 360美元。根据国际经验和中国农业生产条件总体不好、非农业人口占少数、经济效益又差、还不能用很大力量反哺农业的国情判断，中国城乡居民收入差距扩大的趋势可能还要持续一段时间，城乡差距还会在较长的时期内存在。1979—2009年，城乡居民收入年均增速分别为7.3%和7.2%，而1998—2009年，城乡居民收入年均增速分别为9.2%和5.8%。事实上，1998—2009年农民收入增速从未超过城镇居民收入增速，城乡居民收入绝对差值逐年扩大，相对比值保持总体上升趋势。根据2004—2009年城乡居民收入增长的情况，用趋势外推法测算，“十二五”时期，若要使城乡居民收入差距差距缩小到3∶1，农民收入需要以年均14.5%的高增速持续增长，如果不采取超常规的政策措施，实现这个预期是不可能的。

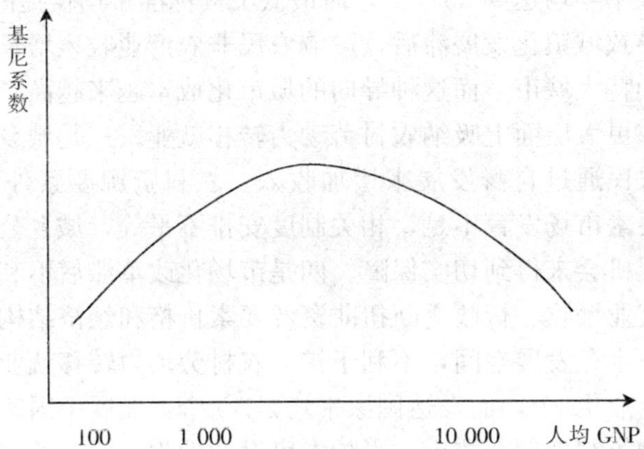

图6-2　收入分配的倒U形曲线

综合来看，传统的经济发展方式和不合理的国民收入分配制度直接影响农民增收，最根本地体现在两方面：一是长期以来重生产、重投资、重出口、轻消费，居民收入在国民收入初次分配中比重下降；二是在再分配中重城市、轻农村，农民很难像城市居民那样享受同等公共福利。

今后一段时间，农业、农村经济发展面临着诸多不利因素，这些因素相互作用、相互叠加，使得农民持续增收形势显得异常复杂和严峻，任务十分繁重，难度和压力明显加大。

四、促进农民收入持续增长的途径和主要措施

未来相当长的一个时期，将是农民就业非农化和农村人口城镇化的快速发展时期，也是现代农业和社会主义新农村建设快速推进时期。在这些结构性转换中，促进农民收入持续增长，既要挖掘农业的增收潜力，又要挖掘农村劳动力在非农就业上的增收潜力。同时，对于贫困地区的农民，则应当实施差异性的倾斜政策，促进其收入有一个较大幅度的增长。

（一）挖掘农业的增收潜力

在农民收入中，来自农业的收入在相当长时期内仍将占相当的份额。特别是随着专业化、规模化的发展，专门从事农业生产经营的农民数量将增加，因而挖掘农业的增收潜力则是实现农民收入持续增长不可或缺的重要途径。

1. 建立农民收入支持体系，从国民收入分配上挖掘增收潜力

加大工业反哺农业的力度，进一步调整国民收入分配政策是实现农民持续增收的重要途径。在加大对农业支持保护力度的同时，还应当建立以直接补贴为主要措施的农民收入支持体系。针对农业补贴有提高农产品供给水平、保障农民收入的不同功能和特点，进一步完善种粮农民直接补贴、良种补贴、农机具购置补贴和农资综合直补政策，探索建立直接增加农民收入、农业基础设施建设、农业风险防范、农村生态环境保护等新的补贴项目，逐步形成目标清晰、受益直接、类型多样、操作简便的农业补贴政策框架；增加补贴资金规模，提高补贴标准，扩大补贴范围，突出补贴重点，大幅增加技术推广补贴和生产调控补贴。完善粮食等农产品最低收购价政策，建立农产品价格与生产资料价格联动机制，也是实现农民持续增收的必不可少的保障措施。针对农业生产资料价格上涨而导致农业生产成本较高的，应当采取一系列措施，如加强市场监管，严格控制农资价格上涨；增加农用生产资料的储备，落实农业生产资料生产企业优惠政策，出台化肥补贴政策，实行化肥淡储旺供制度，加强化肥进出口调控，切实稳定农资市场价格；建立农资批发市场，积极发展连锁和配送经营，为广大农民提供便捷、优质的服务。

2. 建立农业产业支持体系，从产业发展上挖掘增收潜力

应当建立和完善国家对农业的支持和保护体系，这个体系的主要支持措施

是：农田基础设施建设投入、政府农业服务体系建设、农业投入品（良种）补贴、农业投资（农机具购置）补贴、市场政策（最低收购价格政策）等。

3. 推进结构调整，从发挥比较优势上挖掘增收潜力

亚洲四小龙等在经济发展过程中，实现了经济高速增长和收入分配同时改善，避免了收入分配的库兹涅茨倒U型曲线，其重要原因是在经济发展的每个阶段充分发挥各个阶段的比较优势。发挥比较优势战略，就是应当根据各地优势，以推进结构调整为主线，以提高农业综合生产能力为核心，以强化农业科技进步为保障，大力培育和壮大特色产业，使之成为当地的经济支柱。在粮食主产区，加快建设主要粮食品种优势产业带，推动粮食生产向优势产区集中，不断提高粮食综合生产能力。畜牧业是农民增收的亮点，发达国家畜牧业占农业产值在50%以上，2007年我国只有33%，我国畜牧业具有很大的发展潜力。在畜牧业优势区，加快建设现代畜牧业，大力推进畜牧业技术进步，切实转变增长方式，把畜牧业做强、做大。在农产品加工业优势区，大力发展农产品精深加工。特别是随着工业化和城镇化的发展，农业的生态保护、观光休闲、文化传承等功能凸显，这为发展乡村旅游带来机会，挖掘农业多种功能的增收潜力值得期待。换言之，通过实施比较优势战略，调整产业布局，形成数量、质量、效益相互统一，区域、产业协调发展的新格局，将是实现农民收入持续增长的重要途径。

4. 发展农业产业化经营，从产业链的延伸上挖掘增收潜力

坚持家庭承包经营制度及人多地少的资源禀赋，决定了我国现阶段还不能走依靠大幅度扩大土地经营规模实现农业现代化的路子。在这种背景下，推进农业现代化最现实的途径，就是大力发展农业产业化经营。促进农业生产规模化经营，一方面把生产与市场有效地对接起来，可以降低市场交易等成本，实现从商品到货币的“惊险一跳”，进而实现既增产又增收；另一方面还可以通过延长产业链，使农民分享产后加工增值等后续收益。

5. 兴办农民专业合作组织，从组织化上挖掘增收潜力

农民专业合作组织是农业组织化的重要形式。它将在市场竞争中处于弱势地位的单个农民联合起来，形成具有竞争能力和谈判能力的市场主体，可以有效地保护农民的利益；对成员提供“几统一”服务，既有利于开拓农产品市场，又可以降低交易成本；兴办农产品加工企业，对生产的产品统一加工、统一销售，延长了产业链条，可以获得增值收益；按交易量（额）向成员返还盈余，使农户与专业合作组织联成利益共享、风险共担的共同体。凡此种种，都可以有效地增加成员的收入。据典型调查，加入专业合作组织的农户比一般农户收入通常高出20%以上，有的高出30%以上甚至更多。

6. 建立科技支撑，从发展方式转变上挖掘增收潜力

实现农业增效、农民增收，科技既是重要支撑，也是关键因素。加快建设农业技术创新体系，着重解决优势主导产业发展中关键技术的创新和集成，不断推出新产品、新工艺和新方法。加大重大农业实用技术推广力度，加强新型农技推广队伍建设，促进科技成果转化为现实生产力。开展农业信息服务，充分发挥农业信息网络的作用，发展农产品网上交易，开通农业服务热线电话，提高农业信息化水平，促进农民增收。

（二）挖掘农村非农产业和非农就业的增收潜力

在农民增收主要依靠工资性收入增长的结构性背景下，农民增收的问题在很大程度上变成了农民的非农就业问题，以及扩大非农就业途径之一的农村非农产业的发展问题。

1. 大力发展县域经济，创造县域非农就业机会

县城和小城镇是农村富余劳动力转移的重要目的地。我国大部分人口生活在县域，农村大部分劳动力就业在县域，农民大部分收入来自县域。发展壮大县域经济，是确保农民持续较快增收的重要途径，是确保社会主义新农村建设取得成效的重要基础，也是确保国民经济平稳较快增长的重要支撑。实践证明，县域经济发展快的地方，农民收入增长就快，农村面貌改变就快，城乡差距缩小就快。把发展县域经济、加快小城镇建设与引导乡镇企业合理聚集、发展农村服务业、完善农村市场体系等统筹起来，可以扩大县城和小城镇的就业容量，逐步形成产业发展、人口聚集、市场扩大的良性互动机制，进而增加县域经济吸纳农村富余劳动力的能力。换言之，县域经济的壮大，将为实现农民持续增收奠定良好的经济基础。有理由相信，县域经济壮大之时，也是“三农”问题解决之时；而“三农”问题解决之时，也是县域经济壮大之时。

2. 改善农民就业环境，促进农村劳动力转移

大批农村富余劳动力进城务工就业，是加快推进我国工业化、城镇化的必然要求，是工业带动农业、城市带动农村、发达地区带动落后地区的有效形式，也是农民持续较快增收的重要渠道。把促进农民进城务工就业放到更加突出的位置，建立健全促进农民就业创业机制：统筹城乡就业，尽快建立城乡平等的就业制度，建立跨地区跨城乡的统一劳动力市场，建立健全城乡就业公共服务网络，加强输入地和输出地的联系和协调，为农民免费提供政策咨询和就业服务，实现农村劳动力无障碍就业；大力兴办劳务中介组织，拓展职介服务功能，提高农村劳务输出的组织化程度；完善农民工劳动合同制度，帮助农民工解决住宿、子女上学等实际问题，保障农民工的土地承包权，使他们进退有

路；解决涉及农民工的各种突出问题，严格执行最低工资制度，建立农民工工资合理增长机制和工资支付保障制度，依法查处拖欠克扣工资、随意延长工时等行为；对现行的城乡二元户籍制度以及相关的政策进行改革，有条件的地方逐步探索建立和实行城乡一体的户籍管理制度，从以身份管理为主向以职业管理为主转换；实施鼓励和支持农民自主创业的政策，引导城市资金技术通过农民工回乡转移，吸引更多有资本会经营会管理的农村能人投资创业。

3. 加大提升农村人力资本水平，提高农民就业创业能力

目前，我国近1亿跨地区进城务工的农民中，相当数量没有稳定的职业，其中一个主要原因是农村劳动力素质不高、缺乏技能。培养造就有文化、懂技术、会经营的新型农民，是建设社会主义新农村的迫切需要，是把我国巨大人口压力转化为人力资源优势的重要途径，是促进农民增加收入的根本之计。

4. 改革土地使用制度，增加财产性收入

完善土地管理政策，关键是按照《物权法》和《农村土地承包法》的规定，强化土地承包经营权的物权性质。在此基础上，完善征占农民土地的补偿机制，无论是公益性还是经营性用途，均需按所征占土地的市场价格对农民进行补偿。允许并积极探索农民在土地按规定转为经营性非农用途时以土地承包使用权入股，参与盈利分享。

（三）促进农村贫困人口收入的大幅增长

经过30年的努力，中国的农村扶贫开发已有一个较好的基础，贫困人口已经基本解决了温饱问题，贫困地区的生产生活条件有了较大改善，抵御自然灾害的能力明显增强，具有了一定的发展能力。在扶贫开发的实践中，创造和积累了很多成功经验，并探索出了一些行之有效的做法。在对全国农民实施普惠政策的同时，还应当继续对贫困地区和贫困农户实行特殊政策，加大扶贫开发力度，增加贫困人口获得减贫所需的必要资源和机会，以提高他们就业、创业而实现增收的能力，促进农村贫困人口收入的大幅增长而走向富裕，进而分享到经济发展的成果。

1. 加强公共产品和公共服务的供给

根据贫困地区财政困难的实际情况，加大财政转移支付力度；继续开展社会扶贫，进一步动员社会各界参与扶贫，增加社会扶贫的资源。以贫困乡、村为单位，加强基本农田、基础设施、环境改造和公共服务设施建设。在国家重点扶持的贫困区域内，基本解决人畜饮水困难，力争做到绝大多数行政村通电、通路、通邮、通电话、通广播电视；做到大多数贫困乡有卫生院、贫困村有卫生室，基本控制影响贫困地区群众生活生产的主要地方病。

2. 加大产业发展的扶持

按照产业化经营发展的方向和要求，集中力量帮助贫困群众发展有特色、有市场的种养业项目，对具有资源优势和市场需求的农产品生产进行连片规划建设，形成有特色的区域性主导产业。

3. 改善金融支持和服务

农村贫困地区的发展，需要增加扶贫贷款，创新金融产品和服务方式，支持能够带动贫困人口增加收入的种养业、劳动密集型企业、农产品加工企业、市场流通企业的发展，以及基础设施建设项目；积极稳妥地推广扶贫到户的小额信贷，支持贫困农户发展生产。

第七章　新农村建设中的农村基础设施供给体制问题研究

一、引言

2000年开始农村税费改革试点以来，随着农业税、牧业税、农业特产税以及“三提五统”等一系列税费的减免，县级政府财政收入受到较大影响，乡镇政府预算外收入①大幅减少，再加之“两工”取消，基层政府动员农民集体建设的能力大幅下降，农村基础设施建设由此进入尴尬状态。为了提高农村基础设施建设水平，缩小城乡基础设施水平差距，近年来，特别是2006年中央部署开展新农村建设以来，中央财政逐年加大投入力度，加强农村基础设施建设，节水灌溉、人畜饮水、乡村道路、农村沼气、农村水电、草场围栏等“六小工程”不断实施推进，小型农田水利工程设施建设补助专项资金逐步落实，农村饮水安全工程全面实施，在中央财政的带动下，省、市、县等各级财政对农村基础设施建设的投入也大幅增加。但是，当前在农村基础设施供给体制与机制②方面还存在一系列问题，制约了农村基础设施的供给水平与投入资金的优化配置。当前，在我国新农村建设进程中，农村基础设施供给体制呈现哪些特点？存在哪些突出的体制机制问题？如何构建农村基础设施最优供给体制？这些都是亟待回答的问题。

一般而言，农村基础设施供给体制应包括以下几方面问题：一是谁来为该项基础设施埋单，也就是说出资者是谁，出资多少，即投融资机制；二是谁来生产这项基础设施，谁来监督整个项目实施过程，即项目管理与监督机制；三是这项基础设施建成后谁来提供后续养护服务，即养护机制。近年来，国内学术界关于农村基础设施供给体制与机制问题的研究大致可以从以下几个方面展开。

---

① 林万龙（2003）认为，根据实际调研，乡镇预算内财政收入根本无力再提供农村公共物品，而只能依赖于预算外收入。

② 贾康等（2006）指出，在公共财政的框架下建立高效的公共产品与服务的提供体制与机制，核心是要理清它们的安排者、生产者、消费者之间的关系，特别是要适当地区分安排者与生产者。

一是从制度变迁的视角出发，通过比较税费改革前后基础设施供给水平与效率的变化，研究税费改革对农村基础设施供给的影响（周明军等；林万龙，2006；彭艳斌等，2007）。主要内容包括取消“两工”对于基础设施建设中农民筹工筹劳的影响，取消“三提五统”等费用对乡镇政府及村级组织基础设施建设投入资金的影响。研究者们普遍认为，税费改革初期农村基础设施建设几乎处于真空状态，而随着中央与各级财政投入增加，税费改革完成后基础设施建设数量与水平要明显高于改革前。

二是从投融资、项目管理、养护等各个环节入手，重点研究基础设施供给体制内各环节的机制建设问题。其中最为引起关注的是农村基础设施建设资金来源与筹资模式研究（孙开等，2005；廖家勤，2006）。研究者们普遍认为，从1979年至21世纪初，虽然农业基本建设财政投入呈现近十倍的增长，但其占财政支出总额的比例却在不断减少，与此同时，农民积极性下降，对市场主体缺乏吸引力，这是我国农村基础设施建设严重滞后的主要原因。因此，基于财政支出作为主渠道的预算紧约束现实，不少研究者提出了PPP、BOT等投融资模式创新的可行方向（贾康，2006；陈卫东，2006；王春福，2008）。

三是从各种不同的基础设施入手，研究单个基础设施供给体制中存在的问题以及对策。方行明等（2006）研究四川农村沼气建设后认为，在沼气项目实施过程中，也存在着农民财力不够、政府资金投入不足等问题。周玉玺、胡继连等（2005）在研究当前我国农田水利基础设施供给制度存在主要问题的基础上，讨论了农田水利基础设施的四种制度安排，即政府集权供给制度、完全市场供给制度、农民自愿合作供给制度、混合供给制度。

从已有的文献来看，一部分研究侧重分析税费改革以来农村基础设施供给的制度变迁，特别是关注政府、农民、市场主体三类主体在制度变迁中的进退，也有部分研究关注基础设施供给的某个环节或某项基础设施供给的体制与机制问题，并试图提出建设性意见。然而，在近几年各级财政对农村基础设施建设投入的大幅增加、管理养护机制需求增强的背景下，从农村基础设施的公共产品属性与其供给体制的关系入手，以大规模实地调研为基础，研究其最优供给体制的文献还比较少。因此，本章将以人畜饮水工程、乡村道路、农村沼气三项具有不同特点的农村基础设施为研究对象，以课题组对江苏如皋市、安徽明光市、陕西西安市长安区的实地调查资料为基础，采用上述角度和思路开展农村基础设施供给体制的研究。

二、农村基础设施公共产品属性与其供给体制的关系

公共产品①是指任何一个人对某种物品的消费不会减少别人对其消费的产品。即只要一定数量的公共产品被生产出来或被提供，社会的所有成员都可以对其消费的物品，具有消费的非排他性和非竞争性，同时公共产品的生产还具有较高甚至无法计量的私人交易成本，使得关于公共产品的定价和收费在现实中存在着技术操作上的不可能性。布坎南在《俱乐部的经济理论》一文②中明确指出：现实世界中，大量存在的是介于公共产品和私人物品之间的商品，称作准公共产品或混合物品。在此基础上，有学者根据竞争性和排他性的有无将公共产品进行了分类：第一类是纯公共产品，即同时具有非排他性和非竞争性；第二类公共产品的特点是消费上具有非竞争性，但是却可以较轻易地做到排他，有学者将这类物品形象地称为俱乐部物品（club goods）；第三类公共产品与俱乐部物品刚好相反，即在消费上具有竞争性，但是却无法有效地排他，有学者将这类物品称为共同资源或公共池塘资源物品。俱乐部物品和共同资源物品通称为"准公共产品"，即不同时具备非排他性和非竞争性；还有学者③提出了第四类公共产品，即非排他性与非竞争性都不充分的准公共产品。

农村基础设施是一个较为宽泛的概念，涵盖农村水、电、路、气等各个方面。根据上述公共产品的分类可以看出，不同类型的农村基础设施具有不同的公共产品属性，因此，农村基础设施的公共产品属性具有多样性特征。农村基础设施中既有纯公共产品，也有俱乐部物品和共同资源物品。在本章研究的三类基础设施——农村饮水设施、农村公路、农村沼气中，农村饮水设施是一种带有自然垄断属性的公共产品，但是，其所提供的自来水却是一种形式上非常接近私人产品的准公共产品。由于只有极少数农村公路主干道可以而且能够设卡收费，绝大部分农村公路具有纯公共产品属性，消费既具有非排他性也具有非竞争性。从单个农村沼气池建设来看，由于它是以家庭为单位建设的，不具备公共产品的性质，所生产的沼气在消费时既可以很简单地做到排他，又具备竞争性，因而属于私人物品。但由于农村沼气池能改善农村环境，促进能源循环利用，因此，从整体来看，农村沼气属于"市场失灵"区域，仅仅依靠市场机制不具备供给能力，具备公共产品的某些属性。

① 萨缪尔森（1954），"公共支出的纯理论"。

② James M. Buchanan. An Economic Theory of Clubs［J］. Economics，32（February），1965.

③ 李伯华等（2007），"基于公共物品理论的农村饮水安全问题研究"。

即使是同一种农村基础设施，在自然资源禀赋、消费者收入水平、地方政府公共财政能力等外在条件发生变化时，其公共产品属性也会发生变化，即农村基础设施公共产品属性呈现动态性①特征。这主要体现在两个方面，一是纵向动态性，即随着市场经济与经济发展水平的提高，一些原本属于纯公共产品的基础设施会逐步演变为准公共产品或私人物品，可以由市场主体逐步承担，并由市场机制调节；二是横向动态性，即由于区域性经济发展水平差异，一些在经济欠发达地区属于纯公共产品的基础设施可能在经济发达地区则属于准公共产品或私人物品，可以由农民、企业等市场主体承担。在我们的调研中，就发现了农村基础设施公共产品属性的横向动态性特征。例如，对于农村人畜饮水工程，江苏省如皋市早在2003年底就完成了所有农村居民通自来水，工程建设的主体为地方政府投资与农民自筹相结合，养护环节已大部分实现市场化供给，由市场主体承包水站并向农民征收水费。而在安徽省明光市、陕西省长安区，则是在近几年中央财政进行“人畜饮水工程”专项转移支付后，地方政府才配套资金开始实施。可见，人畜饮水工程在西部地区的长安区、中部地区的明光市属于纯公共产品范畴，必须依靠政府集中供给，而在东部地区的如皋市则已属于俱乐部产品，在政府适当引导、补贴的基础上，可以由俱乐部成员自主供给，这种地区间变化则体现了同一基础设施公共产品属性的动态性特征。

农村基础设施的公共产品属性与其供给体制息息相关。贾康、孙洁（2006）指出，提供不同类型农村公共产品供给的制度安排不一样。这表现在：首先，不同类型公共产品的提供者（出资者）、生产者和公共产品正常运行的维护者角色安排不一样，如提供者可以与维护者合一，也可以分离；其次，公共财政对于不同类型公共产品的提供力度不一样，如具有一定排他性的公共产品就可以对其消费者收费，从而可以将部分投入转移到消费者身上。实际上，对于具有不同公共产品属性的基础设施，其公共产品属性不仅决定了其供给主体，决定了政府与市场主体、消费者的投入结构，还决定了其项目决策、管理、监督机制与养护机制，从而决定了其供给体制。如果某一项基础设施具有纯公共产品的属性，那么市场机制对于它的供给而言是失灵的，这时候需要政府运用公共财政来提供给该公共产品的消费者。如果某一项基础设施主要具有准公共产品属性，那么刺激市场主体、利用市场机制供给可能是可行的。

① 丁学东、张岩松（2007）指出了中国农村公共产品除了非排他性和非竞争性特征之外，还存在三个特征，即特殊性、动态性和交叉性。本章参考其动态性特征概念。

三、我国农村基础设施供给体制现状的基本判断

从我们对东、中、西部三省三县的调查来看，当前我国农村基础设施供给体制现状判断如下：总体上呈现以政府主导、自上而下的压力型供给体制，局部出现了多元化供给体制，但仍处于萌芽状态。

（一）政府主导、自上而下的压力型供给体制及其对供给效率的影响

第一，从投入机制来看，绝大部分农村基础设施建设都是以上级政府财政投入为主，且把本级政府配套投入与农民自筹作为“硬指标”，作为决定上级政府是否投资建设该项目的重要标准。以所调研的三个县的三种基础设施投入结构为例。一是人畜饮水工程。从2000—2006年，安徽省明光市的五期农村饮水工程资金中，国债项目中央财政投资与地方财政及群众自筹投资比例是4∶6，而其他项目投资比例则是5∶5，总体而言，各级财政投入资金比例占到64%。与此同期，陕西省长安区农村饮水工程总投资5 305.8万元。其中，中央与省、市级财政补助约占总投资额的57%。从投资结构的变化来看，一方面，长安区以上政府财政投入资金总量和比例都在不断增加，另一方面，群众自筹占比不断减少，已从2001年的占51%降至2006年占34%。总体而言，人畜饮水工程的财政投入比例大致在50%～60%之间。二是乡村道路建设。2003—2007年间江苏省如皋市投入乡村道路建设的资金中，中央、省、市级财政投入占总投入额的29.2%，乡镇政府、村级组织投入比例达40%，群众自筹比例高达30.8%，各级财政投入（含乡镇政府）比例达41%。与此同期，安徽省明光市乡村道路建设总投入资金中，上级财政投资占45%，地方及群众自筹占55%。三是农村沼气工程。2005—2007年间，中央财政、省、市级财政对江苏省如皋市沼气建设补助共370万元，农户自筹288万元，分别占到56%和44%。与此同期，安徽省明光市沼气建设总投资中，各级财政补贴占总投资额的72.3%，农户自筹仅占27.7%。而陕西省长安区财政投资与群众自筹分别占40%和60%。

可见，绝大多数建设项目的财政资金投入比例都保持在40%～60%之间，处于政府投入为主渠道的单一投入机制之下，其他市场主体很难在政府资金的引导下进入基础设施投资环节。由于基础设施公共产品属性的多样性和动态性与当前政府主导的单一投入机制不匹配，对供给效率产生了较大制约。一是现有投入机制“扶强不扶弱”，不利于贫困地区提高生产生活水平。据明光市水

务局反映，农村饮水工程的资金主渠道来自于中央财政与省级财政，但这些上级资金投入需要农户自筹资金配套，因此，这种情况下，只能把饮水工程的重点放在具有较高自筹资金能力的乡镇，这样就使得缺水但人均纯收入水平低的乡、村难以获得上级政府投资项目。二是现有投入机制使乡镇与村级组织负债现象“死灰复燃”。据调查，部分乡镇由于不敢越过15元/人的农户“一事一议”筹资标准，却急于获取上级财政补助的道路建设项目以体现政绩，只好大举借债修路。据初步统计，江苏省如皋市内的乡镇政府、村级组织目前90%以上的负债源于修路支出。

表7-1　不同地区、不同基础设施的财政资金投入比例

	安徽明光市	陕西长安区	江苏如皋市	实施期限
人畜饮水工程	64%	57%	—	2000—2006年
乡村道路	45%	—	41%	2003—2007年
农村沼气工程	40%	72%	56%	2005—2007年

注：根据对各地调研数据整理，部分地区数据未获得。

第二，从项目决策与管理机制来看，几乎所有农村基础设施建设都是自上而下的“计划式”供给。课题组在三县（市、区）的调研发现，三种基础设施建设的项目决策机制基本一致，首先根据上级部门发布的项目指南，由该项基础设施的县级主管部门会同发展改革部门逐级上报，再由上级部门往下逐级审批。若是国债项目或中央财政预算内项目，由县至市、省、中央逐级上报，上报过程中，为了平衡和取舍，还要剔除一部分项目申报书，而后由中央有关部门往下逐级批复。在整个过程中，除了决策时间比较长，还存在严重的信息不对称问题，有的地区为了获取上级财政项目，没有充分考虑本地实际情况，而造成了供给浪费。以明光市农村沼气工程为例，近年来当地政府连续向中央与省级有关部门申请了4 125口沼气池建设项目计划，但由于当地生猪养殖户近年来急剧减少，沼气所需粪便严重不足，农户积极性不高。为了完成已经在头一年或几年内申请下来的任务①，当地政府不得不要求本级财政以及项目乡镇财政再次给予农户补贴，使财政补贴比例高达72.3%，尽管如此，截至2007年9月，项目落实率也只有36.5%，形成了局部性公共产品供需不匹配。

第三，从养护机制来看，尽管各类基础设施的政府介入力度略有不同，但依然是以政府出资、设立机构的直接养护模式为主，市场主体参与的养护机制

① 有关部门规定，若在规定时间内完不成项目验收，将直接影响该市次年向上级申请所有农业项目的资格。

尚未有效建立。

以所调研的三县（市、区）乡村道路养护机制为例。江苏省如皋市近年开始建立农村公路日常管理体系。县、乡道的养护管理主体是交通局，在交通局下设6个交管所，分别对其辖区的乡、镇、开发区公路进行养护管理，由于人员稳定，工作经费充足，效果较好。而出村道等四级公路的养护管理主体是乡镇政府，交通局要求各乡镇设立农村公路养护办，由镇领导分管，由镇财政发工资，交通局考核。养护人员以35岁以下的聘用人员为主，保证每100公里4～6人。尽管交通局帮助乡镇分批培训了部分管养人员，但由于镇政府人员调整频繁，导致难以形成稳定的养护队伍，效果较差。安徽省明光市农村公路建成后的采取分类养护机制。第一类是一般县道和部分乡道，由市交通局地方公路站负责养护，公路部门10个道班实行专业化经常性养护，养护费用每年160万元，其中滁州地方公路下拨40万元，明光市交通局养路费投入120万元，乡镇无需养护配套；第二类是一般乡道，由所在的乡镇人民政府负责养护；第三类是村道，由所在地村民委员会负责养护。后两类公路的养护机制是以乡镇政府和村委会采取突击养护、农村道班专业养护、家庭分段承包养护相结合的方式进行。根据长安区政府关于县乡公路实行分级管理的规定，区道由公路管理站直接养护管理，下设常年养护道班，养路工人以固定工为主，依法行使对所辖路段的养管职责。区公路管理站设乡道养管股，具体负责乡道养护技术指导和考核工作。各乡镇由一名副乡镇长负责，并设交通专干一人，具体负责辖区道路养管工作。各乡镇设道路养护队，养护人员按油路2.5～3公里、砂石路2～2.5公里一人的养护工作量设置，具体由乡镇政府根据本辖区公路里程及路况确定。目前，区级公路的修建、养护资金主要来源于征收的拖拉机养路费。乡镇级公路的养护和大中修资金，采用“乡筹区补”的办法解决，区财政每年每公里补助养护经费14 000元。

可见，对于县、乡级道路，县级政府及乡镇政府同时扮演的养护服务提供者和生产者角色，不仅出资，还设置机构和人员进行养护；对于村级道路，长安区、明光市完全下放给村委会自主养护，而如皋市政府确定由所在乡镇政府直接为村道提供养护服务。在这种政府为养护服务埋单并且承担部分生产功能的机制下，养护水平和效率很容易受到乡镇财政收入、机构设置变动、领导重视程度等外生因素的影响。各地调研也表明，乡镇政府直接介入养护的效果较差，难以形成持久的养护效果。

（二）多元化供给正在压力型体制内萌发

我们在东、中、西部三市、区的调查中发现，同一地区不同基础设施之间、不同地区之间的同一基础设施的供给体制表现出了一定差异。这些差异表明，在农村基础设施公共属性表现出多样性与多元化特征的现状下，尽管政府主导、自上而下的压力型供给体制仍占主导，但对于一些具有准公共产品属性或在某些地区具有准公共产品属性的基础设施而言，由于其本质属性对供给体制的决定性作用，一些新型供给体制与机制也正在体制内萌发。

第一，在部分地区，对于一些公共产品属性较弱的农村基础设施，市场化主体或其消费者本身已经开始成为提供者和投资者。农村沼气属于最接近私人物品的公共产品，因而，对于绝大部分农户而言，自筹配套资金的积极性最高，有些农户甚至自愿成为自家农村沼气的完全提供者。例如在江苏省如皋市，早在各级财政开始实施农村沼气建设项目之前，部分乡镇农户就已自发建设了 500 口沼气池。

第二，对于部分具有“俱乐部产品”性质的农村基础设施，消费者本身已经开始探索为基础设施提供养护服务。以人畜饮水工程为例，尽管它在建设时更偏向具有纯公共产品属性，但建成后它更偏向于具有“俱乐部产品”属性，外部性较小，农民作为消费者愿意为其所获得的饮水付费。因此，三个县（市）政府对大部分设施的养护都是下放到村集体，由村集体将养护和收费的权利承包给个人，权责明确。只有对多村集中供水的大型工程，县（市）或乡镇政府才介入，组织养护队伍，行使收费权利和养护的责任。另外，明光市农村公路中的村道[①]的养护职责已全面下放至所在地村民委员会。村委会则采取突击养护、农村道班专业养护、家庭分段承包养护（见案例 1）相结合的方式进行，目前，家庭分段承包养护在部分村已经推广开来。村委会从村民的“一事一议”款中拿出一部分资金，对该村农户进行发包，明确权责，保证 5～6 公里的承包户每年可以拿到 8 000 元左右的承包收入。

案例 1　明光市运用“一事一议”款将村道承包给村民养护

2001 年 8 月，张八岭镇推出了农村公路家庭承包养护责任制，过去这些路都是靠各行政村利用农民一年组织两次突击养护，造成农村公路失养严重。后来，第一条承包的是张蒋路，长 6.5 公里，沿线涉及 8 个行政村，镇里从农民的“一事一议”款项中拿出 8 000 元对外承包，农户包守信在竞争中中标。镇政府与承包人订立合同，规定了管养范围、质量标准、监督检查、承包期限和付款方式等。三年来，效果明显。2003 年上半年，在滁州交通局的领导下，镇里进一步完善了合同，明确权、责、利，做法日趋完善。该镇砂石路养护标

① 包括村内道路与村际道路。

准为每公里 1 300～1 500 元，一般以 5 公里以上对农户发包，可保证每年 8 000 元左右的承包收入，使农户成为专业养护户。这个镇已将主要砂石路全部包给农户养护，经费主要来源是一事一议款，乡财政投入与上级交通部门的补助。

承包合同中对承包户的要求：有一台小型机动车，有一块堆放砂石的场地，做到每公里备料不少于10方，有1万元左右的资金或年收入，主要是因为承包经费为分期付给，这样可保证资金周转，还有一点是家里有劳动力富足。

四、农村基础设施最优供给体制选择

上述分析表明，我国当前农村基础设施的公共产品属性呈现出多样性、动态性特征，尽管不同类型的基础设施和不同地区的同一类基础设施在投资机制、养护机制正在随其公共产品属性的变化而变化，但总体上看，现有的政府主导、自上而下的压力型供给体制不能适应其公共产品属性多样性和动态性特征，从而制约了农村基础设施的供给水平与效率。因此，应针对不同类型、不同地区的农村基础设施建立多元化供给体制。

（一）农村公共产品供给体制的可选择集

与计划经济时期不同，在我国市场经济体制建立与完善的过程中，筹集农村公共产品生产和建设资金的外部环境发生了变化，可供选择的渠道和机制也在丰富。不仅如此，在管理模式上，合同承包、特许经营等形式也在一些农村公共产品上具备了生存的土壤。因此，当前供给体制的可选择集较为丰富（图 7-1）。

从投资机制来看，可能的投资主体包括政府、市场主体和其他非市场主体。而政府主体的筹资方式包括利用财政预算内收入、预算外收入投资和发行债券三种，市场主体的筹资方式包括贷款、使用者付费购买、政府减税或让利三种，除此之外，非市场主体的一些组织还能通过国际援助、国内地区间救助和国内个人救助进行筹资。

从项目决策管理机制来看，可能的模式有三种：一是自上而下的决策机制，使用者在其中没有意见表达机制，在项目实施中也是各级政府自上而下实行任务式管理；二是上下互动式决策机制，使用者具有一定的意见表达机制，但决策者为上级政府，项目实施中由上级政府与下级政府签合同或政府与企业之间签合同，实行履约式管理；三是自下而上式决策机制，使用者的意见表达能在决策中起决定性作用，项目实施中使用者对市场供给主体实行自主式管理，政府仅仅根据项目完成情况给予一定的引导和补贴。

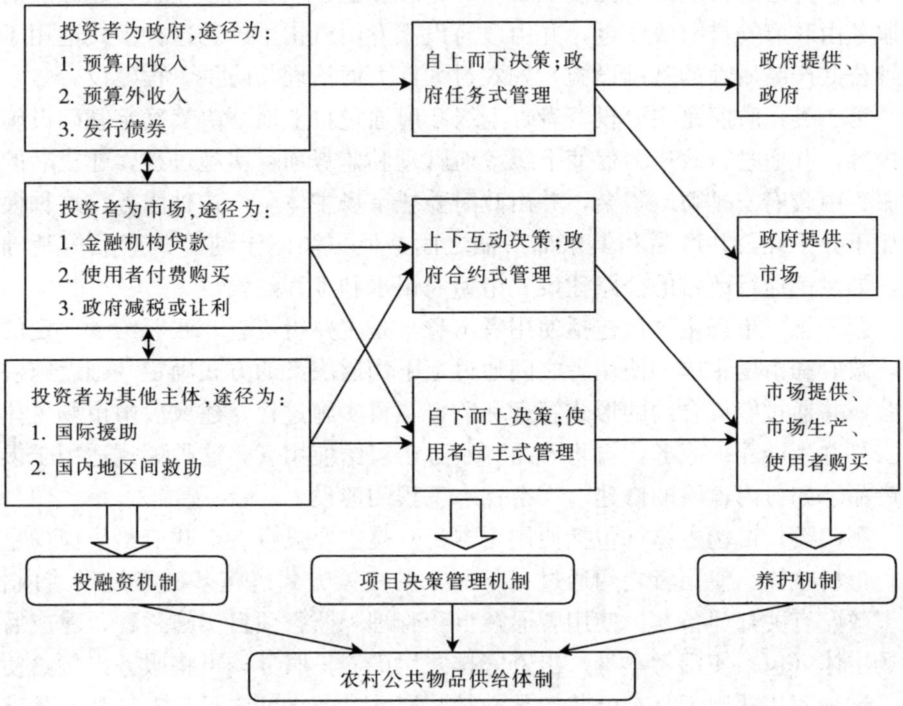

图 7-1　农村公共产品供给体制可选择集

注：本结构图的构建参考了林万龙（2007）的部分研究成果。

从养护机制来看，可能的模式也有三种：一是政府提供养护经费，并由政府设立专门机构生产养护服务；二是政府提供养护经费，并外包给市场主体生产养护服务；三是由市场主体提供并生产养护服务，公共产品的使用者付费购买养护服务。

（二）不同公共产品属性下农村基础设施的最优供给体制选择

在上述供给体制可选择集中，尽管投资、项目管理和养护环节的组合方式很多，但由于农村基础设施的公共产品属性与其供给体制选择具有一致性，因此，在具体公共产品供给体制的选择中，需要考虑投融资机制、项目决策管理机制与养护机制的耦合性，有的模式可以组合，有的模式则不能组合。需要注意的是，由于除政府与市场之外的其他主体投资微乎其微，我们不予考虑。对于具有不同公共产品属性的农村基础设施而言，当前有以下几类供给体制可供选择。

第一类，政府是主要投资者，上级政府通过自上而下决策确定基础设施供给内容，并通过行政压力促使下级政府管理和监督项目实施过程，建成后的养护服务由政府安排财政资金，并由政府设立专门机构生产。这种模式适用于具有纯公共产品属性的基础设施，如农村大江大河治理与防洪工程建设。

第二类，政府是主要投资者，上级政府通过自上而下决策确定基础设施供给内容，并通过行政压力促使下级政府管理和监督项目实施过程，建成后的养护服务由政府安排财政资金，并由政府委托市场主体生产这种服务。这种模式适用于介于纯公共产品和俱乐部产品之间，但更倾向于纯公共产品的基础设施，如乡镇通行政村的公路建设、中型农田水利工程建设。

第三类，市场主体（包括使用者本身）是主要投资者，政府给予一定的补贴，政府和市场主体、使用者之间通过上下沟通决策的方式确定基础设施供给内容，并通过签订合约的形式管理和监督项目实施过程，建成后由市场主体出资安排并生产养护服务，再将产品和服务出售给使用者。这种模式适用于俱乐部产品，如村内道路的修建，人畜饮水工程的建设。

第四类，市场主体（包括使用者本身）是主要投资者，政府给予极少量补贴，市场主体、使用者之间通过自下而上的决策方式确定基础设施供给内容，并报政府有关部门备案。使用者通过自我管理和监督项目实施过程，建成后由市场主体（包括使用者本身）出资安排并生产养护服务，再将服务出售给使用者。这种模式适用于具有公共产品的某些属性，但更偏向于私人物品的基础设施。如农村沼气工程、小型农田水利建设等。

第八章　新农村建设中的农村社会事业发展研究

社会事业是一个中国化的概念，中国农村社会事业主要包括农村义务教育、农村医疗卫生、农村社会保障，它直接关系到农村人口的素质提高、农民生活质量的改善、农村劳动率的提高、农村精神文明的提高、管理水平的提高，农村社会事业发展在新农村建设中占据着重要的位置，属于公共服务的内容。从产品特性看，社会事业属于公共产品或准公共产品，其生产或提供需要政府财政的介入，不应该完全推向市场。从中央与地方职责划分的角度看，有些社会事业属于全国性公共产品，需要中央政府提供；有些属于地方性公共产品，需要地方政府提供；有些属于准公共产品，需要政府与市场共同提供。从统筹城乡发展的角度看，农村社会事业发展大大落后于城市社会事业的发展，中西部农村社会事业落后于东部农村社会事业发展，政府应该加大对农村、特别是中西部农村社会事业的投入，实现公共服务的均等化。因此，加大财政投入力度，促进农村社会事业发展，成为新农村建设的重要内容。

一、农村义务教育发展

2001 年以前，我国农村义务教育管理体制实行“三级办学、两级管理”，即村办小学、乡办初中，乡级管理，区县市办高中，区县市级管理。乡村学校教师工资以乡为基本预算单位实行以收定支、收支包干，学校公用经费以乡、村多渠道筹集为主，区县市级补助。随着农村税费改革的不断深入，农村教育投入逐步减少。因此，从 2001 年开始，我国农村义务教育开始实行“在国务院领导下，地方负担，以县为主”的原则，各地中小学校都积极稳妥地推进改革。

（一）农村义务教育的改革情况

由于我国多年来实行计划生育的人口政策，农村小学适龄儿童和招生人数已呈逐年下降的趋势。同时，随着农村城镇化的快速推进和农村税费改革的不断深化，从 2001 年开始，我国开始对农村中小学校、教师引进与培养、学生教育与收费等方面开始了一系列改革。

1. 中小学校改革情况

进入新世纪以来，各地都将农村义务教育工作放到重中之重的地位，集中更多精力和财力，加快农村中小学校改革步伐，改善农村义务教育条件。

一是调整中小学布局。2001 年 5 月，国务院下发了《关于基础教育改革与发展的决定》，提出要因地制宜调整义务教育阶段学校的布局，按照小学就近入学，初中相对集中，优化教育资源配置的原则来合理规划和调整学校的布局。各地认真贯彻落实国务院的决定，开始了对农村义务教育阶段学校布局调整的工作。根据我们的调查，陕西省西安市长安区、安徽省明光市和江苏省如皋市从 2001 年开始，按照“立足当前、着眼未来、因地制宜、统筹规划、分步实施”的原则，重点针对“规模小、条件差、人数少”的农村初中、小学、村设初小和教学点进行布局调整。通过中小学校布局的调整，实现了初中向乡镇、街道政府所在地集中、小学向中心村集中，进一步优化教育资源配置，扩大办学规模提高办学水平。截至 2007 年底，三市（区）中小学校布局取得显著成效（表 8－1）。

表 8－1　三省调研市（区）中小学布局调整情况

<table>
<tr><td rowspan="3">长安区</td><td colspan="2">2001 年</td><td colspan="2">2004 年</td><td colspan="2">2007 年</td></tr>
<tr><td colspan="2">中小学</td><td colspan="2">中小学</td><td colspan="2">中小学</td></tr>
<tr><td colspan="2">479 所</td><td colspan="2">377 所</td><td colspan="2">349 所</td></tr>
<tr><td rowspan="3">明光市</td><td colspan="3">2001 年</td><td colspan="3">2007 年</td></tr>
<tr><td>初中</td><td>小学</td><td>村级完小
和教学点</td><td>初中</td><td>小学</td><td>村级完小
和教学点</td></tr>
<tr><td>40 所</td><td>277 所</td><td>241 所</td><td>31 所</td><td>172 所</td><td>139 所</td></tr>
<tr><td rowspan="3">如皋市</td><td colspan="3">2002 年</td><td colspan="3">2007 年</td></tr>
<tr><td>初中</td><td colspan="2">小学</td><td>初中</td><td colspan="2">小学</td></tr>
<tr><td>76 所</td><td colspan="2">272 所</td><td>45 所</td><td colspan="2">117</td></tr>
</table>

二是增加学校公用经费投入。农村义务教育改革后，我国对学校银行账户进行清理整顿，所有经费交当地乡镇财政所，实行“零户管理”，即报账制。为了保障机制学校公共经费，2005 年 12 月，国务院发出《关于深化农村义务教育经费保障机制改革的通知》，要求按照“明确各级责任、中央地方共担、加大财政投入、提高保障水平、分步组织实施”的基本原则，将农村义务教育全面纳入公共财政保障范围，建立中央和地方分项目、按比例分担的农村义务教育经费保障机制。从此，原来由农民承担为主的农村教育经费全部由政府承

担为主，农村义务教育经费的投入增加，从根本上改变了税费改革带来的农村教育投入相对不足的状况。如江苏省如皋市自 2005 年起市政府每年安排预算内专项经费 400 万元用于弥补；义务教育免收学杂费后的经费缺口由省、市全额补助，2006 年下半年补助经费达 1 672.35 万元（其中，省补 1 170 万元，市补 502.35 万元），2007 年继续安排补助资金 3 045.02 万元，并确保资金按月拨付到位。陕西省西安市长安区学校公用经费按省颁标准列入区级财政预算，严格执行，落实到位，为改善学校办学条件、推进教育均衡发展提供了政策和资金保证。据农业部农村经济研究中心发布的《2010 年中国农村政策执行报告》表明，在所调查的 12 个省 118 个县的问卷调查显示，有 56.5%的调查县提高了农村学校公用经费的补助标准，与上年相比，小学生人均公用经费提高了 2.9%，初中生人均公用经费提高了 2.4%。

三是改善了学校办学硬件条件。从 2001 年开始，我国中央安排专项资金，组织实施农村中小学危房改造工程，改善农村中小学办学条件。同时，从 2004 年开始，我国开始实施农村寄宿制学校建设工程，在西部地区新建、改扩建一批以农村初中为主的寄宿制学校。中央资金的投入有力地撬动了地方政府投入的积极性。2000—2007 年，陕西省西安市长安区用于危房改造的资金共计 6 537 万元，改造 204 所学校危房，修缮改造校舍 17.72 万米^2，新建房舍 9.4 万米^2；用于寄宿制学校建设的资金达 6 083 万元，新建寄宿制学校 3 所，新建房舍 5 860 米^2（表 8-2）。2000—2007 年，安徽省明光市用于危房改造的资金共计 4 090 万元，其中，中央资金 869 万元（包括危改资金 373 万元，水毁国债资金 190 万元，移民迁建用于校舍改造资金 159 万元，校舍维修改造资金 147 万元），省资金 1 400 万元（包括危改资金 865 万元，布局调整资金 133 万元，水毁资金 269 万元，校舍维修改造资金 133 万元），滁州市资金 73 万元，明光市资金 1 366 万元（包括乡镇学校用于危改工程配套资金 868 万元，市财政 2005 年、2006 年教育费附加用于危改工程的资金 298 万元，捐赠用于危改资金 382 万元），已改造危房面积 7.40 万米^2。江苏省如皋市制定并颁发了《关于完善农村义务教育管理体制的实施意见》、《关于建立当年新增危房当年消除机制的决定》、《如皋市农村教育培训工程实施方案》等文件，出台了《关于大力发展职业教育和社会教育的意见》、《关于加快建设教育强市率先基本实现教育现代化的决定》、《如皋市教育事业发展“十一五”规划》，组织实施了“布局调整”、“危房改造”、“三新一亮”、“六有”、“校校通”、合格学校建设、教育现代化工程先进镇建设、重点中学创建等一系列民心工程，加快了全市中小学基本办学条件的改善，推动了教育的均衡发展。

表 8-2　2001—2007 年调查市（区）学校硬件条件改善情况

<table>
<tr><td rowspan="4">长安区
2001—
2007 年</td><td rowspan="2">危房
改造</td><td>涉及
学校</td><td>修缮改
造校舍</td><td>新建房舍</td><td colspan="3">共投资 6 537 万元</td></tr>
<tr><td>204 所</td><td>17.7 万
米^2</td><td>9.4 万
米^2</td><td>中央 454
万元</td><td>省市 2 344
万元</td><td>区及以下
3 739 万元</td></tr>
<tr><td rowspan="2">寄宿制
学校建设</td><td>新建
学校</td><td colspan="2" rowspan="2">新建房舍
5 860 米^2</td><td colspan="3">共投资 6 083 万元</td></tr>
<tr><td>3 所</td><td colspan="2">省市
2 344 万元</td><td>区及以下
3 739 万元</td></tr>
<tr><td rowspan="2">明光市
2001—
2007 年</td><td rowspan="2">危房
改造</td><td>已改造面积</td><td colspan="5">总投资 4 090 万元</td></tr>
<tr><td>7.40 万
米^2</td><td colspan="2">中央 869 万元</td><td>省
1 400 万元</td><td>滁州市
73 万元</td><td>明光市
1 366 万元</td></tr>
</table>

2. *教师改革情况*

农村教师是农村教育发展的第一动力，优秀的教师队伍是我国农村教育和社会经济可持续发展的重要保障。从 2001 年开始，我国农村义务教育中小学教师主要进行如下改革：

一是兑现教师工资。拖欠农村中小学教师工资，是农村义务教育工作的一个突出问题。为了解决教师工资拖欠问题和确保教师工资按时足额发放，各地统一教师工资的财政保障范围和标准，并将教师工资纳入县（市、区）级财政预算，实行教师工资由县（市区）统一发放管理新机制，确保教师工资按时足额发放。江苏省如皋市、西安市长安区教师工资统一纳入市、区级财政预算，工资卡管理，银行统发，确保了教师工资及各项地方津贴按时足额发放。如皋市 2002 年 5 月农村中小学教职工国标工资纳入了市级财政统一发放的范畴，2005 年 4 月农村中小学教职工省以下津贴补贴和医疗、失业保险全部纳入了市级财政支出基数，2007 年 1 月农村中小学教职工住房公积金问题得到解决。

二是完善教师管理机制。农村教育相对落后，很大程度上是由于教师管理机制改革较为滞后，管理相对混乱，聘任制度不健全。因此，完善教师管理机制已成为强化农村教师资源统筹，提高农村教师队伍整体素质的关键环节。江苏省如皋市积极推进人事制度创新，推进农村中小学教师队伍建设。该市全面实行“资格准入、竞争上岗、全员聘用”，完善了全员聘用制和岗位聘任制，教师岗位竞争意识进一步增强；坚持“凡进必考”的原则，2004 年起全面实行新教师招考，先后录用新教师 1 089 名，提高了新增师资的质量；完善职责、绩效和报酬“三位一体”的校内结构工资制，调动了广大教职工特别是一线骨干教师的积极性；完善教师专业成长机制，大力实施“青蓝工程”、“三名工程”和教师“爱心工程”，涌现出一大批教坛新秀、骨干教师。一系列创新举措使得师资队伍的活力显著增强，教育人力资源得到有效开发。陕西省西安区长安区认真执行《陕西省实施中小学教职工编制标准的意见》和《西安市中等师范学校、职业学校、中小学校和幼儿园教职工编制标准》的规定，科学核定农村学校教职工编制，合理配置教育人才资源，不断优化农村教师队伍结构，确保农村中小学教育教学的需求。该区实行聘任制，对超编学校实行“分流制”，在全区教师队伍中清理了在编不在岗人员，让城镇学校选派教师轮换支援基层薄弱学校。通过以上政策的实施，极大地激发了教师的工作积极性和责任感，提高了学校教育管理水平和教学质量。

三是加大在职教师培训力度。2001 年 5 月，国务院出台《国务院关于基础教育改革与发展的决定》（国发［2001］21 号），特别提出：“建设一支高素质的教师队伍，是扎实推进素质教育的关键”。农村义务教育教师的综合素质和水平已成为农村义务教育改革与发展的前提和基础，直接决定着农村义务教育的质量。陕西省西安市长安区加大农村义务教育教师的培训力度，通过鼓励支持教师提高学历水平、强化教师岗位职务培训、加强计算机、新课程和新教师培训等措施，有效地提高了教师综合素质。截至 2006 年底，小学专任教师 3 784 人，学历达标率为 99.8%，其中 2 194 人取得了大专文凭，占小学教师总数的 58%；初中专任教师 2 997 人，学历达标率为 95.2%，其中取得本科文凭的为 1 321 人，占初中教师总数的 44%。2002—2006 年，西安市长安区教师岗位职务培训 14 204 人，计算机初级培训 3 601 人次，区级以上骨干教师培训 887 人，新课程培训 9 421 人，新教师培训 1 354 人。2000—2007 年，安徽省明光市对在职教师进行了继续教育培训 7 970 人次，学历教育 321 人次，校长培训 187 人，其他短期培训 4 000 人左右。

3. 学生收费改革情况

随着教育收费行为的进一步规范，尤其是农村义务教育经费保障机制的实施，教育乱收费现象在一定程度上得到了有效遏制，农村义务教育中小学生得到了实惠。

一是大幅降低义务教育学生收费。安徽省明光市 2000 年农村小学每生每学期收费 130 元，其中杂费 40 元、课本费 90 元；初中每生每学期收费 190 元，其中杂费 65 元、课本费 125 元。2005 年农村中小学生收费均有所下降，农村小学每生每学期收费 113 元，其中杂费 70 元、信息技术教育费 33 元、作业本费 10 元；初中每生每学期收费 158 元，其中杂费 95 元、信息技术教育费

43元、作业本20元。2005年12月24日，国务院发布了《国务院关于深化农村义务教育经费保障机制改革的通知》（国发［2005］43号），该文件规定：全部免除农村义务教育阶段学生学杂费，对贫困家庭学生免费提供教科书并补助寄宿生生活费（简称“两免一补”）。从2007年春季开学，安徽省明光市对农村中小学生只收取课本、作业本和寄宿生的住宿费，与2006年相比，小学每生每学期减少收费103元、初中每生每学期减少138元。江苏省如皋市也认真开展实施“两免一补”政策，2006年下半年，义务教育阶段学杂费全部免除，18 182名学生享受了免费课本。

二是义务教育学生补助力度加大。2003年以前，安徽省明光市对农村义务教育贫困学生的补助，主要由学校在开学时根据经费情况，直接给予适当的减免。2004年，中央开始实行补助免费教科书资金，当年全市农村学校减免学生费用84.3万元，其中中央资金45万元，学校减免39.3万元，共资助贫困学生17 571人；2006年全市农村学校共减免贫困学生费用109万元，其中中央补助免教科书资金62.2万元，学校减免46.8万元，共资助贫困学生10 218人；2007年春季开学，共免收城乡义务教育学生各项费用约809.24万元，受益学生76 923人，其中农村小学学杂费271.8万元、农村初中学杂费242.8万元，同时补助初中贫困寄宿生每人每年239元，共补助16.5万元。2006年下半年，江苏省如皋市就有1 320名学生享受了每学期200元的生活补助（2007年又增加了500人享受生活补助）；850名家庭经济困难的新生得到三年职业教育每人每年2 000元资助。据农业部农村经济研究中心发布的《2010年中国农村政策执行报告》表明，在所调查的12个省118个县的问卷调查显示，有91.8%的调查县对农村家庭经济困难寄宿生实行住宿补助，有85.6%的县减免了中等职业学校新招收农村家庭困难学生和涉农专业学生学杂费。另据农业部农村经济研究中心发布的《2010年中国农村政策执行报告》表明，在所调查的12个省9 950个农村固定观察点调查户的问卷调查显示，有近30%的中小学住校生获得过住宿补助，中等职业学校涉农专业学习的学生免收学杂费的比例超过40%。

（二）农村义务教育存在的问题

我国农村义务教育投入体制实现了从“以乡镇为主”到“以县为主”的转变，并取得了显著的成效，但是目前农村义务教育仍然存在一些突出问题。

一是从总量来看，农村义务教育经费总投入不断增加，但是财政对教育的投入仍然不足。财政性教育经费支出占国民生产总值的比例是衡量一国公共教育经费投入的重要指标。早在1993年，我国政府就提出到2000年这一指标达到4%。我国“十一五”规划中也明确规定，加大教育投入，保证财政性教育经费的增长幅度明显高于财政经常性收入的增长幅度，逐步使财政性教育经费占国内生产总值的比例达到4%。另外，2006年9月修订实施的《新义务教育法》用法律形式规定了教育经费的“三个增长”，即国务院和地方各级人民政府用于实施义务教育财政拨款的增长比例应当高于财政经常性收入的增长比例，保证按照在校学生人数平均的义务教育费用逐步增长，保证教职工工资和学生人均公用经费逐步增长。“十一五”以来，我国教育经费总投入不断增加，教育经费由2005年的8 418.8亿元增加到2008年的14 500.7亿元，增加72%，财政性教育经费由2005年的5 161.1亿元增加到2008年的10 449.6亿元，增加102%。尽管如此，政府对教育的投入仍然不足，财政性教育经费占国内生产总值4%的目标尚未实现，2008年仍然只有3.48%。由于财政投入不足，导致中小学布局调整难、危房改造难、义务教育债务化解难和挤兑学校公用经费发放教师工资地方岗位津贴等现象。

专栏　农村义务教育债务化解难

实施“两基”期间，农村义务教育基础设施有了较快的发展，但形成了一笔很沉重的教育债务。2002年以后，农村实施税费改革，停止了群众集资办学行为，致使实施“两基”工程期间产生的债务无法偿还。截至2006年底，江苏省如皋市教育负债约3.4亿元，其中农村义务教育阶段中小学负债约1.25亿元；安徽省明光市农村义务教育学校欠债总额约2 400万元；截至2007年底，陕西省西安市长安区“两基”工程债务尚有3 900万元。虽然三地政府都制定了偿债方案，但由于是吃饭财政，短期内无力偿还这些债务。不但农村义务教育的老债难以偿还，而且新债仍在不断产生，沉重的债务负担制约了教育事业的发展。

二是从结构来看，各项农村义务教育经费投入不断增加，但离“全面纳入财政保障”还有一定差距。2005—2008年，从农村义务教育生均预算内事业费和公用经费均实现较大幅度增长。2008年，农村小学义务教育生均预算内事业费达到2 617.6元，比2005年增长了约109%；农村初中义务教育生均预算内事业费达到3 303.2元，比2005年增长了约130%；农村小学义务教育生均预算内公用经费达到581.9元，比2005年增长了约230%；农村初中义务教育生均预算内公用经费达到892.1元，比2005年增长了约253%。尽管如此，农村义务教育离“全面纳入财政保障”还有一定差距，这主要体现在三个方面：[①] ①农村中小学公用经费保障水平明显偏低。目前的公用经费基准定额为：中西部地区小学 300 元/(年·生)、初中 500 元/(年·生)；东部地区小学 350 元/(年·生)、初中 550 元/(年·生)，仅能维持基本运转。农村义务教育学校公用支出实物消耗定额研究显示，农村中小学公用经费近期标准应达到小学 550 元/(年·生)，初中 750 元/(年·生) 较为适宜。②“一补”标准偏低。目前补助标准为小学 500 元/(年·生) [2 元/(天·生)，每年 250 天]，初中 750 元/(年·生) [3 元/(天·生)，每年 250 天]。据调查，多数地区每生每天的生活费实际支出达 7～10 元，远高于目前标准。③农村中小学的硬件条件与办学标准的差距仍然较大。如农村小学和初中的生均校舍面积，分别比国家基本标准低 1.32、1.26 平方米。

三是教师编制不合理、激励约束机制不健全，边远乡村教师流失严重。目前，农村义务教育学校编制核定没有因地制宜，而是实行“一刀切”，教师激励约束机制尚不健全。一方面，目前农村义务教育没有充分考虑各县的区位地理差别，城乡学校规模的差别，无论什么地方，教职工编制都上一个标准；另一方面，没有考虑学生数的动态变化，教师资源得不到优化配置。如安徽省明光市仍然按三年一调的周期进行调整，形成农村学校出现“缺额不缺编”的现象，全市不少学校不得不自聘教师，而现行义务教育经费保障机制，规定公用经费不得用于人员工资，给农村学校带来一定的困难。此外，不论硬件资源还是软件资源，在城乡、各镇及学校之间都存在资源配置不均衡的现象，边远乡村教师流失严重。在边远乡村，由于办学条件相对较差，导致优秀教师向城镇流动明显。另外，教师专业结构不合理，一些学校缺少英语、自然、美术、音乐等专业教师，专业英语、计算机、体育、美术等许多课程开不了，与“让每个适龄儿童都应当享有平等接受义务教育的权利”的要求还有很大的差距。

二、农村医疗卫生事业发展

2000 年以来，农村医疗卫生体制改革全面展开，内容主要包括建立新型农村合作医疗制度，建立和完善疾病医疗预防控制体系、突出公共卫生事件医疗救治体系和疾病监测信息系统，实施农村卫生基础设施建设规划，加快农村医疗卫生人才培养，提高农村医疗服务水平和应对突发公共事件的能力。目标

① 田祖荫：《农村教育的发展与展望》，见：农业部农村经济研究中心编，《面向“十二五”的中国农村发展》，中国农业出版社，2010 年。

上建立服务设施齐全的农村卫生服务网络，建立具有较高专业素质的农村卫生服务队伍，建立精干高效的农村卫生管理体制，建立以大病统筹为主的新型农村合作医疗制度和医疗救助制度。总的来看，农村医疗卫生有了较大的发展。

（一）农村医疗卫生事业改革情况

1. 农村基本医疗改革情况

农村基本医疗的改革建设主要围绕乡镇卫生院、村卫生室、药品质量和价格三个方面展开。一是推行乡镇卫生院管理体制与运行机制改革。随着市场经济体制不断发展完善，为满足人民群众日益增长的医疗保健需求，激发医疗机构活力，吸引更多的社会资本加强卫生基础设施建设，各地积极推行乡镇卫生院管理体制与运行机制改革。如江苏省如皋市在借鉴外地卫生改革经验的基础上，2001 年启动全市乡镇医院产权制度改革。为保证政府公共卫生职能的成功履行，改革分两步走：第一步是基层防保体制改革，将防保职能从原来的乡镇卫生院、中心卫生院剥离，组建 23 个镇卫生所（行政区划调整后，相应镇卫生所进行了合并，目前为 20 个），具体承担乡镇卫生防疫、妇幼保健、卫生监督和基层卫生等公共卫生职能。镇卫生所实施由市卫生局和镇政府共管、以市卫生局为主的管理体制，为全民事业单位，相当股级建制，按镇人口 1.5 万/人比例定编，工作人员实行竞争上岗，由市卫生局统一组织考试考核，择优录用。第二步是医院管理体制和运行机制改革，在各镇卫生所成功组建的基础上，如皋市加快了乡镇医院产权制度改革，至 2002 年底，全市 47 所乡镇医院全部进行了产权制度改革，由公立医院改为民营医院。并组织各民营医院制定了《民营医院自律公约》，逐步建立民营医院自我发展、自我约束、自我完善的良性机制。如皋市通过医院管理体制与运行机制改革，实行医院的市场化运作，使卫生行政部门真正实现了由“办医”向“管医”职能的转变。

二是建立医疗机构和从业人员准入制度。为了保证人民群众能享受优质放心的医疗服务，必须要建立医疗机构、从业人员、医疗技术应用、大型医疗设备、药品等医疗服务要素的准入制度。江苏省如皋市 2007 年市政府制定了《如皋市医疗机构设置规划》，实行三个准入：严格医疗机构准入，通过设置审批、产权制度改革、年度校验和换证等方式，加强医疗机构的准入管理；严格诊疗科目准入，对医疗机构诊疗科目的准入主要依据医疗用房的面积、布局、人员、设施设备的配备，以及各项规章制度等予以准入。严格人员准入，依据《执业医师法》从 1999 年开始，每年组织一次医师资格考试的报名工作，1999—2006 年经参加国家医师资格考试合格的人员有 1 604 人，从 2002 年底开始对全市经认定或经考试取得医师资格证书的医务人员统一进行医师注册工作，从 2006 年开始建立了医师考核制度。

三是加强乡镇卫生院基础设施建设。乡镇卫生院的设施设备建设是提升卫生院服务水平和增强服务能力的基础。2006 年，安徽省明光市根据国家乡镇卫生院能力建设规划要求，通过相关政策支持，申请引入国债项目建设资金 415 万元，革命老区建设资金 120 万元，用于 12 个乡镇卫生院的基础设施建设。2007 年通过引入项目资金加上自筹资金，共投入 100 多万元，为 27 家乡镇卫生院更新、添置基本医疗设备 210 台（件）。

四是调整村卫生室布局，推行乡村卫生服务一体化管理。随着我国撤乡并镇的逐步推进，卫生资源配置不合理问题日益凸显，各地认真开始重新整合医疗资源。2002 年，江苏如皋市全市实施了行政区划调整，原有 891 个行政村（居）合并为 354 个村居，造成了一个行政村有 3 个甚至 4 个村卫生室的局面。为应对行政区划调整的实际，结合上级有关发展社区卫生服务的要求，如皋市启动了村级卫生服务体制改革，2002 年 5 月开始整合村级卫生资源，撤销原行政村卫生室，以新的行政村为单位组建社区卫生服务站，社区卫生服务站主要承担医疗、预防、保健、健康教育、计生技术服务指导和康复“六位一体”功能，原则上服务人口在 5 000 人以下的设置一所社区卫生服务站，服务人口超过 5 000 人的可以设置两所。自 2006 年开始，结合省卫生厅社区卫生服务机构建设新标准，在全市范围内开展了社区卫生服务机构整顿建设工作，通过行政、经济、法律等多种手段，进一步提高社区卫生服务站建设水平，全市 333 个村居共建成社区卫生服务站 437 个，并建成了 128 家高标准的示范社区卫生服务站。此外，各地还加快推行标准村卫生室建设，推行乡村卫生服务一体化管理。从 2007 年开始，安徽省明光市利用项目资金和自筹配套资金，推行标准村卫生室建设，到 2011 年将建 102 个标准化村卫生室。另外，明光市从 2007 年推动乡村卫生服务一体化管理，强化市、乡、村三级卫生服务体系建设。

五是加强药品质量和价格管理。一方面推行药品集中采购。为保证药品、一次性医疗用品质量，进一步降低药品价格，江苏省如皋市从 2002 年 10 月起对纳入城镇职工基本医疗保险目录的药品（国家特殊管理的药品除外）及一次性医疗用品全部实行招标采购，2003 年 3 月起对社区卫生服务站所使用的药品及一次性输液（血）器实行集中招标采购，2004 年 9 月为积极响应卫生部、国务院纠风办等部门《关于进一步规范医疗机构药品集中招标采购的若干规定》，不再组织招标采购活动，2005 年 11 月全市的医保、合作医疗定点医疗机构和社区卫生服务站所使用的药品及一次性医疗用品均进行集中采购。安徽省明光市卫生部门与药监部门联合，广泛开展乡镇卫生院规范药房建设，强化药事组织管理，建立并逐步完善药品供销索证制度和台账制度，全面实施药品经营企业资格审查制度，多头把关，杜绝假劣药品流入。陕西省西安市长安区从2000年至今，卫生局要求各医疗单位坚持正规渠道进购药品，区医院还采取了药品集中招标采购制度。另一方面，积极推行医药价格公示。江苏省如皋市自2005年10月份医疗服务价格改革以来，各医疗机构将常用的药品零售价格和医疗服务项目收费标准在医院收费窗口显著位置通过电子显示屏、触摸式电脑、价目表等进行公示；开通了医药价格管理网，对药品价格和医疗服务价格的新信息实时传输，并设立查询系统，坚持阳光操作，做到公开透明。严格执行招标药品的作价政策，凡南通市列入招投标的品种均以南通市的中标为中准价，实行顺差作价，以降低患者不合理的医药费用负担。明光市在执行价格上，大多执行国家限价政策。自2006年起，按物价部门新的规定，按进价增加15%的顺价销售政策。西安市长安区医疗服务收费和药品价格依据《陕西省医疗收费基本目录》的规定，在物价局的监督下，严格按规定收费，从2005年至今，进一步完善了医疗收费公示制度，接受社会各界的监督。

2. 农村公共卫生改革情况

农村公共卫生体系是我国公共卫生服务体系的一个重要组成部分，农村公共卫生影响着整个农村地区的公共安全。新世纪以来，各地多措并举，加快了农村公共卫生的改革步伐。一是推进公共卫生管理体制改革。2002年下半年，江苏省如皋市完成了疾病控制和卫生监督体制改革，撤销了原市卫生防疫站、市皮肤病防治所和市结核病防治所，组建市疾病预防控制中心和市卫生监督所，两个机构均为市卫生局直属事业单位，相当副科级建制，工作人员在原有编制的基础上进行优化组合。市卫生监督所代表市委和政府各个行政部门依法行使卫生监督职责，市疾病预防控制中心承担疾病预防控制、卫生监测检验、健康教育等预防保健工作。

二是加强公共卫生服务体系建设。近年来，在不断深化和完善卫生改革的过程中，江苏省如皋市已经形成以市疾病预防控制中心、市妇幼保健为中心，以20个镇卫生所为枢纽，437个社区卫生服务站为网络的新型疾病预防控制体系；形成以市卫生监督所为重点，以镇卫生所卫生监督人员为补充的卫生监督工作体系；建成了以市人民医院120为中心，以石庄中心医院、白蒲中心医院急救分站为依托的急救医疗体系。由于医院产权制度改革的顺利完成，使如皋市政府能够集中有限财力，逐年加大对公共卫生的投入，有计划、有重点地加强了疾病预防控制、卫生监督、医疗救治、信息网络系统建设，使市、镇两级疾病预防控制体系建设得到明显增强。目前，如皋市20家镇卫生所中已有

16 家镇卫生所自建或购买了办公楼，添置了电脑、空调等办公设备，各镇卫生所全部建成了规范化的计划免疫门诊和儿童保健门诊。与此同时，如皋市进一步加强公共卫生服务队伍建设，每年通过人才市场招考本科院校毕业生充实到市、镇两级防保队伍，组织业务骨干参加上级举办的各类业务培训，定期开展了对公共卫生服务人员业务知识强化培训和轮训，有力地提高了公共卫生人员业务水平和服务能力。疾病预防控制工作成功开展，妇幼保健工作水平显著提高，农村卫生条件逐步改善，农村改水改厕成效显著。

3. 新型农村合作医疗改革情况

2002 年 10 月，《中共中央、国务院关于进一步加强农村卫生工作的决定》明确指出：要“逐步建立以大病统筹为主的新型农村合作医疗制度”，从 2003 年起，我国在全国部分县（市）进行新型农村合作医疗制度试点。江苏省如皋市从 2003 年、长安区从 2006 年、明光市 2007 年开展新型农村合作医疗试点工作，根据有关文件要求着手建立新型农村合作医疗制度，制定了新型农村合作医疗管理办法，成立了市新型农村合作医疗管理委员会监督委员会，成立了合管办，具体负责全市新型农村合作医疗方案的制定、合作医疗基金的使用和管理的工作，各镇也相继成立了以镇长为组长的新型农村合作医疗工作领导小组，并在镇卫生所设立合作医疗经办业务机构，具体负责本镇新型农村合作医疗工作。

江苏省如皋市从 2003 年开始实行农村合作医疗，其中农民出资 10 元，财政出资 20 元，参合农民累计医药费用分段补偿，补助封顶线 2 万元。2004 年改变补助结报办法，力求让更多的农民得到实惠，除对住院费用进行补助外，明确了对门诊和特种病的补助，提高补偿覆盖面。2006 年补助标准进一步提高，农民仍然出资 10 元，财政出资 40 元，并建成新型农村合作医疗管理信息系统，实行参合群众住院费用即时结报，极大了方便了参合群众。2007 年进一步调整完善补助政策，农民出资 20 元，财政出资 40 元，群众自付线降至 500 元，补助最低比例提高到 30%，补助封顶线提高到 4 万元，全市群众参合率达 98.48%（表 8-3）。2003—2007 年，总计筹资 1.98 亿元，总计支出 1.4 亿元，共计有 70 852 人次享受农民住院费用补助、门诊费用补助和健康体检，农民群众医疗保障水平逐步完善（表 8-4）。安徽省明光市作为全国第四批试点县（市），于 2007 年 1 月 1 日正式启动，覆盖全市所有乡镇，首批参合农民为 432 717 人，标准为每人 50 元（其中农民出资 10 元，财政出资 40 元）。2006 年，陕西省西安市长安区开展新型农村合作医疗试点工作，2007 年，参合农民 66.3 万人，参合率 87.23%；个人筹资总额 663 万元，市、区配套资金 1 856 万元。

据农业部农村经济研究中心发布的《2010年中国农村政策执行报告》表明，在所调查的12个省118个县的问卷调查显示，2010年有94%的县提高了农村新型合作医疗的筹资水平，农民筹资标准人均32元，政府补贴的标准人均108元。在所调查的12个省9 950个农村固定观察点调查户的问卷调查显示，参加新型农村合作医疗保险的农户比例高达97.5%。

表8-3　调研市（区）农村合作医疗财政补贴标准

如皋市	2003（标准30元）		2006（标准50元）		2007（标准60元）	
	农民	财政	农民	财政	农民	财政
	10元	20元	10元	40元	20元	40元
明光市	2007（标准50元）					
	农民	财政	其中：中央		省	本市
	10元	40元	20元		15元	5元

表8-4　调研市（区）农村合作医疗筹资总额

如皋市	2003—2007年总计筹集1.98亿元			2003—2007年总计支出1.4亿元		
	个人	本级财政	中央省市财政	门诊费用补助受益面	住院补助受益面	平均基金支出率
	5 612.1万元	4 922.2万元	9 172.5万元	100%	6%	70.71%
明光市	2007年					
	筹集资金总额			支付医疗补偿款		参合率
	2 163.6万元			617.7万元		83.38%

（二）农村医疗卫生事业发展中存在的问题

近年来，各地大力实行乡村卫生服务管理一体化，加强农村卫生服务网络建设，深化农村卫生体制改革，农村医疗卫生事业取得了显著的成就。但是，从目前发展来看，仍然存在一些问题。

一是乡镇卫生院负担重、资金运转困难。乡镇卫生院属财政差额拨款，医生技术水平相对较低和设备较差，农民有病不愿意在乡镇看，导致乡镇卫生院医疗业务收入低。同时由于乡镇卫生院工作人员和退休人员较多，工资压力大。如安徽省明光市2004年以来，乡镇卫生院“三权”全部上划归市后，乡镇财政对卫生院已没有任何补贴，尽管近几年市财政对乡镇卫生院预算总数逐年增加，但所供给的部分只是用于卫生院离退休人员的基本工资。目前卫生院在职在岗人员工资福利全部靠医疗业务收入来自给自足，但受社会办医、个体医药的冲击，卫生院业务收入减少。随着工资制度改革深入，现在有80%的乡镇卫生院人员拿不到核定的工资额，少数单位甚至拿不到工资额的一半。同时，由于各地乡镇卫生院建设缺乏规划，资金投入不到位，财政保障机制不健全，导致乡镇卫生院房子虽然建好，但是留下沉重的债务。据吉林省梨树县反映，该县乡镇医院利用改造国债资金50%，但是地方政府配套资金没有到位，导致一些医院至今仍负债累累。

二是村卫生室标准化低、业务报酬不高。一方面，乡村卫生室基础设施建设落后。大部分村卫生室现有业务用房大都是上世纪70年代以前所建，房屋破旧，房屋流程和布局均不符合医疗卫生要求。大多数乡村卫生室四室（诊断室、治疗室、药房室和预防保健室）不分，医疗设备仍以听诊器、血压计、体温表等“老三件”为主，远远不能满足农村群众基本医疗需求。另一方面，村医履行防保职能的报酬太低。江苏省如皋乡村医生从事农村公共卫生服务工作能够获取一定的报酬，但总额太小，年人均仅1 500元；其他地方以前靠疫苗收费提成解决，疫苗免费后，村医打预防针收针管费名义上由财政支持，但实际上财政一直拖欠，一定程度上影响了乡村医生工作的积极性。

三是卫生技术人员短缺、水平不高。由于地方人事制度调整，乡镇卫生院全都没有事业编制，也无财政预算安排，乡镇卫生院基础设施条件较差，工资待遇偏低，社会保障措施跟不上，卫生技术人员的劳动付出得不到合理补偿。同时，随着教育体制的改革，促使卫生专业学历教育均以培养本科毕业生为主。由于缺乏优惠政策，很少有医疗卫生专业本科生到乡镇卫生院工作，而且现有的卫生技术人员队伍难以稳定，有用人才流失现象严重。安徽省明光市1998年以来，经组织介绍到乡镇卫生院的有100多人，因工资偏低、待遇不公，已有60多人离开卫生系统。2000年以来，基本没有医疗卫生专业本科生到乡镇卫生院工作，而且高学历或技术骨干流入上级医疗机构的现象更为严重，导致现有的专业技术人员的总量不足、水平不高、结构不合理，中高级职称人员的年龄层次偏高，人才老化、人才断档现象较为严重。同时，乡镇卫生院仅有少数的大中专毕业生通过几年培养后，部分人员选择跳槽，人才流失严重。乡镇卫生技术人才的缺乏远不能满足当前卫生事业发展的需要。2007年，安徽省明光市仅有1/3的卫生院人才基本配套，1/3的卫生院仅有少数几名具有执业资格的医护人员，个别的卫生院还没有执业医师或执业护士。尽管安徽省明光市部分乡镇卫生院达到或基本达到爱婴卫生院标准，但由于人力有限，有近一半的卫生院无专职妇幼保健人员，近1/4乡镇卫生院没有妇产科医生。这些卫生院只能应付一般性妇幼保健工作，“围产期保健、儿童三二一体检、新生儿疾病筛查、产生访视”等等都无法开展。

四是药品价格高、质量监管难。由于人员工资、管理费用和医疗物品成本上涨的同时，大多数技术服务项目收费价格较低，不能补偿医疗服务中的成本低耗，医疗机构只能从药品销售、医疗设备检查和开展其他项目中补偿成本，致使医疗行为扭曲，农民个人医疗负担较重，看病贵仍非常严重。如吉林省梨树县药品销售加价率为乡 28%、县 15%。如皋市乡镇卫生院改革后，出现了医院之间的兼并与重组，尽管搞活了卫生院，提高了医疗服务质量，看病“难”的问题有所缓解，但看病“贵”、药价高的问题没有缓解。

三、农村社会保障事业发展

农村社会保障主要包括养老保险、失业保险和医疗保险等保险类，以社会救济、社会福利、优抚安置等救济类。近年来，调研地方围绕农村合作医疗制度和医疗救助制度、五保户供养、特困人口救助、最低生活保障、社会养老保险等进行了积极探索，取得了一些成效。

（一）农村社会保障改革情况

1. 贫困农民的社会保障情况

我国目前的弱势群体，从规模和劣势程度排序首先当推贫困群体，而在贫困群体中，首先当推贫困农民。近年来，各地都加大了对贫困农民的保障力度。

一是农村五保供养标准逐步提高。江苏省如皋市农村五保供养工作按照国务院《农村五保供养条例》贯彻执行，由乡镇负责审核审批本行政区域的五保供养对象，经费由乡镇在农业税收中统筹支付，各乡镇之间供养标准不一。农业税完全取消后，如皋市农村五保户供养经费由村级“三项资金”转移支付中列支。2006 年，江苏省如皋市五保供养经费改由市、镇两级财政共同负担，各占 50%，对符合五保条件的人员实行了应保尽保。2007 年 7 月，如皋市进一步完善了五保户经费保障制度，建立了农村五保供养标准自然增长机制。五保供养资金由市财政实行专项预算、专户管理，每季度将集中供养经费拨付到各镇财政专户，将分散供养经费直接通过农村信用合作联社打卡发放到五保供养对象手中。2006—2007 年，江苏省如皋市农村五保户供养人数从 2 513 增加到 4 148 人，分散标准从 1 400 元增加到 2 200 元，集中标准从 1 650 元增加到 2 600 元（表 8 - 5）。

陕西省西安市长安区 2006 年以前五保户的供养标准是按照春冬两次救助，每人给予救助 600 元左右。2007 年农村五保供养标准提高为每人每年 1 500 元，其中实物供养每人每年 300 元（表 8 - 5）。五保户不再享受农村低保，五保供养经费实行市区分级负担 5：5 比例。

安徽省明光市在 2001 年后统一全市农村五保供养标准。2004 年开始从省财政转移支付的村级补助资金中列支。供养标准根据市农村居民基本生活消费性支出水平和市农村人均纯收入制定。在资金筹集和管理使用方面，新的《农村五保供养工作条例》出台后，从 2007 年开始，农村五保供养资金全部由财政负担，列入财政预算。农村五保供养资金通过涉农资金“一卡通”发放。2007 年，农村五保户供养人数为 2 925 人，比 2006 年增加 1 096 人，分散标准和集中标准分别为 1 500 元和 1 800 元，分别比 2006 年增加 300 元和 400 元（表 8－5）。

表 8－5　2005—2007 年三省调研市（区）五保户供养情况

单位：人，元

<table>
<tr><td rowspan="3">如皋市</td><td colspan="3">2005</td><td colspan="3">2006</td><td colspan="3">2007</td></tr>
<tr><td>人数</td><td>分散标准</td><td>集中标准</td><td>人数</td><td>分散标准</td><td>集中标准</td><td>人数</td><td>分散标准</td><td>集中标准</td></tr>
<tr><td>2 513</td><td>1 400</td><td>1 650</td><td>4 148</td><td>1 920</td><td>1 920</td><td>4 148</td><td>2 200</td><td>2 600</td></tr>
<tr><td rowspan="3">长安区</td><td colspan="3">2006</td><td colspan="6">2007</td></tr>
<tr><td>人数</td><td>分散标准</td><td>集中标准</td><td colspan="2">标准</td><td colspan="2">其中：物质</td><td colspan="2">资金</td></tr>
<tr><td>1 319</td><td>1 303</td><td>16</td><td colspan="2">1 500</td><td colspan="2">300</td><td colspan="2">1 200</td></tr>
<tr><td rowspan="3">明光市</td><td colspan="3">2006</td><td colspan="6">2007</td></tr>
<tr><td>人数</td><td>分散标准</td><td>集中标准</td><td colspan="2">总人数</td><td colspan="2">分散标准</td><td colspan="2">集中标准</td></tr>
<tr><td>1 829</td><td>1 200</td><td>1 400</td><td colspan="2">2 925</td><td colspan="2">1 500</td><td colspan="2">1 800</td></tr>
</table>

二是特困户救助形式多样。对特困户，由市、镇、村和社会力量多种形式进行救助。江苏省如皋市市、镇两级财政每年安排一定的资金，用于特困户的救助。2005 年以来，如皋市财政每年安排 20 万多元，采购棉衣、棉被发放到特困户。从 2006 年 1 月起，如皋市全面启动城乡大病医疗救助工作，对城乡低保户、农村五保户、优抚对象、享受 40％救济费的 60 年代精减职工本人等七大类对象进行大病救助。救助的病种主要有：尿毒症、白血病、恶性肿瘤、重症肝炎、重症胰腺炎、再生障碍性贫血、其他特殊重伤及重症疾病。对农村低保对象大病实施两次救助：第一救助，一次性救助 2 000 元；第二救助，农村参合人员，先由新型农村合作医疗予以补助，其补助后自付部分过高的，再由大病医疗救助基金分别给予救助 20％或 30％，最高可救助 15 000 元。

安徽省明光市农村特困群众生活救助制度于2004年建立，实施了3年，2007年顺利过渡到农村居民最低生活保障。农村特困群众生活救助对象是，年人均纯收入低于625元，不符合农村五保条件、无劳动能力、生活常年特别困难的鳏寡孤独家庭，因残、因病、因伤丧失主要劳动力的家庭，以及因灾致使生活常年特别困难的家庭。享受农村特困群众生活救助人数为6 210人（省下达的指标），年人均补助标准为130元。在资金筹集和使用管理方面，上级财政负担70%，明光市负担30%。明光市财政局建立农村特困群众生活救助资金专户，根据上级要求，从2005年开始实行涉农资金"一卡通"发放。

陕西省西安市长安区凡符合农村居民最低生活保障范畴的全部纳入农村低保对象；对一些因病和其他意外造成生活困难的实行春季和冬季两次救助；在此基础上还实行"有灾及时救，有难及时帮"。

三是农村居民最低生活保障制度逐步建立和完善。江苏省如皋市较早地建立农村居民最低生活保障制度。1997年12月，如皋市颁发《如皋市城乡最低生活保障制度暂行办法》的通知，初步建立了农村居民最低生活保障制度；2002年3月市政府正式出台了《如皋市城乡居民最低生活保障实施办法》，农村居民最低生活保障制度步入正轨。农村居民最低生活保障对象和范围是：凡常年居住本市的农业人口，家庭年人均收入低于规定的最低生活保障标准的，均可申请享受最低生活保障。其中不尽抚养、扶养和赡养义务，或有劳动能力因懒致贫以及违反计划生育的除外。2005年前，如皋市农村低保对象均由乡镇审批，经费亦由乡镇在农业税中统筹支付。2005年以后，农村低保对象实行户申请、村核准、镇审核、市审批的工作程序，经费实行分级负责，省财政补助70%，如皋市负担30%。2005年全市全年发放农村低保金479.2万元，2006年全年发放农村低保金612.1万元。2007年7月，根据江苏省政府有关规定，如皋市建立和完善了城乡居民最低生活保障标准自然增长机制，农村最低生活保障标准调整为1 080元/人·年，全年发放农村低保金2 564.8万元（表8-6）。如皋市农村低保自2005年以来全市统一扎口管理，实行专户、专账。低保金均由市财政局社保专户统一管理，每季度第二个月的20日，市民政局农村低保金的申请，经社保专户划拨到"一折通"专户，通过农村信用合作社统一打卡发放到户，减了中间环节。

陕西省西安市长安区农村最低生活保障工作于2005年7月开始实施，根据财力和农村困难户的情况，先迅速开展，后逐步规范，先解决五保户、残疾人、特困户，后逐步扩大，先低标准保障，后逐步增加。2005年，长安区将农村低保线划为650元，全年共支出61.9万元，其中市、区按5∶5比例配套。2006年，长安区提高了低保人员保障金额度，全年共支出211.9万元。

2007 年度，进一步规范管理，完善制度，并积极组织资金，将农村最低生活保障执行水平提高到每人每年 300 元标准，应保尽保。2007 年 1—7 月，共发放保障金 356.83 万元，人均年补差 126.1 元（表 8 - 6）。

安徽省明光市从 2007 年 1 月份起，全面启动农村低保工作。凡持有明光市农业户口的农村居民家庭，共同生活的家庭成员人均纯收入低于市农村低保标准的（纯收入低于 683 元），均可享受农村低保待遇。从 2007 年 4 月份起，通过发放文件、会议动员、业务培训、督察指导，按照个人申请、村委会初审、民主评议、乡镇（街道办事处）审核、张榜公示、市局审批等规定程序，对全市符合条件的对象，从 2007 年 1 月份起已批准纳入低保范围，低保覆盖面占全市农业总人口的 2.3%，上半年共下拨低保金 155.26 万元。其中：A 类低保对象 1 572 人，年人均 480 元；B 类低保对象 6 242 人，年人均 260 元；C 类低保对象 4 043 人，年人均 180 元；全年人均 261.89 元。在资金来源方面，低保资金主要来源于省财政拨款与地方配套，其中省上半年拨款 121.3 万元，明光市地方配套资金 33.96 万元。低保金由市财政专户管理，低保金的发放，全部通过“一卡通”打入低保对象的个人家庭账户（表 8 - 6）。

据农业部农村经济研究中心发布的《2010 年中国农村政策执行报告》表明，在所调查的 12 个省 118 个县的问卷调查显示，2010 年农村低保标准平均比上年提高了 15.2%，低保补助水平提高了 11.4%，全部调查县低保支出总额预计增长 18.5%，县均得到的中央财政和省级财政补助金额比上年增长 19.8%，农村低保支出总额的增长幅度高于低保补助水平的增长幅度，享受农村低保的人口数量进一步扩大。

表 8 - 6　2005—2007 年三省调研市（区）农民最低生活保障情况

单位：人，元

<table>
<tr><td rowspan="3">如皋市</td><td colspan="4">2005</td><td colspan="4">2006</td><td colspan="4">2007</td></tr>
<tr><td>户数</td><td>人数</td><td>覆盖面</td><td>标准</td><td>户数</td><td>人数</td><td>覆盖面</td><td>标准</td><td>户数</td><td>人数</td><td>覆盖面</td><td>标准</td></tr>
<tr><td>8 856</td><td>16 874</td><td>1.39%</td><td>720</td><td>12 164</td><td>23 497</td><td>1.94%</td><td>840</td><td>13 846</td><td>23 748</td><td>1.96%</td><td>1 080</td></tr>
<tr><td rowspan="3">长安区</td><td colspan="4">2005</td><td colspan="3">2006</td><td colspan="5">2007</td></tr>
<tr><td>低保线</td><td>户数</td><td>人数</td><td>标准</td><td>户数</td><td>人数</td><td>标准</td><td colspan="2">户数</td><td colspan="2">人数</td><td>标准</td></tr>
<tr><td>650</td><td>4 305</td><td>12 902</td><td>144</td><td>7 850</td><td>24 524</td><td>270</td><td colspan="2">8 933</td><td colspan="2">28 296</td><td>300</td></tr>
<tr><td rowspan="3">明光市</td><td colspan="12">2007</td></tr>
<tr><td>低保线</td><td>户数</td><td>人数</td><td colspan="2">覆盖面</td><td>A类</td><td>A类标准</td><td>B类</td><td>B类标准</td><td>C类</td><td colspan="2">C类标准</td></tr>
<tr><td>683</td><td>7 067</td><td>11 857</td><td colspan="2">2.3%</td><td>1 572</td><td>480</td><td>6 242</td><td>260</td><td>4 043</td><td colspan="2">180</td></tr>
</table>

2. 普通农民的社会保障情况

按照国家民政部 1992 年发布的《县级农村社会养老保险办法（试行）》

(民办发［1992］2号)，从1994年开始，陕西省西安市长安区农村社会养老保险正式启动。2007年，农村社会养老保险已覆盖了全区25个乡镇街道及其所辖的671个行政村，参保农民12 431人，征收农保基金621.39万元，全区领取养老金的农民已达1 790人，半年发放养老金52 030.40元。但是由于多种原因，近年来农村社会养老保险逐渐萎缩。从2005年开始，各地逐步开始新型农村社会养老保险探索。从2006年开始，江苏省如皋市就开始探索新型农村社会养老保险，始终坚持“农民参保，财政补贴”，农民自愿参保缴费400元/(年·人)，财政给予补助35元/(年·人)。但是在经济欠发达地区吉林梨树县、安徽明光市、陕西西安市长安区，到2007年底，新型社会养老保险仍然没有启动。2009年，国务院发布《国务院关于开展新型农村社会养老保险试点的指导意见》(国发［2009］32号)，从2009年起开展新型农村社会养老保险试点。

据农业部农村经济研究中心发布的《2010年中国农村政策执行报告》表明，在所调查的12个省118个县的问卷调查显示，在全部调查县中，有25.6%的县被上级政府认定为农村社会养老保险试点县，预计2010年这些县平均每县参保的农村居民为11.7万人，平均每县累计人数为20万人。2010年预计平均每县领取养老金的农村老年居民为3.8万人，人均领取的金额为1 300元。分地区来看，人均领取养老金差距较大，最低的平均每人为300元，最高的达到2 320元。

在所调查的12个省9 950个农村固定观察点调查户的问卷调查显示，有15%的农户参加了新型农村社会养老保险，在参加新农保的农户中，已有36.8%的农户家里有开始领取养老金的老年人，2010年人均领取的养老金为783元。

3. 农民工、失地农民的社会保障

随着我国城镇化速度的加快，外出农民工已成为一个很大的群体。目前，我国农民工约有2.5亿，其中外出就业的农民工约有1.5亿，农民工的社会保障已是一个非常重要的问题。2009年，国家人保部拟定了《农民工参加基本养老保险办法》和《城镇企业职工基本养老保险关系转移接续暂行办法》，并面向社会地广泛征求意见。2010年，两《办法》开始实施，农民工参加基本养老保险，只要履行了同样的参保缴费义务，就与城镇职工享有同等养老保险权益，农民工参加基本养老保险缴费年限累计满15年以上（含15年）将可按月领取基本养老金。同时，农民工的基本养老保险关系可在跨省就业时随同转移，在转移个人账户储存额的同时还转移部分单位缴费。多数地区已开展了包括农民工在内的城镇职工基本养老保险转移接续工作。据农业部农村经济研究中心发布的《2010年中国农村政策执行报告》表明，在所调查的12个省118个县的问卷调查显示，开展了该项保险转移接续工作的县已占到70%，农民工占全部养老保险转移接续业务的10%左右。此外，随着我国城镇化的快速推进，大量的土地被征用，失地农民社会保障问题突出。2006年，国务院办公厅转发了《劳动保障部关于做好被征地农民就业培训和社会保障工作指导意见的通知》，指出将做好被征地农民社会保障工作作为征地制度改革的重要内容。2007年，陕西省西安市长安区依据相关文件，起草了被征地农民养老保险试行办法，将被征地农民纳入城镇职工养老保险范畴。

（二）需要进一步解决的问题

近年来，在党中央国务院的正确领导下，我国农村社会保障事业稳步发展，一套不同层次、针对不同人群的农村社会保障体系已初步形成，对我国经济社会发展及和谐社会的构筑起到积极的推动作用。但是农村社会保障事业仍然存在一些突出的问题。

一是农村社会保障制度不健全。受经济社会发展水平、城乡二元结构等因素制约，我国农村社会保障事业总体相对落后。目前，除《农村五保供养工作条例》外，我国其他农村社会保障内容均停留在政策层面，尚未上升到法律法规高度，致使现阶段农村社会保障工作的法制化、规范化水平不高。随着农村低保的全覆盖以及新农保的试点，各项社会保障内容之间的制度衔接还不到位，尤其是农民工参加城镇社会保障体系后与农村社会保障的制度衔接仍需要进一步明确。此外，农村社会保障制度的执行仍不规范。部分地区农村最低生活保障对象的确定不公正、不透明，没有实现应保尽保，保障标准低，保障标准的确定不一致，随意性大。由于农村各户经济条件水平相差不大，各地政府不好平衡，因此，在实际发放过程中，很多地方不是以户为单位，而是以个人为单位。此外，市县（区）里配套资金不能及时到位，严重影响了农村最低生活保障金的发放。

二是各项社保制度发展不均衡。尽管我国目前已基本建立起较为完整农村社保体系，但由于各项社保制度建立时间不一，社保制度总体发展不均衡。除五保供养制度外，最低生活保障制度、农民工和被征地农民社会保障制度以及新农保制度基本处于刚刚建立或者试点起步阶段。此外，各地社保制度还受当地经济发展水平的制约，区域统筹不够，东、中、西部的农村社会保障水平差距较大。同城镇社会保障体系相比，农村社会保障事业发展更是明显滞后。

三是多头管理现象严重。我国农村社会保障管理呈条块分割、多头管理的格局。名义上，民政部门是农村社会保障事业的主管单位，承担着农村低保、五保户供养以及其他社会救助等工作，但实际上卫生、劳动、农业、扶贫等部门均在不同程度的承担着管理职能。这在一定程度上导致了各项社保制度的衔接难和效率低下。

四是基层管理薄弱。受诸多因素制约，农村基层社会保障管理机构不健全、工作力量薄弱、设施条件简陋等问题比较突出。以农村五保户集中供养为例，目前农村五保户供养主要存在以下困难。第一，社会临时救济面小标准低，没有实现应保尽保。根据 2006 年初调查数据，安徽省明光市符合农村五保供养条件人员是 5 711 人，占农村总人口的 10.88‰。目前这部分人员只能纳入农村低保进行管理，每人每年 480 元。主要原因是安徽省补助的对象少，只有 2 925 人，而且市财政紧张，无力支付 5 711 人的供养金。第二，敬老院机构性质不明确，经费得不到保障。农村敬老院目前只能称作社会福利机构，虽然是政府办的，但不能登记为事业单位，更没有编制和经费。第三，敬老院规模较小。市农村敬老院多建立于 20 世纪 90 年代初，2003 年后虽经扩建，但规模依然较小，再加上五保户不愿集中，一般每所敬老院床位数只有 20～30 张。而根据安徽省民政厅要求，每所敬老院的合理床位数应达到 50 张。第四，敬老院工作人员待遇无法落实。敬老院管理人员都是由所在乡镇聘用，由于乡镇财政较弱，管理人员工资没有明确的资金来源渠道，都是通过临时筹集而来。敬老院管理人员为 1～3 人，工资标准也非常低，多为 100～400 元不等，且有时还不能按时支付。由于待遇不能落实，造成管理人员少、管理人员素质不高和工作积极性低。

四、促进农村社会事业发展必须准确把握的若干问题

总体而言，目前农村社会事业发展最好的是农村义务教育，其次是农村卫生事业，再次是农村社会保障。之所以会出现这种优先次序，可能是基于如下几个主要原因：一是从必要性看，农村义务教育矛盾最突出，社会也最重视，也是最基本的需求；农村社会保障则相对不紧迫；农村卫生事业界于二者之间。二是从操作层面看，农村义务教育人数、标准等相对比较明确，资金测算也比较准，目标明确，成功的可能性也大。农村卫生事业和农村社会保障的对象和标准难以准确测算，对象可多可少，标准可高可低，是个无底洞，很难达到成功的标准。三是从运行机制来看，基本的义务教育由政府买单、财政出资（经办可由公办学校负责、也可由私立学校负责）是世界性的规律，已形成共识。农村社会保障事实上可分为两类，一是救济类，这无疑主要是政府责任，

救济程度取决于财政能力；二是保险类，由农民出资、政府给予补助，但农民的出资能力取决于农民的富裕程度、政府补助力度取决于财政能力，也相对比较明确。但卫生事业由于信息不对称问题、道德风险和逆向选择问题等，究竟应该市场化到什么程度、政府应该承担多大的责任，认识并不统一，实践中比较难操作。

进一步促进农村社会事业发展，必须准确把握如下几个问题。

1. 关于需求层次与经济发展水平

一是从纵向比较看，各地区义务教育老师工资都得到了保障，公用经费水平都得到了提高，危房改造和寄宿制学校建设力度加大，对学生的收费水平大大降低，对学生的补贴力度加大，对教师的培训力度加大；乡镇卫生院和村卫生室建设力度加大，农村公共卫生力量加强，新型农村合作医疗和特困人口大病医疗救助制度逐步完善；对农村五保户、特困户、生活困难户等农村弱势群体的政府救济制度不断完善，新型农村养老保险已开始起步。农村社会事业都有了很大的发展。二是从横向比较看，经济发展地区农村社会事业发展领先于经济相对落后地区，江苏省如皋市经济发展水平明显高于其他三个地方，相应地，农村义务教育水平、医疗卫生服务能力和水平、社会保障水平明显高于其他三个地方。这符合需求层次理论，也反过来启示我们，农村社会事业发展应与经济发展水平相适应，应尽力而为、量力而行。

2. 关于政府与市场的分工

农村社会事业在很大程度上是公共产品或准公共产品，需要政府提供；但提供到什么水平，则是与财政能力密切相关，一般来说，财政只能提供基本水平的农村公共服务。但由于农民富裕程度的差异，其需求水平是多样化的，高层次的需求只能由市场解决。如义务教育，政府是提供基本的义务教育，高层次的义务教育需求可考虑通过民办教育解决；预防保健和公共卫生应通过政府提供，但基本医疗可考虑由市场解决、政府提供补助；社会保障，低保、五保、特困户都是弱势群体，其基本生活应由政府保障，养老保险、失业保障、医疗保险则应引入市场机制，政府适应提供补助。市场经济中，政府与市场是应有所分工的，对于农村社会事业，限于财政支付能力，政府只能提供基本的保障水平，更高的需求应通过市场机制解决。

3. 关于公共提供与公共生产

从政府与市场的关系看，为提高财政资金的使用效率，可考虑引入市场机制，向私人机构购买产品。公共品或准公共品的生产有两种方式，一是由财政提供资金，公共机构组织生产；二是由财政提供资金，私人机构组织生产，即花钱买服务。如义务教育，政府财政提供义务教育服务，并不一定要兴办公立农村中小学校，可考虑由市场主体兴办民办学校，政府给民办学校提供补贴或向学生发放教育券。医疗服务，政府不一定要兴办公立医疗，可通过公立医疗市场化改革或直接由市场主体主办私人医院，政府给医院提供补贴和向患者提供资金救助。可考虑由财政提供资金，市场组织生产，避免公共服务机构的X-无效率，提高财政资金的使用效率。尽可能做到公共提供与公共生产的分离。

4. 关于财权与事权的匹配

财权与事权相一致是公共服务提供的基本原则。纵向看，中央财政收入占全国财政收入的比重过高，财政集中度过高，中央在农村公共服务提供中应承担更大比重的财政支出责任，但事权更多的是在基层财政，因此，从上级政府与下级政府的关系看，是上下级政府之间的委托代理问题。上级财政提供资金，下级财政组织生产。义务教育、防保和公共卫生、低保户五保户特困户保障基本上都是全国性质上的公共产品，在财政高度集权体制下，应由中央财政提供；基本医疗和养老保险则可考虑由中央、地方和个人共同提供，考虑到地方的财政能力和责任，应调整财政转移支付制度。横向看，公共服务均等化公共财政的追求的基本目标，中西部经济发展水平低、财政支付能力低，公共服务提供能力低，发达地方经济发展水平高，财政支付能力强，公共服务提供能力强，难以实现公共服务的均等化，必须要中央财政通过一般性转移支付、专项转移支付和中央财政项目安排，向中西部和贫困地区倾斜。

5. 关于财政资金管理

为加快农村社会事业发展，各级财政安排了大量资金，都存在提高资金使用效率问题，都可能存在腐败问题，存在跑、冒、漏、滴问题，加强财政资金管理，提高财政资金使用效率非常必要。财政支出按照是否具有交换性，可分为购买性支出和转移性支出。对于购买性支出如学校和医疗的仪器设备购置、房屋的建设，通常的做法是引入市场机制，通过政府采购、政府招投标、财政集中支付等形式进行，购买相应的产品和服务，主要考虑如何体现效率。转移性支出对农村五保户、特困户等的救济性支出，通常采取民主评议、公开公平公正的方式，提高财政透明度，主要考虑如何体现公平。如一些地方发放农村最低生活保障费时，没有按照政策规定的以户为单位发放，而是以个人为单位发放，也是可以理解的，因为这样更公平。

6. 关于统筹城乡发展

尽管农村社会事业有了很大的发展，但与城镇仍有很大差距。如农村义务教育方面，由于城乡教育资源和教育水平的差距，很多学生和教师由村向镇流动、由镇向县市城关流动，导致乡村学校生源越来越少、教师水平越来越差、学校经费越来越少、学校设施越来越差。医疗卫生方面，由于乡镇卫生院医生水平低、医疗设备差，农民有病一般不愿意到乡镇卫生院看，而是直接到县城医院，导致乡镇卫生院病人少、收入少、设备闲置，而县城医院病人过多，水平高的医生也想方设法向县市以上医疗流动。社会保障方面，对农村困难人群的救济水平远低于城镇水平，1994 年试行的农村社会养老保险由于保障水平低而不断萎缩，新型农村社会养老保险只是在一些经济比较发达的地区刚刚起步，失业保障基本上空白，医疗保障水平低。城乡经济社会一体化是未来我国经济社会发展战略，必须从统筹城乡发展的角度规划农村社会事业发展。

第九章　新型农业社会化服务体系建设研究*

农业社会化服务体系建设对于促进农业生产的专业化和现代化、提高农业综合生产能力至关重要，是我国农业现代化的必然要求，是新农村建设的重要内容。早在80年代初期，为适应家庭承包责任制改革、发展农村商品生产，国家提出发展社会化服务，重点是利用原有组织资源、转换原有农业服务机构的职能。从80年代中期开始，农业社会化服务体系有了相当程度的发展，但与农业商品生产和家庭经营发展提出的要求比还相差甚远，日益成为农业生产和家庭经营发展的一个制约因素。90年代初，国家明确提出“农业社会化服务的形式，要以乡村集体或合作经济组织为基础，以专业经济技术部门为依托，以农民自办服务为补充，形成多经济成分、多渠道、多形式、多层次的服务体系。”但是实践的结果是：乡村集体经济组织并没有成为农业社会化服务体系的基础，专业经济技术部门发展也很艰难，农村专业技术协会也没有起到它应有的作用。进入新世纪，农业社会化服务体系建设成为农村经济制度建设的重要组成部分，扶持发展农民专业合作经济组织是这一时期的新思路，而改革专业经济技术部门依然是农业社会化服务体系建设的重要内容。经过20多年的发展建设，农村社会化服务体系已初步建立，但是离建设现代农业的要求还有相当大的距离。为此，党的十七届三中全会决定提出为发展现代农业“建立新型农业社会化服务体系”。本研究在分析我国农业社会化服务体系建设面临的主要问题、总结建设农业社会化服务体系的地方实践和基本经验的基础上，探讨了建立新型农业社会化服务体系的基本思路和政策措施。

一、农业社会化服务体系建设面临问题

经过20多年的发展，我国农业社会化服务体系的主要组织形式包括国家公共服务部门、合作经济组织、龙头企业和社会其他力量等，服务内容拓展到了技术、资金、供销、储藏、加工、运输和市场信息、经营管理以及动植物疫

* 本章主要参考了宋洪远（2010）。

病防治、农产品质量安全等综合性服务。初步形成了从中央到省、地、县、乡、村多层次，参与主体多元化，服务内容全面推进的农业社会化服务体系。

但现有的社会化服务体系还存在一些突出问题，还不能完全适应加快改造传统农业、建设中国特色现代农业的要求。

（一）农业社会化服务体系不健全

首先，公共服务机构服务能力不强，尚不能成为农业社会化服务体系的依托力量。随着新一轮农技推广机构改革的推进，公益性农技推广体系建设虽有所加强，但基层农技推广管理体制依然不顺、队伍素质依然不高、设施条件依然落后、服务能力依然不强；部分地区县乡两级动物疫病防控机构不健全，难以及时发现、报告和有效控制重大动物疫情爆发和传播；农产品质量监管体系尚未形成，省级以下农产品质量监管机构和公共质检机构不足，对农业投入品和产地环境缺乏有效检测监管。

其次，合作经济组织不健全，难以发挥基础性作用。随着农业税的全面取消和乡镇综合改革的推进，部分地区村集体经济组织有名无实，长期处于瘫痪状态，村集体组织与农民的联系越来越少，组织农业生产的程度越来越低，服务功能越来越弱。近年来农民专业合作社等合作经济组织虽然发展势头很好，但是农民参与率仍然较低；部分合作经济组织自身发展困难，服务内容、方式和质量不能满足农民的需要，对农户带动能力不足。

第三，龙头企业等赢利性机构与农户缺乏长期稳定的利益连接，不能真正发挥骨干性作用。一些龙头企业在与农民签订的购销合同中，不少是“霸王条款”，农民只有义务，没有权利或者说权利很弱；有的不履行合同，与农民签“订单”时好话说尽，但到了收获时，市场行情不好，就单方面撕毁合同，让农民单方面承担损失。

第四，专业服务公司、农村经纪人等其他社会力量参与农业社会化服务难以发挥有效作用。总体上看，目前我国农业领域内的专业服务公司实力较弱、服务能力不强，农村经纪人队伍规模小、组织松散、管理不够规范、服务手段落后，一些农业科研院所科研项目与农业生产需要严重脱节、不注重技术推广。

（二）农业社会化服务组织分工不明、定位不清

“覆盖全程、综合配套、便捷高效”的农业社会化服务体系应该是一个公共服务机构、合作经济组织和涉农企业等服务组织按照分工明确、定位清楚、合作共赢的组织体系，但是目前我国农业技术部门、合作经济组织和赢利性服

务组织之间的角色经常串位。由于种种原因，原本应当由政府农业技术部门承担的职责却往往推给乡村集体，比如农业科技推广、良种供应、植保、农田水利基本建设等；本来可由赢利性组织或合作经济组织承担的职能，政府农业技术部门却常常插手，比如种植品种选择、农产品经营运输等。在一些财政开支较为困难的乡镇，原本属于政府所有的社会化服务组织被承包或转包给个人，而且不加监督管理；原为政府社会化服务组织中的工作人员，也因工资收入低改行或者弃行。

（三）农业社会化服务的功能不完善

随着农业经营商品化、市场化的不断深入，农民对农业服务的需求已经逐渐由单纯的生产环节服务向资金、技术、信息、加工、运输、销售、管理等综合性服务扩展，但是计划经济时期形成的偏重生产服务的格局还没有从根本上扭转，服务供给主体在产前、产中服务提供较多而产后服务较为薄弱。同时由于农产品市场竞争激烈、情况复杂，农民对农业社会化服务质量的要求越来越高，但是由于服务收益较低、自身积累能力不足、基础设施条件比较差、技术服务手段相对简陋等多种原因，公益性农业社会化服务发展相对滞后，无法提供高效优质的服务，特别是在公益性农技推广、动植物疫病防控和农产品质量安全监管等方面。

（四）农业社会化服务市场监管力度不够

一些社会化服务组织，在经营过程中违法乱纪，有的故意压价或者恶意提高自己的效益，侵害和剥夺农民的利益，造成农民怨声载道；有的坑蒙拐骗，弄虚作假，比如曾在一些地方出现过的假化肥、假农药、假种子事件，不仅给农民造成了严重的经济损失，而且败坏了政府的形象和社会化服务组织的形象；有些个体组织，长期不办工商登记，一旦发生违约事件难以追究责任；一些官方的农业社会化服务组织，甚至打着种种服务的名义，滥用政府权力，向农民强收各种名目的服务费，而收了费，却不提供相应的服务，农民往往有苦难言。

二、农业社会化服务体系建设的地方实践与经验

20 世纪 90 年代中后期以来，各地在建立健全农业社会化服务体系方面做了大量探索，出现了主体多元、组织多样的农业社会化服务模式，呈现的行业特点鲜明，为我国建立新型农业社会化服务体系积累了宝贵经验。

（一）农业社会化服务主体多元化实践

我国农业社会化服务业正呈现出多元化发展的趋势，公益性农业社会化服务业正处于改革重构阶段，多种赢利性和非赢利性农业生产性服务组织正快速发展，其服务领域广、服务机制更活，弥补了公益性社会化服务组织覆盖不足、服务缺位的影响，对构建农业社会化服务体系发挥着越来越重要的作用。

1. 公益性农业社会化服务改革发展

随着农业和农村经济进入新的发展阶段，基层公益性农业服务存在着机制不活、体制不顺、队伍不稳、保障不足等问题，面临着调整与重构的任务。进入新世纪，农业服务体系建设的指导思想从“抓稳定”转变为“促改革”，公益性农业社会化服务进入了改革与发展的新阶段。在实践中，一些地区以乡镇综合配套改革为契机，按照强化公益性职能、放活经营性服务的要求，对基层农技推广体系进行改革，探索出一批具有典型意义的公益性农业社会化服务新模式。

江苏省姜堰市对基层农技推广机构进行了“事业与企业分开、服务与经营分开、经济核算分开、经营区域分开”的“四分开”改革。经营职能从乡镇农技站中剥离出来成立独立的企业法人，原乡镇农技站的名称和事业法人性质不变；乡镇农技推广站专职履行公益性技术推广工作，所需经费由财政供给；新组建的经营性公司作为独立的企业法人和市场竞争主体，依法自主开展农业生产资料和农副产品的经营活动，实现自负盈亏。“姜堰模式”将经营职能从乡镇农技站中剥离出来，减少了经营活动对基层农技推广机构履行公益性职能的不利影响，加强了乡镇农技站的公益性职能。但随之而来的问题是，经营性职能剥离出去后，基层农技推广机构没了创收收入，在机构不减、人员分流有限、政府投入没有大量增加的情况下，基层农技推广机构的人均经费不仅没有改善，反倒可能减少，这将给基层农技推广机构带来新的难题，其作用发挥、人员稳定缺乏坚实的经济基础。

作为全国基层农技推广体系改革首批试点县，湖北省公安县的主要做法是将专业推广机构一律作为县主管部门派驻乡镇的工作机构，并根据种植、水产和农机服务等专业实际情况，分别设置8个种植业农技推广中心站、8个农机推广中心站和8个水产技术推广站等专业区域站，同时大量分流人员。“公安模式”使基层农技推广机构数和人员数大幅减少，区域站的资源配置得到加强，服务能力显著提高。但由于各专业站分设，基层农技推广机构数量较多，且各专业区域站分别作为县一级各专业主管部门的派出单位，归属不同的部门管理，不利于整合资源、提高综合服务能力。

浙江省新昌县建立了以专业农技站为主体、农业科技示范场为载体、农民专业协会为网络的“三位一体”的新型基层农技推广体系。一是根据主导产业布局建立三个区域性专业农技站。根据政事分设原则，明确三个区域农技站各有侧重开展水果、蔬菜、畜牧等经济特产的技术辅导工作。二是创办农业科技示范场。通过工商企业入股特别是科技人员以技术和资金入股，把农业科技示范场这个载体与技术推广人员的利益紧密结合起来，使区域站真正成为自我积累、自我发展的一个经济实体。三是成立农民专业协会。通过专业协会实现技术推广、基地建设、市场推广的有机结合。“新昌模式”的特点在于根据主导产业布局成立专业区域站，而且将行政职能从专业区域站剥离出去，使其专注于农技推广，同时，保留其经营性职能，通过“三位一体”的运作，使其成为能够自我积累和自我发展的经济实体。

2. 赢利性农业社会化服务快速发展

随着农业市场化程度不断提高和农业产业化经营稳步推进，农业龙头企业、专业服务企业和农村经纪人等农业社会化服务主体的作用迅速凸显，赢利性农业社会化服务蓬勃发展，在农业社会化服务体系中的地位越来越重要。

在农业产业化经营过程中，农户是企业生产的第一车间。为了保证从农户那里获得稳定的优质原料供应，农业产业化龙头企业自觉根据市场需求动态，研制、引进农业新技术、新品种，组织农民进行标准化生产，主动为农民生产开展多环节、多形式服务。在激烈的市场竞争压力下，许多饲料、兽药、化肥、农药、种子等农资经营企业实行农资农技双连锁，主动为农民提供产前、产中环节的技术、信息等方面的服务，通过农技服务带动农资销售。农民经纪人在市场信息传播、标准化生产等方面也发挥了积极的作用。

3. 非赢利性农业社会化服务方兴未艾

非赢利性农业社会化服务组织主要包括农民专业合作组织、农产品行业协会等，它们面向成员提供共同的农业生产性服务，解决单家独户技术上或经济上解决不了问题，具有节约成本、成员互动和增强整体功能的作用。这些组织符合农民的要求，适应市场经济的需求，显示出极强的生命力和凝聚力，在许多地方出现了“建一个组织，兴一项产业，活一地经济，富一方百姓”的好局面。农民专业合作组织是按照合作制的基本原则组建的，以农民为主体，吸收农业科研教学单位、农技推广机构、经济服务组织、涉农企业和农业科技人员、市场营销人才参加，具有很强的民办性、专业性、技术性、网络性和包容性，加上农民专业合作经济组织是农民自己的组织，能够随时掌握农民的愿望和需求，及时按照市场的要求为农民提供技术、信息、生产、供销等农科教、贸工农、产供销的系列化、标准化、产业化服务，组织农民进行生产和经营活动，已经成为农业生产服务的重要载体。

（二）农业社会化服务的行业特征

随着我国多元化农业社会化服务的深入发展，农机推广、农机服务和动植物疫病防控等服务业取得了长足发展，并呈现出农技推广多元化、农机服务市场化、动物疫病防控以公益性为主的行业特征。

1. 农业技术推广服务多元化

目前，我国基本形成了公益性农技推广、龙头企业赢利性农技推广和专业合作组织非赢利性农技推广构成的多元化农业技术推广服务体系。

公益性农技推广由政府公共财政承担经费，在具体服务方式上主要有合同形式“花钱买服务”和由公益性农技推广机构直接提供两种模式。在湖北省和成都市郫县等地，政府通过与企业化农技服务机构签订合同，购买农技推广服务，体现出“养事不养人”的原则。在广东海丰，公益性水产技术推广由新成立的三个区域站承担，区域站性质仍属于事业单位。

在一些特色种植业和特色养殖业等产业化经营程度较高的行业，为了获得标准化的优质农产品原料，龙头企业积极向合作农户推广新品种、新技术，主动提供产前、产中和产后相关技术服务。

在一些公益性农业技术服务薄弱、赢利性服务发展不足，但特色农业发展较快的地区，大量农民专业合作社和农产品行业协会等专业合作组织营运而生，向社员提供多方面的生产性技术服务，发挥了非赢利性农技推广的积极作用。

2. 农机服务市场化

随着农机购置补贴政策的不断完善和连续实施，各类主体投资农机服务业的热情高涨，逐步形成了以国家资金为引导，农民个人投资为主体，社会投入为补充的多渠道、多层次、多元化投入机制，涌现了一批农机大户、农机作业合作社、农机专业协会、股份（合作）制农机作业公司、农机经纪人等新型社会化服务组织。各类农机服务组织以市场为导向，积极开展订单服务、租赁服务、承包服务和跨区作业，采取集团承包、“一条龙服务”、代耕代种和“场县共建”等多种服务方式，满足农业生产和农民的迫切需要，推动了农机服务市场化快速发展。

经过多年的实践与发展，江苏省逐渐形成了由基层农机服务组织、农机社会化服务组织、经纪人和农机协会组成的农机社会化服务体系。其中，基层农机服务组织主要是国家或集体所有的各级农机监管和培训的机构，人员上主要由农机部门的专业管理人员和技术人员组成，主要承担为农机手入户办证、提供新机具推广、新技术培训、配件供应、机具维修、业务介绍等服务。农机服务组织包括农机户、农机合作社以及农机服务联合体，是农机服务的承担者，向农户农机服务并收取作业费用。农机经纪人主要是农机经营提供有偿中介服务的个人和组织机构，农机协会是以农机经营者为主体，自愿形成的公益性行业协会，将农机科研、生产、供应、营销、服务等环节联为一体进行市场化运作，是农机社会化服务体系建设的重要组成部分。

3. 动物疫病防控以公益性部门为主

我国《动物防疫法》规定：省级和县级畜牧兽医行政管理部门主管本行政区域内的动物疫病预防控制管理工作；乡镇畜牧兽医站在县级动物防疫监督机构监督指导下，具体实施动物疫病预防控制工作。动物防疫监督机构及乡镇畜牧兽医站设动物防疫员，预防用生物制品由动物防疫监督机构组织供应。动物防疫经费列入各级财政预算，动物免疫费用由受益者按国家规定承担。

贯彻落实《动物防疫法》，我国初步建立了由国家—省—县—乡镇四级动物疫病防控体系。国家级动物疫病防控和技术支持体系以农业部兽医局、中国兽医药品监察所、中国动物疫病预防控制中心、中国动物卫生与流行病学中心及四个分中心为主体的。地方性动物疫情防控体系初步建立。在湖南省岳阳市“市、县、乡、村”四级动物疫情防控体系中，市、县（区）两级动物防疫监督站为行政支持类全额事业单位，经费由本级财政安排；在乡镇一级设立的公益性动物防疫站经费和编制由省政府解决，县（区）给予经费配套；村级动物疫情观察员按照“大村一村一名，小村两村一名”原则配备。

（三）我国农业社会化服务发展的基本经验

纵观我国农业社会化服务的发展实践，可以得出以下几点基本经验：

1. 各级政府职责明确、落实投入是关键

农业社会化服务的一些内容具有一定的公共物品性质，属于公共服务的范畴，政府公共财政对农业公共服务的供给负有不可推卸的责任。造成90年代农技推广体系建设曲折经历的一个重要原因就是各级政府职责不明确、投入不落实。首先中央政府要明确自己的职责，不能仅仅要求各地方政府投入，同时各级政府也要创新公共服务的供给方式，提高投入的效率。另外，由于农业投资收益不高，所以即使是非公共服务的供给，各级政府也要采取一定的引导和扶持政策，特别是现在我国农业社会化服务组织还不很健全的情况下，更要加大引导和扶持力度，让更多的社会资本参与农业社会化服务体系建设中来。

2. 市场机制能发挥重要作用

在我国农业社会化服务组织体系不健全的背景下，是市场机制使各类资本、主体进入农业社会化服务市场，逐步形成了多元化的农业社会化服务组织，推动了农业社会化服务市场竞争，服务质量不断提高，服务价格不断降低，服务供给不断扩大。实践证明，市场经济为农业社会化服务健康发展提供了条件，拓展了空间，增强了活力，在农业社会化服务体系建设中发挥重要作用。

3. 多元化的供给主体才能满足农业社会化服务的需要

由于行业和区域的差别，对农业社会化服务的要求不尽相同。而不同的农业生产主体对农业社会化服务的要求也不一样，市场化会推动农业社会化服务专业化，这样只有多元化的供给主体才能满足各种农业社会化服务的需要。近些年来农业社会化服务发展较快，一个重要的原因就是扶持多种形式的农业社会化服务组织发展，初步形成了公益性服务组织、赢利性服务组织和非赢利性服务组织相互补充，农技推广部门、专业合作经济组织和龙头企业等多方参与的多元化发展格局。

4. 非赢利组织是农业社会化服务体系的重要组成部分

近年来，各类非赢利组织，如农民专业合作社、农产品行业协会等，在农业社会化服务中起到重要作用，更是以后发展的重要内容。这些非赢利性农业社会化服务组织大多以农民为主体，扎根于农村、依托于农业、服务于农民，与“三农”保持着天然的联系。以农民专业合作社为例，为组织成员提供各种形式的服务，是其最基本、最重要的职能。农民专业合作社为农户提供了大量的信息、技术、产销和融资服务，是农民自我服务的有效途径，已经成为农业社会化服务的重要主体。实践证明，农民专业合作社实现了小生产基础上的联合，可以大大降低经营成本，是对接赢利性服务的有效媒介。同时还充当着政府和农民之间的“二传手”，通过合作社渠道来提供信息、技术、培训等方面的服务，能够有效发挥政府公益性服务的功效，起到“四两拨千斤”的作用，是政府提供公益性服务的有效渠道。

5. 良好的从业人员素质是基础

农业社会化服务大多是知识技术密集型行业，尤其是研发、农技推广、市场营销和品牌运作等服务，包含着大量的人力资本、技术资本成分。服务人员的知识储备、专业化水平对于服务质量起着关键性作用。只有较高的从业人员的素质，才有可能充分发挥出技术装备的优势，才有可能选择最合适的经营管理方式，才有可能迅速适应社会需求的变化，才有可能为农业提供好的服务。

三、建立新型农业社会化服务体系的思路与对策

在改革开放30年之际，党的十七届三中全会对建立新型农业社会化服务体系进行了全面部署，提出要按照发展农业现代化的要求，“建设覆盖全程、综合配套、便捷高效的社会化服务体系”，“加快构建以公共服务机构为依托、合作经济组织为基础、龙头企业为骨干、其他社会力量为补充，公益性服务和经营性服务相结合、专项服务和综合服务相协调的新型农业社会化服务体系”。由此，农业社会化服务体系建设站到了一个新起点上，需要进一步创新思路，采取有力措施建设新型农业社会化服务体系。

（一）基本思路

1. 发展目标

围绕着农业社会化服务规模不断扩大、服务领域不断拓宽、服务功能不断增强、服务结构不断优化，提升农业生产区域化、专业化和产业化经营水平，按照“覆盖全程、综合配套、便捷高效”的要求，加快构建以公共服务机构为依托、合作经济组织为基础、龙头企业为骨干、其他社会力量为补充，公益性服务和经营性服务相结合、专项服务和综合服务相协调的新型农业社会化服务体系。

2. 基本原则

发展农业社会化服务，必须选择与国情相适应的发展模式，必须形成多元化的服务体系，必须发挥市场机制的基础性作用，必须加强政府的引导和扶持。

一是合理界定农业社会化服务中政府与市场的分工协作关系。合理划分公益性、赢利性和非赢利性社会化服务，积极推进农业社会化服务的市场化。在强化公益性服务的同时，创新公共服务的提供方式，应将充分发挥市场作用与加强市场监管结合起来，放宽准入领域、降低准入条件，从严退出、促进竞争、鼓励创新，通过财政、税收等手段引导社会资金投入农业社会化服务，通过引进市场机制，形成市场竞争进而实现农业社会化服务质量不断提高、价格不断降低、供给不断扩大的良性发展。

二是准确把握农业社会化服务的行业和区域特点。发展社会化服务，应坚持因地制宜、分类指导，鼓励各地区各主体积极探索和实践，根据行业发展需要和资源禀赋特点发展适合本地区本行业的农业社会化服务，形成与行业发展不同阶段相适应的多元化社会化服务体系。在那些工业化、城镇化程度较高，

都市农业、外向型农业特征明显、即将率先实现农业现代化的地区，以及农业产业化经营程度较高的行业，龙头企业、涉农企业等赢利性组织有足够的动力参与提供农业服务，应当扶持和鼓励赢利性服务组织发展。在一些特色农业和产业化经营发展较快的地区和行业中，涉农企业目前还不能大规模提供农业服务，要在积极推进公益性农业服务组织改革发展的同时，引导和扶持提供社会化服务的合作经济组织发展。在欠发达地区、粮食主产区等大宗产品主产区，公共财政支持的公益性农业服务体系应当承担起提供农业服务的基础作用。

三是始终坚持农业社会化服务主体的多元化。在发挥公益性服务作用的同时，按照推进多元化、社会化的发展方向，积极支持和引导多种服务主体的发育，充分发挥产业化龙头企业、农民专业合作社等组织的服务功能，形成公益性、赢利性和非赢利性组织分层发展、优势互补，同类服务组织有序竞争的多元化农业社会化服务发展新格局。

3. 总体思路

当前，我国农业社会化服务呈现出多元化发展趋势，公益性农业社会化服务体系正在改革发展之中，多种赢利性和非赢利性农业社会化服务组织正在加快发展，在一定程度上弥补了公益性服务缺位的影响。但是，我国农业社会化服务体系仍存在一些突出的问题，应围绕着“创新管理体制、完善激励机制、提高人员素质、加强基础建设、改善政策环境”，牢牢把握发展农业社会化服务的三个“抓手”。

一是改革重构公益性农业社会化服务机构。目前我国公益性服务供给缺乏保障，不能适应发展现代农业的需要。在涉及粮食安全、病虫害防治和农业生态环境保护等全局性工作方面，中央政府应该承担起提供公共服务的职能，同时要创新公共服务的提供方式。当前，公益性服务机构建设的职责和义务不清晰，更严重的是手段单一，一些公益性服务力量主要是县乡两级农技机构，其服务功能也主要体现在县乡两级，经费保障由地方政府负责，但是大部分县乡财政困难，用于公益性农业服务机构建设和维持的经费严重不足，导致公益性服务供给严重不足，从 90 年代初起一直到现在都没有解决这个问题。因此，对于基层公益性农业社会化服务体系建设，必须立足实际、创新思路、区别对待，适当通过财政、税收等手段引导社会资本投入到公益性农业社会化服务体系建设中来，将各种符合条件的农业社会化服务组织纳入到公益性农业社会化服务体系中来。

二是加快发展赢利性农业社会化服务机构。农业产业化龙头企业、涉农企业和农民经纪人等赢利性服务组织能自觉根据市场需求动态，研发和引进农业新技术、新品种，组织农民进行标准化生产，主动为农民提供产前、产中环节的技术、信息等多方面的服务。实践证明，赢利性农业社会化服务组织对市场反应较快，导向性强，作用直接，覆盖面较广，在农业社会化服务体系中的地位越来越重要。对于赢利性农业服务体系的发展，要抓紧研究制定并尽快出台指导意见，促进其规范发展，并适当给予财政金融支持。

三是大力扶持非赢利性农业社会化服务机构。由于相关法律建设滞后，特别是缺乏扶持政策，非赢利性服务组织发展后劲不足。许多农民专业合作社都是自我组建、自我发展，既缺少社会经济组织为其担保，又没有足够资产向银行作贷款抵押，因而很难得到金融机构的贷款支持，贷款难问题普遍存在，发展后劲乏力，服务功能也大打折扣。此外，农业社会化服务发展缺乏长远规划，许多地区农业社会化服务的发展，尚处于自生自灭状态，发展过程的盲目性和无序性较为突出。对于非赢利性农业服务组织，要完善相关法律法规和配套政策，引导其规范发展，加大财政金融支持力度，缓解财务困难。

（二）主要措施

建立新型农业社会化服务体系应正确处理改革与发展的关系。在改革方面，对于公益性农业社会化服务机构，主要是进行体制机制改革，激发活力；对于赢利性和非赢利性农业社会化服务组织，主要是降低进入门槛，加强监督管理。在发展方面，对于政府而言，主要是要加大政府财政的支持力度。一方面，政府提供的公益性服务本身就是农业社会化服务体系的重要组成部分，各级财政要逐步加大对公共农业服务的财政投入，让农民能够得到农业科技、信息以及基础设施建设等方面的服务。另一方面，在充分发挥市场机制作用的基础上，政府应采取有力措施，从政策扶持、投入保障、法制建设等方面为赢利性和非赢利性农业社会化服务组织的发展提供良好的环境。

1. 普遍健全乡镇或区域性农业技术推广、动植物疫病防控、农产品质量监管等公共服务机构和村级站点

加强能力建设，明确各级政府在支持公共农技推广发展方面的职责，统筹安排各项资金，积极吸纳社会资本，建立农技推广经费保障机制，同时，中央应设立重大农业技术推广项目。加强乡镇和村级防疫员队伍建设，健全村级防疫网络。逐步建立包括农业环境检测、生产过程监控在内的体系健全、功能完善，具有较强监测能力的农畜产品质量监督监测网络。大力推进农产品质量安全认证工作，形成无公害农产品、绿色食品认证为主体，以有机食品及农业投

入品认证为补充的认证体系和工作格局。

创新管理体制，按照强化公益性、放活赢利性、引导非赢利性的原则，加快完善农业技术推广服务体系。要在加强财政支持的基础上，加快改革公益性农业推广机构，形成对区域性农业主导产业发展的公共科技支撑体系和农业科技创新的区域支撑平台。公益性农业推广机构的改革，可在鼓励农技人员创新创业的同时，打破行政区划的限制，围绕区域农业主导产业，设立跨区域、专业化的农业公共科技推广服务中心；在区域农业主导产业不明显的地区，设立区域性、综合性的农业公共科技推广服务中心。积极探索农技推广新模式，实行以国家农技推广机构为主导，农科教、产学研、科工贸相结合，调动社会力量参与农技推广事业，培育多元化农技推广主体，壮大推广服务体系，提高为农服务水平。鼓励其他经济主体依法进入农业技术服务行业和领域，参与基层赢利性推广服务实体的基础设施投资、建设和运营，开设各类庄稼医院、水产医院、畜禽医院等服务机构。加快推进兽医管理体制改革，按照健全机构、完善网络、稳定队伍的要求，建立健全省、市、县兽医行政管理、执法监督、技术支持三类兽医工作机构和乡镇兽医站。加强农产品质量安全信息服务能力建设，强化农产品质量安全信息收集、分析和发布工作，建立权威、有效的信息服务制度。

提高人员素质，加强对人才的引进，制定相关政策，以优厚的待遇让更多的人才参与到农业技术推广、动植物疫病防控、农产品质量监管等公共服务工作中，同时加大对现有基层工作人员的技术培训力度，将基层从事农业技术推广、动植物疫病防控、农产品质量监管等公共服务的工作人员技术培训所需经费列入县级以上各级财政预算。

2. 支持供销合作社、农民专业合作社、专业服务公司、专业技术协会、农民经纪人、龙头企业等提供多种形式的服务

积极探索建立以农机股份合作公司、农机合作社等专业服务组织为龙头，农机大户为主体，农机户为基础，农机中介组织为纽带的农机中介服务体系，逐步形成以市场为导向，以服务为手段，集示范、推广、服务为一体的新型多元化农机服务机制。鼓励农机服务组织积极开展新型农机推介、配件供应、机具维修、废旧农机回收、技术咨询和指导等系列农机服务。扩大农机服务总量、提高服务质量、拓展服务领域和区域，形成集农业生产、产品深加工、产品贮运、农机租赁、信息服务等多种服务于一身的企业化经营机制，为农业现代化和农村经济发展提供全方位的支持。

健全农资销售服务体系，鼓励农资流通企业将农资销售与服务紧密结合起来，开展配送、加工、采购、技术及农机具租赁等多样化服务，为农民提供产

前、产中、产后一体化服务。建立有效的农资价格调控机制，科学把握农资市场价格干预的时机、力度、形式、方法和手段，保护广大农业生产者的利益。建立和健全农业生产资料市场监管机制，加强对农资生产、经营、使用行为和农资市场秩序的监督，严厉打击制售假冒劣质农资产品等坑农害农行为，确保农民用上质量优良的各类农业生产资料。

建立农产品市场营销网络，培育多层次、多类型的市场营销主体，构建集约化、系统化、市场化程度较高的农产品营销平台。充分发挥政府服务功能，组织相关的农业龙头企业、农场、农产品基地等，定期举办有组织、有声势、有规模的招商会、洽谈会、展销展示会，扩大农产品在国内外消费群体中的知名度和美誉度，促进基地农产品与经销企业、市场的有效对接，使更多的优势农产品走出去。要大力发展各类农民专业合作经济组织，不断提高农产品营销的组织化程度，培植农产品贩销经纪人队伍。组建由农业龙头企业、批发市场、专业合作经济组织以及专业大户和营销大户等为主的农产品市场营销协会，沟通市场信息，协调农产品收购、价格和经营方式，统一品牌、统一市场、统一营销网络、统一营销策略，全面提高农产品的市场营销能力。创新农产品市场营销机制，促进超市、农业企业、基地和农户的有效衔接，在超市设立优势农产品专销区、专卖点和专柜。开辟电子商务、网上交易和拍卖等现代交易渠道，扩大农产品市场营销的空间和领域。

3. 加强服务条件设施建设

增加条件设施建设方面的经费，加强基层农业技术推广、动植物疫病防控、农产品质量监管等公共服务机构和村级站点的办公场所建设，改善基层公共服务机构的条件和工作手段，购置必要的交通、通讯和信息工具，配备必须的专用仪器设备。在建设基层服务机构办公场所时要充分利用中央各大部委和各地方政府在农村已经建好的乡镇综合文化站、村文化室、农家书屋、村卫生室以及村级党组织活动场所等，充分利用前几年撤乡并镇留下的办公场所和农村合并中小学留下的空置校舍，这样既可以避免项目重复建设、减少资金投入，同时还能尝试建立综合性一站式服务中心，提高服务效率。对已购置的交通、通讯和信息工具以及专用仪器要严格管理，防止挪作私用或搁置不用。

4. 加强服务人才队伍建设

完善农村人才的引进和开发利用机制，改善人才的开发利用环境，通过完善激励措施吸引更多的人才参与农业社会化服务的发展。要面向农业社会化服务发展的需求，把鼓励企业家阶层的成长、培育鼓励企业家创新创业的环境和服务平台，作为农业社会化服务人才队伍建设的重要内容。要把建立有效的产学研合作机制，加强乡土人才队伍建设，作为农业社会化服务人才队伍建设的重要途径。要采取有效措施，积极支持职业教育和培训体系的多层次、多元化和市场化发展，提高职业教育和培训体系对农业社会化服务人才需求的快速响应能力。要以新型农民培训工程、绿色证书工程、农村实用人才培养“百万中专生计划”为载体，以乡村科技人员、农民专业合作经济组织骨干、农村青壮年劳动力、返乡创业劳动力为重点，增加培训资金投入，造就一支规模宏大、结构合理、素质优良的农业社会化服务队伍。要创新机制，大幅度增加培训经费投入，突出技术、信息、运输、储藏、加工、销售等生产性服务等重点内容，提高培训的针对性。

第十章　新农村建设与提高农民素质问题研究

党的十六届五中全会提出"要按照生产发展、生活宽裕、乡风文明、村容整洁、管理民主的要求"扎实稳步地加以推进社会主义新农村建设。农民是建设社会主义新农村的主体，农民素质状况直接决定新农村的建设与发展。社会主义新农村建设迫切需要培养一大批思想观念新、文化素质高、技术业务精、经营能力强的新型农民。面对新阶段、新形势、新要求，我国农民的整体素质怎样，如何为新农村建设提供人才支持与素质支撑，是一个值得认真思考的问题。本专题在开展大样本调查和案头研究的基础上，深入分析当前农民素质的现状和存在的问题及原因，借鉴国外的有益做法和经验，提出新时期提高农民素质的基本思路与对策建议。

一、新农村建设需要新农民

新农村建设，要求必须提高农民素质，培养新型农民，把中国巨大的人口压力转化为人力资源优势，增加农民收入。要求适应建设现代农业和推进工业化、城镇化的需要，紧紧围绕培养造就有文化、懂技术、会经营的新型农民这一目标，大规模开展农村劳动力务农技能和专业就业技能培训，提高农民增收致富的能力。开展农民职业教育与培训，培养新型农民是持续推动社会主义新农村建设的根本力量，是建设现代农业的迫切需要，也是统筹城乡经济社会发展的必然要求。近年来，国家非常重视农民素质提高和教育培训工作。特别是党的十七届三中全会，以及 2004—2010 年连续 7 个中央 1 号文件，都对提高农村劳动力素质、培养新型农民提出了明确要求。

当前，农村劳动力文化水平总体不高、综合素质偏低，是制约农村经济发展的先天性障碍因素。中央关于新农村建设"生产发展、生活宽裕、乡风文明、村容整洁、管理民主"的总体要求，每句话都与农民素质密切相关。可以说没有农民素质的极大提高，新农村建设就难以推进，"三农"问题也很难从根本上得到解决。"生产发展"要求农民有较高的科技文化素质，"生活宽裕"要求农民有较强的经营管理素质，"乡风文明"要求农民有良好的思想道德素质，“村容整洁”要求农民有良好的生活习惯和较高的卫生健康素质，“管理民主”要求农民具有较高的法律素质和民主素质。建设社会主义新农村必须提高农民文化素质、科技素质、管理素质，培育造就一大批“有文化、懂技术、会经营”的新型农民。

提高农民素质是一个复杂的系统工程，研究我国农民素质的现状，探索发展的内在规律，找出显著特征和发展差异，具有重要的战略意义和理论价值。为了全面提高农民素质，大力培养新型农民，在未来一段时间内需要着力做好以下工作：一要加强农村基础教育，在全面实现农村免费义务教育的基础上，提高农民的基本文化素质，减少农民的文盲率。二要加强农民的技能培训，培养数以亿计的高素质劳动者。强化农村“三教”统筹，促进农科教结合。实施农村实用人才培训工程，充分发挥各类职业学校、成人文化技术学校以及各种农业技术推广培训机构的作用，培养农村实用型人才和技能人才，普及农业先进实用技术，提高农民思想道德和科学文化素质。三要提高农民创业能力，将农民工返乡创业和农民就地就近创业纳入政策扶持范围，以创业带动就业。因地制宜发展特色高效农业、生态农业、林下种养业、休闲农业，挖掘农业内部就业潜力。积极发展乡村旅游、森林旅游和农村服务业，拓展农村内部的非农就业空间。建设与农民创业配套的基础设施，为创业农民提供减免税收、创业补贴、小额信贷、审批便利等政策优惠。在有条件的地区，建设返乡农民工和农民创业园区。四要搞好农村劳动力就业技能培训，把农村劳动力转移培训工作和农民非农就业能力拓展作为大事来抓，提上重要日程，加强组织领导，创新培训机制，增强培训效果。要结合乡镇企业和县域经济的发展、特色产业和农产品加工业规模的扩大、产业链的拉长，大力实施“阳光工程”，加快农村劳动力转移培训步伐。加大对农民实现非农就业的培训力度，增强农民非农产业经营管理能力，提高农民服务意识和诚信水平，通过典型示范、园区带动等方式，拓展农民非农就业能力。

二、我国农村劳动力素质的现状

在全国农村固定观察点系统配合下，本研究于 2007 年 5—10 月对吉林、江苏、安徽、陕西等 4 省进行了一次入户调查，共涉及 25 个村的 3 831 户农户，调查内容包括农民素质状况、农民科技培训情况、农民对培训的评价和需求等。样本调查对象的选定要求符合三个条件，一是年满 16～59 周岁，二是在农村居住，三是主要从事农业生产经营活动。

（一）农民素质现状分析

1. 农民科技素质仍然偏低

目前我国农民的生产技能水平仍然较低。表 10－1 展示了对“如何选用优良品种”这一问题的回答情况，表 10－2 展示了对“常用化肥和农药的使用规程并科学使用”的了解情况，表 10－3 展示了对“动植物疫病防治规程并有效实施”的信息掌握水平。从样本描述性统计反映的情况来看，对于如何选用优良品种的问题，回答知道的占 45.35%；对于是否了解常用化肥和农药的使用规程并科学使用的问题，回答知道的占 35.92%；对于是否了解动植物疫病防治规程并能有效实施的问题，回答知道的占 17.93%。

表 10－1　如何选用优良品种（%）

	知　道	一般化	随大流	不知道
全国	45.35	24.95	19.60	10.10
吉林	43.86	21.05	29.82	5.26
江苏	73.48	20.45	5.30	0.76
安徽	28.69	32.24	19.13	19.95
陕西	37.97	21.93	31.55	8.56

表 10－2　常用化肥和农药的使用规程并科学使用（%）

	知　道	一般化	随大流	不知道
全国	35.92	29.78	20.93	13.38
吉林	33.53	19.08	37.57	9.83
江苏	64.15	27.92	7.17	0.75
安徽	20.65	35.33	20.11	23.91
陕西	28.34	31.55	26.74	13.37

表 10－3　动植物疫病防治规程并有效实施（%）

	知　道	一般化	随大流	不知道
全国	17.93	23.91	20.77	37.39
吉林	24.12	20.00	39.41	16.47
江苏	22.26	25.28	12.83	39.62
安徽	9.81	24.52	14.99	50.68
陕西	22.16	24.32	26.49	27.03

2. 农民经营管理能力普遍较低

目前我国农民的经营管理能力也比较低。表 10－4 展示了受访农户参加合作组织的情况，表 10－5 和表 10－6 分别展示了受访农民对农资采购和农产品销售市场信息的掌握状况。从样本描述性统计反映的情况来看，对于是否参加专业协会、农民合作经济组织的问题，仅有 7.99％的农民参加过，有 75.82％的农民从未参加过，还有 14.86％的农民对于农民合作组织一点都不了解；对于 2007 年购买农业生产资料信息来源的问题，有 31.77％的农民认为主要是依靠以往经验，所占比重最高，而通过农业技术推广人员和电视报纸等渠道的比重相对较小；对于 2007 年您销售产品市场信息来源的问题，有 39％的农民认为主要通过上门收购人员，这明显反映出农民丧失了一定的定价权。

表 10－4　参加专业协会、农民合作经济组织（％）

	参　加	开始参加了，后来感觉没用退了	从来没有参加	一点不了解
全国	7.99	1.33	75.82	14.86
吉林	20.83	1.79	71.43	5.95
江苏	2.67	0	79.39	17.94
安徽	0.83	0.55	83.70	14.92
陕西	18.13	4.40	58.79	18.68

表 10－5　2007 年购买农业生产资料时的信息来源（％）

	农业技术推广人员	邻　居	广告（电视、收音机、报纸等）	以往经验	其他渠道
全国	27.58	25.41	13.79	31.77	1.45
吉林	37.84	21.96	15.88	24.32	0
江苏	25.59	23.40	11.45	39.23	0.34
安徽	28.13	27.16	12.53	29.94	2.23
陕西	20.73	28.35	18.90	28.96	3.05

表 10－6　2007 年您销售产品的市场信息来源（％）

	农技推广组织	邻居亲友	农贸市场	广电报纸	合同	上门收购	其他组织
全国	10.80	20.76	20.45	7.23	0.62	39.00	1.14
吉林	20.35	15.44	11.58	16.84	2.81	32.28	0.70
江苏	9.09	20.45	25.87	2.45	0.00	41.96	0.17
安徽	9.03	22.36	20.42	5.28	0.28	41.94	0.69
陕西	9.47	22.28	18.94	11.14	0.56	33.70	3.90

3. 农民集体合作意识和法律意识淡薄

虽然在样本调查中我们没有设计有关集体合作意识、法律意识等方面的问题，但在实地调查中发现，梨树、长安、明光等地现在通过“一事一议”建设农村集体公益事业很难，农民不愿意出工出钱。乡镇干部普遍反映农民的权利和义务不对称、农民的法律意识、合作意识淡薄。尤其是，2004 年开始直接补贴种粮农民，2006 年全面取消农业税之后，往年拖欠农业税的农民没有受到追究，而种粮补贴款又必须按照国家政策发放，使得以往积极缴纳农业税的农民产生了消极情绪，履行国家和集体义务的意识进一步淡化。

（二）农民参加科技培训情况

1. 科技培训参与率低，接受培训的时间短

调查表明，培训参与率低。表 10－7 和表 10－8 展示了农民参与科技培训的情况。2007 年参加过各种形式科技培训的农民仅占 27.85%。且在参加过培训的农民中，累计参加科技培训所用时间为 5 天以下、5～10 天、10～20 天及 20 天以上的分别占 72.44%、25.00%、1.99%和 0.57%。

表 10－7　您参加过各种形式的科技培训吗（%）

	参加过	没有参加过
全国	27.85	72.15
吉林	40.12	59.88
江苏	45.89	54.11
安徽	23.61	76.39
陕西	40.22	59.78

表 10－8　您每年累计有多少时间参加科技培训（%）

	5 天以下	5～10 天	10～20 天	20 天以上
全国	72.44	25.00	1.99	0.57
吉林	65.06	28.92	6.02	0
江苏	78.38	21.62	0	0
安徽	81.45	18.55	0	0
陕西	59.82	38.39	1.79	0

2. 参加科技培训的渠道和培训形式集中

农民接受培训的主要渠道是通过农技推广机构和自学。表 10－9 和表 10－10 展示了受访农户参与科技培训的渠道和形式。调查表明，在参加过科技培

训的农民中，42.20%是通过农业技术推广机构参加科技培训，40.82%是通过自己自学，8.58%是通过民办培训机构，5.15%是通过农广校，2.74%是通过专业协会，仅有0.51%是通过龙头企业参加科技培训。培训形式主要是看电视、听广播，所占比重为38.88%。现场指导和课堂讲授形式，分别有21.28%和17.92%的农民参加，参加过课堂讲授与现场指导相结合形式的占20.16%。

表10-9　您是通过哪些渠道参加科技培训的（%）

	农业技术推广机构	专业协会	龙头企业	农广校	民办培训机构	自己自学
全国	42.20	2.74	0.51	5.15	8.58	40.82
吉林	55.26	2.63	0	10.53	0.88	30.70
江苏	36.48	1.26	3.14	1.26	23.90	33.96
安徽	34.72	0	0.93	1.39	2.31	60.65
陕西	36.09	15.04	3.76	19.55	7.52	18.05

表10-10　您参加科技培训的主要形式（%）

	课堂讲授	现场指导	课堂讲授与现场指导相结合	看电视听广播	其他
全国	17.92	21.28	20.16	38.88	1.76
吉林	17.91	32.09	38.06	11.19	0.75
江苏	9.32	20.34	15.25	55.08	0
安徽	12.44	11.48	13.40	57.89	4.78
陕西	25.82	33.52	17.03	23.63	0

3. 技术来源比较稳定

调查表明，无论是种植业技术还是养殖业技术，农民的技术来源主要是农技推广部门、邻居、亲友和科技示范户等。表10-11展示了农民有关于种植技术、养殖技术以及法律法规信息来源状况。种植业技术中，来源于农技推广部门的占38.50%，来源于邻居、亲友和科技示范户的占30.71%，二者合计占69.21%；养殖业技术中，来源于农技推广部门的占30.06%，来源于邻居、亲友和科技示范户的占34.36%，二者合计占64.42%。农民获取法律法规的信息主要来源于电视和广播，占50.84%，其次是政府，占32.74%，二者合计占83.58%。

表 10－11　您所采用的技术主要来源（%，可多选）

种植业技术	农技推广部门	农广校	专业技术协会	企业	营销部门	电视广播	报纸、书刊	邻居、亲友和科技示范户	其他渠道
全国	38.50	1.40	1.31	0.09	3.59	20.12	3.85	30.71	0.44
吉林	49.80	2.35	1.18	0.00	1.96	25.49	1.57	17.65	0.00
江苏	34.24	0.54	0.36	0.18	3.99	21.38	3.26	36.05	0.00
安徽	30.17	0.34	0.17	0.00	2.59	24.48	3.97	37.24	1.03
陕西	19.81	0.62	5.57	0.31	2.17	22.29	6.81	40.56	1.86
养殖业技术	**农技推广部门**	**农广校**	**专业技术协会**	**企业**	**营销部门**	**电视广播**	**报纸书刊**	**邻居亲友科技示范户**	**其他渠道**
全国	30.06	1.29	1.22	0.65	2.08	21.74	7.96	34.36	0.65
吉林	39.92	1.19	2.37	0.00	2.77	26.48	11.07	16.21	0
江苏	35.51	0.00	0.28	1.42	6.25	16.19	7.95	32.39	0.00
安徽	27.24	1.59	0.80	0.00	0.80	25.05	3.98	39.96	0.60
陕西	21.57	0.00	2.75	0.00	0.39	25.88	10.98	36.08	2.35

法律法规	政府	培训机构	电视广播	报纸书刊	其他
全国	32.74	3.18	50.84	12.09	1.15
吉林	34.95	1.08	53.23	10.75	0.00
江苏	48.36	4.10	36.34	11.20	0.00
安徽	22.58	2.96	66.40	7.26	0.81
陕西	22.28	2.59	46.63	22.80	5.70

（三）农民对培训的主观需求分析

1. 农民参加培训的目的主要是增加家庭收入

调查表明，农民参加培训的主要目的就在于增加收入。表 10－12 展示了

表 10－12　您参加培训的主要目的（%，限选三项）

	1	2	3	4	5	6	7
全国	1.52	7.66	19.70	24.60	6.51	36.01	4.01
吉林	0	19.74	6.58	30.26	1.97	40.79	0.66
江苏	1.18	4.71	16.47	16.47	17.06	44.12	0
安徽	1.34	6.99	20.97	22.04	3.23	33.60	11.83
陕西	2.83	6.36	22.61	16.25	17.31	34.63	0.00

注：其中：1 拿证书，得到别人尊重；2 培训后，能够得到国家配套政策扶持；3 提高使用技术的能力；4 提高家庭经营能力；5 提高自已的决策能力；6 增加家庭收入；7 其他。

农民参加培训的目的。在农民参加科技培训的目的调查中，增加家庭收入和提高家庭经营能力分列第一位和第二位，所占比例为36.01%和24.60%。而希望通过拿证书，得到别人尊重的仅占1.52%。

2. 农民最需要的培训是生产技术培训，尤其是经济作物种植技术的培训

调查表明，农民对培训的需求在很大程度上来源于生产与市场的刺激。表10－13对农民参加培训的需求进行了描述性统计。在农民最想参加的科技培训中，生产技术培训占有重要地位，比重达到78.56%。其中，经济作物种植技术的培训占36.79%，粮食作物种植技术培训和高效养殖技术培训分别占22.76%和19.01%。经济管理与市场信息培训所占比例为12.03%。而想参加政策法规与公民道德培训以及文化知识培训的仅占3.66%和1.31%。

表10－13　您最希望参加什么方面的培训（%）

	1	2	3	4	5	6	7	8
全国	22.76	36.79	19.01	12.03	3.66	1.31	0.61	3.84
吉林	28.39	36.44	22.46	8.05	4.24	0.00	0.00	0.42
江苏	13.88	35.33	29.34	11.99	4.10	4.10	1.26	0.00
安徽	23.04	32.25	13.01	16.26	2.71	0.81	0.81	11.11
陕西	26.50	44.44	10.68	8.55	5.13	2.14	2.56	0

注：其中：1粮食作物种植技术；2经济作物种植技术；3高效养殖技术；4与生产相关的经营管理知识与市场信息；5政策法规与公民道德；6文化知识；7与安全生产相关的知识产权；8其他。

3. 文化素质和经济条件是影响培训需求的主要因素

对样本的描述性统计表明（详见表10－14），学习者的文化素质和经济条件是影响农民科技培训需求的主要因素。在影响农民是否接受培训的主要因素中，选择文化水平低、接受能力差的占33.17%，选择政府没有优惠配套政策的占30.60%，选择培训内容不能满足个人需求的占13.34%，选择资金有限的占8.42%，选择培训质量不高、效果不理想的占6.78%。

表10－14　影响您接受培训的主要因素是什么？（%，可多选）

	1	2	3	4	5	6
全国	33.17	13.34	8.42	6.78	30.60	7.70
吉林	35.37	10.48	7.42	5.68	25.33	15.72
江苏	34.06	15.46	5.07	8.21	35.27	1.93
安徽	39.43	9.71	3.43	7.05	26.29	14.10
陕西	21.98	14.55	22.91	8.05	26.63	5.88

注：其中：1文化水平低、接受能力差；2培训内容不能满足个人需要；3资金有限；4培训质量不高，效果不理想；5政府没有优惠配套政策；6其他。

4. 农民不愿为学习和培训支付太多费用

调查表明，有35.33%的农民不愿意支付任何费用。根据表10-15展示的信息，在愿意支付费用的农民中，20.46%的农民每年愿意为学习和接受培训支付50元以内的费用，16.79%的农民愿意支付50～100元的费用，25.26%的农民愿意支付100～200元的费用，仅有2.16%的农民愿意支付200元以上的费用。

表10-15　您每年愿意投入多少钱用于学习和接受培训（%）

	50元以下	50～100元	100～200元	200元以上	不想投入
全国	20.46	16.79	25.26	2.16	35.33
吉林	21.92	23.29	3.42	0.00	51.37
江苏	34.75	9.65	5.02	1.93	48.65
安徽	20.34	25.50	14.04	4.87	35.24
陕西	36.42	36.42	12.14	3.47	11.56

5. 目前最主要的问题是培训没有负责人

调查表明，有47.41%的农民认为当前农民培训、提高农民素质方面存在的主要问题是没人管，有19.76%的农民认为是培训方式不好，有18.86%的农民认为是培训内容不实际，仅有5.19%的农民认为是培训费用过高。表10-16展示了农民对当前培训中问题的主观认识。

表10-16　您认为当前农民培训、提高农民素质方面存在的主要问题（%）

	没人管	培训方式不好	培训内容不实际	费用高	其他
全国	47.41	19.76	18.86	5.19	8.78
吉林	13.45	25.15	35.09	5.85	20.47
江苏	84.21	7.37	5.26	3.16	0.00
安徽	38.46	26.65	19.51	1.37	14.01
陕西	36.17	23.40	23.40	15.96	1.06

6. 农民最需要政府提供培训经费

调查表明，绝大多数农民认为提供培训经费是政府最应当实施的政策。表10-17展示了农民主观上对政府工作的期望。可以发现，61.28%的农民认为迫切需要政府提供更多的经费，有12.91%的农民认为更需要政府提供更有针对性的培训内容，有12.80%的农民希望政府更关心子女的教育问题，还有7.42%和5.28%的农民希望政府关注农村医疗卫生和提供更实际的培训方式。

表 10－17　提高农民素质，需要政府做什么（%）

	政府提供更多经费	培训内容更有针对性	培训方式更实际	关心子女教育	关注农村医疗卫生	其他
全国	61.28	12.91	5.28	12.80	7.42	0.3
吉林	53.80	12.28	4.09%	9.94	18.71	1.17
江苏	83.02	9.43	3.02	4.15	0.38	0.00
安徽	60.16	10.44	3.57	15.66	10.16	0.00
陕西	39.13	23.37	13.04	22.28	1.63	0.54

（四）农民科技培训区域差异分析

为深入了解不同地区农民科技培训情况，本次调查专门考察了吉林、江苏、安徽和陕西四省的区域差异情况。通过对四个地区进行对比分析后发现如下特征：

1. 科技培训参加情况对比分析

（1）科技培训参与率差异较大。四个地区的农民在科技培训参与率上相差较大。各地区农户科技培训的参与程度展示在图 10－1 当中。江苏农户科技培训的参与率最高，达到 45.89%，陕西和吉林分别为 40.22%和 40.12%，安徽农户的参与率最低，仅为 23.61%。这一结果与经济发展水平基本一致。

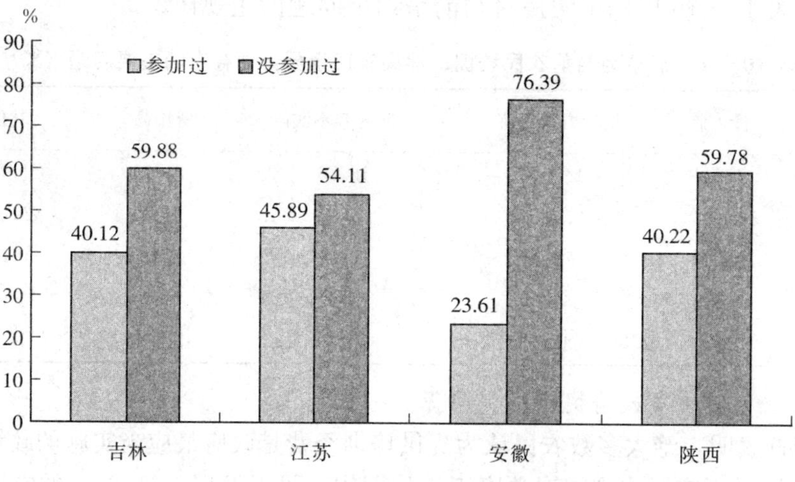

图 10－1　调查地区农民参与科技培训的比率

（2）江苏农民生产技能明显较高。从四省农民生产技能的调查结果来看，江苏省农民的生产技能水平明显好于其他三省，例如对于如何选用优良品种的问题，江苏回答知道的占 73.48%，回答不知道的仅占 0.76%；对于是否了解常用化肥和农药的使用规程并科学使用的问题，江苏回答知道的占 64.15%，回答不知道的仅占 0.75%（表 10－1 和表 10－2）。

（3）江苏培训渠道丰富。在通过哪些渠道参加科技培训这一问题上，四个地区的农民主要都是通过农业技术推广机构和自己自学。但江苏通过龙头企业和民办培训机构参加科技培训的比例显著高于其他三省。江苏通过龙头企业和民办培训机构参加科技培训的农民占 3.14%和 23.90%，在吉林分别为 0%和 0.88%，在安徽分别为 0.93%和 2.31%，在陕西分别为 3.76%和 7.52%（表 10－9）。

2. 科技培训需求情况对比分析

（1）各地区农民是否接受培训的影响因素不同。四个地区中，吉林和安徽认为影响农民是否接受培训最主要的因素是文化水平低、接受能力差，分别为 35.37%和 39.43%，次要因素为政府没有优惠配套政策，所占比例分别为 25.33%和 26.29%。而江苏和陕西认为影响农民是否接受培训的主要因素是政府没有优惠配套政策，所占比例分别为 35.27%和 26.63%，次要因素江苏认为是文化水平低、接受能力差，占 34.06%，陕西认为是资金有限，占 22.91%（表 10－14）。

（2）各地区农民对下一代的希望各不相同。四个地区中，江苏农民有 60.31%认为孩子应该参加过短期培训后再就业，有 21.45%认为直接外出打工，有 18.24%认为直接就近务农；吉林农民有 46.20%认为应直接外出打工，有 38.47%认为参加过短期培训后再就业，有 15.34%认为直接就近务农；安徽农民有 47.22%认为应该参加过短期培训后再就业，有 30.83%认为直接外出打工，有 21.67%认为直接就近务农；陕西农民有 41.53%认为应直接外出打工，有 37.16%认为参加过短期培训后再就业，有 21.31%认为直接就近务农。四个地区的一个共同特点就是基本没有人选择参加半年至一年的免费培训。

表 10－18　您认为如果您的孩子初高中毕业后没有进一步升学，您希望他（她）

	1	2	3	4
吉林	46.20	15.34	38.47	0.00
江苏	21.45	18.24	60.31	0.00
安徽	30.83	21.67	47.22	0.28
陕西	41.53	21.31	37.16	0.00

注：其中：1 直接外出打工；2 直接就近务农创业；3 参加半年以内的免费培训再就业；4 参加半年至一年的免费培训再就业。

三、我国开展农民培训工作的情况与存在的问题

按照党的十六届五中全会提出的“培养有文化、懂技术、会经营的新型农民，提高农民的整体素质”的要求，中央部委和各地结合实际，及时制定规划，出台政策，投入人力、物力和财力，鼓励社会力量广泛参与，推动了农民培训深入开展，形成了齐抓共管、上下联动的新局面。其中农业部门发挥了主导作用（表 10－19）。

表 10－19　农业部门关于提高农民素质工作一览表

名　称	参与部门	时间跨度	内　容	效　　果
绿色证书培训工程	农业部	1990 年开始	按农业生产岗位规范要求培训	全国 31 个省 2 000 多万人参加培训，1 000 多万人获证
青年农民培训工程	农业部、财政部、团中央	1999—2005 年	培养青年骨干农民	全国 31 个省 1 256 个县开展培训，共培训 350 万人
阳光工程	农业部等六部委	2004 年开始	农村劳动力转移培训	截至 2007 年底，阳光工程累计培训农民 1 230 万人，转移就业 1 063 万人（其中 2007 年培训 350 万人，转移就业 303 万人），转移就业率达到 86%以上
农民科技书屋	农业部	2003 年启动	免费提供农业科技书籍和光盘	将书屋建成农村宣传政策法规、提供市场信息、传播农业科技知识的阵地
新型农民科技培训	农业部	2006 年启动	培养新型农民	截至 2007 年底，在全国 600 个县 2 万个示范村进村办班 32 万多次，教师进村指导 600 万次，累计培训农民 1 333.5 万人次，其中基本学员 217 万人

资料来源：农业部科技教育司内部研究报告。

（一）调查地区农民素质发展的模式分析

1. 种养大户拉动模式

种养大户带动模式，即在提高农民素质、培养新型农民方面突破以往“普惠型”的农民科技培训的做法，选择具有一定经济基础、科技素质和创业能力的农村种植、养殖大户、专业户、打工返乡户等骨干农民作为培养对象，科研单位为这些农户提供科技支持和专家咨询，努力让大户实现规模效益，成为农业生产的中坚核心农户，形成示范效应，从而辐射拉动一大批农户。安徽省明

光市的“大院大户一站通模式”是种养大户拉动模式最具代表性的案例之一。

经调查发现，“大院大户一站通模式”在服务农民、提高农民素质方面具有以下创新：一是服务对象上的创新，改变过去服务千家万户为服务有一定规模的大户，通过大户示范辐射千家万户，能够取得事半功倍的效果，符合未来农业发展的需要。二是服务主体的创新。大院不是国家体制内单位，它是以区域服务为己任，以技术服务社会效益为前提，以技术产品为载体，是一个民办公助实体。三是机制创新，大院这个服务平台既开展产、学、研合作，搞新品种展示，又搞技术培训和技术咨询服务，通过大户示范带动千家万户，为科技进村入户途径、方法、机制进行有益的探索。

大院是依托明光市江淮分水岭农作物品种试验站而建立的科技专家大院，大户即在明光市各村民小组选择 1～2 户生产大户，在大院与大户之间通过科技指导员和信息电话等建立联系，把技术和物资服务到户到村。大院聘请了不同领域的专家为大户提供服务，包括安徽省农委种子专家夏英萍研究员为首席专家的良种示范体系，安徽农业大学资源与环境学院马友华教授为首席专家的测土配方施肥系统，以及安徽省农科院植保所原所长朱建祥研究员为首席专家的植保体系。截至 2007 年底，大院共筛选 1 200 户示范户，完成小麦、玉米、水稻初计 8 组 240 个品种的试验和展示，示范面积 3.6 万亩，共培训 5 437 人次，基本实现每亩增收 100 元，增效节本 100 元的目标。

2. 政府财政撬动模式

财政杠杆撬动模式，即在一些财政比较富裕的地区，政府增加财政投入，给予培训补助，以培训单位为依托，配套各种财政扶植政策，组织大批农民参加就业创业培训，直接提高农民科技素质、管理素质。财政杠杆撬动模式以江苏省的财政支持农民培训为典型。

江苏省将农民培训作为省委省政府“十一五”新农村建设的十件实事之一，列入各级政府工作考核目标，出台了《2006—2010 年农民培训工程规划》，“十一五”期间省财政每年拿出 1 亿元用于农民培训补助。2006 年在全省启动实施了农民创业培训计划，省财政每年投入 1 300 万元，选拔 10 万名能吃苦、肯干事、想创业、盼致富的农村青年，进入农业职业技术院校接受培训。2007 年如皋市共完成农民创业培训 1 675 人，超额完成 9.48%，其中农民合作经济组织负责人人培训 1 期 123 人、农民经纪人培训 3 期 398 人、农民创业培训普通班 13 期 1 154 人，所有学员集中培训四天。从以下几个环节抓好：

一是培训对象的选拔。按照“公开、公平、公正”的原则，采取自愿报名、村组推荐、择优选拔、张榜公示的民主形式进行学员选拔。培训对象要求具有一定的文化基础、产业基础和创业愿望。年龄一般在45周岁以下，初中以上文化程度或有从业基础的，重点是种养殖大户、村组干部或外出打工返乡人员。其中省重点班学员从已遴选的学员中选拔一批当地生产规模较大、创业愿望强烈的大户或返乡人员参加培训。

二是培训单位的确定。培训单位条件：一是具有独立法人资格和省级部门认定的涉农教育培训基地；二是具备一定规模的培训场所、培训设施和一定师资等基本条件；三是熟悉农民教育培训特点，具有较好的农民培训工作基础和业绩；四是培训场所和实训基地贴近农村，方便农民接受培训。

三是培训实施。培训地点：选择在县或部分条件好的乡镇分专业办班。创业培训分集中授课、生产实践和跟踪指导等三个环节进行。集中授课：时间为30学时，以讲座为主。主要学习所从事专业最新技术、农产品生产国内国际现状与发展前景、创业技能、企业经营管理、有关法律知识、现代信息技术应用等。生产实践：培训单位安排60～90学时组织学员到附近有关农场、农业企业进行考察学习，有条件的地方可以进行跟班见习和顶岗实习。跟踪指导：培训单位安排教师对学员进行跟踪指导。政府出台相应的扶持政策，包括土地流转、贴息贷款等方面给予优惠。

3. 龙头企业带动模式

龙头企业带动模式，即龙头企业充分在科技部门的技术支持下，投入资金，充分调动社会培训力量，为农民提供包括科技文化培训在内的社会化服务，深化龙头企业与农户的利益联结。较为典型的龙头企业带动模式，是江苏省如皋市新丝路茧丝绸有限公司扶农助农案例。

如皋新丝路茧丝绸有限公司作为如皋蚕桑产业的产业化龙头企业，充分依靠如皋市农林局和蚕桑技术指导部门的技术支持，发挥龙头企业的带动作用，拿出专项资金，聘请改制企业技术人员和蚕桑技术能手深入农户，为蚕农提供迅捷便利的技术服务，弥补了社会化服务力量的不足，达到了公司与农户互利互惠共同发展的目的。为了确保蚕农利益，公司以新品种为抓手，通过“公司+基地+农户”的组织形式，配合农林部门蚕桑标准化技术的实施，确保技术到位。主要采取了以下几种形式：①建立基地。在全市重点镇优先选择有一定生产规模、基础设施和技术基础的重点村组，作为基地建设的先行村，率先推广新技术、新品种。②建立组织。建立基地农户档案，凡参加基地的农户按照镇、村蚕桑技术网络覆盖情况，登记造册，进行数字化管理。③上门辅导。根据基地农户及饲育量，每80～100户派一名技术人员，每人每天到户一次面对面辅导。④利用“两会”（即广播会、现场会），根据农户的共性问题，每一至两天召开一次广播会，同时针对关键技术采用现场会的形式示范推广。⑤发放技术资料。常规技术制成 DVD 在基地巡回播出。结合不同时期的技术要点及时发放资料。⑥通过新闻媒体传播技术。一些重大的技术问题和突发情况通过市电视台、广播电台及时发布。⑦设立基地热线电话，每个点配备手机 1～2 部，向农民公布号码，实行 24 小时服务，突发性事情处理随叫随到。4 年来，公司累计派出技术人员 1 052 人次深入基地进行技术辅导，开办各类技术讲座 150 场次，印发技术资料 10 万份，通过广播电视发布信息近 20 条。基地村建设由最初的一个镇一个村 700 多农户发展到现在的 10 个镇 47 个村 20 080 户，蚕农平均张产增加 8～10 千克，亩产增收 500 元以上，全市 3 万余亩基地桑园年增收 1 500 万元以上。

4. 科技平台推动模式

科技平台推动模式，即以农业技术推广机构、农业科研院所等为依托，在科技推广项目、科技示范园区等科技平台上，为农民提供培训，在提高农民素质的同时，促进农民就业创业。科技平台推动模式以吉林省梨树县的做法较为典型。

吉林省梨树县是一个典型农业县，其提高农民素质、开展农民培训的一个特点是依托现有农业技术部门开展工作。实施主体包括农业技术推广机构、农业科研院所等，技术推广模式的主要内容。

（1）立项推广。梨树县结合新农村建设，实施了“333”工程，即在全县建立了 30 个科技示范园区、300 个村级农业技术服务站、3 000 个科技示范户。通过建立了科技示范园区这一基础平台，把测土配方施肥技术直观有效地展示给农民；通过建立村级农业技术服务站这一终端农业技术推广网络，健全了推广体系和完善了管理机制；通过抓科技示范户，一方面对示范户全面培训，一方面通过短信发布科技信息，真正使测土配方施肥技术入户到田，解决了测土配方施肥技术推广的最后一公里。

（2）技术培训。这是农民培训的主要方式。培训的方式有两种，一种是结合农时季节或推广项目，就某一特定技术进行短期培训，目的性和针对性很强；另一种是利用农闲季节，对骨干农民进行较为系统的培训，这带有素质培训的性质。如面向村干部、农民技术员、专业户、科技示范户以及其他骨干农民，举办专题培训班，组织有关技术专家进行讲授，培训骨干农民，通过他们的示范带动，大面积推广技术。

5. 产业链条发动模式

产业链条发动模式，即大力发展农产品加工、休闲农业、乡村旅游等农业农村产业，针对产业链条的延伸和农民就业空间的拓展，为农民提供适宜的培训，从而促进农民就业，增加农民收入。产业链条发动模式的典型案例是陕西省长安区在产业培养方面的实践。

近年来，陕西省结合农业“一村一品”活动，积极开展农民科技培训。在粮食生产方面，以良种推广示范技术、测土配方施肥技术、统繁统供培育技术、病虫害综合防治技术等为主要内容，每年培训约 20 万人。在果业生产方面，以“强拉枝、大改型、巧施肥、无公害”四项关键技术及标准化生产技术为主要内容，每年培训 30 万人左右。在畜牧业生产方面，按照“陕北羊、关中牛、陕南猪、城郊奶畜”的总体布局，以普及良种繁育养殖技术、疫病防治技术、牧草种植技术为主要内容，每年培训约 30 万人。此外，每年在其他经济作物和农村政策法规方面的培训约有 20 万人。

长安区地处秦岭北麓，是陕西省最大的农业人口区，近年来通过扶持农业产业化企业、农民合作经济组织、农业科技示范基地和一村一品的发展，按照以人才支撑产业、以产业造就人才的思路，实现产业发展与人才培养的良性互动。

一是通过农业产业化企业培训农民。2007 年以来，长安区着力培育了 5 个重点龙头企业，发挥了较好地示范带动作用。细柳杜鹃园对园区进行了标准化建设，完成园区规划设计、区内道路砂石化，扩大冬季增温设施面积 2 000 米^2，引进各类名优花卉 13 万盆，自配花卉 30 万盆。西安星辰花卉公司国庆节期间共向西安大唐芙蓉园、大雁塔广场、西安经贸会、欧亚论坛等提供鲜花 80 万盆，装扮美化了西安市。西安闻天集团自主开发的红豆杉已成为全省的重要基地，以涵盖高新区为主的无公害蔬菜配送业务已全面展开。陕西嘉艺园林共整治河道 240 米，建立无公害蔬菜大棚 20 000 米^2，大雁养殖基地 100 亩，山野果示范园 500 亩。陕西天鑫食品有限公司深入乡镇，举办农户养殖、种植培训班 20 期，培训长安 18 个乡镇农民 1 400 人次，免费发放培训书籍 2 000 余套。

二是实施“一村一品十村示范百村推进”工程。实施一村一品，既对农民科技文化素质和经营能力提出了新的要求，也搭建了更好的平台，有利于培养符合新农村建设需要的新型农民。2007 年长安区筛选确定了 10 个村重点扶持，着重在产业升级、科技创新、品牌建设、市场开拓、人才培养等方面进行示范引导，通过示范带动，培养扶持具有发展潜力的 100 个村，实施产业区域聚集，促进农业结构调整，推动农业增长方式转变，加快发展现代农业。大力发展十个农产品基地，其中包括：高桥万亩无公害蔬菜基地建设；王莽万亩绿色鲜桃基地建设；细柳花卉苗木基地建设；滦镇上王村休闲观光旅游农业示范区；灵沼百亩食用菌基地建设；王曲、黄良万亩无公害韭菜基地；马王草莓基地；炮里、大兆万亩无公害优质西瓜基地建设；滦镇万亩葡萄基地更新改造建设；杜曲千亩特种蔬菜种植基地。在发展一村一品过程中，农民通过参与规模化、专业化生产和产业化经营，可以更好地学到先进种养技能、加工技术和营销技巧，同时不断增强市场经济观念和创业意识，培养创新精神，从而更好地发挥新农村建设的主体作用。

上述各种模式的概念只是对各地做法中特别突出的特色总结和突出，模式之间并不一定是完全独立的，通常是几种模式结合在一起。例如龙头企业往往需要通过产业链条充分发动农户，从而实现提高农民素质的目标；科技项目、产业园区一般是在政府财政支持下，对农业经营大户、农民合作组织以及龙头企业等农业规模经营主体提供平台，从而培养一批“有文化、懂科技、会经营”的新型农民。

（二）存在的主要问题

目前，各地农民教育培训虽然做了大量的工作，但农民整体素质特别是科技文化素质还不高，在培训工作方面还存在诸多问题和矛盾，主要表现在以下几个方面：

1. 农业劳动力的素质呈现出结构性下降

随着大量农村青壮年劳动力向城市和二、三产业逐步转移，一些地方农业劳动力老龄化、女性化趋势明显，农业劳动力素质呈现结构性下降，加大了农业技术推广难度，同时一些地方农业兼业化、副业化倾向开始显现。

一是在年龄结构上，留乡务农劳动力以中老年居多。根据农村固定观察点系统的调查，2009 年，农村外出就业劳动力的平均年龄大体在 33.2 岁，而留乡务农劳动力的平均年龄已经达到 40 岁以上，其中以从事农业为主的劳动力平均年龄已经达到 45 岁。从年龄构成来看，外出就业劳动力中 30 岁以下的占 49.4%，而在非外出劳动力中只有不到 20%，在从事农业为主的劳动力中已经降到 15%以下。

二是在性别结构上，留乡务农劳动力以妇女居多。通过固定观察点系统中外出劳动力的性别构成进行分析，可以发现，外出打工者中有 64.5%为男性，35.5%为女性。基于此，我们可以倒推出，留乡务农的劳动力大多数是女性劳动力。

三是在文化结构上，留乡务农的劳动力文化素质偏低。在外出就业劳动力中，有高中以上文化程度的占 16.8%左右，而在非外出劳动力中，这一比重低于 8%，其中在已从事农业为主的劳动力中仅为 5%。农村劳动力存量文化程度偏低，不利于新知识、新技术的学习，对农业和农村的发展将构成严重制约。

2. 农民培训的大规模需求与目前规模较小的培训产生了供需性矛盾

根据第二次全国农业普查，2006 年末，农村劳动力资源总量为 53 100 万人。其中，文盲 3 593 万人，占 6.8%；小学文化程度 17 341 万人，占 32.7%；初中文化程度 26 303 万人，占 49.5%；高中文化程度 5 215 万人，占 9.8%；大专及以上文化程度 648 万人，占 1.2%。大量农民没有接受过基本的职业技术教育，缺乏科学素质和专业技能，难以适应新农村建设的要求。大量的调查表明，农民要求技术培训的需求量非常大，而政府和社会提供的培训量仍然比较少，与农民的需求差距比较大。2008 年国家推出的新型农民科技培训工程在全国 3 万个村开展，而全国有五六十万个村的农民需要技术培训和指导，供给与需求的矛盾十分突出。

3. 不同地区之间农民素质发展存在着非均衡性问题

通过大样本调查发现，目前我国不同地区农民素质的非均衡性比较突出。对于中西部地区来说，劳动力的短缺与过剩同时存在，不利于现代农业建设。劳动力短缺，指的是青壮年农业劳动力和有文化劳动力的短缺，这些劳动力大部分到大中城市或沿海发达地区打工。劳动力过剩，指的是现有农业劳动力中年迈者或文化素质较低者严重过剩，老幼妇孺担负起农业生产的重任在许多地方是非常普遍的现象。现代农业建设离不开有文化、懂技术、会经营的新型农民，而这又是中西部地区最缺乏的。在东部地区，这一问题并不是很突出，因为有许多来自中西部地区的相对高素质的农业劳动力。但是在中西部地区，这一问题非常突出，农业生产的微观主体（农民）在数量和质量上的双重缺陷，使得这些地区的农业发展面临尴尬的局面。对劳动力而言，从事农业生产的机会成本太高，这是农业劳动力外流的主要原因，而城乡劳动市场的逐步一体化又有利于这种流动。如何保证中西部地区有优秀的农民从事现代农业建设，将是一个棘手的问题。

4. 农民教育培训工作与法制化国家建设要求显现出立法性缺口

依法治国、依法兴农已经成为全社会的共识。可以说，农民素质的提高关系到我国国民整体素质的提高。然而，在这一背景下，我国至今没有一部农民教育培训的专门法律法规，造成农民教育培训工作的随意性和人为干预性比较大，导致许多工作缺乏法律保障，从而农民素质的提高缺乏一贯性和持续性。这一问题，一方面导致我国农村人力资源长期得不到显著提高，另一方面也造成了社会资源的大量浪费。

（三）原因分析

1. 体制方面

我国是典型的二元经济国家，以社会化生产为主要特点的城市经济和以小生产为主要特点的农村经济并存，城乡经济发展极不平衡。我国长期实行城乡分割的管理体制，国民收入分配结构向城市倾斜，不仅加剧了城乡经济的不平衡，也造成了农村社会事业发展的相对落后。由于教育等社会事业发展落后，致使我国目前农村人力资源整体素质仍然较低，城乡二元结构导致高素质农村劳动力大量流失。城乡居民收入差距从2002年的3.11∶1，扩大到2009年的3.33∶1，2009年农村居民人均纯收入实际增长8.5%，城镇居民人均可支配收入实际增长9.8%，城乡居民收入的差距在继续扩大。

2. 认识方面

首先是地方政府没有树立科学的政绩观。现在许多地方政府只看眼前的修路、建房等形象工程，而看不起或放弃农民教育的素质工程、软工程。有的地方认为这是农民自己的事，缺乏足够的认识和重视。个别地方出现培训工作无规划、无人管、无经费的"三无"现象，缺乏做好工作的积极性和主动性。其次是经过几年的实践和宣传，各地对农村劳动力转移培训比较重视，但相对忽视了留在当地农村的农民培训，没有把这约占3/4的主体人群的素质提高摆到应有的位置。三是即使认识了农民培训工作的重要性，但面对面广量大的农民群体，不知从何处入手，不少同志产生畏难情绪。四是由于缺乏宣传和引导，农民本身也认识模糊。依恋土地、小富即安的心态比较严重，热衷于住房建设和实物消费，缺乏自我投资和自主学习的意识和动力，对参加职业技能培训、提高就业竞争能力和自身素质的积极性不高。

3. 组织领导方面

由于部门分割和利益驱动等原因，在整合各类资源，加大对农民培训力度方面还存在一些问题，具体表现在以下几方面：

首先是缺乏统一的长远规划和实施计划。尽管国家各部门都出台了一系列政策，做了不少工作，但是缺乏统筹规划和步调一致的实施计划，于是一些地方和部门还只是把它当作一项临时性工作来抓，培训等工作基本上还是在原来系统内封闭运行，缺乏相互开放和资源共享的认识和行动。

其次缺乏强有力的牵头部门来协调。我国农村劳动力培训面广量大，涉及众多行业和不同专业，需要多方面培训资源的紧密配合、相互协作才能完成。我国目前农业、教育、劳动、科技等部门都拥有非常丰富的培训资源，如2009年农业部门在全国有农业职业中专和农民中专3 000多所，县级以上农业广播电视学校3 000多所，各类农村文化技术培训学校超过12.9万个，劳动部门2009年在全国有技工学校3 077所，此外还有社会力量办的职业培训机构20 577个。这些数量可观的培训资源的相当部分，都可以用来面向农民开展培训。但目前在很多地方，由于没有一个强有力的牵头部门来协调，一方面是现有资源闲置，另一方面是扯皮摩擦，从收学费的动机出发争夺生员，而把低收入的农民，特别在家务农的农民撇在一边，造成资源浪费。

三是没有打造合适的平台来吸引社会各方面的力量参与农民培训。调研中发现，尽管有些地方能创新模式，在现有公共教育培训资源的基础上，创造条件，吸引龙头企业、专业合作组织、技术协会等积极参与。但从全国情况看，很多地方在农民培训工作中，还是按照计划经济的思路，完全依靠政府，不会或不善于解放思想，开拓领域，打造发挥其他社会组织作用的平台。

4. 投入方面

首先是公共财政投入不足。国家对教育的投入不足，大大低于占 GDP5％的世界平均水平。有限的教育经费还分配不合理，职业教育与成人教育经费所占比重与承担的教育培训任务不相适应。据统计，2008 年全国教育经费投入 14 500.7 亿元，其中国家财政性教育经费 10 449.6 亿元，占 72.1％。而面向农民的各类教育资源，包括成人高等学校、中等专业学校、中等技术学校、成人中专学校、技工学校、成人中学、职业中学、成人小学的经费投入为 1 191.5 亿元，仅占教育经费总投入的 8.2％。其中国家财政性教育经费 744.4 亿元，仅占国家财政性教育经费总投入的 7.1％。另外，目前我国农村教育主要是基础教育，规模是城市的两倍多，但得到的教育经费还不及城市的一半，如果再算上城市的各种捐资助学，农村的基础教育经费尚不到城市的 1/5。就全国来看，2008 年中央财政对农民培训的总投入为 16 亿元，按照全国 5 亿农村劳动力计算，中央财政对农村劳动力培训的劳均投入只有 3.2 元。

第二，有限的投入使用不好。在培训过程中，一些地方和部门不同程度的存在重数量、轻质量、工作不深入，甚至做表面文章，没有把有限的资金用在刀刃上，农民没有得到实惠，造成负面影响。在安徽及陕西调研都发现，县级有关部门在承担国家“阳光工程”项目时，没有按照“阳光工程”资金管理办法的规定执行，而是将资金直接拨付给培训机构，很难保证项目资金的使用效果。

第三，社会投入少。由于我国农村劳动力面广量大，农业的弱质性十分明显，农民的收入水平低下，决定了用于农民培训资金要以国家负担为主，同时也要形成多元化的投入机制。在浙江、广西调研发现，来自社会的投入很少，一些民办培训机构或公司，还有龙头企业即使愿意参与培训，也只关注农民转移培训，对于务农农民的培训没有投入。

5. 工作方式和机制方面

第一是方式死板，内容缺乏针对性。大多数地方农民培训还采取上大课、课堂面授等方法，同时培训也不结合农时，农民不喜欢。根据对河北省玉田县的典型调查，在关于“您喜欢的培训方式”问卷中，共有 343 人选择了“现场指导”，占调查对象的 52.3％，调查结果表明农民更欢迎直观的培训方式。

第二是对培训机构的资质没有严格认定，难以保障培训的质量。

第三是培训工作中没有实行市场化运作。在广西桂平、河北玉田调查中发现，当地没有采取给农民发放培训卷的方式，对培训机构也没有引入市场竞争机制，实行公开招标。

第四是绩效评价不完备。从浙江、广西的情况看，都尚未建立起农民培训的绩效评价体系。按规定，培训机构培训农民结束后，以收到的培训券与当地财政结兑培训费。虽然学员的学籍卡、审批表等文件齐全，但因为只有培训，没有考核，被培训农民的素质是否得到提高，无法评估，因此难以避免培训机构利用农民培训套取公共财政资金。

第五是来自社会各方面的监管不力。调研中发现，即使有少数培训机构把培训和考核结合起来，也是培训机构自己培训、自己监管、自己考核，不能做到向社会公开，难免有失公正。因此难以定性、定量考察政府主管部门的工作成绩和效益，不能完全保障财政资金在培训中的安全性，并将实惠真正落实到农民身上。

6. 配套政策方面

总体看，农民参加培训的配套政策不健全，激励不足，农民培训缺乏推动力，还没有形成全方位支持的良好环境。首先是土地规模问题，土地流转政策没有突破。农民培训中，从事种养业的小农户由于主业不突出，比较效益低，缺乏技术进步的动力，参加培训的积极性不高；而大型农户从事农业的边际效益高，一般希望通过培训学得先进技术，但由于土地流转制度不健全，农民的土地难以自由流转，很难形成大户。

其次是农业产业化程度低，缺少产业组织。在河北调查中发现，三个村的调查对象659人中仅有49人参加了专业协会、农民合作组织，占7.4%。当地农民的组织化程度低，降低了农民参加培训的需求和培训的放大扩散效果。

三是农业科技水平低。我国每年产生农业科技成果6 000多项，但转化率只有30%～40%，真正形成规模的不到20%，绝大部分科研成果不是缺乏实用性，就是得不到有效推广，再加上农民对先进的科技成果认识不够，都导致农民对技术培训缺乏需求。

四、对新形势下提高农民素质的认识和探讨

（一）对全面提高农民素质要有新认识

1. 全面提高农民素质是构建和谐社会的重大战略举措，是解决“三农”问题的突破口

无论从经济效益看，还是从社会效益看，农村人力资本投入是最有效的投

入。务农农民的素质如果得不到提高，收入增长缓慢，仍处于社会低层，受到轻视、蔑视，会严重影响社会稳定。务工农民的素质如果得不到提高，就难以稳定地从事二、三产业，无法逐步地由农民转变为市民，会演化为城市中的贫困群体，严重影响社会稳定。因此，全面提高务农农民和务工农民的素质，是提高农民社会地位的必要条件，是构建和谐社会的基础性工程，是维护社会稳定的战略性举措。

2. 农民素质的内涵，必须有符合形势要求的具体内容，而不是抽象谈论

当前农民素质应强调以下方面：一是农民的技术素质，即农民从事主导产业生产的产前、产中、产后的技能。二是经营管理素质，了解市场需求，掌握市场信息、分析市场需求，找准营销渠道，能以效益最大化进行生产的能力。三是农民的思想道德素质，即农民的思想文化水平和道德修养，要求农民守合同、讲政策、重法律，懂得安全生产。所以，提高农民素质要在以提高农民技术能力为重点的基础上，兼顾经营管理、文化道德素质的提高。

（二）关于提高农民素质的体制和机制问题

提高农民素质的过程中，政府应搭建好服务平台，既充分调动各方面积极性，又发挥市场作用的良好机制。全面提高农民素质是实现农业可持续发展和构建和谐社会的公益事业，具有明显的正的外部经济效应，其作用的发挥不会受到排他性和竞争性的干扰，公共产品的性质更为显著。公共物品若依靠私人提供往往有供给不足的特征，所以农民培训必须由政府提供。政府在制定全面提高农民素质战略规划、出台政策、制定法律法规、公共财政投入方面的必须发挥主导作用，形成政府投资为主，民间投资为辅的农民培训投入机制。

在政府监管下，通过制定土地流转、培训券直接补贴等一系列鼓励政策，充分调动农民和培训机构参加农民培训的积极性。在项目运作、绩效考核、资金监管等方面实行市场化运作，弥补政府对培训的实际成本和机会成本有所忽视的缺陷，革除项目自我实施、自我管理、自我监督中存在的弊端。引入市场竞争机制，培训机构讲求效益最大化，使农民素质能够得到切实提高。

（三）关于提高农民素质的保障问题

加快培养新型农民，全面提高农民素质，是战略性任务，始终伴随着解决“三农”问题的全过程，要提供有力的保障措施。主要包括：一是中央财政要有明确规划，在现有投入基础上有较大幅度地增长，并明确中央财政对农民培训投入的中长期规划、年度预算、使用方向等。二是整合政府投入资源，建议成立中央农民培训专项资金办公室，整合农业部门、教育部门、林业部门、劳

动与社会保障部门、财政部门、科技部门、扶贫部门、妇联部门、共青团等用于农民培训的资金，提高使用效率。三是建立农民培训直接补贴制度，对参加培训的农民和培训机构给予适当补贴，调动农民和培训机构的参与积极性。四是加快农民培训立法，提供法制保障，实现依法培训、规范化管理、规范化监督。

五、提高农民素质的政策建议

农民素质提高不仅仅是单项素质的提高，而是包括意识（思想和精神）、知识、能力多个方面的综合体现和整合集成，是一项多部门、多方面的系统工程，需要全社会的共同努力和长期奋斗。

第一，加大对农民职业教育的投入力度。加大对农民职业教育的投入，符合 WTO“绿箱”政策，是今后农业公共财政的扶持方向。要认真落实中央 1 号文件要求，将农民职业教育经费纳入公共财政预算，建立多元化的经费投入机制，不断扩大培训规模及资金支持，满足农民对培训的需求。多年来，农业职业学校享受不到国家的职业教育基本建设扶持，基本建设投入严重不足，教学和培训条件落后，已影响到农业职业教育的发展。建议国家在安排职业教育基本建设项目时，把农业职业教育纳入其中，改善基层农业职业教育的落后状况，提高基层农业职业教育的培训能力。建议国家参照中等职业学校学生 1 500 元/年的补助标准对农民培训进行补贴。

第二，提高农民的参与程度。建立农民职业教育的需求动态管理模式，有针对性地为农民提供培训。在培训项目的规划、实施、监测和评估的各个阶段保证农民的参与。同时农民教育培训项目的设计、实施要根据区域的不同体现出特色。如培训资金重点向西部地区倾斜，提高培训的补助标准；在东部、中部地区多制定完善配套的扶持政策，如信贷、补贴、优先承包等惠民政策。

第三，不断完善教育培训机制，提高培训效果。要进一步创新农民科技培训项目管理机制，在充分发挥政府公共部门培训机构作用的基础上，通过市场机制，充分发挥龙头企业、农村合作组织、农民技术协会等的作用。在项目管理上，建立目标责任制，调动各级政府和相关部门的积极性，形成工作合力。按照市场机制，以招标方式，确定培训机构。建立培训卡制度，凭培训记录进行检查验收和资金拨付。建立培训直补制度，财政补助资金采用培训券方式直接补助给受训农民。建立严格的检查验收制度，深入到田间地头和农民家中，了解培训工作落实情况和实际效果。引入竞争机制，农民可以持培训券，跨区域自主选择培训机构，形成竞争，提高培训质量。在竞争的基础上，引入淘汰机制，对于培训合格率低的培训机构，取消其参与农民培训的资格。项目运作实行决策、执行、监督全面分开的管理模式，引入社会中介机构负责项目监督考核，提高财政资金支持农民培训的效果。培训内容上，要按照“有文化、懂技术、会经营”的要求，全面开展农民培训工作，注重全体农民的素质提高和能力增强。

第四，出台和完善农民教育培训的扶持政策。在财政政策方面，应建立以政府投资为主、民间投资为辅的投入体制。在土地流转政策方面，深化土地制度改革，完善土地流转政策，使农民拥有土地使用、转让、处置、收益等权利，加快土地流转，形成一批规模农户，加强农民参加培训的经济动因。在税收政策方面，参加农民培训的企业应给予税收减免方面的政策，调动企业参加农民培训的积极性。在农民创业资金扶持政策方面，对于参加培训的骨干农民，可优先提供贷款和政府贴息。

第五，全面开发农村人力资源。开展农民职业教育是提高农民科技文化素质、加强农村人力资源开发的重要途径。但是农民素质的提高需要各有关部门的积极配合，需要开展不同层次和类型的培训，需要提高农民的思想道德、科技文化、经营管理等多方面的素质，需要动员全社会的力量来做好农民培训工作。当前和今后一个时期，要进一步普及巩固农村义务教育，夯实农民教育的文化基础，继续做好农民培训项目，整合农村各类教育资源，提高教育培训效果。

附录　发达国家提高农民素质的做法和经验

发达国家普遍重视对农民的教育，从基础教育到职业教育、技术推广、进修深造，都有一套完整的教育体系。归纳起来，有以下几个方面：

一、完善的法律保障体系和奖励政策

发达国家为了促进和发展农民教育培训，先后制定了一系列的政策和法案，对推行农业教育给予了政策及法律上的支持与保护。

美国的农民教育起始的标志是1862年《赠地法案》（Land Grant Act）通过，一批农业与机械学院陆续在各州建立。1914年通过的《史密斯—利费农业推广法》（Smith-Lever Act）在政策和经费上支持农业推广工作，从而使更多农民获得学习新技术的机会。1917年美国国会通过了《史密斯—休斯法案》（Smith-Hughes Act），鼓励发展农业职业教育，要求对农村在校学生和校外

青年进行职业技术培训，使在农场工作的成年人有机会接受正规的职业教育。

加拿大早在1913年，就颁布了《农艺教育法》（Agricultural Instruction Act）。1937年和1939年，政府又分别颁布了《失业人员及农业补助法》（Unemployment and Agricultural Assistance Act）和《国家林业计划》（National Forestry Program），通过法律保障、资金投入等方式来推动和促进农业及农业职业教育的发展，为农业及农业职业教育的发展奠定了坚实而良好的基础。20世纪60年代是加拿大社区学院在各省迅速发展，注重职业技能培养和训练。面对农场工人、农民的农业生产技能培训，加拿大广泛开展了绿色证书培训，教育部门按每个参加绿色证书培训学生720加元的标准，将拨付给学校的经费划给农业部门作为培训费（教育部门按照每1个学分120加元的标准给学校划拨教育经费）。在加拿大有知识的农民在银行贷款、购买土地等许多方面可获得优先的支持。所有这些，为开展农业职业教育创造了良好的外部环境。

英国政府非常重视农民培训，通过制定相关法律和制度支持和保障农民培训，于1967年颁布了《农业教育法》，对农业经营者的资格及文化程度都做了详细的严格规定，农业就业人员必须完成11年义务教育方可进入农业学校进行1～2年的学习。1982年颁布了《农业培训局法》（Agricultural Training Board Act），1987年又对其进行了修改和补充。1989年重新改组农业培训局，在全国建立了16个地区培训中心。英国为了提高教育培训的质量和效率，十分重视培训教师和辅导员的选择，除聘请科研机构和大专院校的及科研机构的科技人员任教外，还聘请具有农业生产实践经验的人员任教，并专门设立了"国家培训奖"。同时设立了严格的考试制度，成立了职业资格评审委员会，参加各类培训的人员必须经过严格考试后，才能获得"国家职业资格证书"。目前，英国凡年满18岁的农民从业前必须接受为期一年的技术培训，并获得相当于农业中学的毕业证书；农场工人上课时间的工资由农业培训局的政府基金支付，农场主不用支付。英国现已有70%的农民取得了这种证书，有60%的农业劳动者达到了中等农业学校毕业水平。

法国农民教育培训历史悠久，早在1848年国会就批准建立了第一所农业技术学校，20世纪50—70年代，法国先后七次通过法令，对农民培训的政策和组织领导的具体措施予以规定，加强对农业教育的调整和改革，进一步完善农业教育体系。法国规定，农民必须接受职业教育，取得合格证书后，才能取得经营农业的资格，并享受国家的农业补贴和优惠贷款。如农民或农业徒工在参加培训期间，由政府和有关农业专业协会组织的培训基金会发给补助费。对于他们的工资，徒工参加500小时以下的培训，由雇主负担160小时或前四周的工资；培训时间如超过500小时，雇主负担前500小时或13周的工资；雇主为此支付的工资达一年工资总数的1.1%，超出部分由国家负担。

德国普及农业职业教育也是通过制定政策和法令实现的，如联邦德国1969年的《职业教育法》、《劳动促进法》以及1971年的《联邦教育促进法》。1996年，联邦德国又颁布了《职业教育法》，使联邦德国形成了"双学制"的农民农业职业教育体制。规定农业就业者在正式进入工作岗位之前必须经过不少于3年的正规职业教育，上岗之后，在农场还有3年的学徒期，学徒期必须按规定参加职业培训，出徒前要参加行业统一的资格考试，只有拿到绿色证书才能允许独立经营农场，这种严格的职业教育制度保证了毕业生的质量。

日本自明治维新以来就重视农民教育，制定了一系列法令扶持和发展中等农业职业教育。陆续颁布了《学制》、《农学校通则》、《实业学校令》、《实业教育费补助法》和《实业学校教员养成所》等律令，对日本中等农业教育体制、经费来源和师资培训等问题作了系统的规定。1949年颁布《社会教育法》，利用图书馆等对农村青少年、妇女和成人进行培训。1953年颁布的《青年振兴法》，则是由政府资助对青年农民进行培训，有力地推动了农民教育的发展，农业生产力获得极大提高。

韩国早在1949年12月就制定了《韩国教育法》，规定了每个公民都享有平等的受教育权利。1960年韩国颁发了《农村振兴法》，规定了对农民、农村青少年和农村妇女进行农业经营和生产技术方面的培训，对农村领导者进行培训。政府于1961年设立乡村发展局，负责对农民开展现代教育。全国现有农民教育研究机构20多个，负责对农民和基层官员的教育，提高他们的文化科技素质。教育内容包括农业政策、经营管理、农业技术、农业机械、农产品加工销售等知识与技能。

二、完整的教育培训体系

发达国家都建立了高等农业教育、中等农业教育、继续教育和农技推广多个层次相衔接的农民教育培训体系，极大的满足了农业现代化发展对人才在数量、质量、类型等方面的需求。

美国农民教育培训的核心体现在农科教体系的建立和完善上，由农业部推广局统管。各州设有农学院、实验站和推广站，农学院负责全州的农业教育、科研和推广工作，三位一体，使高等农业职业教育、中等农业职业教育和各类农业短期培训班有机结合，农民能够参加各类层次的教育培训，掌握最新的科研成果和农业技术等。在美国，小学就开设农业《常识》选修课，让小学生了解粮食是如何生产的、庄稼是如何种的、小鸡是怎样孵出的等等基本常识，培养孩子对农业的兴趣；中学开设农业职业技术课程，全美约有 3 500 所高级中学设有农业职业教育课程，培养农业劳动力的后备技术人才。

英国的农民职业教育与技术培训以农业培训网为主体力量，以高等学校及科研与咨询机构为辅，形成了高、中、初级相互衔接，学校类型多样，学位证、毕业证、技术证等各种教育目标明确，正规教育与业余培训相互补充，学制种类和学习期限灵活多样的农民职业教育与技术培训体系。目前，英国有农业高校 57 所，近 100 所农业专科学校，200 多个农业培训中心和约 2 000 所农场职业技术中学，基本满足不同层次人员的需要。

法国的农业教育培训由农业部主管，分为高等职业教育、中等农业职业技术教育和职业培训三个部分，形成了较为完善的农民教育培训体系。不同层次的学校教育分工明确，各自有不同的培养目标，从农业工人、技术员到工程师及科研人员都有相应的机构承担。由于地域的差异，不同地域农业教育的内容和专业也有所差别。法国有 156 个农业职业培训中心面向农民开展职业培训。培训讲求实效，不拘形式，一般分为短期培训和长期培训，短期培训 20～120 小时，目的是丰富农业生产者的知识，长期培训 120 小时以上，目的是使没有受过农业教育，不具备农业经营知识的农民，取得经营农业所必需的基础知识；使参加农业生产 1 年以上并受过一定农业教育的农民，进一步提高专业知识和经营管理水平，获得更高的农业教育文凭。另外，法国的农业私立教育也相当发达：据 1996 年统计表明，全国农业私立教育委员会管辖的学校有 218 所，全国教育与定向农村之家联盟辖有 375 所学校，全国农村教育与培训联盟设有的学校 55 所，农业社会公共互助会有 4 所学校。这些学校规模通常较小，但学校教育与现场教学密切联系，可以更加灵活地满足农民不同的教育与培训需求，培养适用性人才。

德国高度重视农民职业技术教育培训工作，教育目的明确，一是为现代化农业培训新型的农业从业人员，二是推广农业使用新技术、新品种。建立了完善的农民职业技术教育培训管理体系，各州都建有农民职业技术教育培训学校及实验基地，主要负责农民职业技术教育和等级证书的颁发，试验研究及对农户进行技术咨询。学员在校三年学习期内必须按规定完成在校上课时间和在具有资格的农场学习，考试合格后发给毕业证书。如要进一步深造，需经一年的农业专科学校培训，合格后可获得农业经济师证书。获得该证书后，加上三年以上的工作经历，可经进一步深造获得农业硕士学位。

韩国的农民教育培训由国家统筹规划，各个培训部门分工指导、协同合作，形成了上下贯通、一体化的指导体系。《农业振兴法》明确界定了农民教育培训的主体是具有教育培训资质和职能的科研、教育和培训机构，包括农业协作合同组织（简称农协）、农业大学和农村振兴厅，从法律上保障农民教育，同时也积极地吸收社会其他力量共同参与对农民的培训。

三、灵活多样的教育培训方式

发达国家为满足农民的不同需求，在教育形式，课程的设置及其授课方式上，都呈现出灵活性、多样化的特征。

德国农业职业教育采用农业实践和理论教学相结合的“双学制”模式。这种模式保障了学生理论培训与实习交互进行，并对学员实习的农场资格提出要求，使学员能将所学的理论知识应用到生产中去，解决在生产中存在的问题。该模式在农业职业教育中也收到了良好的效果，随年级的提高，理论教学比重下降，农场中实践和学校中实际操作的课程比重逐渐增加，保证了学生应用现代农业技术的操作能力，也保证这些未来的农民始终了解农场在生产和经营中的主要需求和面临的问题。

加拿大政府为了吸引更多的年轻人参加农业职业培训，制定了许多优惠政策，如把畜牧、农业、园艺等12门绿色证书教育课程引入高中教育阶段；规定绿色证书培训可以抵农业大学、农业职业技术学院或高中教育的学分；由于加拿大政府给高中学校的拨款和资助与学生所获得的学分成正比，促使高中学校对鼓励学生参加绿色证书培训产生兴趣。这样，通过种种措施，加拿大农业职业教育进一步将成人教育、职业教育及普通教育连接起来，源源不断地吸引有志从事农业生产的年轻人自费到农场参加绿色证书培训。

韩国的农民教育培训形式多样。长短期结合，脱产与半脱产结合，有正规学历教育，也有多层次、多形式、多辅导的农民培训。注重理论与实践的结合，实践教学、实习参观贯穿于整个培训。同时利用各种媒介加强对农民的培训，通过农业专业教育、冬季农民培训、专业技术员巡回教育、广播讲座等形式，开展对农民的专业技术、农业经营和农政等方面的教育。

四、稳定的教育培训投入

发达国家农民教育培训的顺利发展，与其给予大量的资金投入是分不开的。

资料表明，美国财政每年用于农民教育培训的经费600亿美元，各联邦及州县政府通过拨款资助各州、县建立推广服务体系。美国政府为了推动农业教育培训，每年拨出大批研究经费，自 1995 年以来，每年大体上以 8%的速度逐年递增。同时美国在 2002 年颁布新农业法中规定，从 2002 年到 2007 年 6 年中，新增农业补贴 519 亿美元，总计达到 1 185 亿美元。

德国农民教育培训经费来源稳定，国家将农民教育培训经费列入财政预算，根据各农业学校培训中心的培训计划，依据财政政策安排培训专款，农民教育培训投资占国家教育投资的 15.3%。另外，还以纳税形式让企业和个人交纳培训费。如德国的莱法州政府每年也向 8 所农业学校与实习基地投入达 8 000 万欧元，以维持学校教职工以及学员在学校学习和实习的正常开支。

日本在战后对农业实行直接投资和长期低息贷款，特别是在农业教育培训上投入了大量的人力与物力。目前，日本有 57 个县立农业学校，办学经费由国家负担 2/3，县里负担 1/3。

韩国政府于 1977 年，投资建设了韩国国立农业专门学校，每年为这些学校提供预算为 50 亿韩元，充分保证农民教育培训的经费。韩国的农民有 90%都为农协会员，所有农协会员参加培训都是免费的。新时期，韩国政府为了鼓励农民参与培训，规定对农业后继者提供 2 000 万～5 000 万韩元（1 100 韩元＝1 美元）的资金援助，年息 5%，5～10 年内偿还。

法国在直接对农民教育培训进行大量投资的同时，还拨出专款支持农业科学研究与技术推广活动。法国全国有 350 所农业技术学校，其中私立约 200 多所，其校长和教师的工资大部分由农业部拨款解决。

英国各产业培训中，唯一能得到政府资助的就是农民教育培训。瑞典，农业大学每年可以从政府获得 40 亿瑞典克朗的经费，所以农业大学经费充足，设备先进。爱尔兰每年用于农业职业教育及农业技术推广的经费约为 2 500 万英镑。

第十一章　新农村建设中的财政支农政策研究

改革开放30多年来，随着我国工业化、信息化、城镇化进程的快速推进，经济社会发展水平的不断提高，财政支农政策不断发展和完善。特别是新世纪以来，我国开始进入工业化中期阶段，工农关系和城乡关系发生了重大变化，进入了工业反哺农业、城市支持农村的新时期。调整国民收入分配格局，加大对农村的投入，是推进新农村建设，实现以工补农、以城带乡的必然要求。国家财政作为二次分配的重要方式，成为调整国民收入分配结构的政策工具，也成为支持农村建设和发展的重要资金渠道。近几年来，国家大幅度增加财政支农资金，对农业和农村的投入不断增加，把农村公共品纳入财政覆盖范围。财政支农资金由2000年的1 375亿元提高到2009年的7 161亿元，9年间增加了4倍多，年均递增20%多，有力地支持了新农村建设，有效改善了农村发展环境，对推动了城乡统筹发展起到了重要作用。但城乡之间仍然存在着巨大差距，受资源报酬率和经济体制等因素的影响，农村劳动力、土地资源仍然不断流入城市，城乡差距扩大的趋势仍然没有得到根本性的扭转。因此，需要国家不断增加财政投入总量、扩大财政覆盖范围、加大财政投入强度，有力推进社会主义新农村建设，最终实现城乡统筹发展。

一、财政支农政策在新农村建设中的重要意义

2006年中央1号文件提出社会主义新农村建设，明确要求中央财政支出将向农业、农村倾斜，实现公共财政覆盖农村。增加财政支农投入，既是加快新农村建设的需要，也是调整国民收入分配格局，加快统筹城乡发展的客观要求。

首先，增加财政支农投入是统筹城乡发展，加快社会主义新农村建设的应有之义。长期以来，在城乡分割体制和城市偏向的资源要素配置机制的作用下，农村的土地、资金和劳力大量流向城市和非农产业，导致农业、农村经济社会发展严重滞后，基础设施建设欠账很大。建设社会主义新农村，加快城乡统筹的一个根本目的就是扭转资源要素向城市流动的现状，改变城乡发展失衡

的局面。财政资源分配是社会资源配置的重要组成部分。目前，我国财政收入占到国民生产总值的20%以上。调整财政资源的配置结构作为二次分配，是政府调整国民收入分配格局的重要措施，也是引导社会资源配置的重要手段。扭转城乡资源要素的配置机制，首要的就是要改变以往重城轻乡的偏向，把财政资源更多向农业、农村倾斜，并进一步发挥财政资金的导向作用，引导工商业资本、金融等社会资本和技术、人才的要素向农业农村流动，建立城乡均衡的资源配置机制，从而为新农村建设提供要素支撑。

其次，乡村经济组织实力的弱化，客观上也要求财政加大对新农村建设的支持。建国以来很长一段时间，农村公益设施和公共服务均由农民自筹资金支撑。即使在改革开放后，除了少数集体经济比较发达或者集体资产较多的村庄外，大多数农村公共服务所需要的资金仍然通过“三提五统”和“两工”来解决。但进入新世纪以来，随着农村综合改革的深入推进，特别是农村税费减免和产权改革，大部分农村地区的集体经济实力大大减弱甚至名存实亡。一方面，国家取消了三提留、五统筹以及义务工、积累工，村级组织失去传统的筹资筹劳手段。尽管近年来逐步加大了对“一事一议”的支持力度，但由于规定的比较严格，要取得多数农民的同意才能进行集资，而且规定了集资的最高限额，导致“一事一议”难以替代原来“三提五统”和“两工”在筹资筹劳方面的作用。另一方面，随着农村产权制度改革的不断深入，越来越多的集体资产，如村办企业被量化确权到农民名下。村级组织的资产越来越集中在土地、山地、水面及荒坡、荒滩等公共资源上。而且随着社区人口流动性的增加，农户土地承包经营权物化的推行，村级组织的山地、林地、水面以及荒滩、荒坡要求被量化到农户名下的压力也越来越大。这样，村级组织所掌握的集体资产必然越来越少，已经难以承担乡村基础设施和公共服务的职责，亟需公共财政承担农村公共品供给的职能。近年来国家在乡村道路、文化教育、医疗设施等方面实施了一系列的工程，但农村基础设施仍然十分落后，公共服务水平依然很低。这既影响了农民的生活条件，也影响了资金、人才等要素向农村的流动，成为制约新农村建设的主要因素。加快新农村建设，需要国家财政增加投入，从根本上改善农村的生产生活环境。

第三，从我国经济发展水平看，2009年我国人均GDP已经超过3 700美元，进入工业化中期阶段。我国财政收入超过6.8万亿元人民币，人均财政收入5 130元。这为国家财政支持新农村建设提供了坚实的经济基础。

最后，从国际经验看，完成工业化的发达国家，都通过财政手段加大了对农业和农村的投入，把农村基础设施建设和公共服务纳入公共财政的覆盖范围，推进农村的建设和发展。美国、日本和欧盟都出台了支持农业和农村发展的立法，特别是进入新世纪以来，美国、日本和欧盟在支持农业发展的同时，也把农村发展作为重要议题，纳入立法，给予支持。在这些国家，农村水、路、电和通讯等基础设施基本建设均由财政负担，农村的教育、医疗等公共服务均纳入财政预算，都实行了城乡统一的社会保障制度，农民收入的40%～50%均来自财政补贴。这说明，财政支持新农村建设和发展是一个规律和趋势。

二、我国财政支农政策演变历程

我国财政支农政策演变是与经济发展阶段性变化相一致的，主要是遵循改善工农关系、城乡关系的转变而逐渐展开的。在改革开放初期，主要是以提高农产品价格，放开农产品市场为主要内容，逐步缩减传统的工农产品剪刀差；20世纪90年代，我国逐步增加对农业基础设施的投入，改善农业基本生产条件，提高农业综合生产能力；进入新世纪，特别是2004年以来，我国进入工业反哺农业，城市支持农村的新阶段，国家提出了新农村建设的任务，对农民各种补贴政策陆续出台，农村各种公益事业纳入公共财政，国家“三农”投入大幅增加，城乡统筹进程加快。按照这一思路，我国财政支农政策大体可以划分为三个阶段。

（一）70年代末至80年代中期：提高农产品收购价格，放开农产品市场

农产品价格政策是财政支农政策的重要内容，也是反映工农关系的重要标志。新中国成立初期，为了迅速摆脱经济落后的局面，国家实施了重工业优先发展战略，国民收入分配格局向工业和城市倾斜。工农产品的不等价交换成为实现这种国民收入分配的重要渠道。据测算，1954—1978年，农业部门为国家工业化净提供资金约4 500亿元，其中，通过工农价格“剪刀差”提取的农业积累占到80%。这种体制在促进国家工业化的同时，抑制了农业生产力的发展，导致工农业发展、城乡发展的失衡，成为制约国民经济发展的桎梏。为了调动农民的生产积极性，促进农业发展，我国在农村经营体制进行重大改革的同时，也对农产品购销体制进行了改革，工农产品比价关系得到改善。

1979年党的十一届三中全会《关于加快农业发展若干问题的决定（草案）》明确要求：“粮食统购价格从一九七九年夏粮上市起提高20%，超购部分在这个基础上再加价50%。棉花、油料、糖料、畜产品、水产品、林产品

等的收购价格，也要分别情况，逐步作相应的提高”。1979 年粮食等农副产品收购价格总指数上升了 21%，1980 年以后又多次提价。到 1984 年，全国农产品收购价格总水平比 1978 年提高 53.6%，明显高于同期农村工业品零售价格总水平上升 7.8%的幅度。1986 年，全国农产品收购价格总指数比 1978 年提高了 77.5%，平均每年递增 7.4%。

在提高农产品收购价格的同时，国家逐步改革粮食等主要农产品流通体制，放开农产品市场。1979 年《中共中央关于加快农业发展若干问题的决定》规定：“在今后一个较长的时间内，全国粮食征购指标继续稳定在一九七一年到一九七五年‘一定五年’的基础上，并且从一九七九年起减少统购五十亿斤，以利于减轻农民负担，发展生产。”1983 年中央 1 号文件明确提出，对农民完成统派购任务后的产品和非统购派购产品，应当允许多渠道经营。1985 年，中央 1 号文件明确提出，改革农产品统派购制度，粮食、棉花的统购改为合同定购，其他各类农产品，实行价格放开，由市场供求调节。

随着粮棉收购价格的提高和农产品市场的放开，我国工农产品比价关系得到了大幅度的调整，以工农产品价格“剪刀差”方式提取的农业积累数量大幅下降，这标志着农业养育工业，农村支持城市的政策开始发生转变，开启了工农关系转变的序幕。

需要提及的是，在这个时期，国家也提出了增加财政对农业投入的要求。1979 年《中共中央关于加快农业发展若干问题的决定》规定：“今后三五年内，国家对农业的投资在整个基本建设投资中所占的比重，要逐步提高到百分之十八左右；农业事业费和支援社队支出在国家总支出中所占的比重，要逐步提高到百分之八左右。地方财政收入应主要用于农业和农用工业。”但在实际中没有得到很好地执行。如 1985 年，国家财政用于农业的支出仅由 1980 年的 150 亿元增加到 154 亿元，增幅不到 3%，在国家财政支出中的比重也由 12.2%下降到 7.7%。

（二）80 年代后期至 90 年代末期：多渠道增加农业基础设施建设和生态建设投入

进入 80 年代中期，受集体经济弱化等因素的影响，农业基础设施建设投入大幅下降，农田水利设施老化、失修的问题越来越突出。1978—1988 年，我国高、中、低产田的比例由 1∶1∶1 演变为 1∶2.5∶1.5，1/4 的水库淤积，40%已不能正常运转，有效灌溉面积比 1979 年减少 883 万亩。同时，资源和生态环境恶化问题越来越突出。特别是长江、黄河上中游地区由于毁林开荒、陡坡耕种，已成为世界上水土流失最严重的地区之一，每年流入长江、黄河的泥沙量达20多亿吨。不断加剧的水土流失，导致江河湖泊不断淤积，使两大流域中下游地区水患加剧，水资源短缺的矛盾日益突出。为改善农业生产发展条件，20世纪80年后期开始，国家开始多渠道筹集资金，逐步增加对农业基础设施建设的投入。

一是设立农业发展专项资金和农业综合开发资金。1986年中央1号文件提出，从“七五”计划开始，国家对农业基本建设的投资和农业事业费，将适当增加；国家从征收的乡镇企业所得税和工商税的增长部分中，拿出一部分用于扶持农业。1986年开始，每年从乡镇企业增长的税收中，中央财政和地方财政共同安排发展粮食生产专项资金10亿元（后改为粮食自给工程），用于改进农业生产技术措施，改善粮食生产条件，增强农业发展后劲，提高粮食产量。1988年，国务院《关于建立农业发展基金增加农业资金投入的通知》决定，从1989年起设立农业发展基金（后改为农业综合开发资金），在全国进行有组织、有计划、大规模的农业综合开发，通过改造中低产田，适当开垦宜农荒地，改造农业基本生产条件，提高粮棉油等主要农产品的综合生产能力。到1996年，国家综合开发资金达到30.5亿元，2000年，资金更是达到67.7亿元，比1996年翻了一番。

二是发行特别建设国债。20世纪80年代中期以后，国家财政农业基本建设投入规模不断增加。1998年国家开始实施积极的财政政策，通过发行特别建设国债，支持包括重要水利工程设施建设在内的农业基础设施建设，进一步增加了农业基本建设资金的来源。1998—2001年，国家共新增农业国债资金1 445.93亿元，占同期新增国债总规模5 100亿元的28.35%，是新中国成立以来农业基础设施建设投资增长速度最快、总量最多的时期。2000年国家财政农业基本建设支出达到414.46亿元，比1985年增加了10倍，在国家基本建设支出的比例也由6.8%提高到19.8%。

三是充分利用外资投入农业。改革开放以来，我国对外交往不断扩大，为引进外资奠定了良好的基础。1980年5月15日，世界银行恢复我国的合法席位，与此同时，我国在国际开发协会、国际金融公司的席位也得到恢复，拓宽了我国利用外资的渠道。到1990年6月底，我国共利用世界银行和国际农业发展基金会贷款增加对农业的资金投入达14亿美元，折合人民币56亿元，其中1990年利用世界银行和国际农业发展基金贷款，支持河北、江西农业开发和全国林业发展的资金为5.1亿美元，折合人民币27亿元，比1982年增长了近26倍（吴坤龙，1992）。

四是银行的农业信贷资金规模不断扩大。随着我国金融事业的不断发展和国家对农业投入的高度重视，农业信贷资金的规模不断扩大，农业贷款的增加额逐年提高，农业贷款成为国家对农业资金投入的一个重要渠道。1990 年，农业银行信用社用于国营农业、扶贫和农业综合开发的贷款增加额达 363 亿元，比 1980 年增长了 8.3 倍。

国家农业基础设施建设和农业生态建设投入的大幅度增加，对于改善农业生产条件，提高农业综合生产能力起到了重要作用。20 世纪 90 年代中后期，我国粮食总产量突破 1 万亿斤大关，由此我国农业进入了总量基本平衡、丰年有余的发展新阶段。

（三）本世纪初至今：大幅度增加财政投入推进新农村建设

20 世纪 90 年代末期，尽管随着农产品市场化改革，农业综合生产能力大幅度提升，但农民收入增幅连年下降，城乡收入差距持续扩大，成为制约国民经济健康发展的突出问题。在这个背景下，党中央提出“两个趋向”和我国进入工业反哺农业、城市支持农村发展阶段的重大论断，提出了建设新农村的重大任务，制定了“多予少取放活”的基本方针，明确了统筹城乡发展的基本方略，财政支农投入大幅增加，各项直接补贴政策相继出台，公共财政逐步建立，国家和农民关系、工农关系和城乡关系发生根本性转变。

一是免征农业税费。为了减轻农民负担，2000 年我国开始了农业税改革，先是取消了农业税以外的“三提五统”和各种摊派和集资，统一了农业税和附加税率，并分步取消“两工”。2004 年，为了进一步调动农民发展农业生产，特别是发展粮食生产的积极性，把农业税比率从 7%下调到 5%，并在黑龙江和吉林开始实行全面取消农业税的试点。在 2005 年十届全国人大常委会第十九次会议审议通过废止《农业税条例》，从 2006 年 1 月 1 日起，征收了 2600 多年的农业税从此退出历史舞台。这是具有划时代意义的重大变革，标志着国家与农民之间的传统分配关系格局发生了根本性变化。与农村税费改革前的 1999 年相比，农民共减免税费负担 1 200 多亿元，每年人均减负 120 多元①。2000—2007 年，中央财政安排农村税费改革转移支付补助资金累计 3 742.1 亿元。

二是实施对农民的各项补贴。为了提高农民种粮积极性，增加农民收入，2004 年的中央 1 号文件提出了对种粮农民的直接补贴、良种补贴和农机具购置补贴三大补贴政策。2004 年对种粮农民的直接补贴为 116 亿元，良种补贴

① 金人庆：《扩大公共财政覆盖农村范围建立支农资金稳定增长机制》，《中共中央党校报告选(2006 年增刊)》，第 51 页。

28.52 亿元，农机具购置补贴 7 000 万元。2006 年，在不断增加原有三项补贴资金的同时，中央以化肥价格改革为契机，出台了农资综合补贴政策，当年补贴资金达到 125 亿元。2009 年，中央财政安排粮食直补、农资综合补贴、良种补贴、农机具购置补贴四项补贴 1 230.8 亿元，比上年增长 19.4%。这样，种粮农民不仅不需要缴纳任何税收，而且亩均还获得 70 多元的补贴。从这个意义说，我国工农关系已经发生了根本性的变化，实现由农业养育工业向工业反哺农业的转变。

三是把农村基础设施建设和农村社会公益事业发展纳入财政预算。农村基础设施，是建设社会主义新农村的重要物质条件，也是提高农村公共服务水平、促进农民增收的基础支撑。2008 年，安排农村饮水安全工程中央投资 115 亿元，加上地方自筹 105 亿元，共投入 220 亿元；投资 60 亿元用于农村沼气建设；安排农村公路改造工程中央预算内投资 105 亿元，加上中央专项建设基金（车购税）148 亿元，共计 253 亿元，用于西部地区通乡油路、中部地区和东部欠发达地区的通村油路建设；投资 47.4 亿元支持中西部农网完善工作和无电地区电力建设工作，解决无电人口的用电问题。从农村公共社会事业发展来看，2008 年共安排中央投资 60 亿元，支持 3 519 所学校的建设，建设规模约 688 万米^2；安排专项资金 75 亿元，支持 10 403 个乡镇卫生院、430 所县医院 369 个县妇幼保健机构、209 所县中医院、民族医院和 823 个村卫生室建设，并为 11 726 个乡镇卫生院、275 所县中医（民族医）医院和 608 所县级妇幼保健机构配备基本医疗设备；安排实施广播电视“村村通”、“西新工程”、乡镇综合文化站、文化信息资源共享等重点工程建设，提高农村公共文化服务水平①。2009 年，中央财政用于农村基本建设的投入超过 1 000 亿元，用于农村社会事业的投资超过 2 500 亿元。财政投入成为推动新农村建设的重要资金来源。

财政支农政策体系的演变，实际上反映了工农关系、城乡关系的转变，从农业哺育工业、农村支持城市到工业反哺农业、城市支持农村的根本性转变，从城乡分割政策到城乡统筹的转变。这个根本性转变，对于农业和农村经济的发展，遏制城乡差距的扩大，改善农村生产生活条件起到了至关重要的作用。与以往城乡分割体制下农民自己负担公共事业和服务支出相比，农村建设投资体制已经发生重大转变，财政投入成为推动农村基础设施建设，改善农村公共服务的主要渠道，这一方面标志着长期以来农村支持城市、农业支持工业的格

① 秦小东，2009 年中国《农村基础设施建设发展报告》发布，http://house.focus.cn/showarticle/3200/571802.html.

局已经发生了根本性的变化，同时也把农村纳入了城乡一体化进程，迈出了统筹城乡的历史性步伐。

三、财政支农政策在推进新农村建设中的作用

社会主义新农村建设是实现以工补农、以城带乡，加快城乡统筹的重大举措。财政投入作为重要的资金来源，对于加快现代农业建设，促进农村发展和农民就业增收起到了重要的推动作用。

一是农业综合生产能力大幅度提高。发展现代农业，是新农村建设的首要任务。财政支农投入的增加，特别是大幅度增加农业基础设施建设，有效改善了农业生产条件，粮食产量持续增加。2004 年以来，我国粮食生产连续 6 年增产，为保障国家粮食安全奠定了坚实基础。1978 年以来，我国粮食产量连续迈上 7 000 亿、8 000 亿、9 000 亿和 10 000 亿斤四个台阶。到 20 世纪 90 年后期，我国告别了农产品长期供给短缺的局面，实现供求基本平衡，丰年有余，农业发展进入新阶段。尤其是 2004 年以来，我国实现了连续 6 年粮食增产，为国家从容应对金融危机奠定了坚实的物质基础。

二是农民收入持续增加。2004 年以来，农民人均纯收入增幅持续保持 6%以上，2009 年我国农民人均纯收入达到 5 153.2 元，是 1990 年的 7.5 倍。从收入结构看，随着农民进城务工环境进一步改善，农民工资性收入比重不断提高。2009 年，农民工资性收入达到 2 061.3 元，占农民纯收入的比重达到 40%。随着各项补贴力度的加大，财产性收入和转移性收入也在逐年增加。2009 年，农民人均财产性收入和转移性收入分别比上年增加 19.1 元和 74.7 元，分别增长 12.9%和 23.1 %，成为农民收入的重要增长点。这说明，近年来的农业补贴政策确实起到了保障农民增收的作用。

三是农村基础设施不断完善。随着国家实施了包括水、电、路、气、房的一系列工程，农村基础设施建设和农民生活水平显著改善。2009 年，农村饮水安全工程使 6 069 万农民受益，农村自来水普及率达到 68.7%，比上年提高 3.2 个百分点，提前一年完成了“十一五”饮水安全规划任务，提前 6 年实现联合国千年宣言提出的到 2015 年将饮水不安全人口比例降低一半的目标。全国农村公路总里程达到 333.6 万公里，全国乡镇通沥青（水泥）路率达到 92.7%，比“十五”末提高了 11.3 个百分点；东中部地区建制村通油（水泥）路率达到 92.3%，西部地区建制村通公路率达到 90.1%；建制村通公路率、通沥青（水泥）路率分别达到 96.3%、76.9%，较“十五”末提高了 2 个和 14.5 个百分点。农村电网改造成效显著，新增 110 千伏及以上变电站容量 464

万千伏安；新增 35（66）千伏变电站容量 142 万千伏安；配电变压器容量 220 万千伏安。新投产 10 千伏及以上高压线路 2.2 万公里，低压线路 12 万公里。新建大中型沼气工程 1 579 处，全国沼气建设已发展到 3 610 万户。农村危房改造试点工作顺利开展，截至 2009 年 10 月 31 日，全国危房改造开工 66.28 万户，开工率 83.48%；竣工 41.39 万户，竣工率 52.13%。

四是农村社会事业取得较快发展。农村教育事业取得显著成就，2007 年，中部地区和东部地区农村义务教育阶段中小学生全部免除学杂费，2009 年，中央出台农村义务教育阶段中小学公用经费基准定额，2010 年，农村义务教育阶段中小学公用经费基准定额全部落实到位。农村合作医疗事业取得显著成就，截至 2009 年底，开展新农合的县（区、市）达 2 716 个，新型农村合作医疗覆盖率达 95%，参合人口 8.33 亿，参合率为 94%。农村社会保障事业取得显著成就，2007 年底，农村最低生活保障制度在全国范围内普遍建立，平均低保标准 70 元/（人·月），2009 年末，平均低保标准达到 101 元/（人·月）。截至 2010 年 2 月，全国共有 4 840.4 万人、2 328 万户已纳入农村最低生活保障。到 2009 年末，全国农村得到五保救济的人数达到 554.3 万，覆盖了 528.6 万户，农村五保供养平均支出水平为 2 001 元/（人·年）。农民工、被征地农民等特殊群体社会保障制度逐步建立，2008 年底，全国参加工伤保险的农民工人数达 4 942 万人，参加工伤保险的比率约为 22%。截至 2009 年 9 月底，参加失业保险的农民工人数为 1 563 万人，参保率 6.8%。截至 2009 年 9 月末，全国 29 个省出台了被征地农民社会保障实施办法，1 200 多个县（市、区）开展了被征地农民社会保障工作，1 300 多万被征地农民纳入了养老保障或基本生活保障制度。

四、财政资金在新农村建设中的定位

近年来，国家不断加大对“三农”的财政投入力度。2010 年，中央财政支农资金将达到 8 183 亿元，比 2000 年增加了近 5 倍。科学利用财政资金，明确财政资金在社会主义新农村建设中的投入重点和方式，更好地发挥财政资金的杠杆效应，对于加快推进社会主义新农村建设具有重要意义。

（一）把农村基础设施建设和农村社会事业发展作为财政支持新农村建设的重点投入领域

新农村建设的目标是为了实现农业农村的全面发展，实现城乡一体化发展的新格局。因此新农村其包括内容也非常多，既有农业生产的发展，也有农村

二、三产业的发展，既有农业基础设施建设，也包括农村的公益事业和公共服务。作为公共财政，支持新农村建设应重点集中在具有公共品属性的领域和环节。具体而言，应着重在以下四个领域进行重点投入。

一是道路交通、电力、通讯、饮水和环境等纯公共品设施。这是农村最基本的设施，对于改善农民生产生活条件具有重要意义。目前，尽管国家近年来大幅度增加了对农村道路、电力、通讯和饮水设施的投入，推动了农村地区基础设施的改善。但中西部地区的道路、电力、饮水和通讯设施仍然不尽如人意，如硬化路面仍然仅限于乡镇与县城之间，乡与村之间、村与村之间，特别是自然村之间，硬化路面的比例很低，为农民出行带来了很大的不便。仍然有部分农村居民没有喝上安全水，相当比例的农村地区还有停电断电现象。因此这些基础设施建设应当是新农村建设的首要领域。相对于东部地区，中西部地区自然环境相对较好，但近年来，由于生活垃圾的增多，中西部地区农村环境也呈现恶化趋势。目前在新农村建设投入理念上，对于中西部地区的环境问题重视不够，亟需进政府加大投入，加强污水和生活垃圾处理设施建设，保护中西部地区农村的自然和生态环境。

二是文化教育和医疗卫生等公共服务。这些直接关系到农村居民身体健康和综合素质的提高，具有明显的公共品属性。十六大以来，国家通过“两基工程”（普及 9 年制义务教育和基本扫除青壮年文盲），对中西部实施“两免一补”（免除学杂费和书本费，对贫困家庭给予寄宿生活费补助），大大推动了农村教育事业的发展。在医疗卫生方面，通过乡村基层医疗卫生网点建设，也在一定程度上缓解了农民看病难的问题。同时，中央财政和地方财政也支持了农村文化、体育设施建设，促进了农村文化生活。但农村，尤其是中西部地区，教舍设施比较差，医疗设施落后，教师和医护人员素质偏低，制约着农村教育和医疗卫生服务水平的提高。因此国家应进一步加大对教舍设施、医疗条件建设投入，改善教育和医疗条件。同时，加大对中西部地区农村教师和医护人员的培训，提高其能力和素质。

三是医疗保险、最低生活、养老等社会保障体系建设。社会保障体系是城乡差距最集中的体现，也是很多农民陷入贫困的重要原因。十六大以来，我国相继在农村建立新型农村合作医疗、农村最低生活保障，并于 2009 年开始农村养老保险试点，初步搭建了农村社会保障制度框架。但和城镇社会保障制度相比，各项保险的水平非常低，还难以满足农村居民的需要，农村养老保险的覆盖面也比较小。推进新农村建设，要把农村社会保障作为重点内容，大幅度增加财政投入，逐步提高农村医疗、低保和养老保险的水平，并逐步和城镇接轨，构建城乡统一的社会保障制度。

四是加大对农业农村产业发展的扶持。尽管和基础设施、公共服务以及社会保障相比，农业农村产业的公共品属性相对较弱，但要看到，农业和农村二、三产业的发展具有较强外部性，需要财政的支持。首先，农业是国民经济的基础，加快现代农业建设既是保障农产品有效供应的需要，也是合理利用水土资源，保护生态环境的客观要求。这也是新农村建设把发展现代农业作为首要任务的原因所在。其次，长期以来，在传统的城乡分割体制下，国家通过工农产品剪刀差、土地征占制度、金融管制体制和劳动力转移，从农业和农村抽去大量资本积累，支持工业和城镇建设，大大削弱了农业和农村自我积累和发展的能力。随着我国工业化的基本完成，工业和城市应当支持农业和农村产业发展。但是由于经济体制改革不到位，导致这种反补依靠市场自身力量还难以实现，需要通过财政手段进行这种反补。因此农村产业发展，尤其是农业发展也是财政支持的重要内容。

（二）充分发挥财政资金的引导作用，吸引其他资金投入新农村建设

目前，尽管我国经济实力不断增强，财政总量也大幅度增加，但是和新农村建设的巨大资金需求相比，仍然是捉襟见肘。这就要求在不断增加财政投入的同时，更加科学有效的利用财政资金，特别是要借鉴现有各种有效的投资方式，引导工商资本、信贷资金和其他社会资金投入新农村建设。

第一，构建基础设施建设融资平台，加快新农村的公益事业发展。农村基础设施建设需要资金巨大，财政资金难以满足，可以按照公共品属性的不同，构建不同的融资平台。对于无法收费的纯公益设施，可以借鉴发达地区的做法，以财政预算投入为保障，通过信贷融资进行建设。在中央和地方财政预算中，对这类公益设施列入经常预算，分年度逐步偿还信贷资金，从而加快纯公益设施的建设步伐。

第二，采取 BOT 等方式，推动准公共设施建设。准公共设施，由于有一定的收费收入，可以借鉴国际上流行的建设—运行—转让（BOT）做法，引入社会资本参与建设。即先建设经营权转让给工商资本或者私人资本，由其投资建设，然后由其进行运行，通过收费回收投入，在一定年限后再把这些设施的运行权交还政府。鉴于农民收入水平比较低，政府可以根据设施收费水平的差异，对私人资本给予一定的补助或补贴，提高社会资金参与的积极性。

第三，采取入股等方式，提高农民参与农村基础设施的积极性。我们在调研中发现，在很多农村地区，为了改善自身的生产生活条件，农民自发组织起来，进行准公共设施建设。如河北省临漳县东营村，农民合作入股，进行饮水

设施建设，改善饮水条件，效果非常不错。因此具有准公共品的领域，可以通过财政补贴的方式，引导农民组织起来，通过入股的方式，进行基础设施建设，解决财政资金不足的难题。特别是东部经济发展水平较高的地区，可以通过这种方式，提高农民参与的积极性，加快公共设施建设。

第四，积极发展信贷担保，加快农村产业发展。当前，资金是现代农业建设和农村二、三产业发展的瓶颈，但完全依靠财政投入解决，既不符合市场经济发展规律，也是财政难以承受的。由于农业面临自然和市场双重风险，单纯依靠财政补贴和补助难以解决农业和农村二、三产业发展的资金需求。因此应大力发展农村信贷担保，通过政府补助、市场化运作的方式，建立农村信贷担保公司，对农业和农村二、三产业的贷款进行担保，引导信贷资金支持农村产业发展。

第五，建设和维护并重，有效发挥财政资金支持新农村建设的作用。当前，重建设轻维护，是我国财政支农资金投入的一个重要问题。因此在加大财政对新农村基础设施建设的同时，把农村公共设施的维护管理纳入财政预算，作好这些公益设施的维护和管理，提高财政资金实际效益。

五、财政支持新农村建设面临的挑战和问题

党的十七大明确要求，解决好农业、农村、农民问题，事关全面建设小康社会大局，必须始终作为全党工作的重中之重。并提出深入落实科学发展观，统筹城乡发展，推进社会主义新农村建设，建立以工促农、以城带乡长效机制，形成城乡经济社会发展一体化新格局。这必然进一步加快国民收入分配格局调整的步伐，财政支农资金将继续大幅增加，为健全财政支农政策体系提供了重要历史机遇。

同时，随着工业化、信息化、城镇化、市场化、国际化进程加快，工农关系、城乡关系中一些深层次的矛盾逐步显露出来，也对财政支农政策体系提出了新的任务和要求。首先，保障主要农产品基本供给的艰巨性凸现。改革开放以来，我国的农业发展取得了很大成就，到20世纪90年代中期，主要农产品终于实现了供求基本平衡、丰年有余的阶段性转变。但是，进入新世纪以后，我国主要农产品供给问题再度凸显出来。一方面，随着人口增加和城乡居民消费结构的升级，农产品消费总量特别是商品性消费需求持续增加，消费结构日趋多样化，对农产品质量安全的要求不断提高。另一方面，受土地资源减少、水资源日趋匮乏、生态环境恶化、农业基础设施薄弱、农业科技和物质装备水平不高、农业发展方式粗放等众多因素制约，农业持续稳定增产难度加大。而

随着大量农村劳动力转移，农业劳动力素质呈结构性下降，数量上出现季节性、区域性短缺，进一步制约了农业生产。受世界农产品供给日益趋紧的影响，我国利用国际市场调剂余缺的不确定性增加。提高农业综合生产能力、转变农业发展方式，保障农产品有效供求成为财政支农政策的一个重大目标。其次，城乡之间和区域之间经济社会差距持续扩大。改革开放以来，农业和农村经济全面发展，农村基础设施和公共服务水平不断改善。但由于城乡二元格局并没有打破，城乡差距持续扩大的势头并没有得到有效遏制。2009 年，农村居民人均纯收入 5 153 元，比上年实际增长 8.2%；城镇居民人均可支配收入 17 175元，比上年实际增长 8.8%。城镇居民收入是农村居民收入的 3.3 倍，而且城镇居民收入增长速度高于农村居民，城乡居民收入差距还在进一步扩大。此外，城乡教育、卫生、社保等差距更大。同时，由于资源条件、产业基础、发展方式等方面的不同，区域间农村发展差距也在不断拉大。1980 年，东、中、西部地区农民人均纯收入之比为 1.27∶1.05∶1，到 2006 年已扩大到 1.85∶1.26∶1。社会分化和结构变迁是经济社会发展中的必然现象，有利于激发社会活力、有利于资源优化配置，有利于经济结构调整。但是，如果社会分化的速度和水平超过了人们的心理承受能力，也会对社会稳定造成不利影响，甚至引发不同群体间的矛盾冲突，危及社会的稳定与发展。此外，我国农业和农村发展所面临的资源、环境和市场约束加剧，建设现代农业和统筹城乡发展的难度加大等一系列困难给财政支持新农村建设提出了严峻的挑战。

这表明，财政支农政策不仅要承担关系国计民生的农产品供给的持续稳定增长问题，还肩负着缩小城乡差距、促进社会协调可持续发展的重任。从这一角度来反观目前的财政支农政策，还存在着很多不适应这一新形势的方面，存在着诸多问题。

（一）财政支持新农村建设的整体性框架尚未形成

中国经济目前正处于一个发展变化速度非常快、结构性问题非常突出的时期，财政支农政策体系几年来一直是处于不断完善和调整的过程之中，整体性的框架尚未形成。

首先，从财政支农的领域来看，仍然处于“打补丁”的状态。2004 年以来连续 5 个中央 1 号文件的出台勾勒出了财政支农政策转变的基本方向，但是在具体政策实施上仍然缺乏系统性、连续性，还没有一个完整的财政支农政策框架和相应具体规划，对财政支农政策强调的比较多的是增长方面，对于政策体系本身如何完善，包括投入的增长机制如何建立，支农投入在整个公共财政资源中的地位和比重，财政支农支出结构的优化，财政支农方式的选择以及一些重大项目的选择等方面都还没有清晰的框架可借鉴。由于缺乏科学系统的规划，财政支农政策的边界还并不明晰，支农方式也比较单一，这不利于应对当前面临的形势和"三农"问题的解决。

其次，在目前的财政预算科目中，农业农村的投入混在一起，不便于理清农业投入和农村投入。中央财政是我国财政支农政策的主要承担主体，从中央财政的支出科目来看，有基本建设投资、科学事业费、科技三项费用、支援农村生产支出、农业综合开发支出、农林水气等部门事业费、支援不发达地区支出、水利建设基金等等，还有农业税灾歉减免补助、农村税费改革转移支付、缓解县乡财政困难转移支付、农产品政策性补贴支出、农业生产资料价格补贴等，往往是农村的投入中有农业，一些带有阶段性的特点，一些是没有明确的涵义。政府用于农业和农村的支出目标差异很大，如不在预算科目里明确分清，容易在资金使用中出现一种用途挤占其他用途资金的情况出现，不利于财政资金投入精准性目标的实现，也不利于农村各项建设的开展。

第三，目前的基本建设专项资金设置种类较多，分散使用。在一些特定的历史时期，根据当时的发展需要而专门设置了一些专项资金的名目，有些专项资金虽然名称不同，但建设内容和项目功能基本相同，由于体制性障碍等原因，这些资金无法整合和调整，导致有些资金分散使用，难以发挥整体效果，有些资金规模很小，已缺乏实际意义。

（二）财政支持新农村建设的资金稳定持续增长机制尚未建立

尽管近年来国家对"三农"的投入增幅较大，但总的看，财政支农投入在国家财政支出中的比例仍然偏低，与调整国民收入分配格局，统筹城乡发展的要求仍有很大差距。2006 年，国家财政用于农业的支出在财政总支出中的比例只有 7.8%，仍然低于 20 世纪 90 年代初 10%的水平。2007 年中央财政"三农"支出的增幅也低于中央财政收入的增幅，在中央财政收入中比例仅为 15.6%，也呈下降趋势。2008 年国家用于对农业的财政支出增长比例减缓，这表明，财政资金分配向农业、农村倾斜的长效机制还没有建立起来，财政支农资金增长还面临很多不确定性因素。

一是缺乏严格法律约束，投入责任不明确。我国《农业法》规定，"财政每年对农业总投入的增长幅度应当高于财政经常性收入的增长幅度"，这一条由于没有明确"农业"和"财政经常性收入"的具体口径，而且，各地对财政经常性收入的理解和划分不同，执行起来，农业投入大打折扣。另一方面，目前，对各级政府在农村公共产品和服务方面的投入责任缺乏明确的法律依据和标准，在道路建设、水利设施、基础教育、医疗卫生、社会保障等方面都是如此。

二是事权划分不清，地方政府的投入积极性很难得到维持。发达国家的经验表明：通过法律明确划分了各级财政的财权事权，明确各类公共服务的投入责任和范围，并建立相应的转移支付制度，是保证农村发展，改善农村公共服务水平的有效方式。我国由于各级财政财权事权不对称，缺乏明晰的划分，导致投入责任不明确，使农村公共产品和公共服务的提供长期处于“无人管”状态。目前，农村基础设施建设和社会公共服务虽已被纳入我国财政支农政策体系之内，但都没有建立一个科学合理的事权划分办法，谁来投入、投入比例多少、投入多长时间、投入如何增长都没有明确的说法。这样，地方政府拥有的事权几乎和中央政府的事权一样，支出范围划分不细，上下不清，甚至带有一定的随意性和重复性。由于对农业农村的投入见效慢，不利于体现政绩，造成各级政府投入积极性都不高。投入责任不明确，必然影响农村公共产品和公共服务供给的数量、质量和稳定性。在一些地方，财政支农资金的增长完全依赖于中央财政的投入，甚至出现地方政府和企业“钓”中央财政资金的情况出现，配套资金得不到落实。

三是支农资金的增加主要靠财政支出增量调整，支农力度受到很大限制。总的来说，尽管中央政府和地方政府投入逐步增加，但实际上，“三农”问题还没有真正在各级政府公共财政资源分配的占有重要位置，还是以一种临时性供给、特殊性供给的眼光来看待公共财政覆盖农村的问题，这使得公共财政资源的配置还着眼于增量调整，没有从整个国民收入分配格局的角度，调整国家财政支出结构，这必然制约着财政支农资金的投入量。总的来说，我国还未能建立起科学的、稳定的财政支农资金的增长机制。

（三）部分财政支持新农村建设的政策操作方式不够规范

尽管和改革开放初期相比，我国财政支农手段不断丰富，各项政策的操作方式也逐步规范和完善。但随着我国市场化、国际化程度的不断深化，现有很多政策操作方式仍然不够规范，与农业发展的实际情况不相适应，难以达到预定的政策目标。

在基础设施建设投资方面，主要表现为：决策机制不完善，资金投向、用途的决策主要掌握在中央和省级涉农部门，缺乏农户、乡村基层组织的参与，投入的领域和方向难以真正符合农村的实际需要；项目实施方式不规范，尽管部分项目实施了招投标制度，但仍有很多小型项目的管理和实施主体为县乡基层政府，具体的操作过程很不规范；事后监督不健全，项目资金分配和实施过程透明程度很低，社会和公众难以进行监督。

在公共服务领域，主要表现为：服务组织体系建设滞后，许多原来设立的机构和组织已经不符合农业发展的需要，同时很多领域亟需公共服务，但却没有相应的服务组织；服务人才严重匮乏，原有的技术人员人员老化，知识结构已经不能适应农业发展的实际需要，而受县乡体制改革的影响，高学历、高素质的毕业生却难以进入涉农技术服务部门，严重制约了基层涉农技术部门的服务能力；受基层政府经费不足的影响，基层涉农部门人员经费严重匮乏，国家财政，特别是中央财政的专项业务经费被用于人员工资，导致很多公共服务项目流于形式，难以真正落实。

在补贴政策方面，主要表现为：部分专项补贴政策操作方式与政策目标不符，如水稻良种补贴按照农民水稻种植面积直接发放现金补贴，与农民是否采用优良品种并不挂钩，难以实现其政策目标；部分补贴的发放方式、内容与农民需要有较大的差异，如在小麦、玉米良种补贴政策实施中，不少地方省定品种与部分县市的实际需要不符；补贴利益被部门或者其他市场主体侵占的现象仍然存在，部分地区存在不同程度的少劣充优、质次价高等现象；部分农业补贴政策标准过低，难以达到政策目标，如重大动物灾害补助政策，对于因疫情扑杀的家畜家禽，每斤仅给 1 元的补助，远不能弥补农户的生产成本。

（四）财政支持新农村建设的资金管理机制还不完善

目前，我国财政支农资金管理上还存在诸多问题。一是财政支农资金管理过于分散。目前比较突出的是财政支农资金的管理问题。从中央政府来看，目前直接分配与管理支农资金的有十六七个部门之多。在发改委、财政部、科技部和农口各部门之间，以及各部门内部机构之间，财政支农资金的分配尚未形成有效的协调机制，基本上各自为政，各部门对政策的具体理解、执行和资金使用要求各不相同，协调性差，项目间缺乏统筹规划，资金投入不足和投入重复并存。二是各种农村公共品和服务没有建立起相应的监督机制。无论是财政资金的使用，还是对部分准公共物品的收费管理，公开化和透明化程度都不够，难以实现社会监督。三是“条条管理”过多，不利于投资决策和对项目进行监督。目前中央各主管部门业务较多，精力有限，各地具体情况千差万别，业务主管部门不可能对各地的资金和需求情况进行深入了解。在具体操作过程中只能采取平衡各省（自治区、直辖市）利益的基础上，凭经验根据申请报告审批项目。这实际上说明，一般性转移支付的力度还需要加大，尽可能减少不必要的专项资金项目以免束缚地方的积极性。

总的来说，要应对当前的形势，使财政支农政策真正发挥好作用，必须要积极处理好当前财政支农政策及其体系本身存在的问题，要理顺财政支农政策的框架，要有整体性的思路，做通盘的考虑，以完成财政支农政策服务于“三农”、服务于国民经济大局，服务于发展、服务于和谐社会建设的重大任务。

六、未来财政支持新农村建设的思路和政策建议

完善财政支持新农村建设的总体思路是：以科学发展观做指导，从构建和谐社会出发，按照“工业反哺农业、城市支持农村”的方针，以建设现代农业，保障农产品有效供给，促进农民增收，推进城乡公共服务均等化为主要目标，建立财政支农资金的稳定增长机制，大幅度增加财政投入总量，完善财政支农政策体系，改革资金管理体制，创新政策实施机制，促进农业发展方式转变，提高农村公共品供给水平，推动社会主义新农村建设。具体政策建议如下：

（一）建立财政支持新农村建设资金稳定增长机制

稳定增长的财政资金投入是推进社会主义新农村建设的有力保证。一是明确划分各级政府在农业、农村各项公共品供给的事权。在对农村基础设施和公共服务进行科学分类的基础上，明确各级政府在不同类别的公共品供给中承担的具体职责和义务。并结合县乡财政体制改革，以转移支付等方式，保障与各级政府事权相对应的财力。二是制定财政支持新农村建设资金增长的中远期规划。按照统筹城乡的要求，制定财政支农投入长期规划，对财政支农资金年均增幅以及在国家财政总支出所占的比重，农村基础设施建设投资在国家基本建设总投资中所占比重以及城乡居民公共资源投入比重等指标给予明确规定。三是强化财政支持新农村建设资金的法律保障。制定出台《农业投入法》、《农村投资法》、《农业补贴法》等法律法规，对各级财政在农业、农村公共事务中的投入责任给予界定。

（二）健全财政支持新农村建设的政策体系

在建设社会主义新农村，构建和谐社会的总体框架下，以推进现代农业建设和促进城乡公共服务均为主要目标，科学规划、统筹安排，建立一个目标明确、配套合理、设计科学、保障有力的财政支持新农村建设政策体系。

一是完善农业产业扶持政策体系。要不断加强农业基础设施建设。适应现代农业建设的要求，构建以财政投入为主导，农户和其他社会资金积极参与的

农业基础设施建设投资机制。要不断健全政府农业公共服务体系，包括农业科研、农业推广与农民培训、动植物疫病防治、农产品质量安全检验检测、农产品市场信息服务等。要不断完善农业补贴政策体系。按照投入品补贴和技术补贴相结合原则，建立以物质装备补贴、良种补贴、重大技术推广补贴为主要内容的农业补贴政策体系。在坚持简化手续、降低成本的原则下，创新补贴政策实施机制，确保补贴政策目标的实现。严格实行支出预算制度，加强对补贴政策执行情况的监督。要不断完善市场价格调控政策。一方面，继续实施粮食最低收购价政策，提高价格支持标准，并将品种从水稻和小麦扩展到玉米和大豆，实施区域覆盖所有粮食主产区；另一方面，要积极探索灵活多样的价格干预方式，对棉、油、肉、蛋、奶等主要农产品，依据生产成本、合理收益等因素，确定干预价格，制定干预预案，缓解市场波动对农业生产的冲击。要加快发展农业政策性保险，建立完善的农业灾害救助机制。在现有的灾害救济资金的基础上，建立专项的农业风险保障资金，用于各地农业保险经费补贴以及建立农业再保险体系。

二是完善农民收入支持体系。要继续完善对农民转移就业培训政策。扩大对农民就业培训的投入，提高补助标准，重点加强对农民工各种实用技能的培训。要建立城乡统筹的就业市场和环境。一方面，要取消针对农民工的各种不合理收费。另一方面，要增加针对农民工的各种就业服务和指导，包括信息发布、就业咨询、指导和权益维护，保护农民工的合法权益。要建立对农民自主创业的支持政策。建立农民贷款担保资金，鼓励各地建立贷款担保机构为农民个体工商户提供贷款担保，促进农民自主创业。要完善农民收入补贴制度。将种粮农民直补、农资综合直补，整合设立为农民收入补贴。农民收入补贴标准应与农业生产资料价格变化相联动，且补贴的增幅不低于农资成本上涨的幅度。根据财力水平，统筹考虑城乡收入差距，适当增加对农民的财政转移性收入。

三是完善农村基础设施支持政策体系。按照公共财政覆盖农村的原则，逐步把农村道路、饮用水、电力、通讯等基础设施建设和维护纳入公共财政，主要由财政承担农村公共设施的建设和维护。通过法律，明确各级政府在中小型农村公益设施建设方面的责任，把农村中小型基础设施建设作为各级财政支农投资的重点领域。进一步加大中央财政转移支付力度，重点支持西部贫困地区和粮食主产区农村中小型公益设施建设。建立引导工商企业参与农村基础设施建设的机制。在经济发达地区，可以通过允许税前列支、政府补助等各种措施，促进社会资金参与农村基础设施建设。

四是完善农村社会事业支持体系。要不断加大对农村教育经费的总投入，不断提高财政性教育经费支出占国民生产总值的比例，使农村义务教育全面纳入财政保障。加强对农村老师的培训力度，积极开展城镇教师到农村任教服务和定期交流制度，出台相关政策支持大学生到农村任教，稳步提高农村缩小城乡老师资源的差距。完善农村合作医疗和公共医疗服务体系的经费保障机制。稳步提高新型农村合作医疗的补助标准，逐步建立覆盖所有农村居民的合作医疗制度；建立农村公共服务体系的投入机制，完善农村医疗服务体系和卫生防疫体系，对“非典”和艾滋病等传染性疾病实行城乡统一防疫和免费治疗。建立规范有效的农村社会保障体系。尽快起草农村低保、新农保、灾害救济等方面的法律法规，使农村社会保障工作做到有法可依、有章可循。加大财政投入，逐步提高农村最低生活保障标准；认真总结北京、天津、江苏等地新型农村养老保险试点的经验，稳步推进新型农村养老保险；不断完善农民工、被征地农民等特殊群体的社会保障制度。

五是健全资源和生态环境的保护政策体系。要建立农业生态补偿制度。对牧民开展禁牧休牧、渔民的季节性休渔等草原植被恢复和渔业资源增殖的措施给予补贴，促进草地资源和渔业资源的合理利用和生态平衡。逐步扩大农村沼气、户用太阳能、风能等可再生能源利用补贴力度的同时，出台农作物秸秆循环利用和畜禽粪便综合利用补贴补助政策，对农作物秸秆还田、畜禽粪便加工处理的农民和企业给予补贴。出台环境友好型生产方式的支持政策。一方面，通过补贴、补助、示范推广等方式引导农民合理施用化肥和农药，推广高效低毒农药，减少农业生产中的面源污染。另一方面，结合有机食品、绿色食品生产基地建设和农业生产标准化，降低农户生产中对化肥和农药的不合理使用。

（三）改革财政支持新农村建设资金管理体制，提高资金使用效率

提高财政支持新农村建设资金使用效率，是更好发挥财政资金作用，有力推进社会主义新农村建设的重要保障。一是要积极推进支农资金的整合。抓紧修订完善支农资金管理制度，使各项制度相互衔接，避免相互抵触和彼此交叉重复，为支农资金整合提供制度支撑。逐步扩大资金整合的范围，确实发挥资金整合的效果。加强对支农资金的监管，确保支农资金安全使用。二是要不断完善财政资金的分配办法。建立农村建设项目库，将农村各类建设项目全部纳入统一的新农村建设项目库，并根据各种指标和专家评审对所有项目排序。每年根据财政支农资金总量从项目库中按顺序安排新农村建设项目，避免重复申报和人为因素的干扰。三是要不断强化财政支持新农村建设的监督体系。农业财政投入监督是一个全方位、多层次的监督体系，它以财政监督为主，并辅以

审计监督、行政监督、法律监督以及社会监督等一系列其他监督。因此，要抓紧修订和尽快出台《财政法》、《预算法》、《财政监督法》、《农业投资法》等有关农业财政投资监督的法律、法规，对财政投资的监督机构、职责和监督程序，被监督机构和人员的权利和义务，以及违反农业财政投资监督法规的处罚办法等内容做出明确规定，健全监督法律体系。健全人民代表大会的预算监督职能，加强对农业投资预算编制的有效性、合理性和预算审批程序合法性的监督检查。探索引入非政策执行方和被监督方的行政部门，相对独立地参与监督。充分发挥社会监督的作用，由依法享有一定权利的公民、社会团体、社会中介机构等，通过多种方式，对农业财政投资从审批立项、投入运作直至最终效益评估进行监督。要加强监督检查工作。各级人大、政协和政府部门应共同开展经常性的执法检查，做到查事查人相结合。要加强农业投资效率评价指标体系建设，充实、发展和完善监管内容。

第十二章 新农村建设中的农村金融改革与服务问题研究

农村金融改革事关农民、农业和农村发展的大局，建设社会主义新农村需要发展生产、增加收入、改善民生，这些都需要农村金融的支持。然而，我国农村的现实是，农村金融已在相当长的时间内制约了农村的发展，Woo Wing Thye（2003）研究表明1996年以来农村经济的缓慢增长在很大程度上是由于农村金融体系的改变而导致的农村信贷资金匮乏[①]。在提出建设新农村时，农村金融供给远不能满足不断变化的农村金融需求，农村贷款难的问题一直存在，涉农贷款增长还是缓慢，2005年末，农村信用社、农业银行和农业发展银行三类机构涉农贷款（原口径）比“十五”初期增加1.6万亿元，年均增长11.7%，而同期银行业金融机构贷款余额年均增长24%。[②]

2005年以来，为了改善农村金融服务，推进新农村建设，党中央、国务院不断深化农村金融改革。5年过去了，改革的进展如何？以及改革的成效怎样？特别是对农村金融服务的影响成为大家较为关注的问题，本报告主要就这两个问题进行了分析讨论，并在评估和总结这一轮改革的基础上提出了进一步改革的相关建议。

一、新农村建设以来农村金融改革的政策与实践[③]

新农村建设以来，农村金融改革总的要求是，“加快建立健全适应‘三农’特点的多层次、广覆盖、可持续的农村金融体系，包括构建分工合理、投资多元、功能完善、服务高效的农村金融组织体系，较为发达的农村金融市场体系和业务品种比较丰富的农村金融产品体系，显著增强为‘三农’服务的功能”（温家宝，2007）。主要是从健全农村金融组织体系、推进农村金融组织创新、积极发展农业保险、推进农村金融产品和服务创新、加大对农村金融的政策支

① 主要是四大国有银行收缩基层网点和撤销农村合作基金会。

② 数据引自汪小亚（2009），P39。

③ 本部分主要参考了张红奎（2010）。

持等五个方面推进农村金融改革和发展。

（一）健全农村金融组织体系

这方面的重点是推进大型金融机构改革，充分发挥商业性金融、政策性金融、合作性金融和其他金融组织的作用，主要包括继续深化农村信用社改革、推进农业银行面向“三农”改革和金融服务创新、积极拓展农业发展银行支农领域、邮政储蓄在农村地区开展信贷业务等四个方面。

1. 继续深化农村信用社改革

2003 年 5 月，国务院在部分省（市）开展了新一轮农村信用社改革试点工作。针对农村信用社面临的主要问题“产权不明晰，法人治理结构不完善，经营机制和内控制度不健全；管理体制不顺，管理职权和责任需要进一步明确；历史包袱沉重，资产质量差，经营困难，潜在风险仍然很大”，改革试点提出了包括产权制度、管理体制和资金扶持等方面一揽子改革和扶持方案，并于 2004 年 8 月在全国范围内推开。到 2005 年底，改革试点范围已扩大到北京等 29 个省（自治区、直辖市）。新农村建设以来，深化农村信用社改革的主要任务还是按照国发［2003］15 号文件要求，明晰产权、完善法人治理结构、理顺管理体制、落实扶持政策。

（1）在全国范围内开展农村信用社改革。到 2006 年末，海南省改革试点正式启动，至此，农村信用社改革在全国范围内开展（西藏无农村信用社）。截至 2007 年 8 月，海南省农村信用联社挂牌成立，这意味着从 2003 年开始的农村信用社改革的第一阶段工作任务基本完成。

（2）以股份合作制为主要形式、增资扩股为主要内容的产权制度改革已基本完成，但是新的产权关系还没有成为完善的法人治理结构的坚实基础。课题组在 2007 年、2008 年到陕西、黑龙江、江苏、安徽的调研①，虽然几个被调查县（区、市）在经济社会发展上有较大区别，但是在信用社产权形式上都是选择了股份合作制。为了理清原有产权，所有的信用社都进行了清产核资。为了扩大股本以达到资金扶持政策兑现的标准或按照省政府要求成立相关农村合作银行或农村商业银行，又都进行了几轮增资扩股。江苏省如皋市信用联社自 2003 年进行改革试点以来，该联社累计实施增资扩股 5 次，累计扩股金额 23 182万元，规范老股金 1 677 万元，2006 年股金分红转增股金 198 万元。陕西省西安市长安区信用联社为了达到扶持资金的兑付标准，也计划在现有 9 000多万元股本金的基础上扩大股金 8 000 万元，并且希望进行资产重估

① 如无特别说明，本报告后面所用到调研材料均来自本次调研。

（主要是房产）。吉林省下一步的打算是在现有的基础上改制成省级股份制银行，而江苏省如皋市则是成立农村合作银行。截至 2009 年末，全国已组建农村商业银行 43 家，农村合作银行 196 家，农村信用社 3 056 家。[①]

地方信用社在产权制度改革上很大程度上是为了达到扶持资金的兑付条件，有些省份也为了达到成立合作银行或商业银行的标准，但是严格按照相关办法操作难以快速达到相关兑付标准，因为在现有信用社财务状况和地方政府严重干涉的情况下很难有较多的资本入股，所以各地出现了一些不规范的增资扩股行为[②]。几个调查的信用社都存在强制信用社职工入股的内部规定。股金是多了，但是新的产权关系没能成为“完善法人治理结构，建立决策、执行、监督相制衡，激励和约束相结合的经营机制”（国发［2003］15 号文件）的坚实基础。

（3）法人治理结构形式已初步建立，但实质性的作用还难以发挥。在明晰产权的基础上，建立现代的法人治理结构是此次信用社改革的重要目标之一。央行在制定资金兑付标准时也将完善法人治理结构纳入考核范围，因此各地也在形式上建立了以股东（社员）代表大会、董事会和监事会为主要内容的法人治理结构。江苏省如皋市信用联社 2000 年开始改革以来已经举行过三次社员代表大会，选举产生了理事会、监事会和聘任高级管理层。陕西省西安市长安区信用联社也已经实行准一级法人制度，初步实现县一级法人核算。吉林省梨树县和安徽省明光市信用联社也已经建立了三会制度，但都仅开过一次股东（社员）代表大会。

这些地方的法人治理结构在形式上是完备了，但是没有具备现代法人治理结构的作用——解决所有者和经营者的委托代理关系。在调查的几个信用联社中，没有一个联社的理事长（主任）不是省联社任命的，而县联社主任可以直接任命乡镇信用社主任。股东不能依据相关法律选择理事长（主任），会打击股东在信用社其他方面行使权力的积极性，造成严重的内部人控制。

（4）以省政府授权省联社管理各县（区、市）联社为主要模式的新管理体制已建立，但是存在省联社职权不清、过度干预的问题。这一次管理体制改革的重点是将信用社的管理权下放到省级政府，各地大多以成立省联社的模式进

① 中国银监会：《中国银行监督管理委员会 2009 年报》，中国银监会网站。

② 2008 年，银监会放宽了原有方案中对农信社增资扩股方面的限制。一是放宽农村信用社包括农村中小金融机构入股比例限制，由过去的个人入股千分之五，提高到 2%；二是放宽股东的地域限制，过去信用社及农村地区中小金融机构，股东只能是县域的企业法人或者社员，现在放开为我国境内的所有企业法人或者自然人，还有外资；三是放宽筹资渠道的限制，过去农信社筹资只能在本地吸收存款，或者向社员募股，现在可以走向市场，走向股市。

行管理，也有直接成立农村商业银行、农村合作银行的方式。

调研的四个省份均是以成立省联社的形式对辖内信用联社进行管理。各信用社负责人均反映省联社对其“人、财、物”全都管。可以看出，现有省联社对信用社的管理已经实质上背离了国发［2003］15 号文确定的“使信用社真正成为自主经营、自我约束、自我发展、自担风险的市场主体”原则，也超出了国发［2003］15 号文和国办发［2004］48 号文规定的省联社责权范围。省联社对信用社的过度干预严重影响了信用社股东行使权力的积极性，妨碍信用社建立真正的法人治理结构，长期来看可能影响整个信用社改革的成果。

（5）扶持资金已基本到位，但是坏账问题依然很严重。所调研的几个信用联社都是选择的置换央行专项票据，吉林省梨树县信用联社置换了 5 590 万元、陕西省西安市长安区信用联社置换了 13 004 万元、安徽省明光市信用联社置换了 1 548 万元、江苏如皋市信用联社置换了 30 991 万元。通过几轮增资扩股，和建立形式上的“三会”等努力，大部分信用社已经拿到央行扶持资金，只有陕西省西安市长安区信用联社离兑付标准还有较大差距（据称资本缺口在 1.9 亿元以上）。

央行票据的兑付可以实实在在地改善信用社的财务状况。但是吉林省梨树县、陕西省西安市长安区和江苏省如皋市信用联社负责人均表示，2002 年上报的坏账比真实坏账少很多，而且安徽省明光市和江苏省如皋市信用联社反映，2007 年实施五级分类后，坏账一般是以前四级分类的 2 倍左右，所以信用社的坏账水平很可能比上报的多很多。我们发现，各地置换票据数额的差距很大，江苏省如皋市信用联社的票据是安徽省明光市的 20 多倍。这个事实一方面从某种程度上证实最大的可能就是明光市信用社没有如实上报坏账额度，真正的坏账远不止上报的那么多；另一方面也说明有些省份拥有提前获取改革方案部分信息的优势，2002 年上报坏账时就很充分，能获得较大资金支持，这造成了省份之间的不平等。同时资金支持产生了一个较严重的道德风险，即四个信用联社负责人均要求获得进一步的资金支持，现阶段自己消化不良贷款的积极性较差，因为他们预期消化的越多，得到的资金支持越少。

（6）小结：已解决的问题和还需解决的问题。国发［2003］15 号文提出的信用社的主要问题是“产权不明晰，法人治理结构不完善，经营机制和内控制度不健全；管理体制不顺，管理职权和责任需要进一步明确；历史包袱沉重，资产质量差，经营困难，潜在风险仍然很大。”这一轮改革首先在缓解信用社历史包袱、改善资产质量和降低金融风险方面起到了很大的作用，因为毕竟中央扶持资金下去了，而且都增资扩股了。其次是将信用社管理权下放到省级政府，激发了他们参与信用社改革的动力。

但是，从上面的几个方面的调研总结可以看出，信用社改革依然面临诸多需要解决的问题：一是如何完善信用社的法人治理结构。现在的法人治理结构连最基本的股东选择主要经营者的权力都不能保证，更遑论解决所有者和经营者的委托代理关系了。不建立起完善的法人治理结构就不能转换其经营机制和完善其内控机制，就有可能使各方面这几年的努力起不到应有的作用。二是如何规范省政府的职责，既能解决省政府为信用社作隐性担保带来的道德风险，又能促进信用社法人治理结构的完善。在信用社的风险没有根本化解前，必须有政府为其提供担保来保证农村金融市场的稳定。省联社的过度干预成了省政府解决提供隐性担保所带来的道德风险的手段，但这也是信用社建立不了完善的法人治理结构的重要原因之一。现在需要新的方案既能解决省政府提供隐性担保所带来的道德风险问题，又能促进信用社法人治理结构的完善。三是如何化解信用社还很严重的坏账。坏账问题不得到根本改善，金融风险就不能化解，省政府就难以从信用社脱身，信用社的可持续性也会受到威胁，但是仅仅凭借信用社自身的努力有很大困难，中央的财政支持已经造成了道德风险。

2. 推进农业银行面向“三农”改革和金融服务创新

2002 年，中共中央和国务院确定的国有独资商业银行改革的目标是：“按照建立现代企业制度‘产权清晰、权责明确、政企分开、管理科学’的要求，把国有独资商业银行改造成治理结构完善，运行机制健全，经营目标明确，财务状况良好，具有较强国际竞争力的现代金融企业。”①。2003 年，中共中央进一步提出“选择有条件的国有商业银行实行股份制改造，加快处置不良资产，充实资本金，创造条件上市。”②。新农村建设以来，农业银行改革的主要工作是实现股份制改制，创新体制机制服务“三农”。

（1）农业银行股份制改制。2007 年全国金融工作会议确定了中国农业银行股份制改革“面向‘三农’、整体改制、商业运作、择机上市”的方针，要求中国农业银行稳定和发展在农村地区的网点和业务，充分利用在县域的资金、网络和专业等方面的优势，发挥在农村金融中的骨干和支柱作用。2008 年 10 月 21 日，国务院第 32 次常务会议审议并原则通过了《中国农业银行股份制改革实施总体方案》，要求中国农业银行改革要以建立完善现代金融企业制度为核心，以服务“三农”为方向，稳步推进整体改制，成为资本充足、治

① 《中共中央　国务院关于进一步加强金融监管，深化金融企业改革，促进金融业健康发展的若干意见》（中发［2002］5 号）。

② 《中共中央关于完善社会主义市场经济体制若干问题的决定》2003 年 10 月 14 日中国共产党第十六届三中全会通过。

理规范、内控严密、运营安全、服务优质、效益良好、创新能力和国际竞争力强的现代化商业银行。2009年1月16日，中国农业银行股份有限公司（简称中国农业银行）正式成立，中国农业银行股份制改革工作取得突破性进展。2009年7月，中国农业银行在A股和H股市场实现IPO，中国农业银行股份制改革取得阶段性成果。

（2）面向“三农”金融服务试点。2007年9月，农业银行从吉林、安徽、福建、湖南、广西、四川、甘肃和重庆等8省（直辖市、自治区）选择了有代表性的17个地区、123个县支行开展面向“三农”金融服务试点工作，探索面向“三农”、商业运作的有效途径。截至2008年6月，面向“三农”金融服务试点第一阶段工作圆满完成。试点期间，各试点行累计贷款415亿元，同比增加111亿元；新增贷款333亿元，同比多增77亿元。2008年8月中国农业银行在福州召开会议，决定在此基础上开展深化和扩大试点，共涵盖了全国1 027个县支行，占全国总数的一半以上①。

（3）“三农”金融事业部制改革试点。为在全行推行“三农”金融部制改革探索经验，中国农业银行制定了《中国农业银行关于“三农”金融事业部制改革试点指导意见》，并配套制定了计划管理、资源配置、财务管理、绩效考评、机构调整等方面一系列配套制度办法。从2008年3月起，先后在四川、福建、广西、甘肃、浙江、山东等六家分行选择了部分二级分行作为改革试点行，开展事业部制改革试点工作。2008年8月，中国农业银行在前期试点基础上，出台了《中国农业银行关于扩大“三农”金融事业部制改革试点指导意见》，在福建、广西、四川、甘肃、浙江、山东等六家分行全省（自治区）范围内深化扩大“三农”金融部制改革试点，此后又追加了重庆分行作为试点行。在试点过程中，针对“三农”贷款时间急、金额小、用信频、期限短的特点，下沉经营重心，扩大二级分行、县支行审批权限，完善信用评级体系，创新担保方式，简化业务流程，构建向“三农”业务倾斜的内部资源配置机制，改进激励约束机制，强化风险管理，正逐步建立起一套有别于城市业务的信贷政策制度体系。

3. 积极拓展农业发展银行支农领域

农业发展银行是我国在农业方面唯一的政策性银行，在设立之初，主要业务是支持国有粮库的粮棉油收购贷款。2004年，全国放开粮食购销市场，粮食企业实行市场化运作，建立在以“三项政策”为主要内容的粮棉购销体制基

① 中国农业银行：《2009中国农业银行“三农”金融服务报告》，中国农业银行网站，2009年2月。

础上的农发行也随之进行了改革，改革的主要内容是调整定位、扩大业务范围。新农村建设以来的主要任务还是调整职能，扩大对农业、农村的服务范围。

2006年农发行被批准开办商业性粮油种子贷款；将现有的粮棉油产业化龙头企业贷款范围扩大到农、林、牧、副、渔业范围内的产业化龙头企业，同时开办农业科技贷款业务。

2007年农发行被批准全面开办农业小企业贷款业务，贷款业务支持对象限定为农、林、牧、副、渔业从事种植、养殖、加工和流通的小企业；开办农村基础设施建设、农业综合开发和农业生产资料贷款等新业务，农村基础设施建设贷款支持范围限于农村路网、电网、水网（包括饮水工程）、信息网（邮政、电信）建设、农村能源和环境设施建设；农业综合开发贷款支持范围限于农田水利基本建设和改造、农业生产基地开发与建设、农业生态环境建设、农业技术服务体系和农村流通体系建设；农业生产资料贷款支持范围限于农业生产资料的流通和销售环节。

最具根本性的改变是，2009年，农发行扩大县域存款业务范围，开办县域城镇建设贷款业务。

现在各地农发行的贷款业务已很多样化，但主要是粮棉油收购和龙头企业贷款，而基础设施、农业综合开发和农业科技贷款等进展很慢。

首先，业务范围在政策上放开了，但是有些项目实际上难以运作。一是人员太少，每个县二三十人，除去行政性工作的人员，真正从事信贷业务的工作人员就更少了，这一点严重限制了其业务的扩张。二是一些业务没有出台合适的操作办法，比如基础设施建设，农发行一般关注大规模的基础设施建设项目，但是这些项目的操作主体一般是政府，按照现行法律规定政府不能向金融机构贷款[①]，我们调研的几个农发行都没有办法解决这个问题（仅如皋市农发行贷出2.7亿元进行土地整理，但拒绝说明具体的操作办法）。三是有些业务的风险与收益不匹配。几个农发行负责人均表示，农业科技成果转化和农业综合开发都属于风险较大的项目，商业化运作的要求让他们对这些业务非常谨慎，几个农发行迄今均没有这个方面的业务。

其次，农业产业化龙头企业贷款获得较大发展，但进一步发展潜力有限。明光市农发行2006年末农业产业化龙头企业贷款占贷款余额的5.6%，如果剔除挂账，这个比例会更高；如皋市农发行截至2007年9月末农业产业化龙头企业贷款占经营性贷款（剔除挂账1.08亿后的贷款余额）的13.3%。这些

① 一些地方通过成立基建公司来解决这一问题。

企业在当地一般属于比较有规模的企业，并且能够提供抵押，所以农发行能够提供贷款（农发行不提供，其他行也很有可能提供）。这类贷款难以获得进一步的发展空间，因为一个地区的农业产业化龙头企业就那么几家，明光市农发行 2007 年就没有新增农业产业化龙头企业贷款，其负责人称是因为再也找不到这样的企业了。

第三，在农村金融市场造成不公平竞争。业务扩展后，农发行用相当一部分的低息财政资金对农业产业化龙头企业提供低于其他银行贷款利息的大额贷款，梨树县农发行的 2.8 亿元贷给了 7 家企业，明光市农发行的 3 400 万商业贷款给了 4 家企业，这 4 家企业均是当地的行业老大。各贷款机构都偏好这种向农业产业化龙头企业提供单笔规模较大的贷款，但农发行可以用较低成本获得资金（央行再贷款、财政资金等）特殊优势参与这类项目的竞争，这种不公平竞争损害了其他贷款机构的利益以及市场效率。

总而言之，2004 年以来，农发行业务扩展改革取得了一定进展，特别是在支持农业产业化龙头企业方面，但这项业务所占份额较小，未来的发展前景有限，在当地造成了不公平竞争，基础设施建设、农业科技成果转化和农业综合开发等方面的业务都没有突破性进展。

4. 邮政储蓄在农村地区开展信贷业务

一直以来，邮政储蓄就因为其只从农村吸纳存款而不能直接贷款被各方关注。2005 年国务院出台的《邮政体制改革方案》提出，“重组邮政监管机构，组建国家邮政管理局和中国邮政集团公司；改革邮政主业和邮政储蓄；完善普遍服务机制、特殊服务机制、安全保障机制和价格形成机制。”2004—2008 年中央 1 号文件一直要求设法改变农村资金外流的现实，引导储蓄资金回流农村，扩大邮政储蓄的涉农业务范围。新农村建设以来，按照有关文件的要求，全面推进邮政体制改革，实现邮政储蓄的独立商业化运作，在此基础上探索为农村服务的有效形式。

（1）成立中国邮政储蓄银行。2006 年 12 月由中国邮政集团公司全资组建的“中国邮政储蓄银行有限责任公司”正式开业，实现了邮政和邮储的分业经营。中国邮政储蓄银行在农村拥有最多的网点，在全国有 36 000 个分支机构，其中有近 60%的分支机构分布在农村地区，在一些边远地区，邮储银行是当地居民唯一可获得金融服务的机构，其在服务“三农”方面有其特殊的优势。

（2）开展存单小额质押贷款业务。邮政储蓄于 2006 年在福建、陕西、湖北相继开展存单小额质押贷款业务的试点工作，2007 年此项业务在全国推广。截至 2008 年 6 月末，在全国 31 个省（自治区、直辖市）2 000 多个市县的 1.4 万个网点办理了小额质押贷款业务，其中，县及县以下网点 10 250 个，占全部网点总数的73%。[①]

（3）开展小额贷款业务。邮政储蓄小额贷款业务于2007年在河南等七省（直辖市）试点，2008年初在全国范围内展开。目前有农户联保贷款、农户保证贷款、商户联保贷款、商户保证贷款等四项贷款产品。服务对象主要是县域内的广大农户、个体工商户和私营企业主等经济主体。截至2009年1月31日，邮储银行小额贷款在全国31个省（自治区、直辖市）、312个地市分行、1 900多个县市、多个分支机构开办，其中县和县以下1 459个，累计发放小额贷款377亿元，58万笔，笔均贷款金额约为6万余元，较好地贯彻了"小额、分散、流动"的贷款原则，同时保持了较为优良的资产质量[②]。

（二）推进农村金融组织创新

为解决农村地区金融机构网点覆盖率低、金融供给不足、竞争不充分等问题，新农村建设以来，推进农村金融组织创新成为农村金融改革的新思路，一方面继续推进小额贷款公司试点，另一方面调整放宽农村地区银行业金融机构准入政策。

1. 小额贷款公司试点

2005年5月开始，商业性小额贷款公司试点工作在山西、四川、陕西、贵州和内蒙古5个省（自治区）开始启动。试点成立的小额贷款公司是以服务"三农"、支持农村经济发展为重点，为农户、个体经营者和微小企业提供小额贷款的机构。其资金来源为自有资金、捐赠资金或单一来源的批发资金形式，不吸收存款，不跨区经营，贷款利率由借贷双方自由协商。2008年5月，在总结第一批小额贷款公司试点经验的基础上，银监会和人民银行联合发布《小额贷款公司试点指导意见》（银监发［2008］23号），将5省的小额信贷公司试点扩大到全国范围，同时进一步明确了小额贷款公司试点的政策框架。

"十一五"时期，小额贷款公司获得快速发展，截至2010年6月30日，全国共有小额贷款公司机构数量达到1 940家，实收资本1 242.49亿元，贷款余额1 248.9亿元[③]。

2. 放宽农村地区银行业金融机构准入政策

银监会于2006年末发布了《关于调整放宽农村地区银行业金融机构准入政策的若干意见》，通过放开准入资本范围，调低注册资本、取消营运资金限

① 中国人民银行农村金融服务研究小组：《中国农村金融服务报告》，2008年9月。

② 王敏："努力让农民和城镇居民一样享受到金融服务便利"——专访中国邮政储蓄银行总行行长陶礼明，新华网，2009年3月8日。

③ 中国人民银行：小额贷款公司分地区情况统计表，中国人民银行网站，2010年7月23日。

制，调整投资人资格、放宽境内投资人持股比例，放宽业务准入条件与范围，调整董（理）事、高级管理人员准入资格，调整新设法人机构或分支机构的审批权限等措施，鼓励在农村地区新设村镇银行、贷款公司和农村资金互助社三类新型金融机构，支持各类资本参股、收购、重组现有农村地区银行业金融机构，并鼓励符合条件的金融机构在农村地区开设分支机构。

截至2009年底，共核准172家新型农村金融机构开业，其中村镇银行148家、贷款公司8家和农村资金互助社16家。已开业的新型农村金融机构共吸收股金70亿元，存款余额269亿元，贷款余额181亿元，其中农户贷款5.1万户、66亿元，小企业贷款0.5万户、91亿元，分别占贷款余额的36.5%和50.3%[①]。

虽然总体情况蓬勃发展，但是也有一些新型农村金融机构在发展中面临很多困难，在对吉林省梨树县闫家村资金互助社的调查中发现，农民自发设立的金融机构在发展过程中也存在各种困难，主要是现有的一些政策限制了新型农村金融机构发挥其低成本、运行灵活的优势。

专栏　闫家村百信农村资金互助社

2007年3月，闫家村百信农村资金互助社被银监会确立为我国第一家资金互助组织的试点单位，其前身是2004年7月闫家村姜志国等人在四平市银监局官员姜柏林的引导和帮助下（以个人身份）发起成立的资金互助社。其基本的功能就是社员把资金以入股的方式集中起来进行贷款互助。资金互助社最初11户入股，每户800元，运营至2006年末，有社员40多户，其中外村的有7～8户，共募集股金67 300元，累计获得利润5 900.26元，没有一笔贷款没有收回。

由于闫家村资金互助社较成功的运营实践和较大的社会效应，它被银监会确定为我国第一家资金互助组织的试点单位，同时按照有关规定对其进行了改造，主要变化：[②] 一是将社员资格限定在本村内，因为银监会文件《农村资金互助社管理暂行规定》（银监发［2007］7号）要求在乡（镇）设立资金互助社注册资本不低于30万元，而当时他们只能筹集资金10多万元；二是明确允许吸收社员存款；三是租了固定的经营场所，并

① 中国银监会：《中国银行监督管理委员会2009年报》，中国银监会网站。

② 细节上的变化很多，包括股东资质的设定、各种用于控制风险的比例数、代表大会表决办法等，这里主要指出对互助社经营产生较大影响的变化。

聘用了专职会计（迄今所有工作人员中唯一拿工资的人）。正式挂牌运营至今已有5个月时间，社员人数从32个发起人①增加到80多人，股金由10.18万元增加到12万多元，同时向某金融机构拆借20万元，累计放贷20多万元。但是在取得这些成绩的同时，它也面临很大的困难：

一是开办费用过高。主要是公安部门像正规金融机构一样要求互助社购买防盗门、防弹玻璃和正规营业场所，这些一次性投入的开办费用高达7万多元，而互助社最初的股金也只有10.8万元，这几乎让这个互助社一开办就到了无法运营的地步。

二是资金规模达不到收支平衡所要求的规模。为了弥补运营成本，贷款余额必须达到一定的规模才能维持正常运营。即使现在拆借到资金20万元，也没有办法获得足够资金来维持信用社的正常运营。据县银监办主任施小平算的账，现在月费用：工资800元（会计），折旧769.50元，摊销599.92元②，电话费100元，电费100元，房租250元，拆借利息975元（20万元×4.875‰）共计3 594.42元；月收入：现贷款余额为237 300元，按月利9‰计算，月收入为2 135.70元。每月亏损1 400多元。即使没有那一次性的开办费用，月支出也达到2 225元，以月利9‰计算，月贷款余额需达近25万元才能实现收支平衡。这些简单的计算还没有把工作人员的工资（计划给理事长监事长的每月工资1 500元没有实行）、交通等成本计算在内。

三是缺乏当地相关部门支持。在互助社挂牌成立时，省财政答应支持30万、县财政答应5万，这些都没有兑现。而当地合作社主管部门县农经局负责人对互助社持强烈反对，县人行、银监办和农工部负责人对互助社前景不看好，他们普遍质疑农民的素质能否满足金融业的要求。从座谈时的氛围看互助社与当地金融机构的关系也不会太好。

（资料来源：调查组于2007年9月赴互助社实地调查，详细报告见张红奎、曹力群，2008a）。

（三）积极发展农业保险

农业生产风险较大，农业保险对稳定农业生产、保障农民收入有重要作用。新农村建设以来，发展农业保险主要有以下几个方面：

① 把原外村的社员排除在外了。

② 折旧和摊销主要是正式挂牌开办时购置的防盗门和防弹玻璃等产生的 。

1. 稳步推进农业保险保费补贴试点工作

从2007年开始，财政部选择部分地区开展中央财政农业保险保费补贴试点工作。农户、龙头企业、中介组织、农业保险经营机构、农业部门、各级财政等有关各方的参与都要坚持自主自愿。农业保险业务以市场运作为主，保费补贴主要起引导作用，应充分运用市场化手段化解农业保险的风险。财政部、省级财政部门、农户以及有关各方共同负担农业保险保费，只有在省级财政部门和农户分别承担一定比例保费的前提下，财政部才给予相应的保费补贴。保费补贴在主要作物连片种植区、农业保险工作已有一定基础、地方财政部门已提供补贴的农业大省，选择一些省份先行试点，待取得经验后逐步推广。到2010年，农业保险保费补贴试点已覆盖全国各省（自治区、直辖市），包括14个品种。

2. 建立健全农业再保险体系，建立财政支持的巨灾风险分散机制

2007年，中国人民财产保险股份有限公司、中华联合财产保险公司和安华农业保险股份有限公司等国内主要经营农业保险的保险公司共同与中国再保险集团公司签订了政策性农业再保险框架协议，对享受中央财政保费补贴的地区的主要粮食作物保险的再保险作出安排。作为服务于中央财政给与保费补贴的政策性农险试点项目的巨灾风险保障手段，中再集团与三家试点公司通过这一合作平台，实现直保与再保相互支持、相互促进、共同发展，即中再集团与三家农险试点公司建立超赔再保险业务合作关系，其超赔结构包括三层：第一层为赔付率100%以上的100%，第二层为赔付率200%以上的100%，第三层为赔付率300%以上的300%。

（四）推进农村金融产品和服务方式创新

加快推进农村金融创新、积极改进和完善农村金融服务，是金融工作的重要着力点。2008年10月，中国人民银行、银监会联合出台了《关于加快推进农村金融产品和服务方式创新的意见》（银发［2008］295号），选取中部六省和东北三省部分有基础的县、市，开展加快推进农村金融产品和服务方式创新试点。在一年多的试点基础上，2010年5月，中国人民银行、中国银行业监督管理委员会、中国证券监督管理委员会、中国保险监督管理委员会联合发布了《关于全面推进农村金融产品和服务方式创新的指导意见》（银发［2010］198号），在全国范围内推进农村金融产品和服务方式创新工作。全面推进农村金融产品和服务方式创新，主要包括以下三个方面的内容：

一是大力推广普及在实践中已经被证明是行之有效的金融产品。大力推广农户小额信用贷款和农户联保贷款，发展农村微型金融，全面提高这些金融产

品和服务的覆盖面、满足率和服务效率。这些金融产品，在目前已经普及的地区属于成熟类金融产品，但在全国不少地区，推广这类金融产品本身也属于一种金融创新。

二是根据农村发展的新形势，积极研发和推出一些适合农村和农民实际需求特点的纯创新类金融产品。这类金融产品，以前没有过，现实中存在迫切需求。①创新贷款担保方式，建立健全政府扶持、多方参与、市场运作的农村信贷担保机制，鼓励有条件的地方设立涉农担保资金或成立涉农担保公司。②扩大贷款抵押担保品范围：原则上，凡不违反现行法律规定、财产权益归属清晰、风险能够有效控制、可用于贷款担保的各类动产和不动产，都可以试点用于贷款担保；探索发展大型农用生产设备、水域滩涂使用权等抵押贷款；全面推进林权抵押贷款业务，探索多种贷款偿还方式；规范发展应收账款、股权、仓单、存单等权利质押贷款；探索推出农村土地承包经营权和宅基地使用权抵押贷款；探索开展涉农贷款保证保险；探索发行涉农中小企业集合票据和涉农贷款资产支持证券；拓展农产品期货交易品种等等。

三是加快推进农村金融服务方式创新。推广农村金融超市"一站式"服务和信贷员包村服务；推广手机银行、联网互保、农民工银行卡等农村金融服务新方式；积极开展农村金融咨询、代理保险销售和涉农理财业务等等。通过完善农村金融服务流程，再造农村金融服务模式，让广大农村和农民得到更多便捷和优质的现代化金融服务。

由于全面推进农村金融产品和服务方式创新是2010年才开始的，现在没有数据来检验其效果，但是2008年的试点工作表明其调动和激发了金融机构的内在积极性，促进了涉农信贷投放的明显增加。据人民银行初步统计，截至2010年6月末，试点九省涉农贷款余额为2.6万亿元，同比增长24.2%，增速比上年同期高13.6个百分点，其中农村贷款和农户贷款增幅分别比上年同期高19.4个和7.4个百分点，高出同期全国各项贷款增速7.9个和7.7个百分点。试点九省试点创新的金融产品直接带动的涉农信贷投放累计达559.5亿元，贷款余额264亿元，同比增长40%①。

（五）加大对农村金融的政策支持

农村金融发展要靠金融机构的自身努力，同时也必须加大支持力度。"十

① "一行三会"有关部门负责人就全面推进农村金融产品和服务方式创新答记者问，中国人民银行网站，2010年7月28日。

一五”时期，为支持农村金融机构改革发展出台了一系列政策措施。

1. 财税政策

（1）开展县域金融机构涉农贷款增量奖励试点。2009 年，财政部在黑龙江、山东、河南、湖南、云南、新疆等 6 省（自治区）开展县域金融机构涉农贷款增量奖励试点工作，对黑龙江等 6 省（自治区）所辖县域（包括县级市，不包括县级区）内设立的各类法人金融机构和其他金融机构（不包括中国农业发展银行）的分支机构，自 2009 年起，上年末涉农贷款余额同比增幅超过 15%的，财政部门对机构上年末涉农贷款余额增量超过 15%部分，按 2%给予奖励，纳入机构当年收入核算，以增强机构经营发展能力。对上年末不良贷款率同比上升的，不予奖励。奖励资金由中央和地方财政按照规定比例分担。

（2）农村金融机构定向费用补贴。2010 年，中央财政对当年贷款平均余额同比增长的且达到银监会监管指标要求的贷款公司和农村资金互助社，当年贷款平均余额同比增长、年末存贷比高于 50%且达到银监会监管指标要求的村镇银行，按其当年贷款平均余额的 2%给予补贴；对基础金融服务薄弱地区的银行业金融机构（网点），按其当年贷款平均余额的 2%给予补贴，新型农村金融机构不重复享受补贴。

（3）涉农信贷损失准备金税前扣除。2009 年，财政部和国税总局规定：对金融企业，2008 年 1 月 1 日起至 2010 年 12 月 31 日期间，涉农贷款进行风险分类后，按照以下比例计提的贷款损失专项准备金，准予在计算应纳税所得额时扣除：关注类贷款，计提比例为 2%；次级类贷款，计提比例为 25%；可疑类贷款，计提比例为 50%；损失类贷款，计提比例为 100%。

（4）享受优惠税收政策。2010 年，财政部和国税总局规定：2009—2013 年，5 万元以下的涉农小额贷款的利息收入将免征营业税，所得税按 90%的利息收入计入收入总额；2009—2011 年，对农村信用社、村镇银行、农村资金互助社、由银行业机构全资发起设立的贷款公司、农村合作银行和农村商业银行的金融保险业收入减按 3%的税率征收营业税；2009—2013 年，对保险公司为种植业、养殖业提供保险业务取得的保费收入，在计算应纳税所得额时，按 90%比例减计收入。

2. 货币政策

（1）对农村地区金融机构实行有差别的存款准备金率。对农村信用社实施差别存款准备金率，对新型农村金融机构执行倾斜的存款准备金政策。

（2）扩大支农再贷款范围。以前规定支农再贷款的支持对象和用途仅限于农村信用社和发放农户贷款。为适应当前农业产业结构调整的新变化、传统农业向现代农业转变的新要求、新型农村金融机构快速发展的新形势，2009年将支农再贷款的对象由农村信用社扩大到农村合作银行、农村商业银行以及村镇银行等设立在县域和村镇的存款类金融机构法人；支农再贷款的用途由发放农户贷款扩大到涉农贷款。支农再贷款利率一直低于普通流动性再贷款利率，体现了对农村金融机构增强资金实力的政策扶持。

（3）实行有差别的监管政策。对于在农村地区新设机构的商业银行，对其在城区机构和业务准入方面给予便利。免征农村资金互助社的监管费，对其他农村金融机构的监管费减半征收。

二、改革对农村金融服务的影响

改善农村金融服务是农村金融改革的重要目标之一（2007年中央金融工作会议、国发［2003］15号文件），而改善农村金融服务的重点是改善农村信贷服务。但是如何衡量农村信贷服务水平，改革以来农村信贷服务是否得到改善，这些问题是考虑农村金融改革的几个基本问题，本节主要从农户的角度进行探讨[①]。

（一）几个指标的评议

现在衡量农村金融服务的相关指标中有称之为“金融深度”的指标。众多研究表明银行业部门规模等显示金融规模的指标与人均GDP增长高度相关，金融行业的发展能够促进经济增长（Levine，1997、2005），可以清晰地发现农村银行部门的资产规模与农村信贷服务的关联度并不很大，因为对于吸纳存款，各银行机构都是不遗余力的。

同时“金融机构、网点的密度”也被用来衡量获取金融服务的难易程度，Thorsten Beck等（2005）用“平均每1 000米^2、每10万人拥有的金融分支机构和ATM机”这4个指标来研究99个国家的居民和企业获取金融服务的难易程度。在中国，网点密度低了可以说当地的农村金融服务不好，但是网点密度高了却不能说当地的金融服务就好，因为中国众多金融机构在开办分支机构很大程度上是出于行政命令的原因，而且更多的是从事吸储业务，即使有很多的机构，也不一定能改善农村的金融服务。

① 农村金融需求的主体是农户和企业，但是无论是中国还是世界范围内企业融资情况的时间序列数据较难获得，无法进行纵向和横向比较，所以本文只从农户的角度来分析。

而对于中国众多农村金融的研究中，“农业贷款规模”是较常用来衡量农村金融服务的指标，研究者往往通过它的趋势性变化来判断农村的金融服务是否改善以及农村金融机构服务“三农”的力度是否提高。但是这个指标存在两个问题：一是农业贷款规模中有较多的沉淀贷款以及粮食收购企业的运转贷款，而这两项对农村的信贷需求没有帮助；二是所有农业贷款规模的数据都是中国人民银行依据各机构报上来的数据汇总的，而各机构报上来的数据的可信度是值得怀疑的，一些农信社的月报表上清晰的显示它所有的贷款都是农业贷款和乡镇企业贷款，但是实际上它的当月业务范围显然不止这两项，而是把其他的工商业贷款都并到农业贷款中了，而地方央行支行都没有办法核查数据的真实性。

要研究中国农村金融改革对金融服务的影响，现在一个现实的指标就是看获得贷款农户覆盖率，通过获取获得贷款的农户比例的趋势性变化，可以在一定程度上反映近几年农村金融服务的变化，在这里主要用全国农村固定观察点的数据来进行处理分析①。

（二）覆盖面的纵向比较

利用 2004 年以后农户数据，计算每年的获得贷款的农户比例②，并对东中西部、收入组别进行对比分析，以判断农村金融形势的变化。

1. 贷款的农户覆盖面呈下降趋势

从全国范围看，2004—2008 年，获得贷款农户占比减少了 3.93 个百分点（表 12 - 1）。无一例外，东、中、西部地区的获得贷款农户占比都在降低，其中中部下降的最厉害，减少了 5.21 个百分点（表 12 - 1）。覆盖面的下降可能是因为收入的提高、农村医疗与教育改革而降低了农民的融资需求，也有可能是农村金融服务的恶化导致的。

从全国来看，民间借贷依然是农户借款最主要的主要渠道，2004—2008 年间，平均有 70.97%的农户通过民间借贷的方式获得过资金。但是其所涉资金比重在逐步减少，从 2008 年的 65.36%下降到 2008 年的 57.11%，其下降趋势较为明显（表 12 - 2）。也就是说，正规金融投入到农户的资金力度明显增强，但是所覆盖的农户规模没有明显变化。

---

① 农业部农村经济研究中心负责管理全国农村固定观察点系统，这套系统是 1986 年建立的，拥有覆盖全国 31 个省（自治区、直辖市）348 个县的 20 000 多个农户样本，半数以上是连续样本。

② 这里用的是当年借贷发生额，而不是年末余额。因为年末余额中有一部分是沉淀贷款。

表 12-1 各区域、收入组的覆盖面及其变化情况表

单位：%

	全国	东部	中部	西部	低	中低	中等	中高	高
2004	12.79	8.96	14.53	15.95	14.67	14.08	12.47	11.93	10.96
2005	12.03	8.76	13.40	14.66	12.43	13.46	12.34	10.60	11.70
2006	10.94	8.43	12.33	12.28	11.08	12.01	10.71	10.22	10.84
2007	9.66	7.53	9.89	12.86	9.87	10.56	8.41	9.38	10.07
2008	8.86	6.56	9.32	11.60	8.43	10.00	8.77	8.23	8.87
平均	10.86	8.04	11.90	13.45	11.29	12.03	10.55	10.07	10.49

注：①收入分组是将每年的总样本按收入分为5等分组。后面的收入分组均是如此，不再说明。

②正规金融，尤其是农村信用社服务“三农”的力度在加大。

表 12-2 全国农户借款渠道情况表

单位：%

	银行		信用社		民间		其他	
	农户	金额	农户	金额	农户	金额	农户	金额
2004	6.72	11.81	35.25	20.84	71.26	65.36	2.27	1.99
2005	11.98	12.09	39.61	22.07	69.78	63.36	2.07	2.49
2006	6.02	18.60	33.86	22.30	69.47	56.88	3.13	2.22
2007	4.84	12.24	31.81	25.33	72.92	59.05	2.48	3.39
2008	6.65	12.34	27.79	27.47	71.97	57.11	2.91	3.07
平均	7.46	13.47	34.15	23.86	70.97	60.00	2.54	2.67

注：①“农户”指：当年通过该渠道获得贷款的农户占当年所有获得贷款的样本农户的比例；“金额”指：当年通过该渠道获得贷款的资金总额占当年农村借贷总额的比例。除特殊说明外，后面的表中也是这个意思，不再说明。

②由于同一个农户可以从多个渠道获得贷款，所以每年“农户”之和可能大于1。以下除特殊说明，皆为此类情况，不再说明。

③正规金融改革使高收入群体受益，而低收入群体受损。

银行变化不大，但是农村信用社投放资金的占比由2004年的20.84%提高到2008年的27.47%（表12-2），正规金融服务“三农”的改善主要体现在农村信用社上。经过这一轮改革，信用社的实力毫无争议地得到了加强，这让原来就已经处于垄断地位的信用社的垄断进一步加强。吉林省A县2000—2003年的农业贷款中信用社的占比约80%，但是到2006年后已达到90%以上；江苏省D市2000年农业贷款中信用社占比为57%，2003—2005年约为90%，2006年开始到现在一直是100%。这种垄断地位的加强，一方面是信用社贷款规模的扩大，另一方面也归因于其他正规机构在农村信贷市场的进一步萎缩。江苏省D市农行2006年至2007年9月没有任何农业贷款，吉林省A县农行的贷款余额也是在2004年后逐步下降，而且这些贷款余额大部分都是不良贷款，每年新增贷款很少，这也是银行这几年变化不大的主要原因，数据中有相当部分的沉淀贷款。

正规金融在从低收入群体退出，而向高收入群体集中。在低收入组，银行的作用已变得很小了，农户占比和资金份额从2004年的6.77%、5.79%分别下降到2008年的2.55%、0.79%，中低收入组的这两个指标也有所下降。但是在中高收入组，这两个指标都是上涨的，尤其是资金份额，翻了一番多，而高等收入组，这两个指标也是稳步上涨。信用社的情况与银行基本一样，在中等收入以下组别的农户占比和资金份额都下降，而中等收入以上组别的这两个指标都是稳步上涨，尤其是中高收入组的农户占比竟翻了一番多，不过它比银行好在中等以下收入组还是保持了一定的份额（表12-3）。由此可见，银行和信用社在农村的目标客户群已偏向中等收入以上的群体。

低收入群体越来越依赖民间金融。在中等收入以下的组别，无论是农户占比还是资金份额都是上升趋势。近5年，在低收入组，通过民间借贷获得资金的农户占比上升了6.4个百分点，而相应的资金份额上升了14.75个百分点，在中低收入组，分别0.55个百分点和9.18个百分点。而在中等以上收入组，民间借贷的份额在下降，特别是高收入组，这两个指标分别下降了5.97个百分点和16.31个百分点（表12-3）。

表12-3　各收入组的借贷渠道情况表

单位：%

组别	年份	银行		信用社		民间		其他	
		农户	金额	农户	金额	农户	金额	农户	金额
低	2004	6.77	5.79	37.41	23.78	74.81	69.02	2.26	1.41
	2005	9.09	4.34	40.91	32.74	71.28	61.67	1.65	1.25

（续）

组别	年份	银行		信用社		民间		其他	
		农户	金额	农户	金额	农户	金额	农户	金额
低	2006	5.19	7.72	30.62	29.51	74.32	61.15	2.96	1.62
	2007	4.14	5.62	30.39	65.54	74.59	25.30	3.31	3.54
	2008	2.55	0.79	20.06	14.46	81.21	83.77	2.23	0.98
中低	2004	5.38	6.56	36.06	28.19	71.91	63.82	2.19	1.43
	2005	16.13	8.54	42.31	21.15	70.59	69.07	1.14	1.24
	2006	4.21	3.57	31.49	18.98	70.07	71.01	4.88	6.44
	2007	2.86	2.25	35.06	25.53	70.65	70.02	2.34	2.20
	2008	4.81	3.72	29.68	21.80	72.46	73.00	2.14	1.47
中等	2004	5.80	3.23	37.50	22.38	69.20	73.09	1.34	1.30
	2005	11.04	8.89	37.29	22.03	70.83	65.16	1.67	3.92
	2006	5.58	21.40	34.52	20.71	67.77	54.28	2.79	3.60
	2007	3.51	4.19	28.12	23.99	78.59	69.69	1.28	2.13
	2008	4.57	3.66	29.27	22.34	73.78	70.44	3.35	3.56
中高	2004	5.96	4.57	34.40	17.20	68.58	76.88	1.61	1.35
	2005	9.29	5.77	40.24	21.45	64.29	71.45	1.90	1.32
	2006	4.95	4.66	37.24	25.48	69.53	68.43	2.08	1.44
	2007	4.58	10.88	29.23	19.34	74.79	68.06	1.72	1.72
	2008	6.46	9.68	29.54	22.95	68.62	64.58	2.77	2.67
高	2004	9.83	18.13	29.98	19.47	70.98	59.83	4.08	2.57
	2005	13.72	17.54	36.95	20.55	69.03	58.89	4.20	3.02
	2006	10.27	27.21	35.94	20.92	65.53	50.48	2.69	1.40
	2007	8.99	19.01	35.42	28.41	67.03	48.14	3.54	4.44
	2008	13.41	19.15	32.07	33.56	65.01	43.52	4.37	3.77

三、农村金融改革的一个突出问题及其原因

既要解决农村金融机构的发展问题，又要改善农村金融服务，这是农村金融改革的基本目标。从上面的分析中可以看出，农村金融机构得到了较大发展，农村信用社的资产质量改善明显，农业银行成功上市，邮政储蓄实现正常

的存贷业务，农业发展银行的业务拓展明显，但是农村金融服务并没有得到相应的改善，这是当前农村金融改革的一个最突出的问题。出现这种情况主要有以下几个方面的原因：

一是大型金融机构偏好城市业务，改善农村金融服务的动力不足。大型金融机构的运行成本一般较高，农村高频小额的信贷需求对于他们来讲成本较高，同时大金融机构解决农村金融市场信息不对称的能力较弱，难以控制信贷风险。相对而言城市业务有规模大、成本低的优势，因此越有实力的大型金融机构越会偏向城市业务，四大国有商业银行先后从农村撤出的事实可以证明这一点。农村信用社在改革中实力明显增强，部分地区改造成了覆盖全省的商业银行，部分地区的农村信用社以较快速度的扩张城市业务。农业发展银行也比较偏好城市贷款规模比较大的项目，A县农发行的2.8亿元贷给了7家企业，C市农发行的3 400万商业贷款给了4家企业，这4家企业均是当地的行业老大。

二是政府促进农村金融机构改善农村金融服务的力度不大。政府促进农村金融机构服务“三农”主要有两种方式：一是通过财税政策引导，二是通过行政或立法强制。近两年，国家开展了县域金融机构涉农贷款增量奖励试点、农村金融机构定向费用补贴、更广泛的优惠税收政策，虽然规模较小，但是比以前是一个较大进步，以前政府在引导农村金融机构改善农村金融服务方面的财税政策几乎是空白的[①]。行政或立法强制手段在很多国家实施，如美国的《社区再投资法》、印度的优先部门贷款政策等（汪小亚，2009），我国连续几年的1号文件，从提出强化银行业金融机构支持“三农”的义务和责任，到明确县域内银行业金融机构新增存款主要用于当地发放贷款，应该说政策要求是非常明确的。但是，从操作层面看，还缺乏具体的实施办法，政策规定还不够具体。比如，多少算是“主要”，还没有一个明确的比例。用于当地发放贷款，发放的是什么贷款也没有一个明确的规定。不落实了怎么办，也没有建立起独立的考核机制（宋洪远，2009）。

三是农村政策性金融发展不足。世界各国少有完全通过商业金融解决农村金融问题的（焦瑾璞，2007）。一方面农村有不少公共项目，如农业、农村基础设施建设，这类项目一般要求资金量大，项目周期长，未来收益不确定性强，商业金融很难对这类项目提供资金支持；另一方面存在很多实在很难从商业性金融那里获得资金而又需要资金支持的农民，这些都是政策性金融所应该解决的问题。但是当前我国农村政策性金融仅有农村发展银行、扶贫贷款和支

① 2003年后对农村信用社的税收优惠政策是配合其机构改革的，对其服务“三农”的引导作用较弱。

农再贷款。如前所述，农业发展银行作为政策性银行，它也很难支持农业和农村基础设施建设，也没有一般的农户贷款，也就是说农业发展银行已经丧失一般意义上政策性金融的内涵。此外，我国政策性保险和政策性担保都是处于起步阶段，而这些对我国农村金融体系至关重要。

四是担保抵押方式不符合农村实际情况的事实一直没有改变。虽然小额信贷等信用贷款模式发展较快，但是银行业金融机构在向农村中小企业和农户提供贷款服务时，通常会要求担保抵押，而农村中小企业和农户能够拿出来抵押的通常是房屋、土地，还有就是邮政储蓄银行推行的存单质押贷款，但是这些抵押物对于农民来说，很多是没有的，有的甚至是无效的。农民的承包地只拥有经营权，所有权是集体的，而且现行的政策法规又明确规定承包经营权不能作抵押；农民的房屋是盖在集体所有的宅基地上面的，农户只有房屋所有权，房权和地权是分离的，农民也没有房屋产权证；存单质押贷款也不符合农民的行为，在农民看来，自己银行有存款取回来就可以用，再用银行的存单作抵押去贷款纯属多此一举（宋洪远，2009）。

五是农村金融创新不足，竞争性的农村金融市场还没有形成。现有的农村金融市场的产品和服务基本上没有什么大的变化，而农村的实际情况决定了必须有更加适合农村的产品和服务才能有效的解决农村的金融服务需求。而且创新的主体必须是金融机构，而不是政府，因为金融机构比政府更了解农村实际情况，更了解金融市场的运行规律。竞争性的农村金融市场才能促使农村金融机构创新产品和服务，提高服务水平。当前，农村金融市场中前景较好项目竞争较为激烈，如当地的龙头企业等，但是一般的农户和农村中小企业的金融服务普遍是竞争不足，而这部分群体是最需要改善农村金融服务的。

四、推进农村金融改革、改善农村金融服务的建议

1. 大力发展小型农村金融机构

扎根农村的小金融机构运营成本低、可以充分发挥其信息优势等特点，能够更好地挖掘当地多种多样的金融需求，推出更加灵活多样方便低成本的适合当地的产品和服务，同时能够更好地了解贷款人的情况，这样它就能够满足大型金融机构不能满足的农村金融需求，同时能够比其他大型金融机构更能保证贷款的安全①。而较为大型的商业银行可以通过批发贷款的方式，选择经营

① 林毅夫（2003）从服务于最具活力的中小企业的角度考虑，也要发展中小银行、小额信贷和民间互助会等。

好、诚信可靠的新型农村金融机构发放贷款，这也会为现有商业银行服务“三农”找到了新的途径（林毅夫，2008）。当前，发展小型农村金融机构，一是要加快发展贷款公司、村镇银行等新型农村金融机构，二是要进一步降低农村金融市场准入门槛，尊重、支持、引导民间金融的组织和产品的创新和探索，推进多种形式的自下而上的扎根农村的新型小农村金融机构的发展（张红奎，2008）。

2. 强化落实金融机构支持“三农”的责任

强化落实责任，最重要的是落实县域内银行业金融机构新吸收的存款主要用于当地发放贷款的政策措施（宋洪远，2009）。分析起来，县域银行业金融机构新吸收存款主要用于当地发放贷款的政策难以落实，主要有以下一些原因。一是认为现行法规和政策规定有冲突。《商业银行法》规定，任何单位和个人都不能对银行业金融机构进行指定贷款，即点贷。政策要求银行业金融机构从新吸收的存款中拿出多少在当地发放贷款，在银行部门看来就是点贷。所以，银行不执行政策看来也是依法办事。要想很好地落实政策，就必须解决政策规定与现行法规相抵触的问题。二是针对落实这项政策的鼓励政策不明确。银行之所以愿意搞非农业务，不愿意从事农业贷款业务，是因为非农贷款收益率高，而农业贷款的成本又高。当前，要研究制定促进银行业金融机构将其在本地区吸收的存款资金投入到本地市场的政策措施，明确比例要求，建立独立考核机制。加快农业信贷发和社区再投资法的立法进程，明确义务责任，解决政策与法规不一致的问题。

3. 完善农村政策性金融体系

就农发行而言，一是要进一步稳定其政策性银行的地位，确定适当的业务范围，但是不应该与其他商业机构形成竞争。农发行如果以其较低的资金成本和贷款利率与其他商业银行竞争就偏离了设立农发行的初衷，一般商业银行愿意做的事为什么还要它来做？农发行需要做一些在现有环境下（经济、法律和政策），一般商业银行不愿做而又对农村和农业发展有重要作用的业务。二是要完善配套政策，使农发行在不违反相关政策法规的情况下支持农业和农村基础设施建设。加快发展政策性保险，扩大现有的农业政策性保险试点品种，合理确定保额，进一步完善评估理赔方式；加快发展政策性担保，加快探索财政补贴、政府担保公司等多种形式的政策性担保，创新服务品种和方式，降低担保成本；完善机制体制，降低金融风险。

4. 强化对低收入农户的金融服务

低收入农户金融服务的情况有两种，一种是整个地区收入等各方面条件都很差，是一个金融服务空白区。据银监会统计，截至 2009 年 6 月末，全国仍有 2 945 个乡镇没有银行业金融机构营业网点，其中有 708 个乡镇没有任何金融服务，对于这种情况，除了提高前面提到的定向费用补贴力度外，还应该以政策性金融等方式改善这些地区的金融服务。另一种情况是当地具有金融服务的条件，但是由于收入低而导致获得金融服务难度大。对于这种情况应该增加贴息贷款、政策性金融来改善这部分人的金融服务。

第十三章　新农村建设中的农村土地制度问题研究

土地对于我国农民而言有着特殊的重要性。土地是一种不可再生的资源和不可移动的资产，是农民的安身之所、立命之本、发展之源。农村土地家庭承包制度很快带来了农业生产的超常规增长，基本解决了人们的温饱问题。随着农村人口的不断增长，工业化、城镇化快速推进，特别是提出建设社会主义新农村的战略任务以来，农村土地制度正面临着新的挑战。

第一，分散小规模土地经营与建设现代农业之间的矛盾。“生产发展”是新农村建设二十字方针的首条，现代农业是新农村建设的最重要的产业基础之一。我国的农地经营规模过小、过于分散，我国的现代农业即使走不了国外的现代化、大规模家庭农场的道路，但也不太可能在2亿多小农户分散经营的基础上实现，促进农村劳动力向城镇和非农产业转移，因地制宜地发展适度规模经营，提高农业的组织化和规模化水平，以规模收益来增强农业产业的竞争力和提高农业劳动生产率，是一个更加可行的选择，在这一过程中如何稳定农村基本经营制度、保护农民的土地承包经营权是农地制度面临的主要问题。第二，农民宅基地财产权利与新村庄建设之间的关系。“村容整洁”是新农村建设二十字方针的重要内容，改善农民的生活条件和节约土地是进行新农村建设的主要目的之一，从这个目标出发，新村庄建设是各地建设新农村的重要形式，村庄建设规划的调整，甚至村民集中居住区的建设，都会涉及到农民宅基地的管理问题，在此过程中如何保护和体现农民宅基地的财产权利是一个重大问题。第三，城市化加速过程中农民土地权益保护问题更加凸显。我国已经进入了工业化和城镇化快速推进的发展阶段。建设新农村是我国现代化进程中的重大战略部署，新农村建设与工业化和城市化同步发展。在这个过程中，农村集体建设用地的流转，以及国家征收农村土地将其国有化，都是无法避免的现象。因此，如何让农民和农民集体分享土地的非农增值收益，更是一个值得高度关注的问题。

所以，在新农村建设过程中，完善以稳定土地承包关系为核心的农村土地承包制度、包括宅基地管理在内的农村集体建设用地管理制度，以切实尊重和保护农民土地权益为目标的农村土地征收制度，应该是加强农村土地制度建设的重要任务，这也是本专题重点研究的内容。本报告的分析主要基于课题组2007年8—11月在吉林省梨树县、陕西省西安市长安区、安徽省明光市和江苏省如皋市的实地调研资料，以及公开的已有研究成果、统计资料和相关数据。本报告将分析这三大环节面临的主要问题，探讨农村土地制度建设的发展方向，并提出一些初步的政策建议。

一、土地家庭承包经营制度

我国的农村改革发端于农业改革。它首先从改变农村基本经营制度入手，在探索“包产到户”和“包干到户”等责任制形式的基础上，逐步形成了农村土地家庭承包经营制度，并在促进农业生产发展方面发挥了巨大效应。随着农村经济社会的发展，家庭承包经营制度不断改革和完善。当然，该制度存在的一些问题和不足也让它逐渐成为学术界争论的主要话题之一。

（一）基本内容

目前，我国的农户家庭承包经营制度已经形成了相对稳定的框架，基本内容可以概括为四句话，即“强化农户的承包经营主体地位，稳定农村土地承包关系，规范农村土地承包经营权流转，实行最严格的耕地保护制度”。

1. 强化农户的承包经营主体地位

改革之初的包产到户、包干到户，得到了中央高层的充分肯定，被视为“这是在党的领导下我国农民的伟大创造，是马克思主义农业合作化理论在我国实践的新发展。”以家庭承包经营为基础、统分结合的双层经营体制，作为农村基本经营制度，于1993年被载入《宪法》。2002年通过的《农村土地承包法》以法律形式确立了农民的土地权利，提出赋予农民长期而有保障的土地使用权。2007年通过的《物权法》明确赋予土地承包经营权的物权属性，强化了对农民土地承包经营权的保护。目前，保护农户承包经营权的基本要求是：承包地面积、地块全部落实到户，承包经营合同全部签订到户，土地承包经营权证书全部发放到户；按照依法、自愿、有偿的原则，加强对农村土地流转的引导和管理，严禁强行收回农户承包地搞土地集中。

2. 稳定农村土地承包关系

《农村土地承包法》明确，“耕地承包期为30年，草地承包期为30～50年，林地承包期为30～70年；特殊林木的林地承包期经国务院林业行政主管部门批准可以延长。……承包期内，发包方不得收回承包地；承包期内，发包方不得调整承包地。”这就在法律上明确了承包期30年不变不仅仅是指家庭承包责任制这一制度 30 年不变，而且还包含承包期内农户所承包的地块也不变。该法还对两种例外情况作了规定：其一，承包期内，承包方全家迁入设区的市，转为非农业户口的，应当将承包的耕地和草地交回发包方。承包方不交回的，发包方可以收回承包地。其二，承包期内，因自然灾害严重毁损承包地等特殊情形对个别农户之间承包的耕地和草地需要适当调整的，必须经本集体经济组织成员的村民会议 2/3 以上成员或者 2/3 以上村民代表的同意，并报乡（镇）人民政府和县级人民政府农业等行政主管部门批准。承包合同中约定不得调整的，按照其约定。党的十七届三中全会通过的《中共中央关于推进农村改革发展若干重大问题的决定》（以下简称《决定》）进一步明确强调，土地承包关系要保持稳定并长久不变。关于“长久不变”的时间内涵，有关专家指出，它可能至少涵盖整个社会主义初级阶段，即至少持续到 21 世纪中叶。

3. 允许承包地流转并明确流转的主体和原则

从现有规定看，农村土地承包经营权流转要坚持“三个不得”，即不得改变土地集体所有性质，不得改变土地用途，不得损害农民土地承包权益。综合起来，关于农户承包地流转的政策法规基本内容包括：一是土地流转的主体是农户。在承包期内，农户对承包地有自主的使用权、收益权和流转权，有权依法自主决定承包地是否流转和流转的形式。农村土地承包经营权流转的受让方可以是承包农户，也可以是其他按有关法律及有关规定允许从事农业生产经营的组织和个人。在同等条件下，本集体经济组织成员享有优先权。二是农户承包地使用权流转必须坚持依法、自愿、有偿的原则。任何组织和个人不得强迫或者阻碍承包方进行土地承包经营权流转。由乡镇政府或村级组织出面租赁农户的承包地再进行转租或发包的“反租倒包”，不符合家庭承包经营制度，应予制止。承包期内，发包方不得单方面解除承包合同，不得假借少数服从多数强迫承包方放弃或者变更土地承包经营权，不得以划分“口粮田”和“责任田”等为由收回承包地搞招标承包，不得将承包地收回抵顶欠款。三是不准借土地流转改变土地所有权的性质和土地的农业用途。四是流转期限不得超过农户承包土地的剩余承包期。

4. 严格控制耕地转为非农用地

《土地管理法》旨在通过土地用途管制，制定土地利用总体规划，以及上收基本农田审批权和实行“占一补一”的耕地动态总量平衡制度，来落实“最严格的耕地保护制度”。《国务院关于深化改革严格土地管理的决定》（国发［2004］28 号），重申严格执行土地管理法律法规，严格依照法定权限审批土地，严格执行占用耕地补偿制度，加强土地利用总体规划、城市总体规划、村庄和集镇规划的实施管理。《国务院关于加强土地调控有关问题的通知》（国发

[2006] 31号），进一步明确土地管理和耕地保护的责任，提出地方各级人民政府主要负责人应对本行政区域内耕地保有量、基本农田保护面积、土地利用总体规划和年度计划执行情况负总责。《国务院关于促进节约集约用地的通知》（国发［2008］3号）重申，严格禁止擅自将农用地转为建设用地，严格禁止“以租代征”将农用地转为非农业用地。

（二）几个主要问题

1. 农村土地承包关系稳定与调整

尽管近几年国家加大了对农民土地承包权益的保护，但在实践中侵害农民土地承包权益的事件仍时有发生，农村土地承包关系还不稳定。违法收回或调整农户承包地、随意调整变更土地承包合同、强迫农民流转承包地等现象屡有发生，少数外嫁女、外来户等特殊群体的土地承包权利还没有完全落实，承包地块、面积、承包合同和土地承包经营权证书特别是基本农田没有完全落实到户。据农业部统计，2007年全国家庭承包经营的农户共有22 678.73万户，土地承包合同到户率为95.6%，土地承包经营权证书到户率为90.5%。

当前，特别是在我国南方地区，农村土地承包关系“大稳定、小调整”的现象较为普遍。截至2007年8月，明光市村民小组中实行二轮延包且严格执行“30年不变”政策的仅10%，延包但实行“大稳定、小调整”的占70%～80%，还有92个村民小组至今未进行二轮土地延包；全市土地承包合同书到户率为88.74%，土地经营权证书到户率为75.46%。这种状况的形成既有历史原因，也有现实原因。历史原因是，由于税费改革前农民负担按人口计算，对二轮土地承包面积丈量不实，导致实际面积与合同面积不符，造成经营权证书无法发放到户；现实原因是，城郊和集镇周边部分村组土地被征收较多，而且农户之间被征收数量不等，再加上有些村组宗族矛盾尖锐，导致有些村组至今无法开展二轮承包工作。

稳定农村土地承包关系困难的根源在于，部分农村地区人地矛盾日渐突出。承包土地被视为农民依据其集体经济组织成员身份而享有的一种福利，这种改革之初就采取的按人平均的承包办法得到了农民的拥护。现在的问题是，一方面，承包期内发包方不得收回和调整承包地，实行“增人不增地、减人不减地”；另一方面，农村由于经济发展、人口变化等原因导致部分地区的人地矛盾日益突出，三五年进行一次承包地小调整的情况比较多。法律与现实的相悖，吸引了许多研究者的注意力。已有研究对小调整较为普遍的原因做了归纳，主要有：农民缺乏有力的社会保障、农民没有足够的非农就业机会等。

实际上，人地矛盾突出从根本上讲是由我国基本国情决定的。农民占人口的大多数、耕地数量减少趋势仍在继续，完全解决农民的就业和社会保障问题非一日之功，因此农村承包地的社会保障功能仍将保有较长一段时间，这就决定了农民的土地情结在短期内不可能根本改变。改革之初平分土地在最大程度上满足了农民的土地情结，实现了起点的公平，然而农户之间的人均或劳均耕地数量变化是必然的，如果试图一直保持公平分配土地，代价很大，势必造成土地不断分割和细碎，导致农户农业经营规模日益萎缩。而且从改革以来的实际情况看，不断满足新增农村人口土地需求的做法，鼓励了超生现象，进一步加剧了农村人地矛盾。因此，对于个别农户之间因人口增减带来的人地矛盾问题，最好是通过土地流转来解决。

当然，农户承包地的调整并非绝对禁止。《农村土地承包法》用“自然灾害严重损毁承包地等特殊情形”的说法对个别农户之间承包地的适当调整进行了许可，但这不具备很强的操作性。例如，广泛存在的征地导致人地矛盾突出算不算“特殊情形”，《农村土地承包法》没有给出明确界定。值得注意的是，有的地方性法规对此进行了规定，《山东省实施农村土地承包法办法》明确：“承包期内，对因国家征收或者征用而失去耕地，放弃补偿费用，要求继续承包耕地的农户或者因自然灾害严重毁损承包地等特殊情形失去耕地的农户，发包方经本集体经济组织成员的村民会议三分之二以上成员或者三分之二以上村民代表的同意，并报乡（镇）人民政府和县级人民政府农业等行政主管部门批准后，可以根据公平合理的原则，在个别农户之间适当调整承包地。”将土地征用列入“特殊情形”的规定是合理的，最起码目前的国家征地与自然灾害一样，在一定程度上都属于不可抗力，它们与农户人口增长具有明显不同的性质。

2. 土地承包经营权流转纠纷

国家一直鼓励和支持农民按照平等协商、依法、自愿、有偿的原则流转土地承包经营权。随着农村经济发展，土地流转已经由一种民间自发的经济行为逐渐上升为一种市场行为。目前我国农村土地流转的形式大致包括反租倒包、土地股份合作、转包、转让、互换、委托经营等。2007 年，全国农村土地流转面积为 6 372.34 万亩，不同省份的流转面积占农户承包耕地面积的比例从 10％到 50％不等。从调查来看，目前农村土地流转规模尽管不是很大，但增加的趋势比较明显。明光市 2007 年土地流转面积 28.6 万亩，占耕地、山场和水面总面积的 17％，比上年高 2.5 个百分点，其中耕地流转 7.5 万亩，占耕地总面积的 9％。如皋市承包地 102 万亩，流转 21 万亩，占 20.6％，该市成立了 46 家农民土地股份合作社，入社土地 1 万多亩。

在土地流转规模扩大的同时，受流转行为不规范、农民法律意识淡薄、信用程度不高等因素的影响，农村土地流转纠纷也非常普遍，而且类型多样。对梨树县农村土地承包纠纷仲裁委员会所有农村土地承包纠纷卷宗的分析发现，2005年成立以来的该委员会共仲裁裁决农村土地承包纠纷98宗，其中涉及到流转纠纷的有35宗。在流转纠纷中，擅自再转包为9起，占25.7%；强行耕种他人土地17起，占48.6%；单方违约9起，占25.7%。在单方违约导致的流转纠纷中，有的是转出方因惠农政策出台想提前收回土地，有的是转出方收到转包费后拒绝履行合同，有的是转入方不缴纳转包费致转出方再转包土地，有的是转出方因生活困难想收回土地，还有的是双方商定好互换土地而其中一方很快反悔。

从目前情况分析，与农地流转关系较为紧密的因素主要有如下四个：

第一，农村劳动力转移。一般认为，农村劳动力转移之后，农户会倾向于将土地流转出去。实地调查支持了这一观点，明光市2007年外出务工流转土地的农户占流转农户总数的72%。对农村固定观察点几年来对1.5万农户的连续调查数据分析表明，农户承包地流转受劳动力外出的影响较为明显，外出户土地经营规模变小，而无外出户的土地经营规模扩大。2003—2007年，有外出户平均年内减少耕地面积超过年内增加耕地面积，主要是转出原因，户均年内转出耕地从0.34亩上升到0.41亩，而户均年末经营耕地面积由7.61亩减少到6.22亩，平均每年减少0.35亩；无外出户的情况正好相反，户均年内减少耕地面积少于年内增加耕地面积，主要是转入原因，户均年内转入耕地从0.45亩上升到1.07亩，而户均年末经营耕地面积由6.31亩增加到9.51亩，平均每年增加0.80亩。这种趋势显示，在农村劳动力转移的过程中，农村耕地资源配置已经悄悄发生了变化，耕地逐渐向种田意愿更强的农户集中，当然不乏向种田能手或种田大户集中。所以，如果农村劳动力转移带来了更大规模的、更为快速的耕地优化配置，对我国的农业生产而言将是有益的。

近期，在国际金融危机影响下，我国农村劳动力转移受阻，回流增多。有人担心劳动力回流会导致土地流转纠纷增加。应该说，这种可能性是存在的，但从2008年11月底在江西的实地调查来看，发生流转纠纷的可能性不大，原因是农民工返乡后往往不愿意再种地，特别是年轻人更不愿种地也根本不会种地，外出农民的土地基本上由亲友免费代耕，在一个收获季结束后可以随时收回，一般不会发生纠纷。实际上，金融危机并没有扭转我国农村劳动力转移的大趋势。2009年以来外出农民工数量继续攀升。据国家统计局调查，一季度农民工总数达2.42亿，比上年底增加1 641万，其中外出人数达1.47亿，本地非农就业人数达0.95亿，分别比上年底增加678万和963万。我国农村劳动力供大于求的状况将长期存在。目前我国农村剩余劳动力还有8 000万～1.2亿，而且农业技术进步将释放出更多的剩余劳动力，同时随着工业有机资本构成提高，就业—增长弹性降低，对农村劳动力的需求也会进一步减少。农村劳动力转移仍将持续较长时间，按目前我国城镇化水平和城镇化率提高的速度，农村劳动力向城镇的转移还会持续20年以上时间。北京大学莫里斯经济政策研究所预测，未来20年我国将有4亿人口需要从农村转移到城市，从农业中新转移出来的劳动力将达2.23亿人，每年需要转移的农村人口为2 000万左右。因此，我国农村劳动力转移将是长期趋势，农村土地流转也将是长期趋势。

第二，国家政策。改革初期，农村土地流转基本上是自发性的，国家对此给予肯定，但没有制定具体的政策。随着农村土地流转规模扩大，以及流转形式多样化，国家感到有必要对土地流转进行规范。《农村土地承包法》出台之后，农村土地流转有了法律保障。国家关于工商企业参与农村土地流转的规定经历了一定的变化，中央2001年底发出的《关于做好农户承包地使用权流转工作的通知》明确，农村土地流转应当主要在农户间进行；不提倡工商企业长时间、大面积租赁和经营农户承包地，地方也不要动员和组织城镇居民到农村租赁农户承包地；工商企业投资开发农业，应当主要从事产前、产后服务和“四荒”资源开发，采取“公司＋农户”和订单农业的方式，带动农户发展产业化经营；外商在我国租赁农户承包地，必须是农业生产、加工企业或农业科研推广单位，其他企业或单位不准租赁经营农户承包地。2005年发布的《农村土地承包经营权流转管理办法》对农村土地承包经营权流转的受让方范围作了一定的放宽，既可以是承包农户，也可以是其他按有关法律及有关规定允许从事农业生产经营的组织和个人。这种表述上的些微差异，体现了政策内容的巨大变化，以至于有的学者简单地理解为过去国家不许工商企业参与农地流转，而现在则允许了。

在流转政策中值得重点讨论的一个问题是理性客观地对待反租倒包。目前的有关政策对反租倒包是禁止的，而这种现象仍然较为普遍。我们调查中看到了这一现象的实际存在，例如在江苏，有三个村的上万亩耕地通过集体集中起来统一流转给某一企业开发设施农业，农民不但能得到租金，还能给企业打工负责田间管理来获取工资收入，农民对此颇为满意。中央政府之所以禁止反租倒包，是担心这种流转方式中可能出现的乡村集体违背农民意愿，强行组织土地流转，侵害农民的土地承包经营权益，动摇家庭承包经营的基础地位。但实际上，如果乡村集体与农民通过平等协商确定土地流转的相关事宜，反租倒包也不失为一种降低土地流转交易成本、加快土地流转速度的好方式。有学者指出，不能因为中央政策不允许，就否定反租倒包的合理内核。反租倒包的基本原理有点类似土地股份合作制，即集体将承包经营权再细分为承包权和经营权，在承认农户承包权的基础上，将经营权集中起来，实行统一经营或发包给其他单位或个人经营。可见，对反租倒包不应一禁了之，而应加强规范、引导和支持，使其有效地发挥促进土地流转的作用。同时，这也可以作为落实集体土地所有权的一种探索和尝试。

第三，农业适度规模经营。发展适度规模经营与稳定土地承包关系并不矛盾，规模经营也可以在土地承包权不变的情况下实现。我国户均土地经营规模不到0.5公顷，不仅低于欧美一些农业资源丰富的国家，也低于日韩等农业资源短缺的国家。在这一格局下，家庭承包经营虽然可以解决土地的产出效率问题，但却无法解决农户的规模收益问题。进入新阶段以来，农业从业人员数量减少，整体素质趋于下降，发展适度规模经营已成为我国农业增长的客观要求。因此，在稳定和完善土地承包关系的基础上，如何发展适度规模经营是下一步土地制度创新的重点。如何发展适度规模经营，需要把握和处理好以下几个问题。一是必须坚持流转以不改变农地用途为前提，严格控制农地转为非农建设用地，创新农业经营方式、调整农业生产结构也不能以农地资源的流失为代价；二是必须明确发展适度规模经营要有条件，要根据各地的资源优势、产业基础、市场潜力等方面的情况，选择适当的农业经营方式；三是必须遵循依法自愿有偿的原则，规范土地承包经营权流转，土地是否流转以及如何流转必须按照法律和政策规定由农民自主选择；四是明确发展适度规模经营可以采取多种形式，立足不同地区、不同产业、不同发展水平，选择规模经营的途径、步骤和方法；五是必须坚持流转要以尊重和保护农民土地权益为核心，土地流转不能损害农民的土地经营收益，更不能损害农民的土地承包权益。

第四，土地资本化。在多数地区，农户承包的土地还只是一种资源，虽然国家提出鼓励农户通过股份合作等形式流转土地使用权，但土地的资本化仍处于初级阶段。土地的资本化离不开农地产权制度、农地金融制度等一系列制度的安排，需要大胆探索。2009年初，浙江省出台了《农村土地承包经营权作价出资农民专业合作社登记暂行办法》，允许农户直接以承包地的经营权作价出资入股成立专业合作社并按股分红，让土地实现了“资源变资本”的目标，同时土地由“分”到“合”，以统一布局、统一耕种、统一管理、统一销售的方式进行标准化生产，带动了劳动力、资金、技术等要素优化配置，培育了一批有一定生产规模的农业经营主体和农产品生产基地，推进了农地的规模经营和集约利用，形成了农业生产区域化布局，提升了农业产业化经营水平，有效地提高了流转土地的利用率和产出率。从长远看，我国农民土地的资本化不止作价入股成立专业合作社这一种形式，将来的农地金融制度可以有更加广阔的发展空间，可以探索以土地所有权或使用权为抵押，通过发行土地证券筹集资金，即通过土地证券化把非流动性土地财富变成可流动性债券以融通资金，同时农地资源的稀缺性、增殖性和土地证券的高流动性，加之土地证券投资主体的多元化，可以使土地证券在证券市场上具有硬通货的特性（罗剑朝等，2005）。从促进土地证券化的角度出发，修改《农村土地承包法》，强化对土地承包经营权的物权保护，允许土地承包经营权进行抵押，赋予农民完整的土地承包经营权益，即占有、使用、收益和处分权，是十分必要的。

从目前来看，可从完善法律政策、创新经营制度、培育农村土地承包经营权流转有形市场等方面采取措施，促进农民承包地流转。一是修改完善有关法律法规和政策。修改《农村土地承包法》，强化对土地承包经营权的物权保护，允许土地承包经营权进行抵押，赋予农民完整的土地承包经营权益，即占有、使用、收益和和处分权。延长土地承包年限，研究实施土地永包制的可能性以稳定农户的预期。制定颁布土地承包经营权流转法规，规范土地承包经营权流转管理。二是健全土地承包经营权流转市场。建立土地流转交易场所，为供需双方提供交易平台、价格评估、合同签订等服务，建立信息登记管理系统，搞好信息发布、土地登记公开查询等服务。发展土地流转中介机构，规范土地流转中介、委托代理等服务。三是建立土地流转补贴制度，引导农业集约化经营。开展土地流转补贴试点，对于通过土地流转交易所完成的流转，将相关信息录入管理系统，对流转双方都给予一定的补贴，以此鼓励农民规范流转行为。四是创新土地承包经营制度，探索承包权和经营权分离的有效形式。通过土地经营权长年转让、季节性转让、大户经营、企业化经营等多种形式，发展适度规模经营。五是完善流转纠纷调处机制。在县级农村土地承包主管部门建立农村土地承包纠纷仲裁委员会，负责农村土地承包和流转纠纷的调解仲裁工作。在有条件的地方，也可以在乡镇一级建立仲裁委员会。同时，充分发挥村级组织在调解流转纠纷方面的积极作用。

3. 耕地保护

我国正处于工业化和城镇化快速推进的阶段，耕地的减少速度较快，耕地面积在过去11年间减少了1.25亿亩，从1996年的19.51亿亩减少到2007年的18.26亿亩，平均每年减少1 100多万亩。尽管目前实行了占用耕地补偿制度和最严格的耕地保护制度，但耕地减少的趋势仍将继续。据估算，今后20～30年，仅住房和工业建设用地就需要8 000万亩左右。2008年8月，国务院审议并原则通过了《全国土地利用总体规划纲要（2006—2020年）》。新修订的《纲要》围绕全面建设小康社会的总体目标，从保障粮食安全、经济安全和社会稳定出发，提出了坚守18亿亩耕地红线的目标，到2010年和2020年，全国耕地保有量分别保持在18.18亿亩和18.05亿亩。但是，在新农村建设过程中，在城乡发展一体化过程中，能否守住18亿亩耕地“红线”，其前景很难预料。

目前，人们对守住18亿亩红线持悲观和乐观两种预期。从历史情况看，悲观预期是可以理解的。据报道，我国以1996年为基期的第二轮全国土地利用总体规划确定了“红线”——2000年耕地保有量为19.4亿亩，2010年要控制在19.2亿亩。然而刚到2000年，“红线”就失守了——耕地减少到19.236 5亿亩，比当时设置的“红线”少了0.163 5亿亩。面对现实，国家在“十五”开局之年再划“红线”——把2010年要保19.2亿亩耕地的目标“提前”到2005年。可到2005年，“红线”又失守，耕地只剩下18.31亿亩；而到2006年10月31日，只剩下18.27亿亩，目前又下降到18.26亿亩。有人指出，“红线”习惯性失守，不仅减弱了人们对“红线”的敬畏感，更削弱了人们坚守“红线”的信心。乐观者认为，只要转变发展观念，严格控制土地供应，变增量供应为存量调整，同时扭转在农业结构调整和绿化建设中毁损或占用耕地的错误做法，守住18亿亩红线还是可以做到的。

如何看待耕地红线的多少，有的学者进行了深入分析。周其仁（2004）指出，减少耕地的最后底线是“确保国家粮食安全”，而国家粮食安全是一个随需求、技术和贸易条件变化而变化的目标，在工业化、城镇化加速的国民经济环境里，实现这种目标的手段（成本）也在不断发生变化。因此，需要建立一种大体反映经济条件变化的土地制度。目前我国耕地转让实行行政审批制度，但这种制度不能灵敏地反映耕地转用的真实收益和机会成本。虽然实行严格的耕地保护制度，但经济制度一直没有提供恰当的机制来衡量“耕地减少的收益和代价”。所以，要灵敏地衡量耕地转用的得失，必须考虑增加耕地转用的经济性限制条件。这种看法是有道理的，从长远来看也应该这么做。不过土地不仅仅是经济发展的一个变量，加强耕地保护也不仅仅是满足当代人的生存需要，更重要的是在未来还能够可持续发展。因此，政府提出一定要坚守18亿亩红线，其意义远远超出了经济范畴，严格保护耕地应当是唯一的选择。至于这样会影响经济发展的担心将会逐渐减弱，就像农村税费改革之前人们对乡村组织瘫痪的担心逐渐减弱一样。“车到山前必有路”，在经济发展中将土地这一特殊变量加以特殊的限制，不让它成为自由变量，这不但不会阻碍经济的发展，反而会促进我国加快转变经济发展观念和经济增长方式，不断提高土地资源的配置效率和使用效率。

二、农村集体建设用地管理制度

我国农村集体建设用地数量庞大。截至2007年，我国建设用地面积为

4.91亿亩，其中农村集体建设用地2.55亿亩，占51.9%。农村集体建设用地中，村庄用地2.48亿亩，包括宅基地、集体公共设施和公益事业用地、乡镇企业用地等。国家对农村集体建设用地的管理一直比较严格，不过，近些年来各地对创新农村集体建设用地管理制度也进行了积极的探索。

（一）基本内容

2004年修订的《土地管理法》对农村集体建设用地管理进行了比较严格的规定。这些规定给农民使用集体建设用地留下了一块狭小的空间，成为了“农地转非农用地必须先征为国有”政策的例外。其一，兴办乡镇企业和村民建设住宅经依法批准使用本集体经济组织农民集体所有的土地的，或者乡（镇）村公共设施和公益事业建设经依法批准使用农民集体所有的土地的除外。即农民自用于建住宅、办企业、建设公共设施和公益事业的土地，虽由农地转为建设用地，但保留土地的集体所有权。关于农民宅基地，现行政策法规的主要内容是：农村村民一户只能拥有一处宅基地，宅基地面积不得超过省、自治区、直辖市规定的标准；禁止城镇居民到农村购置宅基地。其二，农村集体经济组织与其他单位、个人以土地使用权入股、联营等形式共同举办企业的，也可以在符合土地利用规划、通过行政审批的条件下，合法地将农地转为建设用地。其三，农民集体所有的土地的使用权不得出让、转让或者出租用于非农业建设，但是，符合土地利用总体规划并依法取得建设用地的企业，因破产、兼并等情形致使土地使用权依法发生转移的除外。

（二）农村集体建设用地流转

农村集体建设用地使用权流转是一种必然出现的经济现象，这是由建设用地市场的供给和需求关系决定的。一方面，在前些年发展乡镇企业、农村义务教育达标升级等活动中，集体建设用地数量增加很快，后来随着企业改制、学校撤并等原因，有大量建设用地需要寻求出路。另一方面，在工业化和城镇化快速推进过程中，仅靠政府垄断的建设用地一级市场已不能满足土地需求，投资商、地方政府等主体便自然地将目光转向了农村集体建设用地，产生了强劲的需求。在有供给和需求的地方，必然会产生交易，农村集体建设用地市场就应运而生了。

实际上，农村集体建设用地流转早已自发存在，甚至在数量、规模及地区覆盖面上有不断扩大之势。1996年在江苏苏州、1997年在浙江湖州，开始进行集体建设用地进入市场流转的改革试点。近几年，浙江、广东、安徽等省还以地方法规形式允许集体建设用地使用权流转，并制定了相应的管理办法。各地试点对集体建设用地使用权的出让、转让（含以土地使用权作价出资、入股、联营、兼并和置换等）、出租和抵押等多种流转形式进行了探索。实践表明，在符合土地规划的前提下，农民直接将集体建设用地以出租、出让、转让等形式供应给企业，既大大降低了企业的用地成本，又保证了农民可以长期分享土地增值收益，地方政府可以获得企业税收和土地使用费。

目前最突出的问题是，农村集体建设用地流转缺乏国家法律的认可和支持，隐性市场存在，“合法”流转和“非法”流转同时发生。与其让农村集体建设用地隐性和非法流转，不如允许它直接进入市场。应考虑修改《土地管理法》，允许农村集体建设用地使用权进入市场流转，像国有土地一样，可以出让，可以出租，可以入股，且让农村集体土地与国有土地同地同权，统一管理。《决定》对农村集体建设用地流转提出了原则性的要求，“逐步建立城乡统一的建设用地市场，对依法取得的农村集体经营性建设用地，必须通过统一有形的土地市场、以公开规范的方式转让土地使用权，在符合规划的前提下与国有土地享有平等权益。”

在农村集体经营性建设用地流转前后要解决四个问题：一是构建集体建设用地权利体系，完善集体建设用地的权能设定；二是逐步形成反映市场供求关系、资源稀缺程度、环境损害成本的土地价格形成机制，建立与城镇地价体系相衔接的集体建设用地地价体系；三是形成统一、开放、竞争、有序的城乡建设用地市场，规范集体经营性建设用地交易行为；四是合理分配集体建设用地有偿使用和流转中的土地收益，保障农民的土地权益。

（三）农村宅基地管理制度

农村宅基地作为农村集体建设用地的重要组成部分，是指农村集体经济组织为满足本组织内成员的生活需要和从事家庭副业的需要而分配给户使用的宅基地及附属用地。其中，附属用地一般指自然附属用房、庭院和历年来不用于耕种的生活用地以及生活用房中的生产用地。农村宅基地管理在新农村建设中是一个重要的课题，更是一个非常复杂的问题。

目前，农村宅基地管理状况较为混乱，宅基地违法现象普遍。实际上，在农村由于种种原因，空心村现象并不少见，一户多宅现象到处都有，宅基地面积超标更是比比皆是。西安市长安区 2007 年 8 月对辖区内空心村情况进行调查，结果显示，农村宅基地使用中的浪费和闲置现象比较严重（见表 13-1）。在全区所有农村宅基地中，闲置宅基地数量和面积分别占 1.67%和 15.02%，超标宅基地数量和面积分别占 3.77%和 1.37%，一户多宅数量和面积分别占 0.86%和 0.77%，违法违规宅基地的数量和面积分别占 0.5%和 0.34%。全部村庄的未利用废弃地或空地共 2 173 宗，面积达 230 万米^2（约 3 454 亩），占全部村庄实际用地面积的 2.66%。

表 13-1　长安区农村“空心村”土地利用情况

单位：宗、米^2、个、%

	数量	比例	面积	比例
（1）宅基地	214 154	—	50 383 930.05	—
其中：闲置宅基地	3 580	1.67	7 567 965	15.02
超标宅基地	8 084	3.77	691 636.53	1.37
一户多宅	1 843	0.86	385 498.02	0.77
违法违规占用宅基地	1 073	0.50	169 944	0.34
（2）空闲土地	2 173	—	2 303 582	—
（3）村庄规划				
其中：有规划的村庄	163	24.3		
没有规划的村庄	508	75.7		

从新农村建设中提高宅基地使用效率和保护农民宅基地权益的角度来讲，完善农村宅基地制度非常必要，调整农村宅基地政策也比较迫切，有一系列问题需要研究解决。

1. 农村宅基地的立法问题

目前，农村宅基地立法还不完善。首先，宅基地使用权立法还不详细具体。农村宅基地使用权是指宅基地使用权人依法对农村宅基地所享有的占有和使用的权利，包括自主建造房屋以及房屋附属设施（周洪亮，2007）。按照《物权法》的规定，宅基地使用权是用益物权①的一种形态，但其作为物权形态的现实意义却没有得到充分的认识（杨一介，2007）。宅基地使用权的取得以户为单位，以户籍制度和地缘因素为基础，它只能在农民集体组织内部转移，禁止向非农民集体组织成员转移。不过，这种限制很难落到实处。房屋是农民的私有财产，可以转让、出租、赠予和继承。根据现有法律规定和地随房走的原则，农民将房屋转让、出租或赠予后，宅基地使用权也一并转移，他将不能再申请宅基地。而对于继承，法律条文还不是很明确。根据“一户一宅”原则，当继承人为本集体经济组织成员且没有宅基地时，继承人可以依法取得

① “用益物权”是指权利人依法对他人所有的不动产或者动产享有占有、使用和收益的权利，比如土地承包经营权、建设用地使用权、宅基地使用权。

宅基地使用权；当继承人为本集体经济组织成员且有宅基地和继承人为非本集体经济组织成员时，继承人能否取得宅基地使用权还需要探讨（周洪亮，2007）。在实际中，有宅基地的本集体经济组织成员或非本集体经济组织成员无论以何种方式取得房屋所有权，一般均能顺利地获得宅基地使用权。这样，就容易产生一户多宅现象，从而对一户一宅政策构成挑战；而且，若以一户一宅对一户多宅进行约束则可能与财产权利发生冲突。其次，法律对“户”的界定还不是很清楚。《土地管理法》关于农村一户一宅规定的目标是要减少农村宅基地的需求和抑制一户多宅现象的发生。然而有学者认为，在农村户的观念和形式正在发生变化，家庭正发生从大家庭到核心家庭的演变，一户可能变为多户，因此一户一宅政策并不能必然减少宅基地的需求（杨一介，2007）。在农村，有的家庭有两个或更多的男孩，虽然未到婚龄，也可以申请到宅基地；有的农户家庭虽然只有一个男孩，但结婚后也与父母分家，由此一户就变成了两户，就要安排宅基地。第三，农村宅基地管理中出现的许多现象在法律条文上缺少详细的规定或者规定不合理。如对宅基地超占部分如何处理，宅基地和旁边临时用地怎样界定，村庄建设用地由谁主管和怎么管，都没有明确细致的法律规定。再如，《土地管理法》对拆除违法建筑的行政执法权主体层级规定过高，乡镇国土管理部门发现违法建筑后要先向县市级国土管理部门汇报，县级国土部门立案查处后再申请人民法院强制执行。经过一系列程序之后，往往农民的违法建筑已经建成，这时再去拆除难度极大、成本很高，而且县级法院也没有那么多的人力、物力和时间来强制拆除农村所有的违法建筑。明光市明光街道办事处土管所所长介绍，当地农村五成以上的违法建筑是这个原因造成的。从宅基地管理中法律与事实的相悖可以明显感到，农村宅基地立法的公信力正逐渐下降。

为改变这种局面，需要加强宅基地立法体系建设，明确赋予农民宅基地以完整的物权。现行农民宅基地具有明显的福利性质，其商品属性和财产属性未被法律确认，地方政府和房地产商利用这种产权缺陷，在给农民补偿时往往只考虑房屋价值，不考虑宅基地的财产价值，宅基地征用以后的级差收益数倍增加，但与原住集体组织成员无关（刘守英，2008）。在推进城市化和进行村庄整治的过程中，为避免直接侵害农民宅基地权利的现象再次发生，需要尽快出台《农村宅基地管理办法》、《集体建设用地流转管理办法》及《土地登记条例》等，明晰宅基地产权，赋予宅基地完整的使用权，并且积极探索宅基地的入市流转办法，明确宅基地流转收益分配及宅基地登记发证等问题，促进农民宅基地的商品化。立法完善时明确界定“户”的概念，增加“农民宅基地及其房屋所有权人依照法律规定享有占有、使用、收益和处分的权利。”尽快结束现行法律限定农民宅基地“一户一宅”、转让限于本村的半商品化状况，赋予农民宅基地及其房屋所有人以完整的物权。

2. 农民集中居住小区建设问题

随着城乡一体化进程的加快，农村发展和建设规划的制定也在许多地方逐渐付诸实施。为有效地利用农村有限的土地资源，国土资源部2004年发布了《关于加强农村宅基地管理的意见》，对控制村镇建设用地和集约用地提出了要求。《意见》提出，“要引导农村村民住宅建设按规划、有计划地逐步向小城镇和中心村集中；对城市规划区内的农村村民住宅建设，应当集中兴建农民住宅小区；对城市规划区范围外的农村村民住宅建设，鼓励集中建设农民新村”。2006年中央1号文件也明确要求，“加强宅基地规划和管理，大力节约村庄建设用地；引导和帮助农民切实解决住宅与畜禽圈舍混杂问题，搞好农村污水、垃圾治理，改善农村环境卫生”。这些要求为地方上规划和兴建农民集中居住小区提供了政策支持。与此同时，有关国家政策法规和地方法规为兴建农民集中居住区提供了强大动力。2004年国务院28号文件规定，鼓励农村建设用地整理，城镇建设用地增加要与农村建设用地减少相挂钩。这为缓解地方政府建设用地指标紧张的矛盾打开了一扇门，开辟了一个大有可为的空间。在明光市，2004年之前农用地转用的计划指标控制得不太严格，此后则控制得非常紧，2005年该市仅有50亩指标，2006年200亩，2007年120亩，但实际上该市每年建设用地需要新增1 000亩以上。在这种严格的计划指标控制下，要满足用地需要，除了冒政治风险违法占地外，还可以有一个合法的渠道，那就是建设用地置换，即依据土地利用总体规划，将依法取得的零星分散等不宜利用的建设用地通过调整合并为适宜利用的建设用地，或者与规划为建设用地的农用地进行置换。2006年以来，安徽等省陆续发布了建设用地置换办法。我们调查的地区都进行过土地置换，将农村的废弃地、空地、闲置宅基地等进行整理开发和复垦，然后在城郊附近等符合规划的地方置换同等面积的建设用地。

如皋市自2006年初启动了农民集中居住区建设，在全市332个村（居）规划了493个集居点，至2007年11月已开工建设431个点、29 200多户，已建成19 000多户、入住10 000多户。农民集中居住区既有联排别墅，又有多层农民公寓，集中居住区附近的道路硬化和公共服务中心建设、超市等也逐步配套，而且通过建设养殖小区来解决畜牧业养殖问题，这就极大地改善了农民的居住环境和生产生活条件。该市在推进农民集中居住区建设中除了增加政府投资补助外，还通过市场化吸纳社会资本投入，有效解决了集中居住区基础设施建设资金不足的瓶颈。农民集中居住在很大程度上节约了土地资源。全市村庄占地估计超过40万亩，目前户均宅基地0.8～1亩，建成联排别墅后每户仅占地0.4～0.5亩，节约了大概一半的土地，如果以多层农民公寓计算，节约的土地数量更为可观。同时，由于采用招标确定施工单位，集中居住点的利润很少，房价较低，农民一般能够承受。我们在一个两层联排别墅集中居住区了解到，每幢别墅卖给农民的价格一般在13万元左右，这对于当地农民来说是可以承受的，因为自己建同样一幢别墅的费用与此相差无几甚至可能更高。

农民集中居住区与其说是农村宅基地制度的创新，不如说是给农村土地制度提出了新的问题。首先，一户一宅政策的内涵需要重新讨论。农民搬到集中居住区的多层公寓以后，如何执行一户一宅政策及处理一户多宅问题。农民集中居住区目前实行一户一宅，且住宅不对城镇居民出售。对于原来在老村中有多处房屋的村民来说，现在到集中居住区居住，就可能涉及到其原有宅基地使用权益的处理问题。其次，与土地利用规划不符的问题。现在的集中居住区建设不搞大拆大建，一般依托原有村庄，在附近找一块相对平坦、条件较好的地方建设，实际上是老村的整治和扩建相结合，集中居住区占用的土地可能不在规划的建设用地范围以内。这样，集中居住区实际使用的土地就不能办理转用手续，从而也就不能获得建设用地使用许可证，农民也就不能获得房产证。关于农民集中居住区，虽然有国有资源部的《意见》和省级政府的《办法》，毕竟缺乏国家层面的法律保障。第三，涉及农民承包土地跨村组调整问题。集中居住区占用了部分村民的承包地，就要设法在村组之间对农民承包地进行调整，保证被占地农户的基本生活需要，而这又与《农村土地承包法》等法律法规的规定相冲突。

结合实际来看，农民集中居住区建设需要逐步推进。要根据经济发展和工业化、城镇化进程的客观需要，科学预测农村居民集中居住区的数量和用地规模。对于二、三产业发达的县城控制区、乡镇规划区和控制区范围内的村庄和城中村，积极规划建设农民集中居住区。对于经济比较发达的城镇周边的自然村或零星村民住宅，应纳入城镇规划，有步骤地整体搬迁，向城镇集中。对于零星的、未能成片的住宅区及选址不在镇中心区和城镇近期开发建设重点区域，对于离城镇较远、经济基础一般的村庄及以农业为主的村庄，应按照有利生产方便生活的原则建设中心村。坚持从实际出发及节约用地的原则，防止大拆大建，扎实稳步地推进村庄治理。

3. 村庄规划问题

目前，由于村庄建设缺乏规划，集约用地很难。长期以来，农村居民点建设缺少经过审批的具有法律约束力的村庄规划，如长安区有规划的村庄仅占24%。由于没有规划，村民建房选址及各小组自己的范围定点随意性大，村组地界衔接有矛盾，不能从整体建设出发。在经济比较发达的地方，村民生活水平较高，道路基础设施较为完善，一些村庄为了占据有利位置，让村民沿公路两边建设房屋，不但占了大量良田，而且用地极为粗放，浪费严重。在许多地方实施的村庄合并，多是名义上的，由好多自然村合并成一个大行政村，但还是由于没有统一规划，村民居住仍然非常分散，宅基地超占现象普遍。

在新农村建设中，需要科学地编制村庄建设规划，加强宅基地规模控制。要根据城市化发展的趋势，科学预测本地区未来城镇和乡村人口的规模及其变化，从而确定农村宅基地将来的需求。省（自治区、直辖市）对县（市）农村宅基地占用农用地年度计划指标实行单独核定、单独下达，避免城镇建设挤占农村宅基地用地指标；市、县加强农用地转用审批的规划和计划审查，强化土地利用总体规划和土地利用年度计划对农用地转用的控制和引导。结合新一轮土地利用总体规划修编工作和社会主义新农村建设，完善乡镇土地利用总体规划，政府安排专项资金编制村庄土地利用规划、村庄建设规划和开展村庄治理试点[①]，从严控制村庄建设用地及宅基地用地规模和布局。充分发挥村庄规划的控制和引导作用，统筹安排城乡存量建设用地，整合优化农村居民点布局和用地，有计划有步骤有特色地改善村容村貌（魏西云，2006）。

4. *农村宅基地管理方式创新问题*

农村宅基地管理中要面对的因素太多，经济的、思想的、基层组织及干部行为的诸方面因素都影响到宅基地管理。经济条件差等因素容易导致宅基地闲置或浪费。有的村民建了新房无力拆旧房，有的村民申请了宅基地却无力建房，有的村民长年举家外出但不交回宅基地，有的村民由于迷信风水或思想观念落后不愿意接受老宅基地，有的村庄空地或废弃地不能及时开发整理导致闲置，有的村集体靠卖宅基地来缓解财力紧张状况，甚至村干部直接在审批宅基地过程中以权谋私，等等。这些因素都给农村宅基地的有效管理带来了巨大的难题。

如何结合新农村建设战略来创新农村宅基地管理方式？首先，变宅基地无偿使用为有偿使用，提高申请宅基地的成本。虽然目前在农村已有村集体卖宅基地的现象，但至少在名义上是违法的，而且很不规范。有必要立法明确宅基地有偿使用的具体办法，使有偿使用合法化，可借鉴国有建设用地出让的管理

---

① 在明光市，一个新农村建设试点村做规划需要 2 万元。在如皋市江安镇，一个试点村做规划需要 8 000 元，其中，市财政负担 5 000 元，镇财政负担 3 000 元。就此判断，做一个村庄的规划平均需要 1.5 万元左右，全国 60 多万个行政村需要 100 亿元左右。而且，村庄规划不大可能在一年内都做完，如果分批做，那么每年因村庄规划新增的财政预算就更少了。

办法来完善出让宅基地使用权的办法，将出让金用于村庄整治和土地整理。对特别困难的农户申请宅基地，可制定具体可行的标准及办法，在执行过程中要全程接受法定程序的监督。其次，改革和完善宅基地审批制度，改变目前宅基地报批方式，一律以用地计划的方式报批。对符合规划，符合农村宅基地占用农用地计划指标的，由市、县人民政府分年度一次性批准农用地转用，报省级人民政府备案。对存量宅基地的原址翻建改建，只要符合土地利用总体规划和村镇建设规划，由乡（镇）人民政府批准，县级人民政府实行备案制。第三，降低农村宅基地管理执法主体的层级，将执法主体定在乡镇一级，以便及时查处农村宅基地的违法案件，同时完善宅基地执法的监督机制。第四，加强宅基地管理法规和政策的宣传，建立和完善违法举报奖励制度，利用群众监督弥补政府监管的不足。

三、农村土地征收制度

我国对土地一级市场实行政府垄断制度。在这种制度安排下，虽然农村土地与城市土地受不同的法律约束，但只要是农地转为建设用地，就要先由政府征为国有，任何单位建设用地都要使用国有土地。这种制度虽然在促进工业化和城市化发展方面发挥了巨大作用，但也造成土地市场发育不充分、农民土地权益被严重侵害等问题。

（一）基本内容

1. 农用地转为建设用地需先征为国有

《土地管理法》规定，国家为了公共利益的需要，可以依法对土地实行征收或者征用并给予补偿。任何单位和个人进行建设需要使用土地的，必须依法申请使用国有土地，包括国家所有的土地和国家征收的原属于农民集体所有的土地。农村集体所有的土地必须通过征收才能转为国有建设用地（政策另有规定的除外，如前文所述集体建设用地管理政策中的三个例外）。建设占用土地，涉及农用地转为建设用地的，应当办理农用地转用审批手续。

2. 征收农村集体土地要按照被征收土地的原用途给予补偿

①征收耕地的补偿费用包括土地补偿费、安置补助费以及地上附着物和青苗的补偿费。国家制定了耕地补偿费和安置补助费标准（见表 13－2）。被征收土地上的附着物和青苗的补偿标准由省级政府规定。征收其他土地的土地补偿费和安置补助费标准，由省级政府参照征收耕地的土地补偿费和安置补助费的标准规定。②征收城市郊区的菜地，用地单位应当按照国家有关规定缴纳新

菜地开发建设基金。③土地补偿费和安置补助费的总和不得超过土地被征收前三年平均年产值的三十倍。国务院在特殊情况下可以提高征收耕地的土地补偿费和安置补助费标准。关于这一条，国务院2004年28号文件做了具体规定，在费用标准上明确要求，依照现行法律规定支付土地补偿费和安置补助费，尚不能使被征地农民保持原有生活水平的，不足以支付因征地而导致无地农民社会保障费用的，省、自治区、直辖市人民政府应当批准增加安置补偿费。在费用来源上规定，土地补偿费和安置补助费的总和达到法定上限，尚不足以使被征地农民保持原有生活水平的，当地人民政府可以用国有土地有偿使用收入予以补贴。这是征地制度的重大改革措施之一。④在地价平衡上，征地补偿同地同价。国务院2004年28号文件要求，征地补偿做到同地同价，国家重点建设项目必须将征地费用足额列入工程概算。这项规定从根本上防止一些大型项目借口公共利益而损害被征地农民的利益。《决定》也明确要求："依法征收农村集体土地，按照同地同价原则及时足额给农村集体组织和农民合理补偿。"在政府划定的相同区域内，征地应采取统一标准补偿农民，征地补偿标准不随项目性质不同而不同。

表13-2　不同时期国家征收耕地补偿标准和安置补助标准

（该耕地被征收前三年平均年产值的倍数）

时　期	补偿标准	安置补助标准	两项合计
1987年起	3～6倍	2～3倍，最高不超过10倍	最高不超过20倍
1999年起	6～10倍	4～6倍，最高不超过15倍	最高不超过30倍
2004年11月起	6～10倍	4～6倍，最高不超过15倍	可以超过30倍

资料来源：廖洪乐：《中国现代化进程中的农村土地制度问题研究》（成果摘要打印稿）。根据《中华人民共和国土地管理法》（1986年、1988年、1998年和2004年）及国务院2004年28号文件整理。

3. 对有稳定收益的项目，农民可以用依法批准的土地使用权作价入股

这也是国务院2004年28号文件提出的重大改革举措，改变了以往农民享受不到被征土地增值收益的不合理状况，较好地维护了农民的土地权益。《决定》明确提出，在土地利用规划确定的城镇建设用地范围外，经批准占用农村集体土地建设非公益性项目，允许农民依法通过多种方式参与开发经营并保障农民合法权益。

4. 保障农民的知情权和听证权

国务院2004年28号文件要求，"在征地依法报批前，要将拟征地的用途、位置、补偿标准、安置途径告知被征地农民；对拟征土地现状的调查结果须经被征地农村集体经济组织和农户确认；确有必要的，国土资源部门应当依照有

关规定组织听证。”

5. 土地补偿费主要用于被征地农户

国务院2004年28号文件在土地补偿费的分配上规定了主要用于被征地农户的原则，改变了过去主要由集体经济组织使用土地补偿费的办法，从制度上防止一些地方乡镇、村干部的截留和挪用。

（二）主要问题

1. 征地范围过宽

我国的征地制度形成于计划经济时期，用地主体一般是国有企业、政府部门或国家大型基础设施工程（如公路、铁路、水利等）。改革开放以前，企业没有独立的利益，农民也没有独立的土地财产权，各类建设用地都由国家征用后划拨给用地单位使用。改革开放以后，企业成了相对独立的利益主体，农民也享有了长期稳定的土地承包经营权，但我国仍沿袭过去的做法，对公益性用地和经营性用地不加区分，一律征用（黄小虎，2008）。尽管《土地管理法》规定，“国家为了公共利益的需要，可以依法对集体所有的土地实行征用”，但由于没有对公共利益进行明确的界定，征用的农地被各级政府大量用于非公共建设目的（刘守英，2008）。我们从调查中直接感受到，地方在征地时将经济发展和公共需要两个目标并列，商业、旅游、工业、商品住宅等经营性用地也通过征地获得。明光市2000年以来共征地270公顷。该市从2003年开始建设一个经国土资源部批准的省级工业园区，规划了4平方公里（约6 000亩地），当年征地1 500亩，至2007年9月已征地5 000亩。乡镇招商引资有的也报批征地，这种情况在发达地区尤为普遍。如皋市江安镇2005—2007年分别征地100亩、300亩和180亩，其中：2006年的300亩中道路建设占20多亩，农贸市场占10亩，其余均用于工业园区建设；2007年的180亩中农民休闲广场占18亩，学校占18亩，环镇南路占10亩，其余134亩均用于工业园区建设。长安区2000—2007年共征收（用）农村集体土地15 620亩，已出让10 208.307亩。在出让的新征土地中，教育和科研用地仅占14.3%，经营性用地占很大比重（见图13-1）。

2. 征地补偿过低

按被征地的原用途给予补偿，这是现行征地制度最大的诟病之一。这里涉及到一个倍受争议的问题——“土地涨价归公”。关于农地被征地后的增值是否归国家，学术界持两种截然相反的看法。一种看法认为，土地征收后的增值是社会投资导致土地“辐射性增值”的结果，是一种“辐射性级差地租”，不是土地原所有人或使用权所有人努力的结果，因此增值收益应该归全社会所

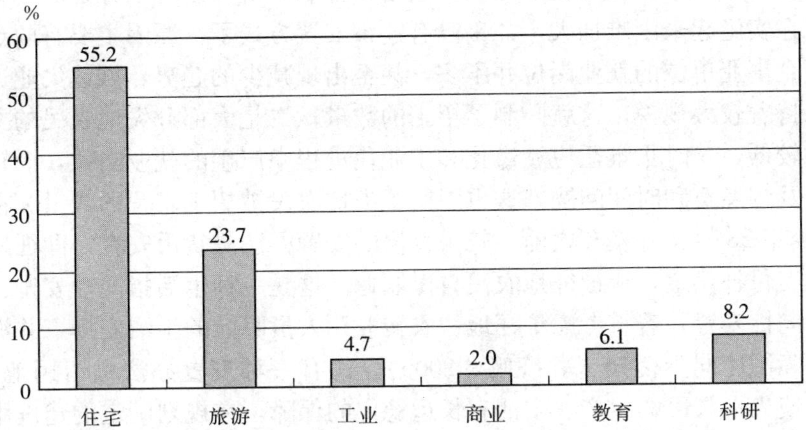

图 13-1　长安区 2000—2007 年出让新征土地面积构成

资料来源：根据实际调查数据计算。

有，由中央政府行使代理权对增值收益进行管理和支配，用于全国农村建设（周诚，2005）。另一种相反的看法认为，"土地涨价归公"的经济学是错误的，这种经济学认为各种资源的市价是由其成本决定的，农地因位置而"身价百倍"，但农地的所有人对"位置"的生产没有贡献，所以不应享受增值收益。周其仁（2004）指出，这种传统理论忽略了农地之主对土地增值的一项重要贡献，那就是放弃农地的使用权，如果农地所有人不放弃土地使用权，土地的位置增值就无从谈起，而放弃一项权利必然要有代价。在土地产权交易市场上，农地之主和土地需求方只有在都认为"值"的情况下才能达成协议，这就保证了土地资源无论初始所有人是谁，都会最终落到更有效率的使用人手中。土地涨价归公的理论之争还在继续，然而现实中我国征地补偿标准太低却是毫无争议的。明光市征收耕地的土地补偿费为被征收前三年平均产值的 8 倍，安置补助费为 10 倍，每亩补偿标准为 18 800 元/亩，部分地区达到 30 000 元/亩。如皋市征收耕地的土地补偿费标准为每亩 14 000 元，每个需要安置的被征地农民的安置补助费为 13 000 元。如皋市国土局介绍，这种补偿标准太低，根本无法达到被征地农民生活水平不降低、支付社会保障费用的目标。

3. 失地农民安置仍不到位

我国失地农民主要集中在城郊和人多地少的经济发达地区。有研究估计，我国完全失去土地或部分失去土地的农民可能高达 4 000 万～5 000 万人（韩俊，2005）。各地在实践中探索了多种安置失地农民的办法。最初，许多地方对失地农民采取了招工安置的办法，这是从计划经济体制时期存延的一种老办法，现在实施起来困难加大，几乎没有这种安置方式了。原因主要有两点：一是城镇企事业单位的就业岗位并不多，甚至出现减少的趋势，城镇失业近几年一直保持着较大规模，这就限制了招工的数量；二是大部分失地农民的文化素质相对较低，一时很难适应城市化和工业化进程中产生的就业岗位，而转岗培训又涉及到经费和时间问题，这也限制了失地农民被招工安置的数量。在国务院 2004 年 28 号文件发布之前，较为普遍的安置办法是货币安置，即征地时一次性地支付补偿金，让被征地农民自谋职业。这是一种生活指向性安排，而非就业指向性安置；着重考虑了征地“农转非”人员眼前的生活安排，并没有与社会保障制度同步衔接（郭晓鸣，2005）。还有一种安置办法是留用地安置，即为了使失地农民的生产、生活有长远稳定的保障，在规划确定的建设用地范围内安排一定面积的建设用地，支持被征地的农村集体经济组织和村民从事生产经营活动的一种安置方式，是货币安置的重要补充形式。有的还采取了房屋拆迁安置的办法，如长安区在部分地方实行了“拆一还一”的办法，统一规划、统一面积、统一标准，让被拆迁农民不至于无家可归。

在国务院 2004 年 28 号文件发布之后，各地开始增加对失地农民的社会保险安置。明光市主要通过留地安置和纳入政府再就业服务体系来解决被征地农民的就业问题；将转为非农业户口的失地农民纳入企业职工基本养老保险、城镇职工基本医疗保险和失业保险，或纳入城镇最低生活保障范围；对仍保留农业户口的失地农民，以农村社会养老保险、农村合作医疗制度和农村最低生活保障制度、农村特困救助等途径解决其基本生活问题；建立被征地农民养老保障制度，被征地时年满 16 周岁且未参加城镇基本养老保险的被征地农民，可以自愿参加被征地农民养老保险，被征地农民男满 60 周岁、女满 55 周岁后根据之前的个人缴费情况每月领取 80 元、120 元或 160 元的养老金。如皋市建立了被征地农民基本生活保障资金专户，资金来源包括全部安置补助费和 70%的农用地土地补偿费、政府从土地出让金等土地有偿使用收益中提取的部分、被征地农民基本生活保障资金的利息及其增值收益等，其中全部安置补助费和 70%的农用地土地补偿费进入个人账户，其他进入社会统筹账户。对不同年龄段的被征地农民，实行不同的保障标准，从一次性或按月领取生活补助费到最后按月领取养老金不等；一次性生活补助费为 4 000 元，按月生活补助费分 130 元和 150 元两档，养老金为每月 210 元。同时该市还规定，符合该市城镇居民低保条件的被征地农民家庭，可以享受城镇低保待遇；符合被征地农民基本生活保障条件的对象，应按规定参加城镇居民医疗保险，享受相应的医疗保障待遇。长安区按照低标准、广覆盖、长延续的原则，将被征地的困难群众逐步纳入低保范围。从实践来看，将失地农民纳入城镇社会保障系统，有利于解决失地农民的后顾之忧，促进了城乡一体化的顺利实施。但是，目前失地农民社会保障的覆盖面窄、保障水平低①，失地农民中只有少数能享受与城镇居民同等的社会保障待遇，各种改革举措还在探索和完善的过程之中。

4. 征地补偿费的分配和使用不尽合理

从调查的情况看，尽管农民拥有“长期而有保障的土地承包经营权”，但征地补偿费主要是支付给农村集体经济组织，因为它在法理上是土地所有者。如皋市的规定是，将安置补助费和70%的土地补偿费直接划入被征地农民基本生活保障资金财政专户（这是比较合理的），将地上附着物及青苗补偿费支付给其所有者（即被征地农民本人）；将剩余30%的农用地土地补偿费支付给农村集体经济组织，纳入公积金管理，由各乡镇人民政府（开发区管委会）负责监督使用，主要用于解决被征地农民的生活补助和历史遗留问题，以及农村集体经济组织发展生产和公益事业。《陕西省建设项目统一征地办法》（省政府令2002年第78号）规定，将土地补偿费支付给农村集体经济组织用于发展生产，地上附着物及青苗补偿费支付给所有者；对需要统一安置人员的，安置补助费支付给安置单位，否则支付给被安置人员个人。我们在实地调查中没有了解到农村集体经济组织对土地补偿费的具体分配和使用情况，但从已有研究来看，土地补偿费的分配和使用可能存在不合理之处。特别是一些集体组织领导比较薄弱的地方，土地补偿费的分配和使用产生了很多问题，导致了集体经济内部的矛盾和纠纷（黄小虎，2008）。

（三）完善征地制度需要解决的几个问题

从现实情况看，许多地方政府在征地过程中“违法用地不敢报，实际用地不实报”，给国家的土地管理法规和政策带来了严峻挑战。同时，被征地农民的就业和社会保障问题的解决仍处在一个较低水平上，留下了矛盾的隐患。征地制度涉及的内容很多，但从完善征地制度的意义上讲，最根本的是要从法律上切实维护和保障农民土地权益，即明确为什么征地、怎样征地以及如何补偿。

1. 改革农用地转为建设用地要先征为国有的政策，允许集体土地所有权

① 陈莹、张安录（2007）的调查显示，武汉城乡结合部被征地农民中，有社会保障基金的比例为11.11%，150元/月；有合作医疗的比例为63.58%；有养老保险的比例为22.84%，标准为200元/月。虽然该研究只调查了162名被征地农民，但也可以反映被征地农民社会保障总体水平偏低的现实状况。

在城市继续存在

从国际范围来看，许多发达国家在征地时规定，必须是为了真正的社会公共利益需要。公共利益的共性是“公众的或与公众有关的使用”。美国公共使用目的包括旧城区改造、兴办公立大学、修建公园、道路、车站、军事设施等；加拿大规定，征地必须为公共利益服务，如交通、能源、水利、环保、市政、文物保护、学校、医院等。美国对政府既有的土地征用权给予明确限制，动用国家征用权必须符合两个条件：首先是“公用”。土地所有人如果对征地的“公用”目的持有怀疑，可向法院寻求裁判。其次，是“合理赔偿”。土地所有人如果对赔偿费不满意，可以要求法庭陪审团来判定。只有满足以下两个条件，征地才能满足公共利益的要求：①政府征地具有合法的公共目的；②征地与达到这一目的有合理的关系。而我国的做法则是将征地目的普遍化，对公益利益用地和经营性用地不加区分，一律征地，而同时宪法又规定城市土地属于国家所有。在这样的制度安排下，极易形成农村集体土地的国有化趋势，农民的土地权益很难得到有效保障。因此有必要修改相关法律法规和政策，对政府征地行为进行规范和约束，只有真正为了公共利益才允许征地，经营性建设用地允许农村集体建设用地直接进入一级市场参与流转，即允许城市规划区内的经营性建设用地仍保留集体所有权。商品房开发、工业园区建设等经营性用地，由用地单位通过市场途径来获取。农村集体建设用地与国有建设用地“同权、同价、同管理”。

2. 进一步完善征地程序，有效地保障农民的知情权、参与权和公证权

程序正义和结果正义同样重要。国务院已经对完善征地程序提出一些新的要求，如提前通知、举行公证等等。这可以视为征地程序完善的初级阶段，离适应市场经济体制、切实保障农民土地权益的要求还有一定距离。之所以认为我国目前的征地程序不完善，是有参照系的。还是以美国为例，美国严格的征地程序有效限制了征地权的滥用。美国的征用程序中充分体现了三权分立的原则，政府是无权单方面行使征用权的，必须受到严格的程序规范和司法审查。主要程序如下：首先，政府必须先到法院提出征用申请（有些州要求政府在提出征用申请前必须尝试与被征用一方进行自愿交易）。随后，必须就此征用通知所有被征财产的利益方。然后，法庭将就征用申请进行审判。政府必须在法庭上确立为什么自己有征用的权力（在许多州这意味着政府必须证明征用是必要的）。在征用被法院批准时，政府必须支付法院认可的补偿金。被征方如果不满意判决，可以上诉。从我国的实际征地程序看，基本上还是政府主导，法院所能做的往往是“协助”政府完成征地行为，而且补偿标准也是政府规定的，农民只能被动接受。针对明显的低价补偿，只有所谓的“钉子户”通过非

正常途径抗争，而鲜见公证会的召开，更不用说法院对政府征地行为的“审判”了。因此，必须修改完善相关法律，以公正的法律为准绳，让被征土地所有者和实际使用者平等参与，通过充分辩论和平等协商确定相关事项，不断完善征地程序。同时，积极鼓励和支持被征地农民依法行使自己的权利。

3. 确定公平合理的补偿办法和补偿标准

本质上，征地是对土地产权的再分配，土地所有者被剥夺了拒绝的权利，也被限制了讨价还价的能力。征地对土地财产权的侵犯程度，除了用途是否为公共使用以及程序是否公正，还有关键的一点即补偿是否公平。征收土地意味着农村集体永久地失去了土地所有权，农民永久地失去了那本来“长期而有保障”的土地承包经营权。这对于集体和农民而言影响是巨大和深远的，按当前的办法和标准确定的补偿肯定远远不能弥补失去土地给农民带来的负效应。有人将征地补偿和失地农民的社会保障混在一起，认为失地农民既得到征地补偿又被纳入城镇社会保障体系已是相当不错了。更有甚者，很多地方将“土地换社保”作为失地农民安置的创新经验加以效法和推广。这在本质上混淆了财产权利补偿和公民身份福利的界线。征地补偿是对农民放弃土地财产权利的一种补偿，是应该的、无条件的；而社会保障从法律上讲则是国家给予公民的一种福利，应该是普惠的、无条件的。我国将农民长期隔离在国家社会保障体系之外，既是在特定阶段不得已的一种选择，又是认识和改革不到位的结果，是城乡二元体制的直接反映，这本身就是对农民的歧视，而“土地换社保”则是进一步的歧视。所以，应改变现行补偿标准，至少应该以土地的市场价格补偿农民。在补偿办法上，可以综合货币的、实物的及其他形式的办法，让农民觉得为了这些补偿而放弃土地“值得”。

四、小结

本报告对我国土地的农户家庭承包经营制度、农村集体建设用地管理制度和征地制度进行了分析和讨论。基本结论包括：我国形成了农地承包经营的基本制度框架，但农村土地承包关系还不稳定，农地流转市场还不健全和完善；同为土地所有者，农村集体与国家的关系被扭曲了，二者被置于极不对等的位置上；农村集体土地所有权残缺导致了农村土地管理和农村集体建设用地管理存在一系列突出的问题；征地制度明显不公平、不合理的安排，使得征地的博弈双方力量差距过于悬殊、过于不平等，导致超标准、超范围占地现象普遍出现，18 亿亩耕地红线面临被突破的危险。

本报告提出的初步建议包括：从完善法律政策、创新经营制度、培育农村土地承包经营权流转有形市场、创新农地金融制度等方面采取措施，促进农民承包地流转；从加强立法、加快宅基地商品化、做好村庄规划、建设农民集中居住区、创新管理方式等方面加强农村宅基地管理，充分实现农村宅基地的用益物权，提高农村集体建设用地的使用效率；重点从征地目的、程序正义、补偿公正角度完善征地制度，同时允许农村集体建设用地进入市场流转，做到农村集体土地与国有土地的同权、同价、同管理。

农村土地制度建设必须将农民的土地主体地位纳入进来，做好相关法律法规的衔接、调整和完善。同时，还要改革现有的考核、监督和惩罚机制，消除地方政府经营土地的冲动，严厉惩处土地管理中的违法违规行为。

第十四章　乡村治理中的基层组织与管理体制研究

2006年我国全面取消了农业税，党的十六届五中全会和2006年中央1号文件对建设社会主义新农村进行了全面部署，标志着我国经济社会发展进入了“工业反哺农业、城市支持农村”和建设社会主义新农村的新阶段。然而，新形势下的农村改革中，上层建筑方面的改革相对滞后，与经济基础不相适应的矛盾日益突出。主要体现在两个方面：一是基层行政管理体制不适应农村生产力发展的要求；二是农村财务制度和资金投入体制不适应社会管理和公共服务的要求。这就要求我们进一步理顺农业农村发展的体制机制，对不适应农业农村发展的上层建筑进行改革。本报告针对以上两方面的问题展开讨论，并将县乡考核制度纳入讨论范围，以从更深层次研究乡村治理问题。

一、农村基层组织建设

（一）乡镇机构改革

1. 乡镇机构改革的背景及阶段特征

2006年，我国全面取消了农业税，这不仅减轻了农民的负担，而且给整个农村社会经济带来了一系列的影响，对农村基层政府运行的影响集中反映在两个方面：一是堵死了乡村组织向农民收费的口子，农村基层政府出现财力困难；二是乡镇机构臃肿，人员严重超编，乡镇干部从催粮收款的任务中解放出来，面临着职能重新定位的问题。在这个阶段进行的乡镇机构改革，主要就是为了解决取消农业税后农村基层政府组织运行凸现出来的财政困难和职能缺位、错位的矛盾。

2006年中央提出了新农村建设的战略任务，乡镇机构改革作为基层治理方面一项重要举措进入了全面深化和推开阶段。2006年7月到2008年12月，改革处于逐步深化阶段。2006年10月国务院印发《关于做好农村综合改革工作有关问题的通知》（国发〔2006〕34号，以下简称《通知》），明确提出力争在“十一五”期间或用更长一些时间基本完成乡镇机构改革任务。2008年中央1号文件对进一步深化乡镇机构改革提出了要求，指出要加快转变乡镇政府职能，着力强化公共服务和社会管理，为农村经济社会发展创造有利环境，从不同地区实际出发，明确乡镇工作任务和工作重点，严格控制对乡镇党政领导的“一票否决”事项。2009 年 1 月，以两办转发《中央机构编制委员会办公室关于深化乡镇机构改革的指导意见》（中办发［2009］4 号，以下简称《意见》）为标志，乡镇机构改革进入了全面推开阶段。《意见》明确了乡镇在促进经济发展、增加农民收入，强化公共服务、着力改善民生，加强社会管理、维护农村稳定，推进基层民主、促进农村和谐等四个方面强化职能。

2. 中央对乡镇机构改革的任务要求

中央明确要求在 2012 年完成乡镇机构改革，并提出以下三个方面的任务要求：一是明确职能。中央明确了现阶段乡镇政府应履行的主要职能是：①促进经济发展、增加农民收入；②强化公共服务、着力改善民生；③加强社会管理、维护农村稳定；④推进基层民主、促进农村和谐。二是严格控制机构和人员编制。规定改革后各省（自治区、直辖市）乡镇人员编制不得突破上级核定的规模，并提出了机构设置的方式，“对不同类型、不同规模的乡镇，确定党政机构设置形式和数额，可设若干综合办公室，也可只设若干综合性岗位”。三是创新事业站所管理体制。提出“乡镇事业站所可实行以乡镇管理为主、上级业务部门进行业务指导的管理体制；经省级人民政府批准，也可实行以上级主管部门管理为主或按区域设置机构的体制”。推进事业站所分类改革，区分事业站所的公益性职能和经营性活动，对公益性机构加强财政保障，经营性机构可转制为经济实体，乡镇不再兴办自收自支的事业单位。

3. 乡镇机构改革的成效

按照党中央、国务院的统一部署，各地乡镇机构改革一手抓管理，确保乡镇机构编制只减不增；一手抓试点，大胆探索，积累经验，取得了重要成果。截至 2009 年 4 月，全国已完成和正在进行机构改革的乡镇为 19 406 个，占全国乡镇总数的 56.6%。其中，安徽、湖北、黑龙江、吉林、河南、内蒙古、浙江、重庆、上海、海南、青海等 11 个省份已在全省范围内开展了改革工作。总体来看，改革取得了以下成效：

（1）机构“消肿”，乡镇资源得到有效整合。从各地改革的实际情况来看，通过撤并乡镇和对乡镇内设机构进行重组，一是使乡镇机构得到大幅度“消肿”，无论是乡镇机关设置，还是事业单位改革，都打破了旧有的管理体制，逐步朝着精简、统一、效能目标的方向发展，初步遏制了“生之者寡，食之者众”和“收费养人，养人收费”的现象。二是有效整合乡镇资源。在改革中，各地按照调优、调大、调强的原则探索出乡镇行政区划调整的多种模式，如以富带贫、以中心带边缘、同类合并等等，都不同程度地减少了乡镇数目，行政管辖范围扩大，管理效率提高。

（2）乡镇政府职能开始向加强社会管理和提供公共服务上转变。取消农业税后，乡镇政府的工作重心不再是“催种催收、要粮要钱”。为此，各地在改革乡镇机构、转换政府职能中，在注重减人、减事、减支的同时，大都开始有意识地将职能重点转向为农村发展创造环境、为农民提供更多更好的服务、为农村构建和谐社会创造条件上，从机构设置、人员配备、政策引导、经费保障等多个方面入手，加强了乡镇政府的社会管理和公共服务职能。结果是农民得到了实惠，干部受到了好评，效率得到了提高，干群关系有了改善。

（3）工作方式和方法有了初步转变。探索建立农村基层工作新机制，是多数地区乡镇机构改革试点的重要内容，并且取得了一定成效。浙江省试行的干部“一线工作法”，就是实现干部与农民互动、增强政府公共服务效率的一种新机制。安徽省通过实施“一个转变、三个建立、一个改进”（即转变乡镇政府职能，建立农村基层管理新体制，建立农村公共产品供给新机制，建立“三农”社会化服务体系，改进农村工作考核评价办法），促使乡镇政府开始转变工作作风和思想观念，管理方式开始由“直接型”向“间接型”转变，工作方式开始由简单的行政命令向用市场办法引导、服务、示范转变，日常工作开始由“为民做主”向“让民做主”转变，干部考核重点开始由注重形式和过程，向注重成果和绩效转变。

4. 乡镇机构改革中存在的问题和困难

（1）改革缺乏战略设计和一揽子政策规划。尽管中央对乡镇机构改革工作反复强调，也提出了明确要求，但对其涉及的一些重大原则问题，中央没有给出明确的方向性处理意见，其中包括乡镇政府组织在中国政权体系中的地位问题、乡镇机构改革中涉及到的一系列极为复杂的组织和利益关系等。从总体看，本轮乡镇机构改革的性质只是政权组织和政府内部的权利调整及功能和利益的重新分配，而不是乡镇政权组织体制、权利结构及运行方式的根本性改造。由于没有明确的改革目标，不少地方将改革任务当成目标，如将乡镇布局调整、精简乡镇行政编制、乡镇事业单位改革、做好人员分流工作等任务当作目标，从而使改革的目标出现多元、模糊、混乱的局面。

（2）配套改革没有跟上。乡镇机构改革是一个复杂的系统工程，必须进行相应的配套改革。从目前情况看，很多乡镇机构配套改革还没有跟上，存在一些突出的问题和困难：

忽视改革的上下联动。本轮改革主要针对乡镇一级政府，并不涉及县级以上政府。改革后，一些职能弱化的部门和单位被撤销或合并，然而县一级及更高层级的管理机构并没有相应改变。乡镇一级机构撤并、人员减少，然而职能并没有减少，条块分割的现实并没有改变，这必然使得改革的效果大打折扣。

干部人事制度、社会保障制度的改革严重滞后，大大增加了人员分流阻力和难度。缺少妥善的安置渠道和优惠的分流政策是人员分流困难的一个重要原因，尤其是在诸多欠发达的乡镇，二、三产业落后，市场和社会服务需求不足，就业机会较少，使得不少地方在精简乡镇人员时，都不同程度地存在着“名分实不分”、“名减实没减”的现象。

乡镇财政状况恶化，乡镇政府运作困难。税费改革后，农业型乡镇财力严重不足，财政状况进一步恶化。一是减人不减支，加重了财政负担。二是转移支付不足以维持乡镇正常运转。免征农业税后，以农业收入为主的乡镇运转只能靠上级转移支付来应付。由于财政转移支付的量小于乡镇财政收入减少的量，使得乡镇机关办公经费短缺，乡镇政府运作出现困难。

（3）乡镇政府真正转换职能依然面临诸多困境。一是在目前存在严重的乡镇政府责任与权力不对称、财权与事权不匹配问题的情况下，要真正调整经济管理职能，将职能重点转向加强社会管理和提供公共服务，必然伴随着乡镇财政支出的大量增加，这是地区很多乡镇机构改革中的突出问题；二是在政绩考核和仕途升迁的诱导下，乡镇政府真正转换职能的动力不足；三是在乡镇改革过程中，由于涉及一系列极为复杂的组织关系和利益关系的制约，各部门“自上而下”进行“条条”干预的现象很多，乡镇工作被动性较强，致使乡镇政府真正转换职能仍面临较大阻力。

5. 政策建议

针对以上困难和问题，目前应重点在以下方面采取有效措施使改革获得根本性突破。

（1）配套推进县乡管理体制改革。加快推行“省管县”体制。乡镇改革看似跟地市级政权机关没有关系，但实际上乡镇机构的改革任务能否完成，却与市管县体制息息相关。我国目前的政府体制由中央、省、地级市、县（市）、乡镇等5个层级构成。在这5个层级中，乡镇政府无论在规模上，还是在财政预算上，都占极小的一部分，都不足以真正造成农民负担。从各税种在各级地方政府间财力分布来看，乡镇财政占地方各级财政的比例最小，而地市财政占用地方财政的份额较大，其对农村地区的管辖功能较弱，主要通过县和乡镇来实行对农村地区的管辖。在下一步的改革中，应加快推行“省管县”体制，从而增强县级财政的实力，奠定县级机构体制改革的体制基础，进而形成乡镇改革的有利条件。

推进县级机构改革。目前的乡镇机构改革，仍然集中在乡镇一级，但是乡镇机构存在的许多问题是由县级机构引发的，而且二者的许多问题具有相似性，乡镇机构的改革必然对县级机构的改革提出要求。具体来说，县级政府要转变行政职能，精简机构，减少人员编制；事业单位要剥离非公益性职能，对非公益性职能要进行市场化和企业化改革，对公益性职能要尽量压缩既养人又养事的范围，扩大养事不养人的公共服务领域。逐步打破条块分割局面，理顺县乡关系。

（2）改革和完善财政体制，增加国家对以农业为主的乡镇的财政支持。税费改革后，农业型乡镇的财政恶化，乡镇运转困难，大多乡镇已陷入“吃饭型财政”、“要饭型财政”的尴尬处境，难以担负发展地方经济、处理公共事务、维护社会稳定等公共职能。其原因可以归结为城乡财政资源分配不公，具体表现就是：城市多乡村少，上级多下级少。因此，仅仅依靠“减人减事”来减支，并不能解决乡镇财政问题，必须改革和完善财政体制，逐步扩大公共财政覆盖范围，建立起与市场经济体制、公共财政制度和新农村建设相适应的新型财政支农机制，加大对农村产业扶持、基础设施建设、社会保障、义务教育、医疗卫生、文化事业的投入，确保财政支农资金稳步增长。在财权层层上收、事权层层下放的情况下，仅靠转移支付很难从根本上解决基层财政困难，不仅制约了乡镇政府职能作用的发挥，而且也影响了乡村工作的积极性和主动性。因此，在完善县乡财政体制、缓解县乡财政困难问题上，要转变角度、调整切入点，从界定基层政府职能和事权入手，明确各级特别是县乡应该“干哪些事”、“需要多少钱”等，通过“以支定收”的办法确定体制补助数额和转移支付规模，确保乡镇政府公共服务职能的实施。同时，对中央各部门要求地方配套资金的项目应进行清理，明确各级应承担的责任，切实减轻基层配套的压力，赋予基层财政自主安排财力的必要权力，充分发挥体制的效率作用。

（3）加快干部人事制度、社会保障制度改革步伐。人员分流是乡镇机构改革中最困难的环节，要保证人员分流的成功，必须出台有力的措施。应该根据乡镇承担的职能确定乡镇的编制，然后可采取理论考试、民主测评、精简内退和一次性买断工龄4种方式，对乡镇干部职工进行分流。同时，健全社会保障制度，削减分流阻力。针对目前农村社会保障制度存在的问题，应充分发挥国家、企业和个人的积极性，依靠社会各方面力量，探索在小城镇建立符合社会主义市场经济体制要求的新型的社会保障机制和统一的社会保障机构，继续办好农村社会养老保险，积极推广城镇社区服务。特别是抓紧建立影响力大、需求迫切的社会养老基金、大病统筹基金和最低生活保障基金制度，以减少分流人员的后顾之忧。在精简人员的过程中，应时刻注意“减员”只是手段，“增效”才是目的，既要将冗员分流，又不能影响乡镇的服务能力。

（4）切实转变乡镇政府职能，提高公共服务能力。今后相当长的时期内，为了有效提高为农服务水平和社会管理水平，必须加强乡镇政府的服务能力。乡镇机构改革的最终目的，是通过转变政府职能，更好的为农村社会提供服务，乡镇政府的作用在新时期不是要削弱，而是要加强。那种只在于精简机构、削减开支的乡镇机构改革是不可取的。要加强乡镇政府服务能力，必须转变乡镇政府职能。在农村税费改革之前，乡镇政府的主要职能是汲取资源和完成上级政府交办的各项要求达标的任务，诸如“催粮派款”之类事务性工作。取消农业税后，应该在界定乡镇行政机构的管理幅度，撤乡并镇、精简机构和人员的基础上，根据乡村社会的实际需求，合理界定乡镇政府的公共服务职能，将乡镇政府转变为公共服务型政府，重点放在加快发展农村社会文化教育事业、加强农村公共卫生和基本医疗服务体系建设、加强农村基础设施建设、加强农田水利建设、加强农村劳动力技能培训、提高农民的整体素质、搞好乡村规划、促进农业可持续发展、农村计划生育、农村扶贫开发、维护乡村社会秩序等方面。

（二）村民自治制度建设

1. 村民自治制度的演进及成效

村民自治是在人民公社解体之后建立，其直接使命是解决家庭经营农户的重新组织问题。人民公社解体以后，国家工业化对农村社会提取资源的紧迫性下降，此时党和国家组织农民的问题在于在国家不承担对农村社会治理成本的基础上，如何在家庭承包制下重建一套由农民自我获得社会秩序和公共品的制度。于是，村干部由农民群众选举，农村社会生活由群众自我管理的村民委员会萌芽被中央发现并确立为农村基层管理的手段。直接民主是其要采取的主要形式，“自我教育、自我管理和自我服务”的群众性自治成为其要达成的制度目标。村民自治发端于20世纪80年代初期，试验于90年代，90年代末至今得以普及，经历了萌芽、试验、普及三个阶段，经过渐进的发展和积累，制度框架不断清晰，实现方式日益丰富，构筑了新型农村基层治理制度，走出了一条中国特色的农村基层民主自治之路。

党的十七大强调把村民自治“作为发展社会主义民主政治的基础性工程重点推进”，并把其列入我国基本政治制度的内容之一。村民自治制度所肩负的历史使命要求我们把民主选举、民主决策、民主管理和民主监督作为一个整体工程，建构系统的制度机制，以体现人民当家作主。党的十七届三中全会《决定》指出，要实现农村发展战略目标，推进中国特色农业现代化，必须抓紧在农村体制改革关键环节上取得突破，强化农村发展制度保障。重点强调健全农村民主管理制度，要深入开展以“四个民主”为主要内容的农村村民自治实践，全面完善村民自治机制。为了保障农村村民实行自治，由村民依法办理自己的事情，发展农村基层民主，维护村民的合法权益，促进社会主义新农村建设，2010 年 10 月 28 日，第十一届全国人民代表大会常务委员会第十七次会议修改通过了新的《村民委员会组织法》，重点对村民委员会成员的选举和罢免程序、民主议事制度、民主管理和民主监督制度三个方面进行修订，进一步完善了村民代表会议制度和村务监督机制，降低了罢免村官的门槛，村民自治进入了新的发展阶段。

根据民政部提供的相关资料显示，《村民委员会组织法》自 1998 年 11 月颁布实施以来，村民自治取得了长足进展，积累了丰富经验，得到了农民群众的热烈拥护和普遍欢迎，充分调动了农民群众的政治参与热情，以村民民主选举、民主决策、民主管理和民主监督为主要内容的村民自治制度已发展成为中国特色社会主义民主政治制度的重要组成部分。截至 2008 年底，全国共有村委会 60.4 万个，自然村 200.9 万个，村民小组 480.9 万个，村委会成员 233.9 万人，全国 95%以上的村委会依法实行了直接选举，绝大多数村进行了 7 次以上村委会换届选举。在选举中，竞职演讲、治村演说等形式普遍实行，竞争日益激烈。一大批有文化、有本领、热心为村民服务的村民当选村委会成员，使村委会干部素质明显提高，村委会成员年龄结构日趋合理，形成了一支比较稳定的村委会干部队伍，村委会主任的连任比例在 50%以上。近年来，一些地方发展了“两会制”（村党组织、村委会）决策村务大事的形式，还有一些地方创造了“村务大事村民公决”、农村“民主日”、“四议两公开”等做法，有效保障村民群众的决策权。大部分农村已经建立村“两委”联席会议、村民会议、村民代表会议等制度，从议案的提出、受理、讨论、决定和实施，开始走上规范化、程序化的轨道。

2. 村民自治存在的问题

村民自治全面实施十多年来，大大促进了农村民主法治的进程。在实施过程中，也存在一些不利于村民自治和农村和谐稳定的因素，主要存在的问题及其原因有：

（1）自治制度配套规范的欠缺。一方面，村民自治制度设计过于粗略化和原则化。如现行法律制度对村民的地位、权利、义务，村民会议的召开、权限，村民对村务管理的参与途径和方式等等，缺乏明确具体的规定，在村民自治的实际运作过程中，乡镇管理与村民自治之间，村党支部与村主任之间的关系和权限不明，往往造成乡镇一级或村党支部事实上取代村民自治组织行使村级事务的决策权、管理权。另一方面，村委会缺乏有效的财力保障机制，导致制度虚设而不能正常运行。随着村办企业的由盛转衰、村集体土地收益的保障性以及税费改革后村提留的取消，导致村级没有独立的财政来源，财力缺乏保障。

（2）民主监督机制发育滞后。目前农村一些地方只有民主选举，民主监督还很脆弱，村务公开、民主理财、民主决策等监管措施流于形式，主要表现在以下方面：一是村官独揽决策权。即在村务活动中，一切事物的决定权均由村官独揽，村民参与不到村级事务决策过程中。二是村官独揽管理权。如村办集体经济项目的经营管理、集体土地和财产的管理、水电费管理等具有一定经济效益的事项，绝大多数都是由村官决定，暗箱操作，由村官及其家属子女或亲朋好友来经营管理，特别是村级财务更是典型的村官管理，主要表现在对资金使用上的主宰权和随意性。三是村务不公开。《村民委员会组织法》规定，凡是由村民会议或村民代表大会讨论决定的事项及其办理情况都应及时、真实、详细的公开，接受村民的监督。而目前很多农村都不同程度存在村务公开名不副实的现象，公开的内容不真实具体，公开的时间不及时。

（3）在村民自治过程中，浓厚的行政化倾向弱化了村民自治的自身发展。严格说来，村民自治是村民直接管理自己、自主处理各项社区事务的一种社会管理方式，然而一些地方的村民自治在实践中往往背离其初衷，如在工作方法上，习惯于把村委会当成乡镇的“腿”，以“指挥”、“命令”、“指示”等行政手段安排工作，甚至一些本应由乡镇完成的职责也被“分解”到村委会，村委会体现出强烈的行政化色彩，使得他们无暇顾及自治方面的建设工作，在工作中主要考虑的是先向政府负责而不是向群众负责，实际上自治组织成为一种政权性组织或者是乡的附属行政机构，政府对村委会的指导关系演变成领导关系。这些都弱化了村民自治的性质，与国家推行村民自治的初衷不符。

3. 政策建议

当前所面临的问题，应当通过上下共同努力，从加强民主法制建设，提高农民的民主素质以及增强农村基层组织调控力度等方面入手，采取一些有针对性的举措，为推进农村基层民主政治建设创造有利条件。

（1）切实加强民主法制建设，力求实现农村基层民主政治生活的制度化、法律化、程序化。民主不仅仅是一种思想作风行为，而是一个由制度体系、行为过程、规范程序等构成的完整的系统。推进农村基层民主政治建设，法制建设是首要的环节。国家要积极营造有利于农村基层民主政治建设的法制化环境，用法律制度严格规范权力的运作界限、程序、方式和范围，形成严密完善的权力监督机制与约束机制。要结合当前的农村实际，不断健全村民委员会的直接选举制度，建立和完善村民会议和村民代表会议制度，完善村民自治章程和村规民约，规范村级重大事务的决策和村务公开特别是财务公开制度，开展民主评议村干部制度等各项制度，切实有效地保障农民群众享有民主权利。

（2）逐步理顺农村的各种政治关系。一是理顺乡村关系。依照《村民委员会组织法》，明确乡镇政府“指导、支持和帮助”的内涵和外延，制定切实可行的政策措施，规范乡镇机构介入村级事务的领域、方式和程度。在村民委员会合法权益受到侵害以及乡镇政府不作为时，明确寻求行政和法律救助的办法和渠道。二是理顺“两委”关系。在村级组织结构中，明确村级党组织与村委会的关系是领导和被领导的关系；在村民自治工作中，村党支部在加强监督的同时支持和保障村民委员会依法行使职权。建立村党支部与村委会的协作制度，通过召开村党支部和村委会联席会议等方式，在村党支部和村委会民主协商的基础上对村级重大事项进行共同决策。三是理顺自治组织与村民的关系。进一步完善村民委员会选举制度，提高村民委员会权力取得的合法性和决策的公信力。进一步完善村民议事制度，积极推行以村民大会或村民代表会议为主要形式的民主议事制度。进一步完善对村民委员会的监督制约机制，健全以村务公开、民主评议、民主理财和村民委员会定期报告工作为主要内容的民主监督制度；突出监督重点，加强对村集体资金管理使用、土地发包承包、土地征用款和公益工程的招标等方面的监督。

（3）努力提高农民的民主意识。首先，要加强农村文化教育，提高农民的文化素质，提高农民的文化素养，不断增强他们的民主意识，丰富他们的民主知识，提高他们参与民主的能力和水平。其次，要加强农村的民主实践，让农民群众自己直接选举自治组织的负责人，用实际行动来增强他们对民主的感性认识，提高他们的民主参与能力。最后，要积极营造农村基层民主的外部环境，一方面要防止村内干预，加大对干预村民自治的不法势力的打击力度；另一方面要防止行政公权的干预，要明确乡镇人民政府对村民委员会工作的指导范围，避免行政权对村民自治中属于自治范围内事项的种种不合理干预。

（4）创新工作思路，切实实行“四个民主”。要根据《村民委员会组织法》制定出相应的农村实行民主选举，民主决策、民主管理、民主监督的具体实施办法，完善选举制度、议事制度、村务公开制度以及村民对村干部的评议制度，顺畅村民对村委会的监督渠道，增强决策、监督、管理能力。

4. 一个深层次问题——民主等同于自治吗？

中国基层民主化进程有其不同于西方民主发展进程的独特地方，主要是国家自上而下推动的结果，即政府主导型的民主。而西方民主的发展是民众压力与执政者让步的结果，具有相当程度的自然生长性。中国拥有两千多年的封建专制传统，建国以后虽然人民当家作了主人，但由于长期实行高度集中的权力体制，其影响直到现在仍没有完全消除。另一方面，农民的民主意识还普遍不高，如果没有国家力量的介入，村民自治这项重大的改革很难快速发展。正如美国著名学者塞缪尔·亨廷顿所说，不发达国家现代改革的实施，没有中央政府的强有力的行政指导很难收到成效。在高度集权体制条件下，没有权力上层的首肯与推进，任何来自下层的创新活动常被压制或因缺乏持久生命力而得不到正常发展。

张铭（2008）认为，农村基层社区的自治在政府还政于民，自治的目标有两个：一是如何保证把真正的本土精英挑选出来，并让他们之间形成一种多元的民主协商格局的问题；二是如何提升居住民、尤其是乡土精英投身政治参与和平面交往的能力问题。他认为，上述两个目标都不是目前村民选举可以加以解决的问题，乡村自治基层民主的主要工作放到村领导的选举产生这个形式上，在某种程度上来说完全是搞错了农村基层工作的重点与方向。在缺乏精神信念以及公民意识和公民精神的情况下，左右村民选举的实际上不大可能是什么长远利益的考虑，最后当选者在很多情况下都不是有着长远发展眼光和自身素养的“乡土精英”。而且，民主选举还有可能使当选者具有某种合法性的垄断权，从而造成排斥其他精英进入政治过程的不良结果。

卡尔曼·海姆曾指出：“民主不是去掉所有的精英阶层，而是以一种新型的精英选择方式和精英的新的自我表现方式为特征的。”这一表述实际表明了由精英治理向民主治理转变的要求和条件，同时也反过来证明精英治理模式和民主治理模式到底是存在着差别的。从这一视角来看，我国村民自治和基层民主的道路仍然漫长。

二、农村财务管理制度

（一）“一事一议”制度

1.“一事一议”制度的形成

所谓“一事一议”，是指在农村税费改革或取消农业税后，为兴办村民直接受益的集体生产生活等公益事业，遵循量力而行、群众受益、民主决策、上限控制、定向使用、财务公开的原则，通过村民大会或者村民代表会议集体讨论，筹集项目所需资金和劳务的一种农村公共产品提供方式。关于通过“一事一议”筹资筹劳的适用范围中央有明确的规定，即“村内农田水利基本建设、道路修建、植树造林、农业综合开发有关的土地治理项目和村民认为需要兴办的集体生产生活等其他公益事业项目”。

为了减轻农民负担，中央 2000 年开始在安徽推行税费改革试点，根据

《中共中央、国务院关于进行农村税费改革试点工作的通知》精神，制定了《安徽省农村税费改革试点方案》，改革后，原来“三提”中的“公益金”、“管理费”改为农业附加（2006 年全国免除农业税后也随之取消了），随农业税一道征收，并明确规定到 2003 年取消“两工”，而“公积金”的提取和安排却交给村民决定，决定的方式就是召开村民大会或村民代表会议，对村内的公益事业的立项、筹资和使用进行讨论，被简称为“一事一议”。2007 年 1 月 16 日国务院办公厅转发农业部《村民“一事一议”筹资筹劳管理办法》出台，对“一事一议”制度进行了进一步规范。

2. “一事一议”制度的特征及效果

“一事一议”制度作为后税费时代农村公共物品供给的一项基本制度安排，是在国家财力不足，无法保障农村公共物品全部供给的情况下由政府实施的单方面的制度供给，是“自上而下”的强制性制度安排。制度设计者有两个基本出发点，一是赋予广大村民在村级集体生产和公益事业提供中的参与权、选择权、审定权，村民自治从政治领域扩展到经济决策领域；二是在保证农业生产、农民生活必需的村级公共产品有效供给的前提下，不增加农民的负担，不引起农民的不满，从而维系农村社会的稳定。很明显，“一事一议”制度改变的只是农村公共产品的筹资决策程序，而农民作为公共产品资金供给主体的实质并未改变。

“一事一议”作为我国现阶段提供农村公共产品不可缺少的途径之一，发挥了一定的积极作用。首先，“一事一议”有利于解决农村公共产品供给的资金问题。尽管近年来，从中央到地方相继出台了一系列重要的政策措施，对解决“三农”问题的支持力度越来越大，然而，相对农村公共产品的需求还有很大的差距。同时，由于我国大多数农村地区尤其是中西部农区集体组织缺乏收入来源，很多乡村本身就背负债务，加之取消农业税已经彻底堵住了他们向村民伸手的口子，农村集体组织公共产品供给能力弱。因而，对于村内急需解决的公益事业往往只能借助于“一事一议”筹集资金。其次，“一事一议”有利于实现公共产品决策的自主性并有效减轻农民负担。采取“一事一议”，农民对公共产品的决策可以根据各自资源状况和可承受能力，自主安排供给与需求，从而在体制上决定了供给与需求的一致性，而且还有利于保证农民有足够的能力承担村集体公益事业建设。采取“一事一议”，农民筹集资金数量标准是由村民大会或村民代表会议集体讨论决定的，而且设有上限。对未经讨论投票表决而任意向农民摊派、集资或收费，村民均有权拒绝缴纳，从而从根本上减轻了农民的负担。最后，“一事一议”有利于保证对公共资源使用过程的全程监督管理，推动了农村基层民主的进程。通过村民对公共资源过程的全程监督，既有利于村民委员会合理地行使权力，以促进农村公益事业的良性发展，更有利于农民保护自己的合法利益，并且大大调动了农民参与“民主决策、民主管理、民主监督”的积极性，有效地推动农村基层民主政治建设的进程。

3.“一事一议”出现的问题及原因分析

“一事一议”作为后税费时代农村公共物品供给的一种筹资方式，尽管在农村公共物品供给方面发挥了一定作用，但在其具体实施中也突显了很多问题。比如筹资筹劳范围扩大、决策不民主、操作不规范等情况，很多地方出现了“事难议、议难决、决难行”的尴尬境地，并未实现筹资筹劳的目标，背离了政策设计者的初衷。究其原因，有以下几个方面：

(1) 制度设计存在一定缺陷。为防止农民负担反弹，国家对“一事一议”涉及的各个环节作出明确的规定，其中有些规定过细，而且也没有考虑地区差异，在实际操作中出现了一些问题。一是上限不尽合理。“一事一议”筹资实行严格的上限控制，多数省份规定年人均筹资不得超过 15 元，即使比较发达的沿海地区如江苏规定不得超过 20 元，虽然这是国家出于防止农民负担加重的本意，但也很大程度上限制了村级公益事业建设的能力。二是“两工”取消并不尽合理。在某些农村公共产品的建设上，义务工和劳动积累工仍是必要的，农民也对此表示理解和支持，因为这样可以大大降低公共产品的建设成本，实际上能够部分地减轻农民负担。“两工”在 2003 年全部取消后，村级公益事业建设将更加困难。当前的“一事一议”资金本来就规定得很低，如果再从中划出一部分支付劳务款，用于公共物品供给的资金就更少了。

(2) 制度运行成本过高。新制度经济学认为，制度运行是有交易成本的。某些有效制度或者说存在潜在利润的制度之所以不能被供给和实施，是因为制度运行的交易成本太高，以致使人们得不偿失。现有的村级公共产品“一事一议”的议事程序规定，召开村民会议，应当有本村 18 周岁以上的村民过半数参加，或者有本村 2/3 以上农户的代表参加；召开村民代表会议，应当有代表 2/3 以上农户的村民代表参加。村民会议和村民代表会议所做的议事方案要经到会人员或村民代表过半数通过。当前农村劳动力的大规模流动已是普遍的社会现象，有的村很难凑齐人数召开村民大会，有的村即使凑够了人数，但由于大量有知识、有技能的农村劳动力外出务工经商，留守农村的又多缺少参与村级公共产品决策所必须具备的经验、知识。“一事一议”出现了所谓的“三难”，即事难议、议难决、决难行。另外，受农村一些遗留问题的影响，像承包合同纠纷、土地纠纷等问题，村内在进行“一事一议”活动时，持有纠纷的村民就以此为议事前提，这也直接影响了“一事一议”活动的顺利开展。由上可见，农村“一事一议”具有较高的交易成本，因而很多时候并未达到理想效果。

（3）缺乏有效的激励机制，陷入集体行动困境。奥尔森的研究表明，加入集体行动的个人都有一种“搭便车情结”，希望不付出或以最小的付出就可以获取集体的“公共利益”。在一个人员众多的大集团内或“潜在集团”中，由于个体的积极行为对整个集体来说其作用和影响力是微不足道的，同时由于大集团人员众多，个人的积极行为难以获得其他成员的鼓励和嘉许，因此在大集团内就缺乏社会激励因素来诱导个体参与集体选择的行动，为实现集体的利益而付出自己的努力。根据激励机制的设计原则，为了调动村干部和村民参与“一事一议”的积极性，在制度设计上需满足参与约束，即村干部和村民参与“一事一议”获得的效用至少要等于其不参与可能获得的效用。但从“一事一议”制度实践看，无论村干部或是村民的制度预期都明显不足，缺乏制度参与约束。对村干部而言，是否积极推行“一事一议”和努力增加村级公益，已投入使用项目是否实现有效运转，没有任何制度激励和约束；对村民而言，“一事一议”所议是广大村民的共同利益，虽然“一事一议”赋予了村民参与公共决策的民主权和决定权，但该通过的通不过，通过了少数人不交怎么办？“一事一议”制度并没有为任何一方采取强制措施提供合法依据。由于“选择性激励机制”的缺失，仅靠日益式微的农村传统社会规范维持农民的行动，“一事一议”不可避免地陷入了集体行动的困境。

4. 完善农村“一事一议”制度的政策建议

农村“一事一议”作为税费改革后发展农村公益事业的配套政策和措施，在国家投入有限的情况下，“一事一议”成为农村公共产品投入的重要渠道。在当前条件下，我们对“一事一议”制度要不断加以规范和完善，努力提高运行效率。

（1）合理界定国家、集体与农民兴办农村公益事业的事权范围。1994 年分税制改革虽然重新划分了中央与地方的收入，但在事权的划分上，中央与地方、地方各级政府之间的管理体制仍很混乱，造成了事权与财权的分离，尤其是农村基层政府及农民自治组织往往是有事权而无财权，农村社会公益事业的发展财力严重不足。因此，要理顺国家、村集体组织、村民在提供农村公共产品方面的关系，必须进一步完善财税管理体制，对当前的分税体制进行适当调整，降低各类税种上划比例，把主要财力留在县以下，增加县乡可用财力。同时，坚持事权与财权相统一的原则，科学划分省、市、县、乡各级政府的财权与事权，合理界定村级事务，确定村级议事的范围。

（2）不断完善“一事一议”的有关制度规定。一是调整筹资上限标准。基层政府应该在深入调研的基础上，结合各地经济发展水平、农民承受能力和农村生产公益事业发展需要不同，分类确定村内“一事一议”筹资筹劳的上限控制标准。二是弹性处理“两工”。在村民自愿的前提下，应允许“两工”存在。三是不断完善“一事一议”议事方法。“一事一议”本质上就是民主议事、民主办事，应因地、因时、因事制宜，不拘泥于形式，各村可以根据当地的实际情况、传统习俗在原则框架内灵活开展议事程序，灵活、合理安排议事时间、内容和方式。

（3）建立健全激励机制。当前，在一些地区通过“一事一议”兴办本村公益事业难以取得预期效果，很重要的因素是缺乏相应的激励和约束机制，造成权利和义务严重不对等。在筹资筹劳过程中，为了克服集团成员“搭便车”的行为倾向，要采取“有选择性的激励”方式，对热心于集体事业的村干部或村民应该给予物质或精神的奖励，对集体事业冷漠、好“搭便车”者要给予一定的惩罚。对于积极开展集体公益事业建设的乡村，政府采取项目补助、以奖代补等办法给予支持；鼓励有能力的年轻人通过选举成为村“两委”的主要成员，如村支书、村委主任。

（4）继续扩大村级公益事业财政奖补试点。按照中央精神，从2008年开始，国家开展了财政奖补试点工作。试点以来，经过各方面共同努力，试点取得了显著成效，截至2010年，“一事一议”财政奖补试点扩大到27个省（自治区、直辖市），5.3亿农民受益。当前，要继续扩大“一事一议”财政奖补试点范围，这不仅有利于完善和激活“一事一议”制度，加快农村公益事业建设步伐，还也有利于拉动内需，促进农村经济社会平稳较快发展和健全农村公益事业建设新机制，进一步调动农民参与公益事业建设的积极性，促进农村基层民主政治建设。国家应在加大试点的基础上，总结经验，争取在全国全面推开。

（二）“村财乡管”体制

1.“村财乡管”体制的特点及成效

2003年，根据农村税费改革的总体要求，大部分乡镇开始实施“村财乡管”制度。农村财务“村财乡管”制度是坚持村组集体资产所有权、资金使用权、财务审批权、民主监督权不变的前提下，按照村民自愿，依法委托的原则，在全县各行政村（含居民组）实行钱、账分离的农村财务“双代”制度：在各乡镇会计核算中心设立村级财务核算组和村组资金管理组，村级财务和资金分别由村级财务核算组和村级资金管理组代理；村级财务核算及审核等业务由乡镇农经管理员代理，将村民委员会、村民小组的资金、账目交由乡镇农村服务中心管理。各村民委员会、村民小组不再设立会计机构，只设一名报账员，负责本村民委员会、村民小组的资金、资产、单据等财务管理工作。

“村财乡管”作为解决当前农村基层组织财务收支混乱、干群关系紧张等社会问题的对策，起到了一定的积极作用，在一定程度上规范了农村财务管理，使一村多账或长年无账等问题得到了较好的解决，杜绝了各种不合理开支，改变了农村财务管理混乱的局面，对维护农村社会稳定、促进农村经济发展起到了一定的积极作用。

2. “村财乡管”存在的问题

(1) 村民民主理财制度缺乏规范。民主理财是让村民代表参与村级财务管理工作，以便有效地监督和控制村财务活动。在实际运行过程中，民主理财出现了一些问题：一是变民主理财为代理决策。村民民主理财由村民民主理财小组代表村民进行，现行财务制度规定，民主理财的内容应包括财务活动与会计工作的全部内容，但在实际运行中有些理财小组的行为缺乏有效的规范，变理财为决策，越权越界现象严重。二是民主理财流于形式。有的地区村民民主意识较弱，村民对民主理财关心度较低，理财小组出现了观念偏差。有的理财小组错误地认为“村财乡管”既然是将村里的财务管理权上缴给乡镇，村级财产的所有权和处分权实现了分离，理财小组对村委会的监督已没有意义；有的理财小组片面地认为有了乡镇的监管之后，村财务都公开透明了，村委会能按财务账目要求公开，已不需要对村级财务实行监督，从而使部分村社民主理财形式化。

(2) 坐收坐支问题仍然比较突出。由于受传统的村社管理体制的惯性作用，一些村干部为防止“村财乡管”后失去对村财的支配控制权，在建立新账时通过采取将村、组集体所有的土地、水面等集体资产和集体企业隐瞒不报或少报等手段，达到对机动地、水面等资产因被征用、租赁或拍卖使用权等而获得的补偿费、承包费等收入不入账的目的，形成事实上的一边收钱一边花钱，截留、挪用各种捐赠款，坐收坐支现象仍然存在。

(3) “村财乡管”衍生新的社会问题。由于“村财乡管”十分符合权力扩张的本性，在没有法律界定的情况下，一些乡镇组织违规作业，模糊村级财产产权的主体，拆借、挪用、一平二调属于村级的财产，甚至将乡镇经管站实质上变成乡镇政府的“钱袋子”和“第二财政”，把“村财乡管”变成了“村财乡用”。

(4) 重把关轻管理现象普遍。乡镇经管站作为“村财乡管”的执行部门，往往对村级的支出内容、开支权限把关较严，而对村级财务收支计划管理的科学性认识不足，缺乏管理，以致资金使用效率不高，“乡管”作用发挥不充分。

3. “村财乡管”首先应处理好与村民自治的关系

“村财乡管”制度面临的首要问题是其合法性问题，即如何处理其余村民自治的关系问题。《宪法》第一百一十一条规定：城市和农村按居民居住地区设立的居民委员会或者村民委员会是基层群众性自治组织。《村民委员会组织法》第二条规定：村民委员会是村民自我管理、自我教育、自我服务的基层群众性自治组织，实行民主选举、民主决策、民主管理、民主监督。村民委员会办理本村的公共事务和公益事业，调解民间纠纷，协助维护社会治安，向人民政府反映村民的意见、要求和提出建议。《村民委员会组织法》第八条规定：村民委员会依照法律规定，管理本村属于村农民集体所有的土地和其他财产，引导村民合理利用自然资源，保护和改善生态环境。

按照宪法和法律，村级财务应该有村民进行自我管理，而且《村民委员会组织法》第五条也明确规定，乡、民族乡、镇的人民政府对村民委员会的工作给予指导、支持和帮助，但是不得干预依法属于村民自治范围内的事项。《村民委员会组织法》的宗旨是为了保障农村村民实行自治，由村民群众依法办理自己的事情，发展农村基层民主，促进农村社会主义物质文明和精神文明建设。而“村财乡管”使乡镇实现了对农村基层组织的经济控制，村干部或村会计的委派制又强化了乡镇对农村基层组织的政治控制，如此双管齐下，农村基层组织和农村社会被乡镇牢牢控制，这与村民自治的精神是相违背的。从法律上看，“村财乡管”本质上属于乡镇行政权利的违法扩张和错用。

4. 规范农村财务的根本在于加强村级民主建设

“村财乡管”是一种乡村关系转型期间与《村民委员会组织法》的规定及精神有违的过渡性措施，是乡镇政府行政权利的扩张和错用，不宜大范围的推广和长时间的存在。要从根本上解决村级财务的规范性管理问题，重点应在加强村级的民主建设上下功夫。应按照《村民委员会组织法》规定的自治内容和程序，认真落实中办、国办《关于实行村务公开的若干意见》，健全村级民主理财组织，因地制宜建立制度，积极引导村落建立健全民主决策、民主管理、民主监督机制，通过强化广大村民对村委会的权力监督来实现。民主决策即所有与村民利益相关的重大事项均应由村民会议或村民代表会议讨论决定，村民不同意的事项，村干部即不能办；民主管理即让村民参与具体的村务管理，如由村民代表参加治安、调解、公共卫生等项事务的具体管理等；民主监督即由村民通过诸如村民代表会议、村民理财小组等等形式监督约束村干部，纠正他们的不良行为和违背村民意愿的错误做法等等。所有这些方面综合起来，在村级治理中就形成了一个立体的网状结构，从根本上扭转村级财务管理混乱问题。

三、乡村考核机制分析

（一）县对乡镇的考核

由于乡镇领导类公务员是实施乡镇政权的主体，是党和国家路线、方针和政策的具体执行者，其行为表现直接代表着乡镇政府的职能取向。在当前我国全面推进新农村建设战略任务的背景下，建立一个制度化、规范化和科学化的县乡考核制度，通过考核的指标对政府行为进行约束、规范和引导，使乡镇领导类公务员的行为体现出中央的部署和要求，对于满足乡镇民众需要，改进政府管理方式，提高乡镇政府绩效是非常重要的。

为考察推进新农村建设背景下的县乡考核制度，课题组先后对江苏省如皋市、吉林省梨树县、陕西省西安市长安区以及它们所辖的若干乡镇进行了实地调研。这三个县级单位既有东部沿海地区，又有中西部地区；既有工业较为发达的地区，也有传统农区和大城市郊区，具有一定的代表意义。通过对这三地县乡考核的指标进行分析和探讨，以期发现问题并提出更为科学的考核方式。

1. 县对乡镇考核内容介绍

（1）江苏如皋市。2007 年 1 月如皋市市委市政府制定了《2007 年度乡镇工作目标责任制考核的意见》。如皋市对乡镇工作的考核分经济工作、党建和精神文明建设两大类，根据这两项工作的完成情况，设立综合奖。

经济工作考核共有 8 个项目，基础分为 100 分，其中农业、工业、引进外资、建筑业、第三产业、农民收入、财政收入、民营经济分别为 14 分、30 分、15 分、4 分、5 分、5 分、12 分、15 分；党建和精神文明建设有 10 个项目，基础分为 100 分，其中组织、纪检、宣传和精神文明、帮扶、创建工作、人武和民政双拥、计划生育、平安与法治、信访、统战分别为 12 分、10 分、10 分、6 分、28 分、5 分、10 分、10 分、5 分、4 分。如皋市规定党建和精神文明建设得分低于 85 的乡镇不得参加综合奖的评比。

具体考核办法是凡党建和精神文明建设得分 85 以上的乡镇，以经济工作考核综合得分高低确定获奖等级，并根据经济工作考核情况设立乡镇干部年终奖。考核实行一票否决，对计划生育、土地管理、环境保护、社会治安综合治理、安全生产不达标的乡镇，对综合先进荣誉称号实行一票否决。

（2）吉林省梨树县。2007 年 1 月年梨树县县委县政府印发了《梨树县乡局级领导班子工作实绩考核办法》，其中对乡镇领导班子的考核项目主要围绕经济发展情况、社会发展情况、党的建设和精神文明建设三个方面进行。考核实行量化打分，基础分为 100 分。其中经济发展情况 70 分，考核项目有固定资产投资、招商引资、项目建设、农业农村经济、农村人均收入增长率、财务管理情况；社会发展情况20分，考核项目有新农村建设、文化教育、计划生育、信访工作、社会治安综合治理、安全工作；党的建设和精神文明建设10分，考核项目有党的建设、精神文明建设、党风廉政建设。

考核办法针对以上三个方面进行了细化，并建立了奖惩机制，考核结果作为提拔干部的重要依据。另外，还对社会治安综合治理、信访稳定、计划生育和涉软案件等工作实行一票否决。

(3) 陕西省西安市长安区。2007年7月西安市长安区下发了《西安市长安区目标责任综合考评试行办法》，对乡镇领导班子的目标责任考核指标有以下6个方面：一是经济发展，考核项目有财政收入、固定资产投资、农业总产值、企业增加值、社会消费品零售总额；二是社会发展，考核项目有社会事业、人口与计划生育、新农村建设、“三级联帮”任务、创卫达标；三是人民生活，考核项目有农民人均纯收入、劳动就业、社会保障、扶贫开发；四是环境保护，考核项目有节能降耗、土地管理、绿化造林、环境治理；五是社会稳定，考核项目有社会治安综合治理、安全生产、信访工作；六是班子和队伍建设，考核项目有领导班子建设、依法行政、机关及基层党组织建设、党风廉政建设、精神文明创建。

乡镇年度目标责任考评实行百分制，由两方面构成。组织考评得分占85%。组织考评实行百分制，经济发展35分、社会发展15分、人民生活12分、环境保护10分、社会稳定15分、班子和队伍建设13分。评价得分占15%。评价分为领导干部评价、社会评价和民主测评。领导干部评价和社会评价由区综考办发放问卷调查表测评；民主测评由区综考办召集各单位中层以上领导干部会议，领导班子报告工作后，发放《单位领导班子目标责任考核民主测评表》，采取无记名方式进行民主测评。评价实行百分制，其中，领导干部评价占40%，社会评价占30%，民主测评占30%。规定各乡镇在党风廉政建设、社会稳定、环境保护和人口计划生育等某一个方面出现严重问题、重特大事故的，实行一票否决。考评结果作为表彰奖励和评价使用干部的重要依据。

2. 县乡考核制度的特征分析

通过对以上三个地区的县乡考核指标的介绍，我们可以看出乡镇政绩考核的一些共性特征。

(1)“自上而下”分配任务与单一考核相结合。对每项考核，都是县级政府“自上而下”下达任务指标，并细化分解任务、建立责任制度、制定考核办法和评分标准、组织考核、评定等级、表彰奖励等，乡镇干部可以说是在政绩考核这把“利剑”的指引下，组织开展工作的。另外，考核基本是单一考核，考核主体主要是上级政府。像如皋市和梨树县整个考核指标中都没有乡村民众的参与，而西安市长安区尽管有社会评价的内容，但比例仅占4.5%。在这样一种“自上而下”分配任务与单一考核相结合的考核模式下，自然就形成了一种“压力型”行政体制与只对上级负责而不用对民众负责的扭曲型责任模式。在这种压力型行政体制下，乡镇干部出于自身利益和仕途升迁的激励，工作往往围着考核指标，力争通过优异成绩来获取经济利益和政治声望。乡镇政府的职能原本是提供公共产品和服务，现在却要面向上级政府提供这些考核产品。

然而由于乡镇政府和县级政府的目标函数并不完全一致，乡镇政府还会与县级政府展开博弈，从而使自己获得最大收益。如果上级政府规定的任务有利于乡镇干部自身利益的话（如招商、争取项目等），贯彻上级的部署是最优策略，乡镇干部将不遗余力地去开展，甚至使这项工作被放大或扭曲，出现“政治弱视症”①。比如一些地方出现的“半拉子工程”、“面子工程”、“零地价招商”、“污染企业深入基层”等现象，很多都是乡镇政府急功近利的后果，造成资源利用效率低下或严重浪费。如果一项政策或改革触犯了自身利益或者没有带来额外利益的话（如转变职能），乡镇政府会消极被动地对待上级交办的任务将是最优策略，出现诸如“上有政策、下有对策”、“摆花架子走过场”、“数字腐败”等现象，从而使得一些政策流于形式，效果也大打折扣。

（2）综合考核和单项考核相结合。在对乡镇考核中，既有各单项的考核，也有各单项赋予相应权重后的综合考核。如皋市把考核分为经济发展、党建和精神文明两大块，在党建和精神文明达标的情况下，以经济发展指标为考核对象；梨树县把考核分为经济发展、社会发展、党建和精神文明建设三个方面，并加权得到综合考核评分；西安市长安区把考核分为经济发展、社会发展、人民生活、环境保护、社会稳定、班子和队伍建设等六个方面，赋权后加总得到综合考评分。各地的差别主要体现在单项细化内容以及综合考核中各单项的权重，但总体看，考核内容都可以归为经济发展和社会发展两大类，考核采取的也都是综合考核与单项考核相结合的方式。

采取这种考核方式可以说是观念上的一种进步，抛弃了“唯GDP论英雄”的错误发展观念，引导乡镇政府从只注重数量到数量质量并重的方向转变，从只注重经济效益到经济效益社会效益并重的方向转变，从只注重经济发展职能到公共服务和社会管理职能的转变。而各地由于发展目标和认识水平的差异，对各指标的赋权差别较大，如皋市在党建和精神文明达标情况下，只看经济发

① 政治学认为政治弱视症是指一些官员因为政治觉悟不高，看不到政治的责任性和价值性，看不到全面而深远的社会公益，而是常常表现出庸俗的、缺乏远见的、甚至私利化的公共政治行为。

展水平；梨树县赋予经济发展指标 70%的比重；西安市长安区赋予经济发展指标 35%的比重，另外，还把民主测评、社会评价、社会保障、节能降耗、环境治理等促进经济社会结构调整的指标纳入考核范围。可以说，在乡镇考核制度设计方面，西安市长安区在引导经济社会发展的观念上已经走在了如皋市和梨树县的前列。

（3）经济发展指标权重大，社会发展权重小。尽管对乡镇实行经济社会综合考核制度，但各地在权重上都对经济指标赋予权重大，而社会发展指标权重小。如皋市规定，只要党建和精神文明达标，考核只看经济指标，梨树县经济指标比重占 70%，西安市长安区经济发展指标尽管只占 35%，但仍是权重最大的指标。在经济指标中，财政收入、固定资产投资、招商引资、工业生产等指标为主体，农业、第三产业等所占权重较小。在这种考核指标的引导下，会导致乡镇政府转变职能的动力较小，甚至会出现只重视经济发展而忽视公共服务、“一俊遮百丑”的发展局面。

诚然，经济发展是社会发展的基础，但是，过分重视经济发展而轻视社会发展，在乡镇政府本来就有强烈发展经济的动机下，会进一步强化乡镇政府经济发展职能，而弱化了提供公共产品和服务的职能，可能会导致一系列社会问题，比如资源浪费、环境污染、贫富差距加大、不稳定因素增加等。乡镇政府为了完成经济发展目标，将各项指标在职能部门中强行分配（比如招商引资），层层加压，不仅给乡镇各部门工作带来很大压力，而且还会助长弄虚作假之风。重经济轻社会的考核模式将使乡镇政府职能转变面临较大困境，既不符合科学发展观的要求，又同和谐社会建设不相适应。

（4）考核指标对各乡镇“一视同仁”。在乡镇政绩考核制度中，对每个乡镇考核的指标都是一样的，每个项目在每个乡镇的得分权重都是一样的，对每个乡镇考核方式都是一样的，属于“一把尺子”量到底的考核方式。这么做，表面上是公平的，但我们应该看到，每个乡镇的资源条件是不一样的，发展基础差别也很大，“公平标准”实际并不公平。一些资源条件差、底子薄的乡镇工作再努力，考核结果也排不上好名次，影响了工作积极性和主动性；一些乡镇无视自身资源环境约束，引进一些高耗能、高污染项目，这种短视的经济发展战略将导致资源环境的巨大浪费和破坏，结果往往得不偿失。

（5）“一票否决”和检查评比种类繁多。对乡镇的考核除了年度考核中涉及的各项指标外，乡镇政府还面临种类繁多的“一票否决”和检查评比。就笔者调研的情况看，三个地区都实行了一票否决制，如皋市对计划生育、土地管理、环境保护、社会治安综合治理、安全生产不达标的乡镇实行一票否决；梨树县对社会治安综合治理、信访稳定、计划生育和涉软案件等工作实行一票否决；西安市长安区在党风廉政建设、社会稳定、环境保护和人口计划生育等某一个方面出现严重问题、重特大事故的，实行一票否决。

大体来看，各地一票否决主要针对的是计划生育、社会治安、稳定、安全等方面，政策设计者的初衷是为了确保乡镇不在这些“雷区”出现问题，也确实收到了一定的效果。但是从调研的情况看，这种做法给下级执行者带来了巨大的政治和工作压力，为了完成任务，这些执行官员绞尽脑汁，甚至不惜一切手段来确保完成，以此来渡过“一票否决”的难关，至于其他社会效益、公共形象、长远利益等问题都被搁置一边。有些地方对乡镇的“一票否决”事项甚至多达七八项，多种检查与“一票否决”挂钩，使乡镇工作只能跟着上级部门的吆喝打转，与“以人为本”的服务型政府建设相去甚远。

3. 如何改进县乡考核制度

从上面的分析可以看出，当前的县乡考核制度总体上以促进经济发展为主，而对转变政府职能的导向作用不足；总体以围绕上级部门的要求开展工作为主，围绕乡镇民众的要求开展工作不足；总体上以被动接受任务为主，自身积极主动开展工作的动力不足。建设服务型政府，乡镇政府必须实现由当前为部门“打工”向为乡镇民众“打工”的角色转换，要减除乡镇为部门“打工”的负担，增强公共管理和为农服务的责任，具体要在以下四个方面加强考核制度建设。

（1）在考核评价指标设计上要推进以公共服务为主要内容的政府绩效评估和行政问责制度。对农村基层政府的评估重点，要从注重形式和过程转向注重成果和绩效，从注重 GDP 和财政收入的增长转向社会管理和公共服务，尤其要突出对“为农服务”绩效的考核；同时，建构以公共服务为指向的行政问责体制。另外，不属于乡镇职能的事项，不得列入考核范围，要严格控制对乡镇党政领导的“一票否决”事项，清理和规范各种评比达标表彰活动。乡镇工作减了压、松了绑，也才能有更多精力转变职能，增强工作的主动性和创造性，更好地发挥服务社会和公共管理的职能。

（2）在考核评价体系建立上要体现科学性、真实性和群众性。一套完善的政绩考核评价体系，必须能够客观、辩证、全面地反映出被考核者的工作业绩。因此，考核过程中，要坚持显绩考核和潜绩考核并重，定性评价与定量评价相结合，横向比较和纵向比较相结合，实地考核与平时考核相结合，增强考核工作的科学性。要变单一评价为多点评价，建立“上评下、下评上、横向评、纵向评”的全方位、多视角评价体系，增强考核工作的真实性。要建立群众评判干部政绩的机制，加大群众“评绩”力度，以人民群众对干部的工作满意不满意、答应不答应、赞成不赞成、拥护不拥护作为评判干部政绩的一个重要标准，增强考核工作的群众性。要扩大村民参与乡村治理的广度和深度，依法保障村民的知情权、表达权、监督权，使乡村民众能够切实参与到乡村治理事务中来，从根本上改变乡村基层政府“对上不对下”的责任机制。

（3）在考核对象确定上要体现分类指导、区别对待的原则。不同的乡镇和部门，由于发展方向、任务要求和工作职责不同，其工作侧重点、着力点、工作标准就不同，相应政绩考核评价的标准也应不一样，因此对不同乡镇和部门必须实行“分类考核”。所谓“分类考核”，就是不以一套相同的考核指标体系和评价标准考核所有乡镇、部门及其领导干部，而是根据不同乡镇、部门和不同职务领导干部承担的不同职责、任务，突出不同的重点指标进行考核。对不同类型单位突出不同的重点指标，制定相应考核标准，分别进行考核。实行“分类考核”，一方面将使考核工作更加实事求是、公平合理，另一方面大大增强了考核工作的针对性和考核结果的可比性。针对各乡镇发展水平、资源特色的差别，明确各乡镇发展任务和发展重点，实行差异化分类考核，才是提高乡镇工作积极性、实现科学发展的明智之举。

（4）在考核结果运用上要体现导向和激励作用。考核结果重在运用。必须把运用考核结果作为政绩考核的关键环节来抓，加大工作力度，奖优罚劣，奖惩分明，使考核工作真正起到导向、激励、约束作用。形成以实绩“论英雄”、凭实绩用干部的正确导向和用人机制，实现能者上、平者让、庸者下。

（二）乡镇对村的考核

1. 乡镇对村考核的特征分析——以如皋市江安镇为例

乡镇对村的考核可以看成是县对乡考核的一种顺延，把县级下发的任务再下发到村一级，下面对如皋市江安镇2007年对村（居）的考核做一简要介绍。

2007年江安镇对村“两委”的考核共有23类大项，上百小项，各村按项目完成情况打分，总分200分。在23类大项中，权重最高的前10个考核项目分别为：集中居住25分、工业15分、广电文体卫生15分、农民负担管理12分、计划生育12分、清洁工程10分、农民转移就业及培训10分、党建工作10分、民政工作10分、信访工作10分。对计划生育、土地管理、环境保护、安全生产、社会治安综合治理实行一票否决，这与如皋市对乡镇的考核是一样的。江安镇根据各村得分情况，对村干部进行物质奖励。

通过上面的介绍，我们可以发现考核的几个特征。一是考核内容中包含一些本不该由村去做的工作，事权往下走，财权往上走。乡镇对村的考核项目中，像农技推广、工业经济、招商引资、疫病防控等本应属于乡镇的工作，被层层下放到村里，而像村级集体资金的使用和监管本是由村民自治管理的，却由乡镇监管，村一级也面临着事权财权不匹配的问题。二是对村的考核没有村民的参与，为单向考核。在乡镇对村的考核中，村民级没有参与考核标准的制定，也没有参与到考核的实施。村级组织的本意是为村民服务，对村“两委”的工作，村民最具发言权，但却被排除在考核工作之外。三是村民自治实施情况1分，占总分的1/200。行政村按照《村民委员会组织法》实行村民自治，乡镇政府对村民委员会给予指导、支持和帮助，乡镇政府对村民自治实施情况的考核应是乡镇对村考核的重要内容。而江安镇对村民自治的考核仅有1分，《江安镇2007村（居）考核责任书》提到：“认真做好第八届村（居）换届选举工作，不出现重大问题得基本分”，可以看出，村民自治实施情况并非考核重点。

从上面的分析我们可以看出，在我国政府政治体系里面，行政村被政府当成了一级的政府组织，纳入了政府的组织管理体系。乡镇政府对村委会干部是用政府系统的管理、科层制的管理办法来管理的。乡镇政府通过自己掌握的财权（主要是村干部工资和上级转移支付）和对村干部的物质激励达到对村干部行为的引导和控制，对这种考核体制不利于村民自治的培育和发展，甚至与村民自治的精神背道而驰。

2. 考核的本质：乡村关系

乡镇对村考核的问题，说到底是乡镇和村的关系问题。乡镇的行政管理权与村民自治权在最终归属和运作目的上是一致的，法律的规定也是清楚、明确的。《村民委员会组织法》第二条规定：村民委员会是村民自我管理、自我教育、自我服务的基层群众性自治组织，实行民主选举、民主决策、民主管理、民主监督；第四条规定：中国共产党在农村的基层组织，按照中国共产党章程进行工作，发挥领导核心作用；依照宪法和法律，支持和保障村民开展自治活动、直接行使民主权利；第五条规定：乡、民族乡、镇的人民政府对村民委员会的工作给予指导、支持和帮助，但是不得干预依法属于村民自治范围内的事项。村民委员会协助乡、民族乡、镇的人民政府开展工作。这些都阐明了村民委员会是基层群众性自治组织，乡镇政府与村委会之间是指导而非领导关系。

村民委员会离不开乡镇政府的支持与帮助，村民自治也有利于乡镇的行政管理，但在实际工作中，二者又经常发生矛盾。一是由于农村经济文化长期落后，村民的民主观念、主体意识不强，许多村民包括村干部对村民自治理解片面，村民自治超出了法律规定的范围，村自治组织擅自作出不属于村自治范围的决定，或无正当理由，拒不接受乡镇政府布置的国家各项任务。二是乡镇政府仍把村委会当作自己直接的下属行政组织，沿用传统的领导方法进行指挥管理，对属于村委会自治范围内的生产、经营等村务活动横加干涉，随意发号施令，甚至继续控制村委会的人事权，对经村民民主选举产生的干部随意调动、任免；同时，村民的自我管理能力和村民委员会的工作能力都很有限，加上农村封建家族意识和宗法势力的影响，使得相当一部分村民委员会难以自主地开展工作，不得不对乡镇政府产生依赖感，造成了村民自治在一定程度上名存实亡。

3. 改革乡镇考核制度

改革现行乡镇考核制度，乡镇对村的考核应按照“突出民主、重视民意、扩大民生”的原则。乡镇社会经济发展目标既要以县政府宏观发展规划为指导，更要与村委会充分沟通协商，广泛征求民意，切实保障村民对乡镇考核的知情权、参与权、选择权和监督权，推动“乡政”与“村治”有效衔接和良性互动。要大力推行民主评议村干部工作制度。民主评议由乡级党委、政府具体组织，通过村民会议、村民代表会议或与村民座谈等形式进行。民主评议定期举行，要把群众满意与否作为衡量村干部是否合格的标准，评议结果要与村干部的使用和补贴（工资）标准直接挂钩。

四、总体判断和基本评价

新农村建设以来，国家关于农村基层组织建设和管理体制改革进行了全面部署，包括农村基础组织建设改革、农村财务管理制度改革和乡村组织考核制度改革。其中有些改革进展较为顺利，也取得了良好的效果；有些则较为缓慢，还存在着较多的困难和问题。总体来看，有以下判断：

1. “自上而下”压力型行政体制没有变化

所谓压力型体制，指的是一级政治组织（县、乡）为了实现经济赶超，完成上级下达的各项指标，而采取的数量化任务分解成的管理方式和物质化的评价体系。为了完成经济赶超任务和各项指标，该级政治组织（以党委和政府为核心）把这些任务和指标，层层量化分解，下派给下级组织和个人，责令其在规定的时间内完成。然后根据完成的情况进行政治和经济方面的奖惩。由于这些任务和指标中一些主要部分采取的评价方式是“一票否决”制（即一旦某项任务没达标，就视全年工作成绩为零，不得给予各种先进称号和奖励），所以各种组织实际上是在这种评价体系的压力下运行的。

从上面我们对本轮基层组织与管理体制改革的实践来看，无论是乡镇机构改革，还是乡村财务制度改革，都是在基层组织考核机制的压力下“自上而下”推动的，压力型行政体制并未根本改变。乡镇干部和工作人员处于自身利益和升迁的考虑，工作往往围着考核转。基层政府的职能原本是提供公共产品和服务，现在却要面向上级政府提供这些考核产品。在这种体制下，如果改革触犯自身利益或者没有带来额外利益的话，基层政府会消极被动地对待上级交办的任务，出现诸如“上有政策、下有对策”、“名改实不改”、“摆花架子走过场”等问题，而使得改革流于形式，效果也大打折扣。

压力型体制的根源在中央，在现有的政治体制下，要促使农村基层政府向服务型政府转变，必须建立配套的激励机制。首要的是推进以公共服务为主要内容的政府绩效评估和行政问责制度。对农村基层政府的评估重点，要从注重形式和过程转向注重成果和绩效，从注重 GDP 和财政收入的增长转向公共服务和乡村治理，尤其要突出对“为农服务”绩效的考核；同时，构建以公共服务为指向的行政问责体制。另外，要扩大村民参与乡村治理的广度和深度，依法保障村民的知情权、表达权、监督权，使乡村民众能够切实参与到乡村治理事务中来，从根本上改变乡村基层政府“对上不对下”的责任机制。

2. 乡镇机构改革面临现实的障碍

从近几年乡镇机构改革的实践看，合乡并村、减人、减机构推进较为顺利，而改革中最为关键的转变职能和创新工作机制进展并不显著，究其原因：一是在目前存在严重的乡镇政府责任与权力不对称、财权与事权不匹配问题的情况下，要分流人员、要加强社会管理和提供公共服务职能，都需要财政支出的大量增加，在自身财力和上级转移支付不足的情况下，改革面临“差财力”的困境；二是在政绩考核和仕途升迁的诱导下，乡镇政府自身就有追求经济发展和增加财政收入的内在激励，而进行机构改革对乡镇政府并没有激励，甚至还有逆向激励，改革面临“差动力”的困境；三是在乡镇改革过程中，由于县乡关系并未理顺，条块分割依然存在，正所谓“上面千条线，下面一根针”，乡镇为自身发展，围着上级和“条条”部门跑资金、要项目，“条条”又通过搞评比、搞创建等形式干预乡镇政府，致使很多乡镇工作消极被动，疲于应付，乡镇政府职能转换“差精力”。这些障碍涉及到很多深层次问题，如果缺乏相应配套政策和一揽子可操作措施，很可能使改革进一步推进难度加大，甚至会有使已有成果付诸东流的危险。

3. “问题政策”给乡村治理带来不利影响

“问题政策”有两层含义：一是政策本身或不合法，或不合理，本身就存在问题；另一种是政策本身没有问题，但缺乏配套政策的支持，或与现有政策不协调，走一步看一步，往往使得政策的推行困难重重。

如前所述，“村财乡管”体制违背了《村民委员会组织法》的规定，本来应该应该由村民协商使用的村级集体资金，却由乡镇政府监管，造成村民想不通、村干部有意见，村民很多时候看不到、摸不着、管不了，村级财务反而更不透明了。“一事一议”中的农村纯公共物品，本应由公共财政负担，却要农民掏钱来购买，“城里人走路不要钱，农村人走路为什么要钱”，可见很多农民心底仍是有抵触情绪的。而像乡镇机构改革，如果没有足够的配套资金和政策，就很难取得实质性的成果，甚至会陷入“循环改革”的怪圈。“问题政策”的存在，会降低改革主体的积极性和主动性，引发抵触情绪，减弱改革效果，使改革背离政策设计者的初衷，对乡村治理产生不利的影响。

主要参考文献

曹力群.2003. 农村金融对农户生产和生活的影响分析［R］//农村固定观察点办公室.2002年度全国农村固定观察点调查汇总分析报告.内部资料（2）.

陈华宁.2006. 农民素质的内涵探讨及实证研究［J］.中国农业大学学报（社会科学版）（2）.

陈华宁.2007. 我国农民科技培训分析［J］.农业经济问题（1）.

陈华宁.2006. 新农村首先要有新农民［J］.农村工作通讯（5）.

陈嵩，马树超.2005. 职业教育发展水平评价指标的设计与区域分析［J］.职教论坛（7）.

陈宪光.1999. 梁漱溟的乡村建设运动与中国现代化之路的探索［J］.华侨大学学报（哲学社会科学版）（2）.

陈意新.2001. 美国学者对中国近代农业经济的研究［J］.中国经济史研究（1）.

陈昭玖，周波，唐卫东，苏昌平.2006. 韩国新村运动的实践及对我国新农村建设的启示［J］.农业经济问题（2）.

单吉堃.2007. 城乡居民收入差距持续扩大对经济效率的影响［J］.学术交流（11）.

党国英.2005. 论取消农业税背景下的乡村治理［J］.税务研究（6）.

党国英.2006. 乡镇机构改革的问题与出路［J］.体制改革（3）.

丁学东，张岩松.2007. 公共财政覆盖农村的理论和实践［J］.管理世界（10）.

杜鹰，唐正平，张红宇.2002. 中国农村人口变动对土地制度改革的影响［M］.北京：中国财政经济出版社.

杜志雄，张兴华.2006. 世界农村发展与城乡关系演变趋势及政策分析［J］.调研世界（7）.

范瑜.2008. 村民自治：改革开放以来的实践历程与思考［C］//农业部农村经济研究中心. 中国农村改革：过去与未来.北京：中国农业出版社.

方伟，张峻彬.2003. 实行村财乡管应解决的几个问题［J］.农村财政与财务（3）.

方行明，屈锋，尹勇.2006. 新农村建设中的农村能源问题：四川省农村沼气建设的启示［J］.中国农村经济（9）.

高强，董启锦，史磊.2006. 巴西农村城市化的进程、特点和经验及其启示［J］.世界农业（4）.

古斯托·内梅什，苏珊娜·法洁卡什.2007. 欧洲新农村的发展范式［J］.经济社会体制比较（2）.

郭晓鸣.2005. 失地农民补偿安置途径及政策建议［N］.农民日报，2005-06-11.

韩长赋．2011. 加快发展现代农业［J］．农业技术与装备（1）．

韩俊．2005. 失地农民的就业和社会保障［N］．中国经济时报，2005－06－24.

韩俊，等．2007. 中国农村金融调查［M］．上海：上海远东出版社．

韩喜平、李罡．2007. 从价格支持到农村发展———欧盟共同农业政策的演变与启示［J］．理论探讨（2）．

何传启．2004. 现代化目标的世界坐标［J］．理论与现代化（4）．

后居忠．2006. 对规范村财乡管的几点看法［J］．农村财务会计（11）．

胡继连，葛颜祥，周玉玺．2005. 水权市场与农用水资源配置研究［M］．北京：中国农业出版社．

黄德林．2010. 中国离现代农业究竟有多远［M］．北京：中国农业科学技术出版社．

黄小虎．2008. 征地制度改革和集体建设用地流转［C］//农业部农村经济研究中心．中国农村改革：过去与未来．北京：中国农业出版社．

贾康．2006. 中国财政体制的改革［J］．中国发展观察（1）．

江宜航．2008. 加快构建新型农业社会化服务体系意义重大——访国务院研究室党组成员黄守宏［N］．中国经济时报，2008－10－30.

姜春云．2001. 中国农业实践概论［M］．北京：人民出版社、中国农业出版社．

蒋和平，辛岭．2009. 建设中国现代农业的思路与实践［M］．北京：中国农业出版社．

焦瑾璞．2007. 农村金融体制和政府扶持政策国际比较［M］．北京：中国财政经济出版社．

解读：为什么要加快构建新型农业社会化服务体系［EB/OL］．中央政府网．2008－12－18，http：//www.gov.cn/jrzg/2008－12/18/content _ 1181431.htm.

金人庆．2006. 扩大公共财政覆盖农村范围建立支农资金稳定增长机制［J］．中共中央党校报告选年增刊

柯炳生，陈华宁．2006. 对培养新型农民的思考［J］．中国党政干部论坛（4）．

柯炳生．2007. 正确认识和处理发展现代农业中的若干问题［J］．中国农村经济（9）．

孔祥智．2009. 中国农业社会化服务基于供给和需求的研究［M］．北京：中国人民大学出版社．

蓝海涛，黄汉权．2006. 新农村建设的国际经验与启示［J］．中国经贸导刊（7）．

李炳坤．1999. 农业社会化服务体系的建设与发展［J］．管理世界（1）．

李伯华，等．2007. 基于公共物品理论的农村饮水安全问题研究［J］．农业经济研究（4）．

李佐军．2008. 中国新农村建设报告（2007）［M］．北京：社会科学文献出版社．

廖家勤．2006. 中国地方预算决策自主权缺失问题分析［J］．中央财经大学学报（5）．

林凤．2006. 国外农村建设的基本经验及其对我国建设社会主义新农村的启示［J］．经济研究参考（73）．

林美卿，代金平．2003. 农民素质及其科学评价体系［J］．沈阳农业大学学报（社会科学版）（9）．

林万龙．2003．中国农村社区公共产品供给制度变迁研究［M］．北京：中国财政经济出版社．

林毅夫，李志赟 2003．中国的国有企业与金融体制改革［J］．北京大学中国经济研究中心讨论稿系列．No. C2003027（10）．

林毅夫．2003．金融改革与农村经济发展［J］．北京大学中国经济研究中心讨论稿系列．No. C2003026（9）．

林毅夫．2008．培育农村金融本土力量［J］．财经（15）．

刘海音．2006．建设社会主义新农村：一项具有深远历史意义的战略部署——访国家民政部基层政权和社区建设司司长詹成付［J］．上海党史与党建（1）．

刘守英．2008．中国的二元土地权利制度与土地市场残缺——对现行政策、法律与地方创新的回顾与评论［C］//农业部农村经济研究中心．中国农村改革：过去与未来．北京：中国农业出版社．

刘耀彬，李娟文．2002．从城市化与现代化的关系探讨中国城市化道路［J］．现代城市研究（4）．

刘振邦．2006．发达国家的农业现代化给我们的启示［J］．科学决策（3）．

刘正芳．2008．新一轮乡镇机构改革的性质和效应分析［C］//中国（海南）改革发展研究院．强农·惠农——新阶段的中国农村综合改革．北京：中国经济出版社．

罗剑朝，等．2005．中国农地金融制度研究［M］．北京：中国农业出版社．

罗卫东．1998．反常二元经济结构与我国的就业问题［J］．杭州大学学报（哲学社会科学版）（2）．

马晓河．武翔宇．2006．中国农村乡镇机构改革研究［J］．农业经济问题（2）．

马晓河，蓝海涛，黄汉权．2005．工业反哺农业的国际经验［J］．信息与研究（11）．

聂华林，张涛，马草原．2007．中国西部新农村建设概论［M］．北京：中国社会科学出版社．

农研中心课题组．2007．关于建立基层公益性农业技术推广经费保障机制的思考与建议（打印稿）．

农研中心课题组．2005．我国农业技术推广体系调查与改革思路［J］．中国农村经济（2）．

农业部产业政策与法规司．1999．中国农村 50 年［M］．郑州：中原农民出版社．

农业部规划组．2006．社会主义新农村建设示范村规划汇编［M］．北京：中国农业出版社．

农业部农村经济研究中心．2010．面向“十二五”的中国农村发展［M］．北京：中国农业出版社．

农业部农村经济研究中心．中国农村改革过去与未来［M］．北京：中国农业出版社．

农业部农村经济研究中心分析小组．2011．2010 年中国农村政策执行报告——经济复苏过程中的农村经济［J］．农业部管理干部学院学报（1）．

农业部农村经济研究中心研究分析小组．2010．“十二五”时期农业和农村发展面临的挑战与选择［J］．中国农村经济（8）．

钱乘旦．2002．不平衡的发展：二十世纪与现代化［J］．史学月刊（10）．

秦晖．1996．"农民"与"农业者"——"农民"概念的定义问题［J］．中国农民（3）．

秦小东．2009年中国《农村基础设施建设发展报告》发布［EB/OL］．http：//house. focus. cn/showarticle/3200/571802. html.

曲文俏，陈磊．2006．日本的造村运动及其对中国新农村建设的启示［J］．世界农业（7）．

沈明高．中国渐进式金融改革面临的挑战［EB/OL］．http：//mshen. ccer. edu. cn/Publications _ files/FinReform. pdf.

史美兰．2006．农业现代化：发展的国际比较［M］．北京：民族出版社．

宋洪远．2009．建立和完善多层次的农村金融体系，在中国浦东干部学院的讲座［R］．2009-05-26.

宋洪远．2006．新农村建设的意义和重点领域［J］．市场与人口分析（4）．

宋洪远．2006．中国农村经济分析和政策研究（2003—2006）［M］．北京：中国农业出版社．

宋洪远，等．2000．改革以来中国农业和农村经济政策的演变［M］．北京：中国经济出版社．

宋洪远，等．2002．"九五"时期的农业和农村经济政策［M］．北京：中国农业出版社．

宋洪远，等．2006．中国农村经济分析和政策研究（2003—2006）［M］．北京：中国农业出版社．

宋洪远，等．2007．"十五"时期农业和农村政策回顾与评价［M］．北京：中国农业出版社．

宋洪远，等．2010．"十一五"时期农业和农村政策回顾与评价［M］．北京：中国农业出版社．

宋洪远．2010．新型农业社会化服务体系建设研究［J］．中国流通经济（6）．

宋洪远．2008．中国农村改革三十年［M］．北京：中国农业出版社．

速水佑次郎，神门善久．2009．农业经济论［M］．北京：中国农业出版社．

孙小燕，温琦．2007．财政压力与体制变迁——后农业税时代的乡镇机构改革［J］．农业经济问题（12）．

谭滟莎．2008．壮族村庄新农村建设的典型模式分析——广西南宁武鸣大皇后村个案研究［J］．乡镇经济（6）．

仝志辉．2008．村民自治30年［C］//农业部农村经济研究中心．中国农村改革：过去与未来．北京：中国农业出版社．

仝志辉．2007．农村社会化服务体系发育不良的根子在哪里［J］．中国乡村发现（3）．

汪小亚．2009．农村金融体制改革研究［M］．北京：中国金融出版社．

王宝安．2007．在市场经济体制下走新型工业化道路［J］．财贸经济（1）．

王冰．2004．中国农业生产组织政策绩效分析与评价［J］．经济评论（4）．

王崇理.1995. 传统农业与现代农业：农业的增长与发展问题［J］. 学术探索（1）.

王景新. 中国共产党乡村建设90年：思想脉络、建设成就与基本经验［R］. 在2011年中国农村发展高层论坛“农业和农村发展——道路、经验和前景”上的报告.

王平.2005. 从“新农村运动”到“新农村建设”——专访北京大学中国经济研究中心主任林毅夫教授［J］. 中国改革（综合版）（12）.

王展.2007. 农民收入继续较快稳定增长的主要制约因素［J］. 科技信息（35）.

魏西云. 新形势下农村宅基地管理亟需加强［EB/OL］. http：//www.zgtdxh.org.cn/pub/clss/zt/2006tudiriluntan/weixiyun.htm.

温家宝.2007. 全面深化金融改革 促进金融业持续健康安全发展［J］. 求是（5）.

温铁军.2001. 农户信用与民间借贷研究：农户信用与民间借贷课题主报告［R］. 载中经网50人论坛.2001年6月7日.

吴坤龙.1992. 九十年代国家对农业资金投入的新格局［J］. 中央财政金融学院学报（3）.

吴尚希.2006. 乡镇机构改革：惯性思维下的误区［C］//中国（海南）改革发展研究院. 中国新农村建设：乡村治理与乡镇政府改革. 北京：中国经济出版社.

武洁.1998. 中国各地区人口素质差异的主成分和类聚分析［J］. 数理统计与管理（6）.

项开来、张国俊. 一个县城的金融风暴——福建省福安市民间标会“倒会”风波调查. 新华网福建频道［EB/OL］. http：//news.xinhuanet.com/focus/2004-07/21/content_1608269.htm.

项仁学.2008. 国外现代农业三种模式给我们的借鉴［J］. 北京农业（10）.

谢平，程建胜.2005. 中国农村金融现状分析［C］//成思危. 改革与发展：推进中国的农村金融. 北京：经济科学出版社.

徐勇.2002. 县政、乡派、村治：乡村治理的结构性转换［J］. 江苏社会科学（2）.

杨东群、李先德.2007. 世界部分国家农村建设与发展研究［J］. 世界农业（5）.

杨红林.2006. 日本侵华终结“黄金十年”［N］. 环球时报，2006-06-08.

杨卫军，王永莲.2004. 农村公共产品提供的“一事一议”制度［J］. 财经科学（4）.

由建勋，何伟.2005. 关于“村财乡管”的思考与建议［J］. 农业经济（5）.

于建嵘.2006. 农会组织与建设新农村——基于台湾经验的政策建议［J］. 中国农村观察（2）.

苑鹏，等.2006. 农业科技推广体系改革与创新［M］. 北京：中国农业出版社.

在开放中成长——改革开放30年银行业发生历史巨变［EB/OL］.2008.11.2. http：//www.gov.cn/jrzg/2008-11/02/content_1138174.htm.

翟雪玲，赵长保.2007. 巴西工业化、城市化与农业现代化的关系［J］. 世界农业（5）.

张红奎，曹力群.2008. 正规金融机构改革与农村金融服务——农村金融调研报告之三［R］. 农村动态反映（农业部农村经济研究中心内刊）（21）.

张红奎，曹力群.2008. 农村信用社改革与农村金融服务——农村金融调研报告之二［R］. 农村动态反映（农业部农村经济研究中心内刊）（20）.

张红奎，曹力群．2008. 闫家村百信农村资金互助社调研报告——农村金融调研报告之一［R］．农村动态反映（农业部农村经济研究中心内刊）（19）．

张红奎．2008. 农村金融市场改革还要加快［N］．农民日报，2008-09-10.

张红奎．2010. 农村金融体系改革［C］//宋洪远．“十一五”农业和农村政策回顾与评价．北京：中国农业出版社．

张环录，等．2007. 村财乡管财务管理模式研究［J］．中国农业会计（8）．

张健华．“中国人民银行研究局局长张健华谈改善农村金融服务 建立现代农村金融制度”［EB/OL］．中国政府网．http：//www. gov. cn/zxft/ft154/.

张杰．1996. 地方政府的介入与金融体制变异［J］．经济研究（3）．

张元红，李静，张军．2002. 从合作基金会事件看中国农村金融改革与发展［J］．中国农村经济（8）．

张仲礼．1991. 中国绅士［M］．李荣昌，译．上海：上海社会科学院出版社．

章奇，黄季焜．加快立法工作．改进农村金融服务农村金融现状与政策分析（之二）［EB/OL］．http：//jlin. ccer. edu. cn/article/article. asp？id=257.

赵福军．2008. 农村公共商品供给与乡镇机构改革［J］．财政研究（12）．

赵树凯．2008. 关于乡镇改革历史进程的考察［C］//农业部农村经济研究中心．中国农村改革：过去与未来．北京：中国农业出版社．

郑文凯，李芹．2007. 建立健全农业社会化服务体系 推动现代农业发展［J］．农村工作通讯（10）．

郑祖玄，孙洁．2007. 农村税费改革背景下的乡镇机构改革［J］．管理现代化（4）．

中国农村信用合作刊讯．2008. 中国银监会积极推进新型农村金融机构扩大试点工作［J］．中国农村信用合作（11）．

中国人民银行货币政策分析小组．2008. 2007年第四季度中国货币政策执行报告［R］．

中国人民银行货币政策分析小组．2005. 稳步推进利率市场化报告［J］．中国货币政策执行报告增刊．

中国社会科学院农村发展研究所、国家统计局农村社会经济调查司．2008. 中国农村经济形势分析与预测（2007—2008）［M］．北京：社会科学文献出版社．

中国现代化战略研究课题组．2005. 中国现代化报告2005［M］．北京：北京大学出版社．

周诚．2005. 计利应计天下利——我国农地征收合理补偿问题再探索［N］．经济学消息报，2005-11-04.

周其仁．2004. 农地产权与征地制度——中国城市化面临的重大选择［J］．经济学季刊（1）．

周维宏．2007. 新农村建设的内涵和日本的经验［J］．日本学刊（1）．

朱守银，闫辉．2008. 新时期的乡镇机构改革试点：进展与评析．载农业部农村经济研究中心编《中国农村研究报告2007》［M］．北京：中国财政经济出版社．

朱守银．2006. 当前各地乡镇体制改革的主要做法及其比较［C］//中国（海南）改革发展研究院．中国新农村建设：乡村治理与乡镇政府改革．北京：中国经济出版社．

庄俊举．2007.“以农立国”还是“以工立国”——对 1920—1940 年代关于农村建设争论的评析［J］．经济社会体制比较（2）．

Banerjee，A.，L. Iyer and R. Somanathan. 2008. Public Action for Public Goods，Handbook of Development Economics，2008（4）：3117 - 3154.

Jacob Yaron，McDonald P. Benjamin，Jr，Gerd I. Piprek. 1997. Rural Finance：Issues，Design and Best Practices. Environmentally and Socially Sustainable Development Studies and Monograph Series No. 14，World Bank，Washington，DC.

Jacob Yaron. 1992. Successful Rural Finance Institutions. Discussion Paper No. 150，World Bank，Washington，DC.

James M. Buchanan. 1965. An Economic Theory of Clubs. Economics. 32（February）.

Levine，Ross. 1997. Financial Development and Economic Growth：Views and Agenda，Journal of Economic Literature，35：688 - 726.

Levine，Ross. 2005. Finance and Growth：Theory and evidence. In Handbook of Economic Growth，Eds. Philippe Aghion and Steven Durlauf，Amsterdam：North - holland Elsevier Publisher.

Thorsten Beck. 2005. Asli Demirguc - Kunt and Maria Soledad Martinez Peria. Reaching out：Access to and use of banking services across countries.

Tsakok，I. and B. Gardner. 2007. Agriculture in Economic Development：Primary Engine of Growth or Chicken and Egg?，American Journal of Agricultural Economics，89（5）：1145 -1151.

Woo Wing Thye. 2003. China's Rural Enterprises in Crisis：the Role of Indequate Financial Intermediation，Economics Department，University of California，Davis.

图书在版编目（CIP）数据

中国新农村建设：政策与实践 / 宋洪远等著. —
北京：中国农业出版社，2012.3（2019.6 重印）
ISBN 978-7-109-16516-8

Ⅰ.①中…　Ⅱ.①宋…　Ⅲ.①农村-社会主义建设-研究-中国　Ⅳ.①F320.3

中国版本图书馆 CIP 数据核字（2012）第 007927 号

中国农业出版社出版
（北京市朝阳区麦子店街 18 号楼）
（邮政编码 100125）
责任编辑　姚　红

北京中兴印刷有限公司印刷　　新华书店北京发行所发行
2012 年 4 月第 1 版　　2019 年 6 月北京第 5 次印刷

开本：720mm×960mm　1/16　　印张：18.25
字数：322 千字　　印数：5 501～7 500 册
定价：40.00 元